本书获河南省社会科学院

哲学社会科学创新工程试点经费资助

安继民学术文集

安继民 著

中原学术文库·文集

中原出版传媒集团
中原传媒股份公司
大象出版社
·郑州·

图书在版编目(CIP)数据

安继民学术文集/安继民著.— 郑州：大象出版社,2018.11
(中原学术文库.文集)
ISBN 978-7-5347-9847-4

Ⅰ.①安… Ⅱ.①安… Ⅲ.①社会科学—文集 Ⅳ.①C53

中国版本图书馆 CIP 数据核字(2018)第 141571 号

中原学术文库·文集

安继民学术文集

AN JIMIN XUESHU WENJI

安继民 著

出 版 人	王刘纯
责任编辑	石更新
责任校对	牛志远　李婧慧　裴红燕
装帧设计	王晶晶

出版发行	大象出版社(郑州市开元路 16 号　邮政编码 450044)
	发行科　0371-63863551　总编室　0371-65597936
网　　址	www.daxiang.cn
印　　刷	新乡市豫北印务有限公司
经　　销	各地新华书店经销
开　　本	787mm×1092mm　1/16
印　　张	24.75
字　　数	399 千字
版　　次	2018 年 11 月第 1 版　2018 年 11 月第 1 次印刷
定　　价	120.00 元

若发现印、装质量问题，影响阅读，请与承印厂联系调换。
印厂地址　新乡县翟坡镇兴宁村
邮政编码　453000　　　　电话　0373-5635065

自 序

中国的学问，是一定要在生活中磨出来的。人在世一生，"磨"就是过日子，好好过并尽量过好，此宋明道学所谓践履工夫。"不离日用常行内，直造先天未画前"（王阳明）。在中国哲学看来，天地祖宗的自然之道，是事中之理向事上、事前的本体论延伸。做人做事做学问，恰好对应于古人立德立功立言的"三不朽"。"做"即 to do 作为中华文明的真精神，与拼音文字重因果追问的"是"即 to be 比肩相对而立，并可望互补生成。

做学问，作为一种生活方式，就是过一种以治学为业的日子。郑也夫以杂家而成名，若有幸晤面谈笑，我可能反问：您，比我更杂吗？以我们人本化生活世界的近现代问题为导向，为了对中华文明有温情的理解，我从不在乎学科界限，且对西学有一种"不入虎穴，焉得虎子"的坚强固执。《社会科学战线》的马妮老师曾说我是逻辑学家，可她并不知道我 32 岁、64 岁时，曾两次讲科学史。一次是大学讲堂 56 课时，一次是在"千聊一方"直播间。去年八九月间，讲完麦克斯韦、普朗克、爱因斯坦、尼尔斯·玻尔四讲，劳累加吹空调过度，腰腿疼到生活不能自理。步移境迁，人要服老啊！

这本文集分四部分。第一部分四篇，表面上没什么关联，却内含我人生观、价值观、世界观的重大关节；撰写它们时的情景，至今历历在目，尤其珍惜随感草就的首篇：人怎能自夸己善呢？第二部分的十篇是这二十年专业研究领域，简言之，"用秩序/自由解读儒道互补"（Explain the Confucianism and Taoism supplementary from the order and the free angle）的成果。五百年来，以英美为首的一神教商业文明的现代性强调自由至上，而人本化生活世界的中华文明，向来坚持秩序优先——窃以为这是大中华参与文明对话的基础，且正在促进多元现代性的有序竞争。儒家强调秩序，道家强调自由；只做不说的法家和只说不做的佛家是文明的两极。儒道互补调适社会结构平衡和历史动态平衡，使中华文明自成高格。第三部分五篇是上世纪八九十年代,在逻辑哲学方面探讨的心得。对惠施、墨子特别是金岳霖、罗素的研读,文字尽管浮泛不成统序,却也尽心尽力了。第四部分五篇,要在为中华民族的关系理性寻根,并尝试对宇宙起源、人类起源问题进行考察和究问。第三、四两部分都关乎人类的思想方法,考虑到罗素的专名和摹状词分疏,至少在人文社会科学领域,中华文明对关系理性的发现和运用,将可能对人类的未来做出不可替代的贡献。中华文明连续而一贯,如果尼尔斯·玻尔对物理学波粒二象性的互补诠释作为原理被证明不可超越,易学的阴/阳最简关系式便很可能超越思想方法的认识论限阈,成为未来人类本体论意义上的价值共识。"一阴一阳之谓道"(《易·系辞》),尽管自然之道拒绝言说,却可依此途径而彰显。

学者老了,院里为自己出版学术文集是件愉快的事,可人生许多事总不免于遗憾。老伴半生辛辛苦苦风风火火地工作和做家务,退休无事竟不免没着没落,我唯一能做的是陪着她任性,于是乎总无法静下来。自认为深入到点子上的文字,交到读者手中时,理当尽量浅近写出,整理得顺顺当当,可始终未能如愿,更别谈"让哲学说汉话"的潇洒了。出版社春节前通知我时,老伴病倒住院,几年的遗憾无以弥补。毕竟,家是中国人的上帝嘛。我从来凭直觉治学,虽不免同行皱眉头,可直面问题思考的文字因应顺化,源于心田,于心自安!特别是早于安乐哲提出的儒家"角色"概念,早于赵汀阳追问"关系理性"的易学阴/阳最简关系式,发现、提出易学起源的"前衡猜想"等,使我不免于一分自得。无论如何,这本文集差不多算个半成品,好在也都发表过,好在《秩序与自由:儒道互补史论》四五十万字的书稿还在,《史论》之后写《通论》的梦还在!但愿这本文集不是对我学术生命的盖棺论定。

敬畏天地,尊重他人,并从而上祭祖宗、下盼儿孙,这作为中华文化保守主义者的信仰,祂以朴实而著称于世,亦必将仍以其朴实,使信仰祂的人们生生不息。科技和市场对文化传统冲击巨大,耐心等它喧嚣沉淀,几代人之后,历经更革,我相信祂仍将以其朴实而屹立于世界。所谓"浊以静之徐清""安以动之徐生"(老子)。责编说可以再添加些内容。我琢磨再三,还是作罢!一本厚书无异于一场大罪(罗素),无端地损耗别人的时间无异于谋财害命(鲁迅),何必呢?故除了以感恩的心面对为自己出版文集付出努力的各方各界的领导诸贤外,夫复何言?

安继民

2018年6月23日于一方楼

目　录

善不可说与儒家的社会善恶守恒律

001　一、善根:社会价值的定位与向度
003　二、孟子性善论的逻辑分析
007　三、孟荀儒家的社会善恶守恒律

丧服单元理想模型的"三位一体"分析
——儒道家/乡信仰的社会基础

009　一、为什么是孔夫子?
012　二、丧服单元的理想模型分析
016　三、丧服单元之相关经济学、法学及宗教性问题

伦理与道德的中国哲学思考
——兼与廖申白先生商榷

021　一、问题的提出
023　二、廖文问题的症结所在
027　三、仁与德:儒道互补的伦理学进路
032　四、中西方两种思想方法的不同理趣

034　五、总结和展望

冯友兰境界说的人生意义追思

037　一、生命意义面前的理性顿挫
039　二、生活意义的目的性
040　三、"以哲学代宗教"的神秘境界
043　四、境界的发生
047　五、境界的意义

论儒道互补

050　一、中国哲学的十大特点
052　二、儒、道两家的八大差异
055　三、儒道互补的六大价值

儒道两家理论起点的逻辑分析

057　一、从"君臣父子"说起
059　二、逻辑分析如何可能？
063　三、"子"之角色：儒家宗法主义的逻辑起点
066　四、道家的观点：角色并非人生的囚车
070　五、亲子教化无所谓民主不民主
072　六、自发的秩序和自发的自由

所有的人是子/所有的子是人：儒道互补的逻辑起点

076　一、关系人秩序与个体人自由的互补
077　二、关系人/个体人：人的双重品格
079　三、《论语》《老子》中的文字学证明及其结论

081　四、儒家的关系人命题:所有的人是子

084　五、老子的个体人命题和自由理念

087　六、道家的逻辑出发点:所有的子是人

从乙丁制到昭穆制:儒道互补的历史渊源

090　一、老子背后的乙丁制

092　二、孔子"不欲观"的背后

096　三、孔、老儒道在商、周源头上的互补

儒道互补:宗法主义与自然主义的结合
——中国哲学的一个解释视角

102　一、主义

104　二、道与理

107　三、人与物

109　四、行与知

论儒道互补的秩序/自由最简关系

111　一、问题的缘起

112　二、儒道互补的秩序/自由解读

116　三、最简关系式的科学互补考察

《道德经》自由理念的现实观照和本体考察

120　一、要自由不要主义

122　二、德性:农人的自由

124　三、自由嵌入自然成为逻辑空间的圆心

128　四、生活世界的自由小于但却高于普泛的自由

129　五、自由理念的本体性

133　六、内外一体的德-道

136　七、德-道与心性之体

137　八、天道在人心中见

139　九、道的终断性和开启性

儒道互补视域中的道家自由哲学刍议

143　一、儒家与道家

145　二、互补与阴阳

150　三、秩序与自由

文化生态中的秩序与自由

153　一、文明对话的必要性

155　二、农耕文明和商业文明

160　三、农耕文明有自己的秩序和自由

人本化生活世界对话一神教商业文明

163　一、生活信仰的逻辑分析

171　二、人本化生活世界与一神教商业文明

186　三、人本主义的现实价值

论庄惠之争

189　一、庄惠作为知己辩友

190　二、庄惠之争的四大焦点

194　三、庄惠之同与惠施"历物十事"之比较

墨学衰微原因初探

197　一、解题
199　二、内部原因
206　三、外部条件

金岳霖逻辑思想述论

211　一、对传统逻辑的理解和批评
225　二、逻辑范畴思想
236　三、逻辑哲学思想

金岳霖罗素哲学分析批判

252　一、罗素思想的渊源和分期
259　二、罗素形式逻辑思想判析
278　三、罗素感觉材料论判析

论主体-客体与主观-客观

296　一、人与外部世界的三重关系
298　二、人的对象化和对象的人化
300　三、实践的动态性和认识的静态性
303　四、对非人本误读的批评

中华文明起源的地缘反思

305　一、"大一统"现象及其整合
309　二、历史和"书写的历史"
312　三、五服观：血缘、地缘、等差制

314　四、从《中庸》到王国维的两河儒道地缘论

关于阴阳观念的几点思考

321　一、溯本追源话阴阳
322　二、命运关怀的古老形态
324　三、天象物宜的生态认知
326　四、思想方法的整合特点
327　五、说不完道不尽的阴与阳

易学最简关系式与希望哲学
　　——"前衡猜想":6×64 的原生性

329　一、《周易》版本新诠
332　二、"前衡猜想":逻辑与历史相统一的《易》文本
337　三、科学、命运与开放神学

人类起源问题的逻辑究问:问题的提出

344　一、问题的提出
346　二、儒道互补基础命题和人类起源问题
352　三、相关的文化形态比较学问题

宇宙起源问题的逻辑考察:神创论和自然论

354　一、宇宙起源问题的逻辑困难
356　二、中国传统中宇宙起源问题的追问
359　三、"莫为"抑或"或使"
361　四、自然论还是神创论

附录

364 《八家讲坛》总序
367 《秩序与自由:儒道互补初论》前言
376 《秩序与自由:儒道互补初论》后记

善不可说与儒家的社会善恶守恒律[①]

本文通过对善行在生活中表述困难的提示,认定"善"概念是一种社会价值的定位与导向;通过对孟子"四心""四端"和"四德"的逻辑分析,揭示出孟荀善恶守恒律的社会功能,把儒家人的角色关系性通过合作组成的社会进行初步的阐释。

一、善根:社会价值的定位与向度

善/恶二字是一对抽象的能指符号,若不具体化为可感的行为,它无所不指却又无所指,此即逻辑学上的空类。孟子的"可欲之谓善"(《孟子·尽心下》)是日常生活的语义,而非它升华出的道德价值。孟子承认对人有用或希望得到的任何东西的世俗价值,这些东西显然不是一种而是很多种,是一个集合。孟子的善正像弗雷格的0,是个不包含自身的空概念。

试论之:自称其善意便很可能成为伪善,所以,善就是善,它不能说。一旦自指善意,善便被拖进了别人的逻辑判断:真话?善言指称了善意;假话?他想干什么?任一个有效指称都不可能既真又假,于是,若善为真便因赘言被疑,若假即成为向对方的要求并成为对方判断的"恶"。若两可便是糊涂人说糊涂话。人之善不能描述,故善难说。让我们换个方式再说一遍,自称善事即圣事变俗事;称述为真,你想索取什么回报?若判称述为假则引起反感,真假两可则是自夸式糊涂。把善看作罗素的摹状词意味着,它是个有诸多内涵并且变化着的通

[①] 此文发表在2013年的《孔庙国子监论丛》上,因以《孟子》为例讨论,又在儒家圣殿的论丛上发表,就把名称调整为《孟子性善的社会价值论研究》。今恢复原意:先说人生观,后讲社会论。

名：大集合概念。摹状词否定了表层的一一对应逻辑，只承认其作为命题函项的虚位以待功能。善作为摹状词要求着语用逻辑，这和名称对一个具体物的指示很是不同。从摹状词看善，即"一百个观众就有一百个'哈姆雷特'"，"人上一百，形形色色"，所以，欲对"善"这个超大集合的词下定义是愚蠢的。

善是人希望得到并实际得以满足需要的某种东西，"可欲"的价值来自生活常识，我们所要的东西一定是我们缺乏的东西，人的需要缘此与世界万物关联起来。从这个基本事实出发，在实现或保证了这种基本的价值之后，我们才谈得上去追求真的科学和美的艺术。或者，假如可能的话，我们并行不悖地追求这多种价值。这是生活实践的真理，如衣食足则知荣辱。然而在道德形而上学的思考中，功利态度首先要排除出去，即所谓"超越"。这样，一个生活世界就演化为现实和理想、此岸和彼岸等一系列二元对立。不可否认的是，对形上需求的不可逃避性以及它的巨大力量，在中西文化中都存在，然而，逻辑理性主题的西方形而上学却将之做到了极致。拼音语言作为思想工具和文化的载体，呈现出二分的特征，此即我们所谓二元、他因、空间性西方哲学的一个生活特例。

善难说的根源在于善与恶这个基本的二元偶值的设定，它必须依赖于人们在特定情境中做出的某种选择，这是生活自身的丰富多样性给善的伦理学甚或神学提出的问题。只有在事实或可感的行为中才可以理解善，它绝不仅是二值判断，往往具有多种可能性。

善说不清楚并不表明它实现不了，在孟子那里它有一个性本善到性向善的转渡。孟子通过个人的心性修养对善自身进行了选择，并在一生的坚持中贯彻下去，所谓择善固执。孟子心性论是陆王心性学、程朱性理学的共同先声。讲到深处，心/理就会在一个交叉点上相遇，心/神的相遇往往使人因心神不定而求定，即止于至善。以阴阳或然律和结构功能性关系共在的思想方法重新审视中国哲学，主体心性和客观天理是分裂的。"义命分立"，义使人"自觉主宰"（劳思光），证立这主宰性即孟子式内在（牟宗三）或横向（张世英）的超越，或曰不同于西方宗教道德的社会道德（李泽厚），此即道德的形而上学。

善恶守恒律是一个绝对预设，正像爱因斯坦需要预设绝对光速 c。绝对预设不仅是自然科学的需要，也是社会科学的需要。社会生活的持续需要善恶守恒的预设来进行结构性的调整并使之趋于平衡，社会生活需要寻求公度性，社会结构平衡的首善概念是公正。人性善不是说每个人都有绝对的本善、向善天性,而是说如果没有这一绝对预设,社会生活的有序和谐性追求就失去了依据。从人性向善或本善出发,把易→儒—道所支撑的泛神倾向放在逻辑第一位阶上进行思考,把神学和哲学的终极概念通约为对人开放的神圣之域,也就消解了一神教的悖论。人在终极意义上不能逃避神学问题。① "大而化之之谓圣,圣而不可知之之谓神。"(《孟子·尽心下》)世界作为整体,确实有不可言说性,人在它面前没有价值依托。中国思想传统化畏为敬,对神圣之域开放的赋义方式,不存在上帝问题。所以,上帝死了(尼采)所造成的虚无主义也就不会发生。

人是价值判断的主体。传统社会无分东西,一元价值导向是维护社会秩序的核心要素。孟荀对人性善恶的不同分判,是一条社会价值的轴线;法家的赏善惩恶是对这一价值标准的外王落实。无论社会怎样进步,一定的价值引导必不可少。正义虽不必总能战胜邪恶,人则永远无法相信如果邪恶战胜了正义,日子还有什么过头?人性虽不必总是善的,但若人性总是恶的,扑面而来的交往合作和日常生活又该如何展开?

善恶价值轴线对人的功利诉求进行适时调控,在市场经济高度发达、网络信息全球化日益形成的今天,君子喻于义、小人喻于利的善恶二分,仍可引导价值,却难规范行为。在存在意义上,人人都一半君子一半小人,没有至善的个人,只有日趋完善的个体。承认墨荀韩的功利观,引入道家自由选择的理念,中国轴心时代思想巨子各执一端的人性洞见,为我们迎接多元价值问题的挑战,提供了充分足够的思想资源。在应当-正当-失当三分价值空间中,放大正当范围即可提高人的自由度,在保障公正的同时提高效率。

二、孟子性善论的逻辑分析

(一)"四心":社会价值的心灵根据

《孟子·公孙丑上》云:

所以谓人皆有不忍人之心者,今人乍见孺子将入于井,皆有怵惕

---

① 请参马克思《1844年经济学哲学手稿》(单行本),北京:人民出版社,1985年,第86—87页。

恻隐之心;非所以内交于孺子之父母也,非所以要誉于乡党朋友也,非恶其声而然也。由是观之,无恻隐之心,非人也;无羞恶之心,非人也;无辞让之心,非人也;无是非之心,非人也。

这就是孟子以"四心"作为社会价值的心灵根据的经典性论证。但在当下,我们必须对其进行分析,以便说明社会价值在什么情况下可以被自由平等的个人所接受。

不忍人之心是孟子道德形上学的前提预设,他的论证开始于一种生活情景的特殊选择:孺子将入于井。道德理想的确立还需要另一"非由外铄我也,我固有之也"(《孟子·告子上》)的关键步骤,固有即"天生德于予"(《论语·述而》)的不虑而知不学而能的先天禀赋,它超越人的认识和经验,偶然的经验于此转化为必然的和普遍的经验。恻隐之心与天赋道德本性,在逻辑上的缺陷恰恰说明:主体当下性情感体验,不能刻意为之,只能自然流露。道德理想于此亲历亲在的生活背景中建构起来,至少在孟子指认的那个情景中,不忍人之心的确是内在于人性中的事实。超逻辑是信仰对知识理性的超越,既为人性本善提供经验的证明,也为体验内在善行提供知识性认识的可能,从而使自由的实现成为可能。

从经验上看,孟子的道德实践处处体现出权衡分辨之智,是非义利孰重孰轻,由己及人亲疏远近,并非一成不变;从先验上看,孟子认为天命是"莫之为而为者天也,莫之致而至者命也"(《孟子·万章上》)。天是自然理序,命是客观限制(劳思光);心性内在超越之绝对性,是在心理事实旁边再立一逻辑必然性的坐标,以便构建人人需要的生活世界。趋近和顺从绝对、纯粹的道德理想,是知其不可为而为之,人把对天命顺从的消极面转化为道德个体的积极自觉并不断完善,践履终身,在这种道德修养中获得强大的生命力量。

天命是不以人的意志为转移的,只能接受,如生死寿夭的自然规律。但是,他者优位的恻隐之心则得以在瞬间发现并被把握。这种对天命的认识,庄子是由直觉观照完成的,他通过对人与物、人与人、人与自身紧张关系的解除和消弭,获得心灵的逍遥性自由自在;孟子则是通过自己守死善道的行为选择,践履共在性的现实自由。自由在中华文化中既是对世界的重新审视,也是与人生实践息息相关的文化创造和意义生成过程。

(二)"四端":道德形而上学的逻辑起点

恻隐之心,仁之端也;羞恶之心,义之端也;辞让之心,礼之端也;是非之心,智之端也。人之有是四端也,犹其有四体也。有是四端而自谓不能者,自贼者也;谓其君不能者,贼其君者也。凡有四端于我者,知皆扩而充之矣,若火之始然、泉之始达。苟能充之,足以保四海;苟不充之,不足以事父母。(《孟子·公孙丑上》)

孟子在心理事实的"四心"旁立一逻辑预设即"四端"。恻隐、羞恶、辞让、是非"四心"是孟子道德形而上学的心理学证明,尚未介入仁、义、礼、智具体内涵的"四端",是孟子道德形而上学的逻辑起点。孟子一开始就认定一种价值选择的标准,但对于尚未开始的"端"而言,"无善无恶心之体"(王阳明),它没有价值内容,只是逻辑起点。"四端"之不同于"四心""四德",正如逻辑学之不同于心理学、价值论。对此的展开即孟子个人心性修养的工夫论。善端通过尽心工夫践履,强调真诚的由内而外的自生自发力量,"由仁义行,非行仁义也"(《孟子·离娄下》),浩然之气需要一个扩而充之的积累过程。孟子以此为逻辑出发点,建构了他在经济、教育、社会规范、政治制度方面的公正性价值基础。

工夫是一种道德实践、一种修养过程。修养的方法包括"直养"和"集义"两个方面。人只有用一生的磨砺、修养并择善固执地做下去,才能成就最终的道德理想。修养的扩而充之在社会政治上就是推而广之,其路径即宋儒反复强调的修身→齐家→治国→平天下。"儒家的仁爱,一方面是一个从内的自我(身心)向外的家庭、社会和宇宙展开和放大的过程,另一方面又是一个从外的宇宙、社会和家庭向内的自我凝聚和缩小的过程。"[①]这种既往且返的致思和行为模式,把主/客、内/外、天/人、应然/实然、理想/现实的对立关系关联起来,儒道两家于此圆融互补。手段和目的共在,工夫与本体互成。儒家的叩其两端得中道、道家的入其环中得道枢,都是在强调自己的逻辑起点,即端。

(三)"四德":整合人心的社会策略

孟子的性善包括仁、义、礼、智四个德目,即"四德"。面对人类生活场景以及文化世界的深度、广度和复杂性,难以对人性给出一个确切明晰的答案。人性有 n 种,x 是 n 中的一个。"性相近,习相远"暗示了人性的存在,但孔子并没

---

① 王中江:《"身心合一"之"仁"与儒家德性伦理》,载《中国哲学史》2006年第1期。

有说人性到底是什么,于是子贡长叹:"夫子之言性与天道,不可得而闻也。"(《论语·公冶长》)"不知为不知",这是伟大的明智。历史的第一层含义是关于事实的即曾经发生过的事情,但历史这个故事必定消逝于时间的无情流逝中,只留下踪迹杳然的残砖断瓦供我们猜测它的零星片断,于是我们不得不进入历史的第二层含义:历史文献。文献的使用、校勘、整理、回忆、诠释在相互矛盾的事实面前经过理性的选择,在激烈冲突的价值中作出判断。这两层含义意味着人永远无法获得最后的终极实在,因为人只有一个世界——文化构造的世界,并不断重构这部人类文化的大书。时间由于历史产生了未来的向度,人只有在未来中才能理解和认识自身。面对那永远难以确知的未来,自由,人的自由,必须在历史中才能理解。由理念到现实的转化生成,就是做人的在世一生。人是目的在先的动物,人的劳动以及与之相关的所有社会活动都是目的在先的。[1] 仁义是支配人心的道德力量,充扩它也就体验到了天。人心对自身仁义的发现和确立,使中华文化形态获得了一种关于人自身的坚实的信仰。

> 尽其心者,知其性也。知其性则知天矣。存其心,养其性,所以事天也。夭寿不二,修身以俟之,所以立命也。(《孟子·尽心上》)

成德理想和做人主义是儒家的基本纲领。因此,人不是"什么",人就是他的共在性,他的道德实践活动的过程。孟子思想的价值在于他区分了人实际上是什么与人应该是什么,这使得中国伦理学呈现出做人主义的面貌。人生有一基础,人生有一目的,人生是一过程,当异己的力量被人的道德力量超越时,人的内心不再紧张不安,人的生命不再卑微渺小;在与人共在中通过横向超越的爱人,自由被安顿在秩序之中。

人性向善是一个自生自发的、秩序性自由的现实生活过程。以自生自发的自然为社会生活衡准,伦理秩序中安顿下来的现实自由是儒家做人主义的根本路径。居仁由义,择善固守既是普遍的天命又是每个人的心,反身而诚,乐莫

---

[1] 马克思说:"蜘蛛的活动与织工的活动相似,蜜蜂建筑蜂房的本领使人间的许多建筑师感到惭愧。但是,最蹩脚的建筑师从一开始就比最灵巧的蜜蜂高明的地方,是他在用蜂蜡建筑蜂房以前,已经在自己的头脑中把它建成了。劳动过程结束时得到的结果,在这个过程开始时就已经在劳动者的表象中存在着,即已经观念地存在着。他不仅使自然物发生形式变化,同时他还在自然物中实现自己的目的,这个目的是他所知道的,是作为规律决定着他的活动的方式和方法的,他必须使他的意志服从这个目的。"(《资本论》第一卷,北京:人民出版社,1975年,第202页)人的目的在先性即是价值而非理性决定行为的人的希望品格。

大焉。

庄子云:有真人然后有真知。对作为孟子核心理念的善价值的逻辑分析,迫使我们在社会价值的意义上,沿着中华人本文化形态的理路,把另一位思想巨人——荀子提前请过来(他在汉代比孟子的实际影响更大,却被宋明道学家排除出道统之正),看看荀子和孟子何以在人性论上持相反的立场。

三、孟荀儒家的社会善恶守恒律

任何一个社会生活共同体,都必得有善恶相报、毫厘不爽的价值信念。所以,孟子和荀子关于人性善恶的判断,作为社会价值轴线或社会这杆秤上的权度标准,仍然具有形上的守恒性,这就是中华人本生活世界的善恶守恒律。佛教来华之后,灵魂不朽观念的突显,作为今世不报来世报的六道轮回信仰形态,使生活善恶守恒律扩张到生死性的终极领域,从而成为一个更加周延、更加丰满的中华人本文化形态的社会核心价值,并构成一重化生活世界的价值基础。

孟子强调人性向善,荀子强调人性有恶,二者在中华文化语境中构成一种互补关系。这里的互补,可以逻辑化为极而言之的两种可能,即排中律或然律意义上的两个逻辑常项。人们评价一个人的善或恶时,引用的一般是被自己内化了的社会标准,否则就是无效的。许多恶人并不自以为恶,所有善人都不会自吹自己的善。这说明只有在与他人、与社会的关系中才有善恶问题。善/恶是社会价值评价系统必须运用的最简关系式,尽管承担实际责任的永远是某人。伦理法律规范只指向社会学意义的角色,就像法学上的不定第三人。所以,任何个体人都可以被中性地描述为一半君子一半小人,这样,他就无所谓善或恶;没有天生的善人或恶人,只有不同个性的人。只有当我们拿社会评价标准来衡量一个人的某一行为时,才有善恶问题。

如果把孔子之仁看作社会最简关系式,并构成中国文化的基元分析单位P/Q,任何分配关系中的相对行为人均可代入最简关系式:P方所得之量必全等于Q方所失之量。反之亦然。当代法哲学把权利/义务关系理解为结构上相关、功能上互补、价值上分主次和数量上等值的关系;善恶问题也一样,如果不具备结构相关的功能关系,也就无所谓善或恶。在限定的社会结构内部,善/恶和权利/义务虽然分属于伦理学和法学,却具有现实的同构关系,生活中谓之礼尚往来。权利和义务数量上等值,"一个社会的权利总量和义务总量是相等的。在一个社会,无论权利和义务怎样分配,不管每个社会成员具体享有的权利和承担的义务怎样不等,也不管规定权利与规定义务的法条是否相等,在数量关系上,权利与义务总是等值或等额的"。"如果既不享有权利也不履行义务可以表示为零的话,那么权利和义务的关系就可以表示为以零为起点向相反的两个方向延伸的数轴,权利是正数,义务是负数,正数每展长一个刻度,负数也一定展长一个刻度,而正数与负数的绝对值总是相等。"[①]

将法学的人际关系分析借鉴运用到伦理—政治领域,并允许暂时忽略掉人的精神价值追求,这种绝对值总是相等的权利/义务关系就是社会善恶守恒律,尽管实际上的社会生活往往会让许多人怨声载道。中华人本主义的基点是人心,所谓"得人心者得天下",正缘于人心或民意的无比重要性,若无善恶守恒律这一社会权度标准,只是一抽象概念便无法具体把握。儒道两家都有自己的行为模式:儒家是导/齐治理模式[②],道家是因/应行为模式。对此我们将另文展开。

[①] 徐显明主编:《公民权利义务通论》,北京:群众出版社,1991年,第65页。转引自张文显主编《法理学》第九章"权利和义务",北京:高等教育出版社、北京大学出版社,2007年,第146页。

[②] 子曰:"道(导)之以政,齐之以刑,民免而无耻;道(导)之以德,齐之以礼,有耻且格。"(《论语·为政》)

丧服单元理想模型的"三位一体"分析[①]
——儒道家/乡信仰的社会基础

通过对丧服单元理想模型的分析,揭示它生活-生产-祭祀的"三位一体"性,并以此支撑国人的家/乡信念。宗亲血缘/姻亲地缘作为儒道互补的社会结构基础,全幅面满足国人的传统物质-精神生活。在当代经济学、法学和宗教性问题上,它依凭以人为本的坚实生活基础、深厚的文化积淀,通过大一统的价值共识,可以支撑现代化的成功转型。

一、为什么是孔夫子?

作为文化代名词的儒家特别是孔夫子(Confucianism"儒家"以"孔夫子"音译)究竟凭借着什么样的观念,让生活在这片广袤大地上的世代前辈长期服膺呢?它的秘密发祥地究竟在哪里?这个所谓的儒家奥秘实乃宗亲血缘/姻亲地缘的儒道互补社会生活何以能正常进行的问题。它因其社会生活的基础性质而成为儒道互补的原型,是中国思想传统的深层结构和社会基础。儒家从孔夫子开始即以文化的传承为己任,他的两位精神传人孟子和荀子,也确实从理想(仁与人性善)和现实(礼与人性恶)两个向度上展开了深入思考,对整个中华思想传统和社会历史演变构成了巨大的影响。从马克思主义的观点来看,这是农耕生产条件下历史发展的必然结果,由此形成的东方一重化生活世界,也迥异于西方的一神教商业文明。从中国历史的演变看,秦汉至隋唐的一千多年,

---

[①] 本文发表于《商丘师院学报》2015年第1期。为了与《庄子·道家·道教》栏目内容一致,凸显道家的哲学意蕴,发表时将正副标题作了颠倒,文字亦稍有调整。这里重新颠倒过来,强调它在文化形态上的儒家意义。

儒法两家经互补性博弈，终于通过荀子式"以礼入法"，在法理上渗透了法家；接着从韩愈开始，通过程朱陆王对孟子式理/气-性/心（同构于道家的道/德）等观念展开，又在形而上学层面实现了对道家的裹挟，乃至于在当今世界，孔夫子作为中华文明的文化象征人格符号，受到了不可替代的一致尊重，这是源来有自的，尽管把"儒家"译为"孔子主义"过分西方化。

在中国历史上，法/儒/道三家，不仅构成思考中国思想传统自由问题的资源，更在秩序问题上表现出独立超迈于世界各大文明的宏大品格。如果对仁与礼进行观念的寻根，它是"孝"：礼以义为质，仁以孝为本。相对于先秦而言，秦后所有朝代特别是天下一统的王朝，无一例外地宣称"天朝以孝道治天下"。在仅以"孝道"再也不能全面维持政统/道统历史连续性的全球化时代，面对一神教商业文明的强大压力，究竟该以什么样的方式，从哪个角度，怎样认识"孝"这个根性观念并赋予其时代精神的新内涵？这是当下学术界仍然要严肃面对的悬而未决的问题。认识问题是解决问题的前提，正像科学是技术的前提。人文社会科学必须深入到人的生活世界内部进行综合的考量，而不能仅仅局限于某个学科的概念清理。对于中国这样一个带有强烈的经验主义特点的思想传统和唯名论色彩的观念形态来讲，它们本身即是整全性的，是"理在事中"（晚年冯友兰）或曰"理论联系实际"（毛泽东）性质的，学科的人为分割使得根本性的问题无法得到关注。所以，这里的思考与其说是哲学的，不如说是社会学、人类学或者说是民族学的。

《论语》只讲"孝"而《老子》只讲"慈"，这构成儒道互补的基础观念。牟钟鉴认为老子的"慈"与"母"相关，故道家智慧往往表现为某种意义上的"女性哲学"。就此意义而论，儒道互补也可以说是关于男女-夫妇究竟是主从关系还是平等关系的元伦理问题。早在上世纪40年代，费孝通就指出：与皇权相对的绅权，往往表现为儒道互补的智慧。"孔孟老庄合作努力达到的理想政治"正是要把"天高皇帝远"落实为一种乡土自治性的政治上的"无为而治"。[①]"小家庭和大家族在结构原则上是相同的，不相同的是数量、在大小上。……家族是从家

[①] 请参费孝通、吴晗等著《皇权与绅权》，观察社1949年版，第6页。

庭基础上推出来的。"①"家族是以同性为主,异性为辅"[P46],"国是皇帝之家"[P28],"乡土社会是'礼治'[P49]……礼是社会公认的合式的行为规范。……单从行为规范一点说,本和法律无异,法律也是一种行为规范"[P50]。不过,"礼并不是靠一个外在的权力来推行的,而是从教化中养成了个人的敬畏之感,使人服膺;人服礼是主动的"[P52]。"行为者对于这些规则从小就熟习,不问理由而认为是当然的。长期的教育已把外在的规则化成了内在的习惯"[P55]。但是,"现行的司法制度在乡间发生了很特殊的负作用,它破坏了原有的礼治秩序,但并不能有效地建立起法治秩序"[P58]。我们不惮其烦地引述费老这许多话,是因为科学研究的任务是探求新知。我们的结论是,费老的说法实质性地蕴含了一个儒道互补的内在结构,在《皇权与绅权》中,他确实一再指出儒道两家联盟的实际有效性。②

中国人既信天神,又信祖神,到处可见的"天地君亲师"是儒家信仰的基本形式。不管采取何种信仰形式,作为人最为内在的情感,在人类理性面前,信仰总是在逻辑上自相矛盾的。人类永远不得不面对这一无法摆脱的逻辑矛盾,展开其内在的情/理冲突。中国古代知识分子历来强调"自天子以至于庶人,壹是皆以修身为本"(《大学》),强调要反求诸己,要解决的最深层问题,仍然是逻辑冲突的信仰问题。现在,就让我们以儒家的"丧服单元"作为"理想模型"的基本单位进行分析,以证明其生活-生产-祭祀"三位一体"的整全性社会功能,如何满足了我们先祖们基本的物质/精神生活需要。

什么是"丧服单元"呢?瞿同祖论宗族说:"一个父系家族——'宗族'或'族'——包括所有可以追溯到一个共同祖先的男系后裔,这个家族的所有成员被同宗的血缘纽带联结在一起。但是因为人们在人际关系上存在着等级的差别,所以整个宗族就被划分成为若干次级群体。每个次级群体就是一个丧服单元,不同群体的成员之间有着彼此迥异的服丧等级。每个宗族都包括从高祖到玄孙的直系成员,还包括也是这同一个高祖之后裔的旁系亲属。"③此即经魏晋

---

① 费孝通:《乡土中国》,北京:生活·读书·新知三联书店,1985年,第39页。下引注页码于右上。

② 费孝通的三篇文章分别是:一、《论绅士》;二、《论"知识阶级"》;三、《论师儒》。见《皇权与绅权》,观察社1949年版,第1—38页。在费老看来,以上凡被归入该"类"的人,都是儒道互补性质的。

③ 瞿同祖著,邱立波译:《汉代社会结构》,上海:上海人民出版社,2007年,第15—16页。

积累,终被隋唐列入法典的"准五服以制罪"中的"五服",也是《尚书·禹贡》中的"地缘五服观"和与之伴生的"血缘五服观"。

血缘关系是一种世代继替的时间关系,地缘关系是一种空间关系。空间和时间是人类生存环境的基本形式。殷周鼎革,宗法血缘关系被提升为政治制度的基本原则,这种原则又被汉儒抽象为一套五服观念,并非没有客观的历史根据。从地缘关系讲,五服制度是以京畿为中心的五服天下观。以京畿为中心,把世界划为五百里半径递次向外展延的同心圆:甸服、侯服、绥服、要服、荒服。这隐含着四方辐辏、八荒来朝的聚合性文化观。服是服事天子,五服地理同心圆使天子得以和神意沟通,董仲舒的宇宙图式将其作为政治统治合法性的天象神意保障。这种规划得过分规整的理想,作为一种空间秩序的规划虽不切实际,却可以是我们分析的理想模型。

二、丧服单元的理想模型分析

关于丧服单元,历来有上五服/下五服之说,"从高祖到玄孙"即高祖→曾祖→祖父→父亲→"我"→子女→孙子→曾孙→玄孙。所谓"上五服",理论上讲就是一个人一出生,即不得不面对包括自己在内的上四代男系祖先及其配偶这样的宗亲属和姻亲属,加上自己就构成"上五服",因为此时,如果他的父、祖、曾祖、高祖辈中,无论谁逝世,他或她都必得穿戴特制的丧服;所谓"下五服",理论上讲就是,一个人假如活到了百岁高龄而逝世,可能有四代的宗亲属和姻亲属为他或她服丧,这些人都要根据相关规定为他或她穿戴特制的丧服。这样,任何人就一定被实际地关联在至少九代人之中,即九族。

"我"为上四代祖宗穿戴丧服,这是"我"的义务;作为下四代的祖宗,下四代为"我"穿戴丧服,这是我的权利。此即所谓"九族"之根本一说,理论的表述即:任何一代人中的"我"都要被关联在如此上、下的两个五服之中,从而构成一上、下五服的加和:5+5=9。

这里说5+5=9,没有对不起弗雷格等算术哲学家们的意思,因为,如果从儒家子孙后继的宗教性意义而言,"我"在理论上不可能被允许成为现代意义上的"丁克",所以为维系这种世代继替的关系,一般讲男必为夫而女必为妇。民间称夫妇俱在为"全活人",只有这"全活人",才能参与操办某种喜庆的仪式。故5+5=9实际上隐含了一个人类社会学意义上的儒家奥秘,即儒家观念要求一种必然确定性的数学二进制换算关系:夫妇。正是这种二进制规范性要求使得中国的"家"——不管是核心家庭、主干家庭还是理论上可以无限大的大家族——具有了自然数十进制3(核心家庭最小数)→∞的特异性。"天下一家"或与之相关的道德上的"天下为公",从而能够成为支撑天下大一统价值共识的自然科学基础。故这种丧服单元绝非仅仅是儒家的观念,而是一个文明形态的内在奥秘。

据此,我们可以借用自然科学"理想实验"的逻辑思想方法,借助二进制,设定出一个"五服单元理想模型",以便进行分析。这一科学设定可以这样表述:

设任一对夫妇中之男性之夫为A,妇小4岁为B,以每对夫妇生一双儿女为准,根据古代男20岁行冠礼并同时结婚生子为a_1,4年后生女为b_1,顺延20年后逐次男婚女嫁,顺序如上设定,谱系性地顺次生育子女,而对于此一男系主干家庭来说,即为a_2,b_2;a_3,b_3;a_4,b_4。此五代之"家"即构成一父系五服单元的理想模型分析基础。

(一)丧服单元理想模型之分析一:结构

如果这对夫妇正好都能活到100岁且子女相序,各代俱全,则80年后A死时,由于他代代单传,子、孙各代均无叔伯、叔伯兄弟、堂兄弟之类的复杂计算,这样的丧服单元也就是一个最简丧服单元。不必引述资料依据,我们可以直接作出以下设定性推算:

他(A)的妇(B)96岁,子(a_1)及儿媳各80岁、76岁,孙(a_2)及孙媳各60岁、56岁,曾孙(a_3)及曾孙媳各40岁、36岁,玄孙(a_4)及玄孙媳各20岁、16岁;女(b_1)及女婿各76岁、80岁,孙女(b_2)及孙女婿各56岁、60岁,曾孙女(b_3)及曾孙女婿各36岁、40岁,玄孙女(b_4)及玄孙女婿各16岁、20岁;外孙及媳各60岁、56岁,外孙女已嫁无服;余皆无服。五代之家,A死后为其服丧之宗亲属9人,姻亲属直系8人(四代女即b_1、b_2、b_3、b_4及女婿),旁系3人(外孙及媳、孙女之子)。他们各依斩衰、齐衰、大功、小功、缌麻五等服制,从3年(25个月)至3个月各有等期。抛开时代和地域不同的具体规定,理论上可以清晰无误地计算出此丧服单元的人数:A=9+(8+3)=20(人)。4年后B死,丧服略有降等,丧服单元的人数计算略同于A,即20-1=19(人)。

（二）丧服单元理想模型之分析二：功能

根据理想模型对丧服单元的人为设定，我们可以得出以下四点基本结论：

1. 只有宗亲亲属才属于其五世主干家庭或家族生活单位，也只有此 10 人才是同一生活单位中人，且依同姓不婚之古制，必有半数为外姓[4+1(B)＝5 人]；且由于 A 的逝世，此一生活单位的人数降为 9，此 9 人为宗亲属服丧人数。

2. 父系宗亲属加姻亲属构成一地缘性生产互助单位。意思是：(1)姻亲属为 A 服丧，固然可能有血缘的天然关系为纽带，却并不必以此纽带为前提。因为在未生育儿女之前，女婿与 A 并无血缘性自然关系，只是社会性婚姻关系。(2)婚姻关系虽然是将男/女转换为夫/妇的最重要的人际关系，却仍然是社会关系；但一旦此对夫妇生育儿女，儿女即成为他和她之间的血缘纽带，他们因此有了血缘关系。(3)由此可以推算，一丧服单元的人数，即按最简关系计算，亦远远大于作为生活共同体的主干家庭的人数：[9+12(包括孙女即 b_2 已计入)－1＝20(人)]，显然，9＜20。(4)根据社会学结构/功能学派提供的基本观念，这 20－9＝11 的人，家里有了事——不管是生活性还是生产性的——他们自然有前来帮忙的义务，从而构成一基本的生产性互助单位。服丧时的相聚，是形成这一互助关系的默契性生产配合的协调组织方式。

3. 丧服单元并非生活单位，而是一个生活、生产二重性复合单位。(1)依传统农耕生产性质以及大量历史资料、现实经验可知，人们以"家"这一生活单位为基础，不管是儒家还是法家，因为土地和房屋是不动产，难以做到清晰的产权界定，礼法亦都不准主干家庭父子间别籍异财①；饭菜一"吃"即不再是"财"，此等最基本的生活资料，事实上也无法清晰异财。(2)由此可知，上述的 9+11 人就一定既是生活单位，又是生产性互助单位，即"丧服单元"是一物质生活-生产的复合性社会单位，一个结构/功能性的二重性单位。

4. 丧服单元既然为祭祀而设，则任一丧服单元都是一生活-生产-祭祀(精神信仰、心灵生活)"三位一体"的基本社会单位。即：(1)在祭祀单位意义上，它作为物质生活-生产性单位，既可以满足"养老送终"等一系列具体的人生需要，

---

① 从商鞅到魏晋之间的五六个世纪即秦汉时代推行的是法家的法律，故有所例外。魏晋至隋唐"以礼入法"后，儒家思想成为立法的主导精神，故不再允许"别籍异财"。关于此点请参瞿同祖著，邱立波译：《汉代社会结构》(上海：上海人民出版社，2007 年)，瞿同祖：《中国法律与中国社会》(北京：中华书局，1981 年)中的相关论证。

又可以满足人类心灵的终极关怀,是一物质-精神一体化性质的弹性化社会团体。(2)作为祭祀单位的丧服单元,这一社会组织形式融生活-生产-祭祀三种功能于一体,并以类宗教形式将如此自然的"一群人"(相对基督教堂中无任何身份之别的一切都原子化地称"兄弟姊妹",故有数理逻辑的可"集合"性而言,此即荀子意义上的"群"),以血缘/地缘两种自然方式聚合在一起,可以展开全幅的生活世界画面。(3)作为满足终极关怀的中国社会传统组织形式,这"三位一体"单位的聚合,以行"孝道"为其终极理由。故作为基础的"孝"观念,即通过反覆盖方式,将生活-生产问题一并加以综合性解决。(4)"孝"观念因此不仅是一空洞的伦理-政治观念,借助于"孝",人生在世的所有问题都得以全面彻底、完善完美地根本性解决。(5)就生产互助意义而言,这是宗亲属血缘和姻亲属地缘的地缘性社会团体或单位,这一团体或单位由儒道互补的家/乡信仰来支撑;但从遗传学意义上讲,孙子和外孙与 A 实际上都有同样的血缘关系。这种地缘关系向血缘关系的自然转化,可以解释儒家思想越到后来支配地位越强,从而出现了儒家成为正统、孔夫子成为人格性文化象征符号这一重大现象。(6)从个体人的意义上,我们说"人生在世",即与此上五服、下五服有关:你一生下来,无论有无服丧事情实际发生,你在理论上都已经承担着服丧义务;一旦有事("当大事"),你便必须实际履行一切相关的义务;你履行一生的义务,都是为"向死而生"的你获得相应的对等性权利作预付性的准备,此之谓"哀荣"。哀荣是一个人得以"不朽"的权利。此即中国人的终极关怀。

若将此理想模型以图解的方式直观表示,有似于张光直《商王庙号新考》中的图式。① 但由于制作不便,我们这里不再画出。

(三)丧服单元理想模型之分析三:定义

根据上述对丧服单元理想模型的结构、功能分析,我们可以对丧服单元进行如下定义:

丧服单元是借服饰等差的仪式,满足人类生活-生产-祭祀"三位一体"综合需要的中国伦理政治秩序传统的逻辑架构。从个体人/关系人的修身到天下一

---

① 张光直《中国青铜时代》(北京:生活・读书・新知三联书店,1983 年)第 135—171 页《商王庙号新考》对"乙丁制"作有一图,见 156、158 页。拙著《秩序与自由:儒道互补初论》(北京:社会科学文献出版社,2010 年),将殷商时代的这种"乙丁制"看作与西周儒家"昭穆制"相对应的道家历史渊源,可参该书第 135—146 页。

家,借生离死别之机,人生在世所有的身/心问题,都能以此逻辑架构进行框套,并使得生活于其中的每个人的"心"得以安顿。

这一结构/功能分析基础上的定义可以说明,中华民族的文化形态是自足的、人本的,至少在农耕生产条件下,它具备了满足人本化生活世界中人类需要的所有必要条件。

根据理论的理想性要求,在丧服单元理想模型设定中,我们不仅有意舍弃了兄弟姊妹多子女情况下所涉旁系亲属的复杂性,而且只讲到 A 即"夫"而不述及 B 即"妇"。仅以此最简最小丧服单元理想模型而论,如果依极端个人主义的男女平等原则,即宗姻亲平等原则为老人服丧进行计算,结果就正好是自然十进制数的 N 代人数向二进制数的扩张问题。A 即"夫"之服丧人数为 $2^0+2^1+2^2+2^3+2^4=1(或0)+2+4+8+16=31(或30人)$,而非前述的 20 人,实际意义为"儿女辈亲属+孙及孙女辈亲属+曾孙及曾孙女辈亲属+玄孙及玄孙女辈亲属+妇"。

若使 A=我(任一男性),"我"并非仅是被"孝"的对象,在理论性越来越强的儒家看来,更重要的是"我"必为"孝者",依同一原则上推及父辈+祖辈+曾祖+高祖四代亲属,即可形成新的"丧服单元"。以"我"为二进制性质的 0∨1(殁或活着),上4下4分别构成上五服、下五服即9代已如上述。在婚姻半径小的情况下,姻亲属的生产互助是一现实。故牟钟鉴先生指出:"道家的哲学在一定意义上说是女性哲学,它把女性的许多智慧和美德从理论上加以升华了。"[1]

三、丧服单元之相关经济学、法学及宗教性问题

(一)经济学问题

无论事实上兄弟姊妹的人数如何变化不定,作为自然的血缘关系,它与农耕生活-生产的要求是一致的。由于农耕社会的婚姻半径小,生产互助并非虚

---

[1] 牟钟鉴:《走近中国精神》,北京:华文出版社,1999年,第116页。商原李刚在《道治与自由》一书中则认为道家强调"地缘文化"。女大出嫁成就地缘姻亲。

言,守望相助可为事实。土地是一种特殊的生产资料,土地与房屋是不动产,它只有通过登记来实现所有权的确权。这一登记制度在秦汉已经由法家所确认,即所谓"齐民";明代发展为"黄册"和"鱼鳞册",它们是人口、土地管理的文档根据。唐代杨炎的"两税法"、明代张居正的"一条鞭法"、清代雍正年间的"摊丁入亩"等,无论具体的治理方式发生何等的变化,围绕人口与土地进行治理,都一直是我国历史上政治制度的物质基础。

(二)法学性问题

先秦诸子百家到后来之所以只剩下儒家,是因为丧服单元的结构功能深深切入了社会生活的礼制规范。在隋唐之前渗透了法家之"法",而在宋明之后又裹挟了道家之"道",这就是魏晋时代的"名教"和五四时期的所谓"礼教"即天理之教。

中华法系以《唐律疏议》为代表性法典,一直奉行至清末。"以礼入法"为这一法典的根本特征,"准五服以制罪"成为定罪量刑的基本依据,其中的"五服"即上述的丧服单元。礼是以《唐律疏议》为代表性法典的中华法系的宪政精神,它以等差性的法律成就了现实的时间自然性,而非西方神本性地对自由至上进行空间性逻辑的理论抽象。

从秦汉至隋唐的儒法两家博弈中,法家的小家庭政策和儒家的大家庭原则,正是历史展开的核心内容即儒家之"礼"与法家之"法"的历史展开。儒家大家族血缘联系的认同渠道如何形成?瞿同祖之论即涉及儒家"大家族"和法家"小家庭"的社会-政治学如何转换的问题。法家体制表面推崇儒家"孝道",但皇权与官吏永远存在政治学性质的利益博弈。所以,在中国传统中,永远是政法一体、先政后法的。唐代完成以礼入法后,"法"即成了"礼法",儒家之"礼"从而也就转化成了政治问题。

(三)宗教性问题

丧服单元是生活-生产-祭祀"三位一体"的,是宗教性祭祀单位,"孝"道信念由此而获得它坚实的生活-生产性支撑,并非坐而所论之"道"。丧服单元既能满足人们的物质需要,同时也能满足人们的精神需要。张世英的"横向超越"之所以比牟宗三的"内在超越"更具说服力,正是因为这一社会学意义上的人际横向依存关系,更能说明儒家的"仁爱"以及作为其精神支撑的祖先崇拜信仰方式。就结构-功能意义而论,它生活-生产-祭祀"三位一体"圆满自足;就精神超越上讲,它与农耕生产方式制约的婚姻半径小直接相关。① 宗亲/姻亲的儒道关系,通过"服丧"表现为与生死相关的天人合一,使文明得以长期延续。

卡尔·J.弗里德里希说:"对于任何建立在人权信念基础上的社会来说,生存和安全的任务成了保护最深处的自我这样一件与保护最外层的边界同等重要的事情。"②这里,美国人的"人权信念"基础亦是"生存和安全"之类的基本个人需求。一种文化形态若要存续下去,生存和安全一定是个必要条件。所以他又说:"宪政论的宗教基础几乎业已消失","所有现存国家都不能完全践行其对人权的承诺","这主要取决于是否能够建立起一种有效的国际社会"③。显然,他的"超验正义"是一神教义支撑并经由悠久的传统积淀下来的宗教文化心理,非一神教传统的东方特别是中国,对他的人权信念不必当真。

就中国一以贯之的人本主义传统而言,如果依照易学最简关系的阴/阳(--/—)思想方法,在承认"身心一体"的基础上,将人的物质需要和精神需要一起考量,我们凭什么要和西方等发达国家一道并按照他们的"人权"定义"为人权而奋斗"呢? 我们没有《福音书》,也没有使徒保罗、约翰。即使在美国,表面上宪法与教会无关,事实上,美国宪政不仅在理论上而且在实际上都与公民普遍的一神宗教信仰密不可分。亨廷顿在《文明的冲突?》中划分"文明"的标准为什么正好是宗教而不是别的什么?④

"信"在儒道观念中的地位都不甚高,因为儒道两家都是人本主义者,他们的哲思都立足于社会人生。就中国思想传统而言,"人而无信,不知其可"(《论语·为政》)讲的是熟人际的"信","信言不美,美言不信"(《老子》第81章)也是就熟人际社会讨论"信"。人际间的问题不是信仰关系,而是信任关系。农人

---

① 据笔者与加拿大麦吉尔大学人类社会学教授宝森桂(Laurel Bossn)30年前在豫北的合作研究,当时的乡村婚姻半径尚在5公里之内。
② [美]卡尔·J.弗里德里希著,周勇、王丽芝译:《超验正义——宪政的宗教之维》,北京:生活·读书·新知三联书店,1998年,第110—111页。该书作者为美国政治学会前会长,这尤其能说明问题。
③ [美]卡尔·J.弗里德里希著,周勇、王丽芝译:《超验正义——宪政的宗教之维》,北京:生活·读书·新知三联书店,1998年,第111、111、112页。
④ 1993年夏,塞缪尔·亨廷顿在美国《外交》杂志上发表《文明的冲突?》一文,引起国际社会普遍关注和争论。他不久即发表后续文章《如果不是文明,那是什么?》。1996年他著成《文明的冲突与世界秩序的重建》(周琪等译,北京:新华出版社,1998年)一书,对其理论进行了更加深入系统的阐述。他在划分文明的标准时,基本采用"宗教"这一标准,并将中国定义为儒教国家。

生活在熟人社会,相互信任不是问题。此即相对于一神教商业文明的儒道两家均不重"信"的社会学基础。反过来讲,强调信仰的一神教文化传统是生人际社会中人际信任关系不容易建立的商业传统。所以,一神教信仰是与商业伴生的生活方式。中国思想传统"以哲学代宗教"(冯友兰),这里的哲学即道德形而上学。"恃才力者功小,恃智能者功大,恃德性者功久"。"我们在社会道德而非宗教道德中,满足了自己的终极性精神生活"(李泽厚)。"由特殊的家庭关系或社会政治秩序所规定的各种各样特定的环境构成了区域,区域聚集于个人,个人反过来又是由他的影响所及的区域塑造的。"①

自从司马迁的《史记》问世,并在《五帝本纪》劈头一句说"黄帝者,少典之子,姓公孙,名曰轩辕。生而神灵,弱而能言,幼而徇齐,长而敦敏,成而聪明。……黄帝二十五子,其得姓者十四人",他已将中华民族的根深深扎在了儒家的血缘关系上,"炎黄子孙"在中华大地上散布开来,所有的历史便都成了"家族/乡村"史。这种将世界事件的空间性按历史年表的方式排列在时间长河中的致思倾向,在复杂的法、儒、道相互进行阴/阳互补中互为动力、互为因果,从而成就一元、自因、时间性哲学。这样,李泽厚"心理成本体""经验变先验""历史建理性"的思考②便得到了社会学上的说明。人生在历史中实现自己的命运性永恒,从而满足中国人的希望性信仰。

儒家的伦理-政治学原则建立在"家"上,如果儒家确乃杜维明等认为的宗教,它就是某种意义上的"家教"。只要有人类,就一定会有"家",如此近切实在的"家",人人都生活于其中的"家"。"性质上严父和专制君王究竟是不同的。"③"丧服单元"至今犹存于族谱制度中,一个老人过世了,他(她)的直系亲属自然要服丧。但其旁系亲属该怎么服丧,要不要服丧,即怎么样参与葬礼,此即五服制要解决的社会学问题。"五服"观念系统极大地影响了中国文化形态,既然我们共有一个祖先,地缘利益冲突被整合在血缘的时间-历史性世代继替之中,从而成就了中华民族最大的价值共识:大一统。

---

① [美]郝大维、安乐哲著,施忠连译:《汉哲学思维的文化探源》,南京:江苏人民出版社,1999年,第44页。
② 李泽厚:《历史本体论》,北京:生活·读书·新知三联书店,2002年,第30、84等页。
③ 费孝通:《乡土中国》,北京:生活·读书·新知三联书店,1985年,第66页。

附记：

  作者根据此文的研究，提出"地缘性'小同家祠'"这一具有现实操作性的构想。所谓"小同"，字面意义有二：其一，"小康"加"大同"谓之小同；其二，"宗亲"加"姻亲"谓之小同。所谓"家祠"，意在既承续又区别于传统的"宗祠"，使封闭的男性统治的宗祠具有开放包容性，即宗亲加三代姻亲均可作为祭祀对象。所谓"地缘性"，是相对于婚姻半径而言，城市中流动性大到婚姻半径过百里者，可通过网墓祭奠解决，使"祖籍"向精神凝聚方面落实。总的旨趣是为殡葬制度改革提供继往开来的新礼仪形式，将火化骨灰置于"地缘性'小同家祠'"地宫，以缓解现代与传统的紧张。在田园综合体、美丽乡村，现代农业问题日益凸显的新时代，留住乡愁是中华民族魂有所寄的文化传统承续的大问题。"周口事件"中"岳文海，你妈让你回家平坟"的观念冲突，关键是国务院的殡葬改革不曾为如此重大的"生死"问题提供可替代方案。就此而论，"地缘性'小同家祠'"正是公墓和土葬之间的一种折中思路。希望得到有关方面的关注！

伦理与道德的中国哲学思考
——兼与廖申白先生商榷

在中国语境中,伦理指儒家的"仁",道德指道家的"德"。在后世的发展中,二者以某种内圣外王的方式互补展开,既解决人生的安身立命问题,也解决大一统前提下政治上的治乱兴衰问题。这种思想方法背后由一种共同哲学理念支撑,从而导致中西迥异的两种哲学理念和两种思想方法。中国人不设定先验绝对的本体,不求真而求道。这迥异于亚里士多德对实践理智的理解。

一、问题的提出

中国人的宇宙观倾向于认为:不管祂属人还是属神,我们都应该以愉悦且欣赏的态度来对待我们不得不生存于其中的这个世界。其结果表现为:(1)我们不是发展了因果追问性的积累性科学知识,而是发展了使社会生活在人的努力之下变得更好些的丰富的人生智慧。(2)我们也并不追问什么是正义,而是努力使社会生活在任何情况下都能重新恢复有序,或使得这秩序变得更加公正些,以便人们能够更为自由且有序地展开自己的生活。因此,中国哲学尽管也有形而上者的道论,却从来不去逻辑地推进一种西方意义上的形而上学。于是,中国人古来虽然也一直有对神的敬畏,但却不曾有神学,更不创造排他性的一神教。在这个意义上,中国哲学是宽容的,它宽容的边界似乎也是无穷的,以至于任何一神教,都能在中国这个大熔炉里呈现出自己的美妙和风采,并帮助中国收拾人心,其在整体上表现为中国古典意义上和而不同的美学状态。

《易·序卦传》说:有天地然后有万物(阴阳),有万物(阴阳)然后有男女。老子说:万物负阴而抱阳,冲气以为和。我们承认有且乐观其有,我们通过有/无的阴阳互补模式来看待并思考这个世界。由于这些说法在中国文化中的根本性,且时时、处处、事事得以展现出来,中华文明对世界不仅充满了哲学性乐观态度,并由此发展了一种可以称之为阴阳互补的思想方法,从而非常不同于西方人大大发展了的那种因果追问逻辑思想方法。中国的阴阳互补论思想方法是否能成为一种普世性的思想方法呢?这当然是一个需要严格论证的重大问题。但本文意不在此,本文意在通过对儒家之"仁"和道家之"德"的思考——这思考的思想方法是中国的——来回应一个伦理学上的问题,以此就教于廖申白先生。

廖先生在《中州学刊》2009年第2期上发表《论伦理学研究的基本性质》(以下简称"廖文",凡引此文只标页码),共分七个方面讨论:伦理学与人的问题、着眼于人的可能的善、着眼于人的总体的善、生活者的观点、实践性、规范性、哲学的和有系统性的研究。文章的总体意思应该是这样的:伦理学这门科学的核心问题不仅是人的问题,而且是带有实践性和规范性的问题,研究者不仅是一个外在于社会生活的评价者,而且是一个内在于社会生活的参与者,研究者的这种双重身份在趋向某种内在的善或总体的善时,常常表现出在伦理和道德、正当和善等方面的不协调的理路。于是伦理学就不得不寄望于哲学形而上学的有系统性的研究。哲学形而上学更有可能通过可能的善去系统接近总体的善。

这种努力方向我没有什么意见,我对廖文的意见可这样表述:

(一)从理论意义立论,任何一门学科的研究者都无法对自己这门学科的"研究"进行真正有效的研究,而不仅仅是伦理学。如果对某一学术群体进行研究是可能的,且有时甚至是必要的话,那只是一个社会学性质的问题调查,但这一调查理论上正好不能由从事本学科研究的人进行,他们法律上需要回避。这意思就像逻辑实证主义所早已发现的那样:符号不能自指。或用中国传统的常识讲:医不自治。而这一理路正好就是廖文中分两节所讲的所谓生活者和评价者关系问题的思考所呈现的真实状况,这是一个逻辑悖论。而根据黄辇冀的研究结论:东方无悖论,这说明廖文的思想方法从根本点上是西方的。

(二)如果我们不是进行神学的研究,我们不会发现总体的善;如果进行神学的研究,我们所认定的最后的总体的善就是神本身。但神学家并不是神本身,他只是依靠信仰才能将所谓的总体之善主观认定为神本身并宣称神的至善。在这一研究中,神学家必然面临古老的柏拉图问题,即,如果我已经知道善本身,我将不再需要研究什么是至善;如果我不知道善本身,即使善本身就在我面前,我又怎样来识别它呢?这又是一个逻辑性的悖论。基督教神学正是在这一逼问或这一悖论基础上,才不得不以 God 来避免思想的无底深渊。

(三)西方形而上学家真的能通过系统性研究来回答廖文的伦理学不能解决的问题吗?在基督教主导的中世纪,欧洲人按《圣经》思考,近代特别是康德以来,他们开始从实体性的自由来思考,于是就出现了善和正当的不协调。由于 20 世纪的中国有从五四以来的长达 60 年以上的"言必称希腊"的科学思维定式,廖文不得不回归古希腊,回归到亚里士多德,并将伦理学内部的上述不协调寄望于同样源出西方的哲学形而上学。据我所知,西方哲学在逻辑实证主义无情的奥康姆剃刀解剖下,形而上学在学科意义上已是斯文扫地,因为它所有的根本性问题,已经被证明为类似于某种皇帝新衣之类的假问题。逻辑实证主义思潮的背景支撑,是新科学革命和数理逻辑在 20 世纪前 30 年的发展所导致的自身无法系统性完整自洽的结论,而与此同时,尼采又宣称"上帝死了"。于是,罗素所津津乐道的所谓哲学总是处于神学和科学二者之间的"无人之域"的说法应该是成立的,这就出现了后现代哲学家不仅不再诉诸传统意义上的形而上学,反而激烈解构一切以逻各斯为中心的形而上学。在这样一种历史情景或者说时代精神之下,我们怎么好意思去难为我们的这些西方哲学同行呢?这不是说中国哲学能够解决这些问题,而是说我们有另外一种与之不同的世界观,或者说我们对于我们不得不置身于其中的宇宙,有另外一种更加乐观的态度,且在此基础上发展了另外一种不同于因果逻辑决定论的功能互补效用论思想方法。

于是治西学却又是中国人的廖先生恰当地站在中西之间进行协调,且要把伦理学问题过渡为哲学形而上学的问题。那么廖文的问题究竟出在哪里呢?中国哲学对此能否给出一个更好的说法呢?如果可能的话,中国哲学的说法是什么?下面我们就这三个问题一一展开并给出自己的说法。

二、廖文问题的症结所在

请允许我将意见性的结论放在前面。廖文的问题是:中西方两种思想方法的不当混用。混用似乎应该是最好的方法,但不当的混用却可能将问题诱入歧途。

为了能提纲挈领地将廖文的理路展开并找到其症结,我们不妨先将该文的内容摘要和关键词抄录如下。其内容摘要曰:对伦理学研究人的问题的方式及其特点作出说明是理解伦理学的性质的好方法。伦理学着眼于人的特有的生活活动、人的总体的生活的善来面对和研究人的问题,它内含一种生活者的观点。把伦理学的研究仅仅建立在评价者的观点上是不恰当的,它是一种实践性的研究。一种生活活动仅当发生了对生活者而言的内在善时,才成为伦理学研究的恰当题材。伦理学也是规范性的研究,它研究伦理与道德是怎样的生活规范,以及它们怎样成为这类规范。伦理学是一种哲学的、有系统性的研究,这种研究更接近人的生活或问题的真实。其关键词曰:伦理学;善;实践;生活者;道德。

通过整个行文过程我们能够发现,廖先生事实上是要协调在学理上存在着重大张力的四个问题:(1)生活者和评价者的关系如何处理;(2)实践性和规范性如何协调;(3)伦理和道德这两大同根分途的问题,在伦理学中应该如何归并于善;(4)通过哲学形而上学的介入试图解决或接近于解决本学科在理论形态上的系统性问题。

问题在于:这四个问题事实上处于不同的领域和学科之中的不同层面上,伦理学本身即便加上哲学形而上学的努力,究竟能否达成廖先生所预设的西学意义上的宏大目标呢?

(一)关于生活者和评价者的关系如何处理的问题。关于这个问题,不仅是伦理学,但凡社会科学的所有研究者,都有同样的问题。因为很简单,这类问题的研究作为一种行为,其与自然科学研究的重大区别是:我们既是主体又是客体。作为主体,我们把我们的外部世界当成了我们的对象;作为客体,我们自己恰恰又是我们所研究对象的一部分。如果按逻辑的因果追问方法坚持进行下去,我们必然进入悖论:我不研究我时我研究了我,一旦我研究我时我又失去了作为对象的我。正如廖文所说,伦理学研究可能同时含有生活者与评价者两种观点,为了区别这两种观点,廖文对"实践"这个范畴作出了特殊的界定,这种界定不仅使"实践"否定了人类创造物质生活资料以获得"善物"活动的实践性,而且进一步将"实践"窄化到"追求着交往生活的内在目的,并在此基础上追求着人的生活的哲学的、宗教精神的理解的活动,我们称为实践"。简言之,只有真正属于哲学和宗教生活的交往并理解着的活动才是实践,其他生活活动算不上实践。"所以,尽管人人都生活着,但并不是人人都有实践的活动"。"仅仅谋生和牟利的生活不是实践,仅仅为获得某种善物的生活也不是实践"。为了走出生活者和评价者"研究"行为的逻辑悖论,廖文造出如此界定的"实践"概念,究竟是有助于问题的解决还是为研究增加了更大的麻烦呢?结论是不言而喻的。

(二)关于实践性和规范性如何协调的问题。在当代中国语境中,我们可以把实践界定为人的自由创造活动。如果进一步限定的话,我们可以说,只有创造出有益于人类生活世界的活动才配得上实践之美名,因为这活动即使不善也起码必须是正当的。而有损于人类生活世界的生命活动应当在道德上进行制止,若道德未能制止他,他就应为此一行为负责:承担不利的法律后果。这样,我们也就同时预设了两种规则,即道德规则和法律规则。如果道德规则足够有效,我们将不再需要法律规则;正是因为道德规则往往总是远远不够,我们必须制定法律规则。古今中外的历史事实无不证明着这两项规则都是维系一个良序社会的必要规则。一旦这两种规则都失效了,人类最后就不得已而诉诸暴力或将刑法的暴力升级为战争的野蛮规则。传统中国"刑起于兵"的历史沿袭可以有效说明这一点;孔子的"无讼"理想可以说明伦理规则比法律规则更合于道德。欧美传统的民商法规则占据主导地位,但这只是一个简单的事实需求问题,即,在地中海文明丛中,商业从来具有重要地位,而在东亚大陆的农耕中国,则不太需要这种规则。我们现在十分需要这种规则,只是因为从马嘎尔尼到前不久我国加入世界贸易组织的二百年历史过程中,我们被动地不得已接受了"贸易自由,协商关税"的新规则。目前被误认为是所谓"普世伦理"的许多规则都是这种人类历史"实践"的结果,而不是因为我们这种现在看来还很落后的文化传统没有哲学和宗教的追求。实践性是自由地创造性突破规则的生活、历史动力,规范性是使这动力不至于失序的安全保障阀,二者恰如一个铜币的两面,不可须臾分离。于是,廖文对"实践"的上述限定是荒谬甚至是可笑的,不管在中国还是在西方的当代。

在廖文接下来的论证中我们可以看到,他之所以对实践作出上述如此严格而又狭隘的定义,仅仅是由于他把实践完全误置于亚里士多德的理论框架之中了。与此同时,他也将人类社会生活所需要的规范分为"职业的或技艺(技术)的、法律的、伦理的三种形式"。进而,他仍然采用亚里士多德的分类方式并指出,"劳动、实践、理论"是人类所特有的活动,这三种活动分别来源于"理论理智、实践理智和技艺理智"这三种理智。同理,三种理智自然就推出如下结论:"人的特有的活动有三种:理论的活动、实践的活动和制作(或劳动)的活动。"试问:这样叠床架屋地套用亚氏理论,于我们的伦理学研究到底有何种补益呢?如果亚氏的分类确曾是有效的,那么何以作为亚氏后裔的西方伦理学和哲学同行一直未能解决廖先生提出的问题呢?回到廖文内部理路上来,作这样限定的结果对思考所谓的"伦理学研究的基本性质"有何补益呢?

(三)关于伦理和道德这两大问题域在伦理学中应该如何归并的问题。在我看来,"伦理"一词是中性的,它研究的对象是人际关系却并不保障实际上也无力保障人际关系必然地导向行为人的善行,或者说,"关系"是中性的,人际关系的互动中既有向善的可能性,也极有可能不可逆转地恶化下去。但由于传统伦理学一直强调人际关系应该由"善"来引导,所以人们也就将关于善的问题长久地交由伦理学学者进行研究,这种自然形成的分工现在看来完全可以是无所谓的,但是研究者则应尽可能负责任地在其中选择让人明白而非让人糊涂的研究策略,以确保教人者不至于误人子弟。"道德"一词,至少在中国语境中却完全不同,它本身意味着善,蕴含着善。所以在中国伦理学界,一直存在着对这两个概念及二者关系的不同理解。比如,强调"伦理"一词古典意义的何怀宏就坚持伦理学应该通过制定伦理规范来引导人们的行为更加趋向于道德,即提倡人们趋善。而强调道德相对于"伦理"一词的差异性的赵汀阳则坚持认为,伦理学的任务不是或主要不是制定什么伦理规则,而是要研究如何使人们的生活更加幸福,如果说真的有什么达到幸福的规则,他认为一条"公正"规则足矣。因为,即使我们已经拥有了足够多的伦理规则,人们仍然不会因为有了它们就变得行善之风大行天下,反之亦然。

廖文显然意识到了这一分歧,他在行文中清晰显示的传统社会中伦理学研究强调"善"而近现代以来特别是康德以来人们更加强调"正当"就是明证。对廖先生而言,善与正当的关系也就是伦理与道德的关系。执意要追求"总体的善",意味着廖先生坚守传统的伦理学界域,试图将正当归并于善,这与何怀宏先生一样,本身当然谈不上对错。就学科领域本身的界定并不同于该学科能够解决的问题意义上,不仅不能对此有什么责备,相反地,将二者归并起来的学术努力还相当值得嘉许。问题是:我们采用什么样的思想进路,或者说采取何种研究策略才能达至这一崇高的目标呢?研究策略是研究者自身的选择行为,这选择行为必将显示出研究者说的是明白话还是糊涂话。

(四)关于通过哲学形而上学的介入试图解决或接近于解决本学科在理论形态上的系统性问题。问题(四)与问题(三)紧密相关,廖先生的研究策略是求助于哲学形而上学的参与或介入。而廖文给人的明显感觉是,他正在进行这样的跨学科研究,也就是说,即使我们不能将伦理规范完全系统化,只要我们努力着,希望总是有的。于是廖文一方面主要借助于西方哲学中的学术资源,特别是亚里士多德的学术资源,一方面引入中国传统的儒学和道家思想进路和研究策略。理论上讲,这是相当地好。问题是对中国传统资源的援引要准确!

三、仁与德:儒道互补的伦理学进路

问题似乎真的就出在这里。廖文开篇即不断引用道家之"道"和儒家之"德"来论证他关于西方历史上"善"与"正当"的关系问题,并试图释明"伦理"和"道德"的关系并从而指出,伦理学界对于二者在指称上的不同意蕴有分歧。

儒家传统虽然立基于宗法伦理,但经孔子改造之后,它毕竟首先是一种中国特色的伦理学。这种伦理学与西方伦理学的关键不同之处,是在早期儒学中排除掉了人与物的关系从而把问题集中在"仁"这个观念上。虽然"大学之道"三条目的最终旨趣在"止于至善",宋明儒学也重新将人与物的关系引入自己的理论体系之中,但他们并没有走出孔子所圈定的界域,他们在"格物致知"上虚晃一枪后,认定"仁"是其道德形而上学本体论的终极根据。显然,这种进路迥异于柏拉图的进路,它虽然也设定了"至善"的可欲性,却只从人现实的自然存在的亲亲状态出发渐次展开。达到至善固然圣且神矣,一时达不到至善却也并不特别地在乎。道家虽被从司马谈至今的人们称为道家,但在伦理学意义上,道家的核心概念并不是"道"而应该是"德",而儒家的核心概念并不是"德"而是"仁"。"仁"可以转换为不再以宗法为基础的伦理概念,进一步甚至可以转换为具有人际间中性关系或者哈贝马斯主体间性式的普世伦理学。而道家之

"德"在中国传统语境和现代语境中,都可以直接转译为伦理学意义上的道德本身或者说柏拉图意义上的善本身。

出现这一重大错置并不为怪,因为廖先生主治西学,在其他领域说话有所隔膜是可以原谅的。但既然廖文已经通过对实践的重新界定,将劳动所追求的"善物"都排除在伦理学看来如此重要的实践领域之外,为什么还要将"道"这一最高范畴引进来为自己作论证呢?显然,廖文将"道"完全当成了西方哲学甚至宗教观念,这很不妥当。"道"当然有这一层意思,但道还有譬如"要走正路"的道德意味,而正路或大道不是只靠哲学和宗教的交流理解所能走得通的。"道"作为中国哲学的最高范畴,它的综合性不但不排除廖先生所排除出去的"善物",反而恰好是只有能取得这些"善物"时才可配称为德得了道。

廖文的标题"论伦理学研究的基本性质"和最后一部分"哲学的和有系统性的研究"这一前后呼应究竟蕴含着什么样的玄机,乃至于出现这种严重的误判误置呢?若细绎文意,我们不难感到廖的意思应该是这样的:伦理学仅仅靠自身的研究是不够的,必须借助于哲学形而上学的研究。因为哲学"寻求对这个存在世界本身,对人的存在同这个存在世界的存在之间的关系,对人的生活的善以及人与生活的这个世界的好的关系被人类看作是善的原因等的更全面、更透彻的理解"。这样,伦理学研究的基本性质就被廖文扩张到了哲学形而上学的研究。然而问题的严重性在于,既然有如此的诉求,那为什么又要掏空哲学所要面对的存在世界中至关重要的实践概念呢?仅仅由于这一概念源于伟大的古希腊亚里士多德吗?亚氏的诉求和廖文的诉求在何种意义上有一致性呢?对此,我们反复研读,却仍看不到廖文有任何的说明。

如果这种思考在传统西方形而上学中是可欲的,那么,在当今世界哲学界特别是中国哲学界就不仅是完全的错置,而且是完全的自相矛盾。廖文没有对学界提出一个清晰的问题,而只是为自己制造了一个混沌的迷宫,展示了一大堆虽错位艰难却是可爱的思考。

廖文认定:"道家学说把我们无法经验但可以体悟的道作为世界的本原和生活的最高的善,儒家学说把我们据以与道沟通的德作为人的生活的主要的善。"在伦理学意义而不是哲学形而上学意义上,这句话应该是这样的:道家通过个体之德追求道,道家之道是中国哲学的最高本体,也就是伦理学最高的善;儒家通过"和群之仁"来求德,并通过含有主体间性人际关系内涵的群体之德,来和道家个体之德进行对偶互补。这样思考的话，便有可能对破解伦理学在这一问题上的难题有所助益。我们可以也应该尝试利用儒家伦理和道家道德的资源，并借用中国对偶互补的思想方法来解决困扰西方伦理学界在"善"和"正当"或目前中国伦理学界在"伦理"和"道德"上不可克服的逻辑不可贯通性甚至矛盾性的问题。否则，如果按廖文所说，不仅会误置了儒学和道家，也会误导廖先生并从而将现在看来如此重要的伦理学难题，错误地推给早已力不从心的哲学形而上学。事实上在我看来，这一难题似乎是一个西方神学或者说准神学问题，把它在社会科学各领域之间像皮球一样踢来踢去，不仅是无聊的不负责任，而且是极为有害的。如果一个研究者需要信仰了，比如廖先生，那是极为正常的事情。可是人类毕竟无法通过科学的努力终极性地解决这一问题。自然科学做不到的事情，社会科学仍然做不到，不管是多么真诚的研究者，真诚地努力并不必然感动上帝，以便让研究者能够穷尽这个世界的真理，并使这真理获得信仰的资格。信仰就是信仰，就学理意义上说，信仰也就是不讲道理的最后道理。就此而论，廖文提出问题的思想方法本身即存在着严重的误区。这一误区事实上已经将廖先生引入歧途。

伦理学的基本性质是什么？我认为任何一门科学都只有对象问题，用中国人实践理性的大脑思考，这世界根本就不必也未必有什么实体的性质。这是问题的一个方面，问题更为严重的方面是，伦理学学者和其他社会科学的学者一样，他的"研究"行为本身是无法通过自己的自反性努力来找到的，更谈不上有什么"研究的基本性质"。我们把这一"研究"行为作为一碗饭就是了。雅致点说，这是一种职业，研究是学者的职业行为，如此而已，岂有他哉？

最质朴的真理也许是，科学研究就是要么获得知识，要么界定正义，前者是自然科学家的事情，后者是社会科学家的共业。虽然正义或公正的实际获得总要以自然科学的知识为背景，却并不必然需要对这一知识的总体引入，更不能在前门推出而在后门又稀里糊涂地悄悄引入。而这正是廖文的总体误区。伦理学的主要研究对象是人际关系中的应该，关系可以扩张到譬如动物保护和生态文明的研究上，但这并不改变伦理学研究"关系中的应该"这一基本性质。一旦这"应该"上了心、入了脑且能常常落实到人际互动行为上，此人就是道德的或善的。西方哲学从本体论转向知识论，又从知识论转向语言学；然后现象学发生了神学转向，解构主义发生了伦理学转向，列维纳斯又提出"伦理学是第一哲学",颇带神学指向和神学意味。这其实正是西方哲学在老子意义上"为学日益,为道日损"的结果。如果说神学家未能挽救西方这种颓势,这似乎也并不是神学家的错,因为神学家所要努力的方向是以美妙软化明朗,他以信仰的方式站稳自己的立场来对世人转述神的话语。但廖文的努力方向却正好相反,他是要用逻辑的明朗来硬化美学或神学的美妙。这工作当然相当值得赞赏,问题是廖文的叙事风格既不美妙也不明朗,处处让人不知所云。

如何能使人类的理性得以自安?本文无力回答。如何使研究者本身的理性得以自安?研究者自会各有自己的高招,但廖文的发表正表明了人类对信仰的渴望。有必要指出的是,人类对信仰的渴望并非研究者自己的渴望,谁渴谁找水,即使在信仰自由中各人找到了不同的水,那也是毫无办法的事情。

中国文化颇有些泛神化的致思倾向说明:中国人的信仰从来是自由的,只要不对政治秩序构成实质性威慑,中国文化宽容并悦纳所有的信仰方式并允许任何人按自己的方式安身立命。这样说意味着:中国哲学有解决西方人信仰问题的独特的安身立命的哲学资源,我们虽然对这一点深信不疑,但这仍然只是我们的信念。这种信念能否成为普世的,并不是我们说了算的。欲以此普世是可欲的,但目前怕是为时尚早,过分奢望了。

回到中国哲学的儒道互补进路上。如果我们将儒家之"仁"界定为规范伦理学并要求新儒家提供更进一步的伦理规范,与此同时,我们将道家之"德"界定在道德伦理学领域,并要求新道家对道与德提供本体论和存在论的深入解释,以便为人们提供幸福生活的资源,或可在一定程度上勉强回应廖文所反映出来的当代精神危机问题。

在我看来,伦理与道德的关系问题是一个关于人的问题的相当整全的问题。这个问题可以理解为秩序与自由的关系问题,它似乎既是伦理学问题,又是法学和政治哲学的问题。儒家的仁学就是为回答如何解决人际关系所面对的种种问题所提出来的,儒家也从来以制定伦理规范为己任,事实上孔子也提出了譬如"己所不欲,勿施于人"之类伟大的金律。以此为基础,儒家在历史上曾经为中华民族建构了使人们得以追求幸福生活的有效性秩序规范。道家的"德"也正好处于和"仁"相同的观念平台上,而道家要解决的问题恰恰是如何处理人的存在性自由的问题。这样处理的结果正好可以解释西方伦理学关于"善"与"正当"的争论何以在近代才被凸显出来,正好可以用中国的方式来回应哈耶克的《自由秩序原理》。难道人类行为的正当性问题不正是一个与自由主义同时并出的核心观念吗？正当性观念之所以会在政治和法学领域对善或至善观念有某种替代意义，正是伦理规范在近代以来对人的行为不再产生实质性约束和有效制裁的结果。正确的伦理学观念，可能要引入完全不同于亚里士多德三分法的另一种三分法，即应当、正当、失当的宽容性三分法。正当行为的范围扩张，也就是自由的扩大。应当和失当，完全可以适切地分别归属于伦理学的提倡领域和法学的制裁领域。用传统中国的话语方式来表述：伦理规范是通过王庆节式的示范来起作用的，即表率、模范带头作用之类，而法律规范在传统中主要是通过刑法的制裁手段来起作用的。时至今日，人类对伦理规范的解释正趋向于对人的行为选择更加宽容。道德失当问题是在他的相对行为人的后续行为中加以解决的问题。伦理规范和宗教教规一样，它似乎一下子变成了某种极为类似于心理学意义上的东西，在信仰自由已经成为被普遍承认的基本价值的当代社会，制定伦理规范的努力也似乎变得不再像它在传统中那么必要。但是这并不意味着伦理规范不再起作用。在任何文明体系中，公序良俗对行为人仍将永远具有强大的约束力，不管行为人是有意遵守还是无意识习惯性自然而然地从众性地顺从。伦理规范的研究制定对构建一种良序性社会仍然具有巨大作用，一个社会提倡什么样的伦理行为规范及其被接受并实际遵守的程度，是衡量一个社会文明程度的重要标志之一。一项伦理规范，不管它是"底线"性的还是"普世"性的，都是一种价值的诱导过程，一种区别于传统中国的具体方式却又可抽象继承的"教化"性过程，诱导的必要和强制的不可取已经是不同程度的国际共识。但是，所有这类规范，都并不存在于伦理学家的论证中，而是存在于社会政治经济在秩序与自由向度上的有效验的平衡之中。这种平衡的实际状况，既不仅仅是功利自由主义者的最大多数人的最大幸福，也不仅是卢梭式难以操作的公意。历史事实已经并将继续证明：自由在为一个社会的发展提供有效的动力，秩序却是为所有社会人提供必要的安全感，二者都是可欲的。如何才能维持一种秩序和自由之间的社会结构平衡和历史性动态平衡？这既非伦理学所能解决的问题，亦非哲学形而上学所能承担的责任，不管他们"有系统性的研究"在伦理学或哲学领域可能并实际取得了多么大的进展，事情仍将一如既往地由历史的合力历史地铸就。

四、中西方两种思想方法的不同理趣

改善人类的精神生态问题，显然已经摆在人类面前。哲学形而上学也好，列维纳斯式颇有神学意味的作为"第一哲学"的伦理学也好，并没有不可逾越的封疆。学术界可以并且应该是相互开放的，中西方诸多的传统文化资源也都不是什么神圣的禁脔。这里我们要提醒的是，我们必定要注意中西方迥异的思想方法。思想方法是思想者的工具，从历史的角度看，不同的工具往往比可欲的对象更能决定我们得以有效满足的程度。工欲善其事，必先利其器！

在我看来，西方人追问因果的思想方法和中国人阴阳互补的思想方法是两种截然不同的思想方法，两种思想方法分别导源于二元、他因、空间性哲学和一元、自因、时间性哲学。赵汀阳分辨了"二元论"和"二元性"的不同，中国式一元、自因、时间性哲学和阴阳二元性基础上的互补性思想方法是一体的，而西方哲学的二元、他因、空间性哲学的根基其实也就是福科、德里达等人正在解构的逻各斯中心主义和后来被片面发展了的系统性逻辑。根据陈炎先生的研究，中国人的阴阳思想方法和欧洲人的因果思想方法存在着根本性的分歧。我们进一步的理解是：这两种思想方法并不是矛盾的，而是互补的。中国人有儒道互补，地中海文明有两希文明互补、科学和神学的互补。只是欧美人在历史上由于各种要素的历史性驱动，他们发展出了一套在"第二序列"意义上貌似普遍有效的逻辑公理并依此发现了理论形态的科学，这就使目前的中西双方形成了如此这般的强弱对比。而这种强弱对比又被有效地泛化为优劣的对比。优异的也就是普世的，这就是当今世界的实际认知现状。尽管上世纪初的科学革命似乎终结了科学的上帝梦，希尔伯特公理系统的诉求和随即而至的哥德尔定理对这一诉求作出了整全无望的宣判，这遗憾的结局似乎并未彻底改变人类理性的自负，社会科学界仍在戴着科学的镣铐跳舞，频频援用西方的各种理论资源的学术努力、囿于西方式因果决定论思想方法所产生的逻辑系统性努力，仍然相当不当地主宰着当代中国人文思想界的学术时尚。

廖文的努力正是这时尚正在流行的例证之一，类似的学术泡沫目前也不知有几多。我们不拟对此说什么恶狠狠的话，然而我们不能对所有类似的理论误导永远保持沉默。学术,特别是有关人类社会生活的学术研究不像自然科学,所有进入这一领域的人,都无法像自然科学家们那样,保持纯粹的价值中立。因此,我们不仅需要工具理性,还需要王阳明式的学术良知。工具理性能够使我们具有足够的清醒,价值理性使我们能够保持一定的对人类的关爱之心和学术热情,从而不至于沦为功利时尚的奴隶。按金岳霖论庄子的意思说就是:我们既需要希腊的明朗,也需要希伯来的美妙。前者会使后者变得坚强有力,后者能使前者不至于因有力而冒冒失失地勇往直前。在这一困局中,对思想方法态度的改变或调整应该是改变这一困境的基本着力点或有效抓手。我们不仅需要学会用中国传统思想方法思考中国的现实问题,而且需要通过中国传统的思想方法窥镜来观照中西学术界的各种问题。

不错,互补原理直接源于物理学家尼尔斯·玻尔,但同样重要的是,他引入这一原理时受到了中国阴阳太极图的启发,正像莱布尼茨发明二进制计算机时受到八卦的启发同出一辙。玻尔为波粒二象互补原理选定的爵士勋章图案就是阴阳太极图,他引入互补原理据说曾引起爱因斯坦的愤怒。但由于科学至今无法用更好的方法解释光乃至于所有物质世界的基本粒子的波粒二象性,它似乎也就因其解释的有效性获得了某种普适性。如果科学前沿的量子力学和计算数字原理的思想方法都间接地源于东方的中国,我们这些中国人为什么竟可以对此熟视无睹呢?这是极为重要却尚未引起足够重视的问题:我们的真理观被改变了,符合论真理观渗进了有效性真理观。意象上,这正像是明朗渗进了美妙,但这一美学意象必须引起我们足够的重视,按郝大维、安乐哲的研究,这种美学意象很可能对我们理解并接受这个世界,改变我们对这个世界的态度具有无比重要的简直是终极性的价值。让人极为遗憾的是,五四愤怒的硝烟虽已散去,数典忘祖的时代却并未结束。可能需要数代人随着知识结构的更新才能扭转这一点,我们必须有必要的耐心。是金子早晚总会发光的!

李泽厚先生 80 年代将物理学上的互补原理引入他对儒道两家的研究,并恰当地提出了儒道互补说。虽然这一说法引起了广泛的关注,但把这种说法不仅当成一个成果还要当做一种思想方法的问题,却仍然不曾被认真对待并将这一思想方法运用于各自的研究。我前面已经指出,廖文问题的症结是因果追问思想方法和阴阳互补思想方法混用后所引起的混乱。但我们不得不承认,这是一种高级的混乱。高级的混乱仍然是一种混乱,并不能因其高级而成为清醒。

比如当廖文论证"可能的善"和"总体的善"时,不管他如何强调这是着眼于人的思考,却仍然不免于西方神学的背景隐喻。在西方语境中,一神论神学和宗教其实正是被它思想方法上逻辑地、对因果关系的无穷追问所必然延伸出来的一种世界观皇冠上的明珠。当廖文沿着自己的进路自然而然地进入他"哲学的和有系统的研究"时,他已经把一只脚伸进了神学的领域。我们并不泛泛地反对神学研究,恰恰相反,我们主张堂而皇之地在人类能力的边界处诉诸某种神学性的思考。时至今日,若仍将伦理学的希望寄托于哲学形而上学,我们似乎可以借用列维纳斯的话反问道:难道伦理学不正在成为第一哲学吗?究竟是以人为本,通过提升境界来接近圣化的神学,抑或是以神为本通过救赎来提升人的道德良知,这是中西文化的根本性差异。

五、总结和展望

(一)中国传统的乐观态度绝不仅仅是一种主观感受,更是一种世界观。这种世界观两千年来已经通过禅宗彻底改造了印度西天的佛教,把佛教苦海中的人转变成了乐观向上的中国人。早已分化为犹太、基督、伊斯兰三教的一神教世界观,目前正由于基督和耶和华的联合与后起的穆斯林进行着亨廷顿意义上的文明的冲突,而这种冲突的根源是互指对方原罪性和必须要拯救对方的精神气质。中国的乐感精神气质则乐观地预设人性的善根。

(二)中国传统的思想方法是平面摊开寻求全面的视角,观照发展的多种可能。欧美为主导的拥有话语权的西方,则是通过因果的无穷追问苦苦寻觅确定性。在目前的语境中,西方自由性核心价值正在受到冲击。在中国人看来,这种冲击的根源是对自由的实体化认定从而放纵了人性的自由,以至于它失去了秩序的制约,或者说是导致了人的良知的缺失或监管的缺位。中国人在秩序与自由之间寻求平衡的努力,至少在目前暂时被事实证明为有效的。

(三)廖文可爱的追求让我感动,因此我要感谢廖先生的激励。

这就是我的三条总结。

展望是要冒风险的,但我情愿尝试。中国人的世界观会向而且需要向传统进一步回归,我们的和谐社会和和谐世界的愿景不是梦。为了达成这"同一个世界,同一个梦想",我们不仅在世界观上需要进一步的回归,而且需要在思想方法上进行更深入的回归。在我看来,这些回归已经或者正在缓缓进行而且必将进一步深入地回归。在世界末日还未到来之前,我们对世界的祈愿或许会一定程度上感动上帝,以便祂推迟对我们的末日审判。在这一时间的大化流行"无限游戏"中,东方中国的世代追求也许竟蒙了神的喜悦,使我们虔诚的心愿在某种程度上竟也有了一定的达成。此其愿矣!

(原载《中州学刊》2009 年第 6 期)

冯友兰境界说的人生意义追思[①]

冯友兰对儒道哲学的解读有一个格言化的说法：尊德性而道问学，极高明而道中庸。他认为儒家够不上极高明，而道家却算不得道中庸。所以他的天地境界就主要讲道家，而在道德境界讲儒家。

冯友兰根据中国传统的致思倾向，把哲学限定为人生哲学有些道理。在冯友兰看来，哲学就是对人生作系统的反思。这种哲学虽不提供积极的知识，也没有实际的用处，但可以提高人的精神境界。从广义的功利原则上说，能提高人精神境界的学说，不仅不是无用，而且是无用之大用，随时随地造福于有幸接近他的人。因此，我们把以《新原人》为主而多方论证了的境界说，看作冯友兰新理学哲学体系王冠上的明珠。[②] 境界说的最深层意蕴是对人生意义的追思，这一哲学努力通过新实在论的援接和逻辑经验主义的借用，上接宋明理学，使儒家思想在文化巨变的新时代延续了"统一性"，找到了有"个性"[③]的言说方式。如果说冯友兰的哲学体系是一只盘子，那么境界说就是它的盘中之珠。理解冯友兰的境界说，也就是以"境界"之珠，走他的新理学之盘。

[①] 此文是 2000 年提交北京大学哲学系《传承与创新——冯友兰学术思想研讨会》的论文，收录在大会的论文集中，并于同年在北京大学出版社出版。后经修改在《中州学刊》发表并扩展成为《秩序与自由：儒道互补初论》的第十五章。此次收录，保持原稿本来面目，仅有技术性的变动。

[②] 冯友兰在《新原道》中说："中国哲学有一个主要底传统，有一个思想的主流。这个传统就是求一种最高底境界。"(《三松堂全集》第五卷，郑州：河南人民出版社，2000年，第5页)冯先生甚至在历经批判后还说："我的别的什么都可以丢，唯独天地境界不能丢。"(转引自李慎之《接着讲·借着讲·通着讲》，见《冯友兰研究》第一辑，国际文化出版公司，1997年，第683页)。

[③] 冯友兰1982年9月10日《在接受哥伦比亚大学授予名誉博士学位的仪式上的答词》中说："我的努力是保持旧邦的同一性和个性。"(《冯友兰（自选）学术精华录》，北京：北京师范学院出版社，1998年，第8页)

一、生命意义面前的理性顿挫

人生意义作为一个哲学基本问题,一般可以从两个方面来谈:一是把人生作为生命过程,我们称之为生活意义;一是把人生历程作为整体"一件事",我们称之为生命意义。

这里,我们先从生命意义说起。

人生作为"一件事",生命作为整个一个对象、"东西"①,它是彻底不"自由"的。生,没人征求我们的意见;死,阎王也不发征询函。整个这件事既不属人,也不属社会,它属自然,是自然的"一件事",是一件自然界的事。

但是,所有的人似乎都不愿意接受这个事实:人难道像一条狗、一头猪那样,生就生了死就死了? 当朋友无声无息地死了的时候,感叹之余,我们会说:人活这一辈子有啥意思?! 这就是觉得人生没有意义。

人生到底有没有意义呢? 先请看冯友兰是如何追问的。冯友兰《新原人》劈头一句就说:"我们常听见有些人问:人生究竟有没有意义? 如其有之,其意义是什么? 有些人觉得这是一个很严重底问题。如果这个问题不能得到确切底答案,他们即觉得人生是不值得生底。"②对于这个作为生命意义的追问,冯先生在后面解释说:"他们问:人生的意义是什么? 实即是问:人在宇宙间,有何重要?"③重要与否的问题,也就是生命价值、生存价值的问题,也就是生存意义、生命意义的问题。

可是在《新原人》中,冯友兰对此却并不曾给予直接的回答。在著此书的前一年,他在《论悲观》一文中却有着很完整、很丰满的回答。

> "人生的意义是什么?"恐怕是个不成问题的问题。人生是一件事,这一件事不是有目的底,说他不是有目的底,并不是说他是盲目

---

① 冯友兰很喜欢这样表述。如《新原人·觉解》中说:"若问:人是怎样一种东西? 我们可以说:人是有觉解底东西,或有较高程度底觉解底东西。"(《三松堂全集》第四卷,郑州:河南人民出版社,2000年,第472页)
② 冯友兰:《三松堂全集》第四卷,郑州:河南人民出版社,2000年,第464页。
③ 冯友兰:《三松堂全集》第四卷,郑州:河南人民出版社,2000年,第473页。

底,无目的底,而是说他是无所谓有目的底或无目的底。人生中的事是无所谓有目的底或无目的底。我们可以问:结婚的目的是什么?读书的目的是什么?但人生的整个,并不是人生中底事,而是自然界中底事。自然界中底事,是无所谓有目的底或无目的底。

不成问题的问题,是不能有答案的。有些人问这个问题而见其不能有答案,遂以为人生是没有意义底。又不知"没有意义"有不同的意义,以为凡没有意义底事都是不值得做底,遂以为人生亦是不值得生底。照我们的说法,人生诚可谓没有意义,但其没有意义是上所说"没有意义"的另一意义。照此说法,人生所以是没有意义者,因为他本身即是目的,并不是手段,人生的本身,不一定是不值得生底。①

这种以不答作答的方式,是典型的儒家方式:"未知生,焉知死?"因为我们无能力回答人死后是化为"虚无",还是转化为某种神秘的"存在",所以,人生也就没有目的,人生"不是有目的底",也就"诚可谓没有意义"。事实上,除了宗教比如基督教外,中外哲学家们也都是类似的答案。基督教认为上帝是人的目的,人的生命意义就在于"彰显上帝的荣耀"。人生有了目的,因此也就有了意义。近现代以来,科学昌明,宗教衰落,随着尼采宣布"上帝死了","虚无主义的降临"②已成欧美社会一个严重的社会精神问题,从而直接导致了西方现代主义和后现代主义。百年"现代"思潮实际上是对人生意义失落的焦虑。

马克思早年曾用反问的语气对关于人生的追问说,你提出了一个无法回答的问题,却又要我来回答它,请问这种提问本身是理智的吗?并且遗憾地指出,神的观念是很难在人们头脑中消除的,因为它和人们的生活经验相矛盾。③ 分析哲学家艾耶尔首先承认"这些问题没有真的答案"。他在分析了基督教设定"超越的存在"即上帝,并不能满足人们的理性追问后,便得出了与冯友兰、马克思完全一致的结论:"追寻我们生存的终极目的或生活的真正意义的问题是没

---

① 冯友兰:《三松堂小品》,北京:北京出版社,1998年,第213页。
② 尼采在《强力意志》的序言中说:"我描述的是即将到来,而且不可能以其他形式到来的事物:虚无主义的降临。这部历史目前就能加以讨论,因为必要性本身已经出现。未来正以一百种迹象倾诉着自己。"(转引自丹尼尔·贝尔:《资本主义文化矛盾》,北京:生活·读书·新知三联书店,1989年,第49页。)
③ 马克思:《1844年经济学哲学手稿》,北京:人民出版社,1985年,第86—87页。

有意义的。""既然提出了不可回答的问题,就不应为其不可回答而懊恼。""为逻辑上不可能的东西而痛苦却是不明智的。"①可见,哲学理性在这里遇到了一个不可克服的界限,困顿逡巡,显示了人类在终极问题上的无奈和宿命。哲学家在这里并没有提供供公众选择的备用法宝。

二、生活意义的目的性

虽然整个人生作为一件事是没有意义的,生活仍然是值得一过的。这里,生活意义问题转化为相关的两个问题:一是相对于做事的目的来讲,实现或达到目的就是有意义,即追求成功和成就感;二是一旦目的未能达到,受挫感会迫使人对"意义"问题提出追问。两个问题其实都是关于目的性的问题,不过在成功者那里,我们所讨论的关于人生意义的问题在目标的追求中消失了。

正像马克思所说的那样,人是"目的在先"的动物,②人不但在心理上把自己一分为二,并且在实践中把自己一分为二,这样,他就可以在"对象"即活动的成就上"直观自身"③。冯友兰的分析与此如出一辙。他说:"我们还常问某一件事的意义是什么。此所谓意义是指所可能达到底目的。……我们可以说,一件事必须对于他所可达到的目的,方可说是有意义或无意义。若就一件事的本身说,我们不能说他是有意义或无意义。"④

也就是说,目的就是意义,有目的就是有意义,无目的就是无意义。人为了生活得有意义,就要为自己树立目标,并在做事中去追求。

于是,一旦人在做某件事特别是对个人关系重大的事,未能达到他预期的目的时,受挫感就会迫使人追问所谓"生活的意义"。冯友兰在这里的分析特别精彩,他说:"不过这一片理论(对生命意义的不答之答——引者注),对于有一部分抱悲观底人,恐怕不能有什么影响。因为有一部分抱悲观底人,并不是因为求人生的意义而不得,才抱悲观,而是因为对于人生抱悲观,才追问人生的意

---

① 艾耶尔:《生活是有意义的吗?》,载《哲学译丛》2000年第1期,第71—72页。
② 马克思:《资本论》第一卷,北京:人民出版社,1983年,第202页。
③ 马克思:《1844年经济学哲学手稿》,北京:人民出版社,1985年,第54页。
④ 冯友兰:《三松堂小品》,北京:北京出版社,1998年,第211页。

义。庄子说:'忘足,履之适也。'一个人的脚上若穿了合适的鞋,他即想不到他的脚,他若常想到他的脚,大概他的脚总有点什么毛病。在普通情形下,一个人既没有死,直是生下去而已,他若常想到他的生,常想到所谓人生的意义,大概他的'生'中,总有点什么毛病。"①于是,冯友兰就像弗洛伊德以来的精神病医生一样,对这种于人生意义不能忘怀的"毛病",开出了自己的药方:

> 对于这一部分人,专从理论上去破除他的悲观,是不行底。抱悲观底人,须对于他以往的经历,加以反省,看是不是其中曾经有使深刻失望底事。在他过去的经历中,使他最深刻失望底事大概即是使他对于人生抱悲观的原因。知道了他所以对于人生抱悲观的原因,他的悲观即可以减轻。人若戴了一副灰色的眼镜,他看见什么都是灰色底。但他若知道他是戴了灰色眼镜的时候,他至少可以知道,他所看见的什么,本来不一定都是灰色的。②

如果我们把以上的分析化约,生活意义问题其实也就是在生活中不断做事,在做事时有意识追求目标,争取达到预期目的的问题。有事做有目标就是有意义,失去了目标没事做就会觉得人生没意义。持悲观态度的人之所以追问生活意义问题,是因为追求受挫,希望变成失望,由失望导致悲观。也就是说,只有被"鞋"夹住"脚"的人才会老是想到"脚",忘不掉它。这里的"鞋"就是所谓的"命",人们一般把"命"看成某种"先定底"东西,但在冯友兰看来,"我们所谓命,只是人的适然底遭遇"。③ 受到挫折就是遇到了逆境。顺境和逆境共同构成人的境遇。境遇的顺或逆即"命",是人"力之所无可奈何者"。④

三、"以哲学代宗教"的神秘境界

直率地说,境界说就是通过"精神的创造"去构建理念的没有神的"神学",从而使人们过上有目的的生活。中国人的这种"神学",作为满足人的生命意义

---

① 冯友兰:《三松堂小品》,北京:北京出版社,1998年,第213页。
② 冯友兰:《三松堂小品》,北京:北京出版社,1998年,第214页。
③ 冯友兰:《三松堂全集》第四卷,郑州:河南人民出版社,2000年,第601页。
④ 冯友兰:《三松堂全集》第四卷,郑州:河南人民出版社,2000年,第600页。

和生活意义的学说,它不仅是观念的,更是落实到人伦日用的。在人伦日用的做事过程中,修养一种融入整体的道德理性,以他人、以社会为目标,就会获得人生意义。这是境界说的核心。

艾耶尔在谈到生活意义时,引进了"规范"、"选择"、规范的"可接受的程度"等概念,这当然是当代西方人在强调人的主动性,强调社会的政治、法律乃至伦理规范的可选择性,强调人对规范是否接受和在多大程度何种意义上接受的选择权利。① 可是接着宋明道学讲的冯友兰与此不同,他要和"旧邦"的文化传统保持"同一性",并把这种逻辑周延的境界说凝练为一种哲学,一种支撑灾难深重的民族自信心的哲学。② 事实上,少说有三千年文明史的中华民族,正是通过在具体的生活过程中不断提升自己精神境界的方式,来满足自己对人生意义的追求和终极关怀的,所以,冯友兰才提出他的"以哲学代宗教"说③。

冯友兰的境界说之所以具有某种"神秘性"④,正是因为这种哲学所要回答的人生意义问题本身的不可思议性,亦即人生的无目的无意义性。一种试图取代宗教的哲学——至少,冯友兰是这样努力这样期望的——如果没有神秘性,那倒成了怪事。这种境界不承诺神性的生命目标,却又要满足人的终极关怀,

---

① 艾耶尔:《生活是有意义的吗?》,载《哲学译丛》2000 年第 1 期,第 71—72 页。
② 冯友兰说:"假如他知道中国文化好,他就相信自己的能力,他就放胆前进;他若知道中国文化坏,他就不相信自己的能力,他就要因失望而丧失其勇气。"(转引自程伟礼:《信念的旅程——冯友兰传》,上海:上海文艺出版社,1994 年,第 3—4 页)冯友兰临终努力说的最后一句话是:"中国哲学将来要大放异彩!"(1990 年 11 月 26 日,见宗璞《三松堂断忆》,载《读书》1991 年第 12 期)可见冯友兰终生的职志和良苦用心。
③ 1946 年至 1947 年,冯友兰在美国宾西法尼亚大学做访问教授时著《中国哲学简史》。书中提出了他的"以哲学代宗教"说。他指出,布德教授说:"中国人不以宗教观念和宗教活动为生活中最重要、最迷人的部分。……中国文化的精神基础是伦理(特别是儒家伦理),不是宗教。"他承认这是事实,可是为什么会这样呢?冯友兰回答道:"对于超乎现世的追求,如果不是人类先天的欲望之一,为什么事实上大多数民族以宗教的观念和活动为生活中最重要、最迷人的部分?这种追求如果是人类基本欲望之一,为什么中国人竟是一个例外?……他们不大关心宗教,是因为他们极其关心哲学。他们不是宗教的,因为他们都是哲学的。他们在哲学里满足了他们对超乎现世的追求。他们也在哲学里表达了、欣赏了超道德价值,而按照哲学去生活,也就体验了这些超道德价值。"(《三松堂全集》第六卷,郑州:河南人民出版社,2000 年,第 7—8 页)
④ 冯友兰一直承认自己有神秘主义倾向,且和柏格森认同。关于此点,请参阅陈来:《论冯友兰哲学中的神秘主义》,载《冯友兰研究》第一辑,国际文化出版公司 1997 年版,第 294—312 页。在《新原人》中,冯先生把最高的天地境界称为"神秘"的"自同于大全",说这是"我"的无限扩大,是大全的主宰、宇宙的主宰,说"他的'我'即是上帝"。这当然已是试图取代宗教的神秘主义。(参见《三松堂全集》第四卷,郑州:河南人民出版社,2000 年,第 572—573 页)

于是,只有为生活附加许多神秘的色彩,以便使人的道德生活获得永恒的绝对的意义。

在冯友兰看来,境界有高低,有久暂。所谓"有高低",是因为它由低到高,排出了一个序列,即自然境界、功利境界、道德境界、天地境界;所谓"有久暂",是说每个人的境界总是一时高一时低地在变化,即"回也三月不违仁"之类。凭什么来估价境界的高低呢?一般说来,就是"觉解"的多少。觉解多者境界高,觉解少者境界低。觉解什么呢?觉解人之所以为人的"性","性即理","天理",理的内涵是什么?这是容易产生歧义的一个问题。一般说来,理即是《新理学》中所论证了的和气、道体、大全一起构成"四大支柱"的那个理。按冯友兰的说法,它是个逻辑空架子、套子、形式,也就是说,理是不含价值判断的,即价值中立。至少,它似乎"应该"是这样。根据这个结论看《新原人》,就会发现《新原人》中的"理",已不纯粹是《新理学》中的那个"理",因为它渗进了诸多的道德价值判断。于是有人认为,冯友兰的"人生哲学中存在着价值中立与价值判断的矛盾"[1]。其实,如果按布德所说,"中国文化的精神基础是伦理(特别是儒家伦理),不是宗教",那么,冯友兰的哲学也就是把传统"伦理"哲学化。伦理问题的核心是道德,道德一定是一种价值。这样,所谓"价值中立和价值判断的矛盾",也就成了手段(逻辑)和目的(道德)的矛盾、形式和内容的矛盾。这似乎是一个走不出来的怪圈,只要谁还想把道德问题哲学化,且又像冯友兰和金岳霖那样,认定"逻辑是哲学的本质",他实际上就是把"价值问题逻辑化",这是不可能的。冯友兰既然这么做了,那矛盾就是不可避免的。某种意义上说,这哪里是"矛盾",简直是宿命,中国哲学的宿命。了解这一点是理解境界说的关键。

容易让人产生误解的一个重要原因,是"解"所指向的内容,冯友兰的论证过程很容易让人把"解"理解为一般意义上的知识。实际上,认知只是"解"的基础。认知在这里既包括价值中立的工具性科学知识,也包括"理"所必然内含的道德价值知识,这两种知识在道德行为中是不可分的。在冯友兰看来,"境界都是就行为说"[2]。所以,凡发生境界提升问题的行为便必然既含道德价值,又

---

[1] 乔清举:《新理学的解构与中国哲学的未来发展》,载《冯友兰研究》第一辑,第700页。
[2] 冯友兰:《三松堂全集》第四卷,郑州:河南人民出版社,2000年,第478页。

含工具性知识。境界性行为,不仅能满足我们的生活意义,也让我们在生活意义中获得生命意义。它处在不断产生、提升,又不断湮灭、跌落之中。在境界化的生活中,我们在瞬间看到永恒,在有限的生命活动中体验到那神秘的无限性。这就是宗教性的哲学境界,也就是冯友兰的境界哲学。

四、境界的发生

《新原人》的"觉解""心性"两章,可以说是境界说的"境界发生学"。为了更进一步理解境界说在生活意义上的扩张性阐释——附进价值、意义的阐释——是成立的,让我们用最简洁的方法,把觉、解、心、性四个概念重新展开。这个展开过程也就是境界发生的过程。

人的境界是怎样发生的呢?境界的基础条件是认知,即了解;了解是人生境界发生的首要的、必要的条件,但还不是充分条件,一个对这个世界一无所知的人,当然也谈不上有什么境界。① 了解或认知,依靠名言和概念,没有概念的认识和了解是盲目的,他的认识也只是混沌一片。但是,作为人生境界的认知还不能仅凭概念,仅凭概念的认识只是名言,是空的。虽然作为知识的概念并不空,但这种知识仅仅是作为工具的知识,和人生境界无关。要想"转识成智",把工具性的知识转化为支撑人生境界的智慧,就必须有经验、有感性、有知觉、有亲知甚至有情义。

一个人可以有纯粹的"解",作为工具性的认知了解,它和其他工具一样。只有当你从事某种活动时,你才需要某种相应的工具;只有当你从事特定的活动时,你才需要特定的知识。这特定的知识在此时被你做的事、你从事的活动所激活,只有这种在活动、做事时被激活的知识,才是冯友兰所说的"解"。你可能还有许多别的知识,但它们都像搁置不用的工具一样,是闲置的知识。用电脑来比喻,你的诸多知识平时都储存在硬盘上,在记忆库中,只有当你点击键盘、鼠标,把某软件某文件调进内存时,它们才被 CPU 的运算所激活,这激活的

---

① 冯友兰说:"无觉解的行为,不能是道德底。""觉解构成道德底一重要成分。"(《三松堂全集》第四卷,郑州:河南人民出版社,2000 年,第 536 页)

部分才是冯友兰所说的"解"。一句话,"解"关乎知识,但只是被做事时的各种活动激活了的使用着的知识。所以,它指导着活动却也顺应着活动,它是大脑和肢体之间的信息互动,不能分离开来。

产生意义并总括构成境界的核心概念是"觉"。觉是一种心理状态。人可以有目的地做各种各样的事,但仅仅这样盲目机械地做事,这活动对人就构不成有意义的活动。它可以是人的活动,但由于没有目的,它不是有意义的活动。要想使自己的活动成为有意义的活动,就要觉解自己的活动。了解自己在做,做什么,并自觉自己正在做。"正是这种觉解,使他正在做的对于他有了意义。他做各种事,有各种意义,各种意义合成一个整体,就构成他的人生境界。"[1]有人认为,境界是主观的,这并不错,因为境界首先是一种自觉的心理状态。但是,境界也并不全是主观静止的状态,因为冯友兰所说的自觉并不是道、佛两家的"静观",不是打坐参禅,而是在人伦日用的活动中,心灵对自己活动的知觉灵明状态,是动的自觉、活的自觉[2],不是静的自觉、死的自觉。觉,是万妙之源,由觉产生了意义,由意义的整体产生了境界,产生了一个人所能有的最高境界。这就是说,当一个人从事某种活动做某件事时,活动虽还是该活动,事还是那件事,但怎样看这活动、这件事却是因人而异的。

觉作为"意义"、价值的承担者,它是纯粹地属人的,无法比拟出来。我们常将大脑比作司令部、指挥所,但那是"解"的过程,而不是"觉"。那么,觉是什么呢?它似乎确实是不可说的。它是灵魂?它是真我?可所谓灵魂、真我又是什么呢?仍然是不可说的,是神秘的。这正是人之所以为人的最特异处,既不是生理的,也不是心理的,只能是哲学的或宗教的。宗教说它是灵魂,哲学说它是真我,冯友兰说:这就叫作"觉"。究竟这所说都是什么意思?按冯友兰的说法,就是"烘云托月",只说它不是什么,然后由你想象它是什么。想象不出来则已,想象出来仍然不可说。这就是神秘。这"觉"的神秘导致了意义的神秘、境界的神秘。这所谓"神秘"就是不可思不可议,只可感觉到它。不可思不可议还要通

---

[1] 冯友兰:《三松堂全集》第六卷,郑州:河南人民出版社,2000年,第284页。
[2] 冯友兰说:"儒家的圣贤,并不必与普通人所作不同底事。圣贤所作,就是眼前这些事。虽是眼前这些事,但对于圣贤,其意义即不同。"(《三松堂全集》第四卷,郑州:河南人民出版社,2000年,第528页)这当然是对从先秦儒家到王阳明"不离日用常行内,直到先天未画前"精神的接续。

过思议得之,但要用语言、文字表达时,这思这议都是负的否定的思和议,随说随扫,通过说它不是什么来反衬出它是什么。这种感觉这种经验,冯先生叫它"纯粹经验"。纯粹经验即不可用概念表达的经验。进入天地境界的人自同于大全,就像上帝一样,但他的境界不可说,他的经验不能用概念表达,这就是所谓纯粹经验、神秘经验。或者更通俗地说它是感性、理性之外的灵性吧!

在功利境界和道德境界的意义上,冯友兰的"觉"类似于弗洛伊德的"超我"。超我是理想化了的"我",由外在的规范内化而成,指导并规范着自我的各种行为。但严格说来,超我在冯友兰这里仍然属于"解"的范畴。这时的"觉"只是个朱子的"常醒醒",即不断地提醒自己保持诚敬的心理状态。规范是客观外在的"理",是不可能触犯的,也是不应该违犯的。因为理是标准,是"当然之则"。就这个意义上,"觉"不仅不是"超我",而且正是那个时常警示提醒或激活"超我"的神秘者,是一个精灵般的存在,即所谓"圣而不可知之之谓神"(《孟子·尽心下》)。

不管是解还是觉或者统而言之觉解,都是功能性的。"人之所以能有觉解,因为人是有心底。人有心,人的心的要素,用中国哲学家向来用的话说,是'知觉灵明'。宇宙间有了人,有了人的心,即如于黑暗中有了灯。"[1]冯友兰的人心之灯照亮人,照亮社会,照亮宇宙,这个照亮也可作两解:一是知识的照亮,一是意义的照亮。以知识照亮的是科学,以意义照亮的是哲学。哲学作为提升人的精神境界之学,就是要点亮每个人心中的意义之灯,使其过一种有意义的人生。

人作为动物大类之中特异的一类,他当然拥有动物的所有特性,这种特性在冯友兰这里不叫"人之性",而称作"人所有之性"。人所有的生物性,即"人所有之性",道家谓之"性",而儒家谓之"才"。在冯友兰及宋明理学家看来,人所特有的"性"是"逻辑上的性",这种人之所以为人的特性,就是内在的慧果。基督教说这已是犯了上帝的禁令,每个人生下来即是待罪之身。中国人持自然而然的宇宙观[2]和人生观,没有犯罪赎罪的问题,是天生自足的。但是自足的人并不是完满理想的人,人要臻于至善,达到完美理想的人格,就要"穷理"。穷理

---

[1] 冯友兰:《三松堂全集》第四卷,郑州:河南人民出版社,2000年,第478页。
[2] 可参见拙文:《冯友兰"三史"中〈庄子〉的"道"——一个宇宙论方面的考察》,载《旧邦新命——冯友兰研究》第二辑,第146—157页。后文《宇宙起源问题的逻辑考察:神创论和自然论》所论亦此义。

不是欧美式的外在的知识追逐，尽性也不完全是马斯洛式的自我实现。境界的实现不包括功利的获得，而是一个人格的自我完善过程。境界的提升就是人格的自我完善，就是在日用伦常的活动中体验和领悟人之所以为人的理。理是外在本有的，"理世界无所靠而自有"①，说理是外在的自有的，并不是说人本身不具备理，性即是内在的理，所谓"性即理也"。用冯友兰的哲学话语说，理是共相，性是殊相。理在事先，理是先验的②；性是人生来具备的理，尽其性即是穷其理。康德从科学知识上讲的"先验理性"与这里的"性即理"不同，性理是获得知识之后人伦日用中的某种东西。从人生意义上说，就是人在人伦日用的活动中觉解到理，实现理之在人者的性，做一个人之所以为人所"应该"的合于理之标准的人。做到了这一点，并不是达到了一个什么外在的目的，而只是"成就一个是"。成就一个是，在理世界中说，就是在真际中成就一个真命题。成就一个"是"的真命题就是做成一个人，用日常语言表达就是说某某是个人。"做人"，做到让人说起来是个人，是中国人终生的追求，做到这一步，就是达到了人之标准。一切都是自因自果，和知识名利的外在追逐无关。

人通过自己的知觉灵明，不断地做一些人伦日用平常的事，在做事时怀着一颗诚敬的心，一个纯然地为他人、为社会、与天地参的"善"的动机，这就会成就一个达到理想标准的人。不计做之成败，不论事之大小，只要做事时持有这种善的动机，就是一个真正意义上的人，就是实现了人之所以为人者。如此这般地生活，这整个的人生过程就是一个境界不断发生、不断提升的生命历程。按照这样的要求做人就是有意义的人生，就是有价值的生存，就是把一个生命转化为一个"人"，就是成就一个"是"。而这又是人人都能做得到的。③

---

① 冯友兰说："'性即理也'，理是一类事物的标准。""人的生活，亦有其标准……此即是人之理，亦即道学家所谓天理。""知有标准，他即知有一应该。此应该使他求完全合乎标准。人之所以为人者，就其本身说，是人之理，对于具体底人说，是人之性。理是标准，能完全合乎此标准，即是穷理，亦即是尽性。""人若能完全合乎人之所以为人的标准，则到道学家所谓'人欲尽处，天理流行'的境界。"(《三松堂全集》第四卷，郑州：河南人民出版社，2000年，第491—493页)

② 在《三松堂自序》中，冯友兰认为还是应该"理在事中"的好。这当然是放弃了新实在论的哲学立场。不过"理在事先""理在事上"仅是逻辑上的设定，这并不意味着"事中"无理。相反，"在先""在上"包含了"事中"，即理既于逻辑上在事先事上，也于事实上在事中。

③ 在冯友兰看来，新理学的境界说虽"不能教每个人都立志成为英雄、才子，但可以教每个人都立志为圣、为贤"。(《三松堂全集》第四卷，郑州：河南人民出版社，2000年，第613页)这当然就是"人皆可以为尧舜"。

五、境界的意义

用现代的眼光看人生意义,这是一件很个体化的事情。你的意义不是我的意义,对你有意义的事情不见得对我也有意义;彼时觉得有意义的事,此时也可能没有意义;反之亦然。这不仅是一件审美性的价值论的事,也是一个境遇性的问题。庄子的"辩无胜"的著名论述,讲的就是这个问题(见《庄子·齐物论》),不同的个体存在总有互异的选择偏好,想通过论辩来解决信仰、理想或者说价值、意义问题是无济于事的。一种伦理规范,一个意义系统的好坏,取决于人们对它的接受程度。正是在这个意义上,西方那种逻辑化的"普适伦理"才长期徘徊在伦理学家的书斋里。在没有普世伦理的情况下,道德价值就只有倡议性而没有强制性。一个只有法律而没有伦理规范(并不是没有伦理学)的社会是可能的,如果道德确实是人们天性的一部分,一个不作细密的伦理规定的社会,仍然可能是充分美好的。

中华民族在无神无法(民间讲"礼"不论"法")的情况下,能维系一种举世无双的政治秩序,这得力于儒家建构伦理秩序的孜孜不倦的努力,也得力于道家的深度价值导向和思想边界的圈限。儒道两家或者还要加上后来的佛家联合绞杀了名、墨、法家,这就凝塑了我们"为生活而生活",只求"近切的幸福"[①]的文化形态。冯友兰的境界说无疑是对这一文化精髓的提升和接续。在冯友兰这里,境界的发生并不就是"善",但却是趋善向善的前提和出发点。

有境界即有人生之意义,但这意义却有两解:一是知识论的意义,一是道德论的意义。所谓"知识论的意义",即自然境界中人的意义,即做事的人是有知识的,他也知道自己在干什么,但只是根据自己的知识和习惯直着做下去而已。他可以成就很大的事业,但那是他的"才"使然。他做的事也可以是"合于道德的",但却不会是道德的。也就是说,只有旨在达到某种目的的行为,才可能创造出人生的意义,但自然境界中的人没有"为人"的目的,因而对他来说也就无

---

① 冯友兰:《为什么中国没有科学——对中国哲学的历史及其后果的一种解释》,参见《三松堂全集》第十一卷,郑州:河南人民出版社,2000 年,第 31—53 页。

所谓道德不道德,无所谓意义不意义。即使有意义,也是知识论上的意义。这种人只是不识不知(或不著不察)地做事,因此境界最低。

功利境界、道德境界和天地境界,是梯级递升的三个境界。境界越高,意义越大。但此时境界的提升,却不仅依靠知识论上的觉解,更依靠道德论上的觉解。所谓道德,我们现在一般说有群体道德和个体道德。在冯友兰这里,他主要着眼于群体道德。以群体道德为判准,以每个人自己为目标的功利境界中的人,对于群体作出贡献,虽也称之为道德的,有价值有意义,但他们称之为自我实现,并不说境界提升。马斯洛的需要层次论便是专讲这一道理的。除此之外,冯友兰讲境界,还有一层更深的含义,即讲关系,讲性质。道德价值诚然是在关系中发生的,但在自我实现论者看来,他们强调的却是在对象中实现了自己的价值,而在冯友兰看来,这实现在对象中的价值却表现了自己为群体的本性。就这个意义上说,结果虽同,动机却相反。是心理的动机而不是行为的结果,才是区分境界高低的关键。

怎样才能使经验上为己的人在动机上处处为人呢?靠学养的工夫。① 为什么要修炼这种工夫呢?这也是由人的性质决定的。这种带有价值预设和应然判断的性善,不仅是境界说的立论基础,也是整个儒道两家理论得以成立的关键。按说,人的本性即是人能直接体验到的,但在这种价值先行的儒家道德中,本性却似乎是需要努力追逐的。回到境界说上来,提高境界就是在修炼的工夫中逐渐改变那个神秘的自我,养成一种凡事为他人着想的道德情怀。三种境界实际上是相对于三个层次的客体展开的,即个体、群体(社会)、宇宙。自觉到为他人、为群体、为社会谋利益,便是道德境界,如果能超越这个层次,自觉到自己是"天民",可以与"天地参",也就达到了天地境界。能够具备宗教功能的哲学,其实也就是达到天地境界的人所持的人生观,并以此号召、教化民众都做道德的事。

在这里,境界中的自我,不再是一个经验中的自我的存在,而是一个日趋虚灵的大我,意识到社会,意识到宇宙并自觉地为其做事。境界的高低——功利

---

① 冯友兰说:"一件事的性质,是它原有底。"又说:"一事物所以可能达到某种目的或可能引起某种后果,或所以与别事物有某种关系者,正因其有某性。"载《三松堂全集》第四卷,郑州:河南人民出版社,2000年,第466、465页。

境界、道德境界、天地境界——实际上根据"我"的"大小"(个体"我"、社会"我"、宇宙"我"),"我"越"大",境界也就越高,人生也就越有意义。在这种做事中,生活意义和生命意义合而为一,生活有意义,生命也就有了意义,对生前死后的追问,在冯友兰的境界说这里,是没有意义的。如果你不能做到"忘足,履之适也;忘腰,带之适也"(庄子)的话,那么,"存,吾顺事;殁,吾宁也"(张载)。

论儒道互补

儒道互补哲学是中国传统文化的主体结构。儒道互补哲学经受住了佛学的冲击和考验,还能在西学的冲击中坚守自己的文化个性吗？回答这个问题,就要看儒道互补哲学的理论结构是什么,其现代功能、价值和意义究竟如何。以秩序和自由对社会结构平衡和历史动态平衡的功能协调为切入点,对儒家重伦理重政治的秩序功能、道家重哲理重超越的自由活力进行论证,是一个时代性很强的切入点。为此,我们必须先界定以儒道互补为主体结构的中国哲学。而说明什么是中国哲学的特点,也就是在说明儒道两家在秩序和自由两个方面对中国传统及现代化事业的价值贡献。秩序和自由,本质上都是自明性的、普适性的。

一、中国哲学的十大特点

与西方哲学的二元、他因、空间性的设定不同,儒道互补的中国哲学是一元、自因、时间性的哲学。在不同的文化形态中,情感方式和行为方式是心理学和社会学的研究领域,而思维方式却是典型的哲学问题。

（一）这个世界上的万事万物是相互依存的,任一事物都不仅以类的方式,而且以"仁"性的(关系人)和"物固相累,二类相召"(关系理性)的方式共生、共在。这种统一、和谐、共生、共在的世界观,不承认世界之外的亚里士多德式的动力推进和目的牵引,而是一个无限而永恒的自因、自动的一重化时间过程性的动态世界。

（二）这种动态性的世界观认为世界是一个整体,其中的类与个体不以自然数集合的方式组合成某种机械性结构,而是以"天地之大德曰生"(《易传·系辞》)的"五行"相生、相克方式,进行着社会结构平衡和历史动态平衡。在这个世界中,部分和整体互渗,总中有分,分中有总。这里的总,不仅包括经验的物质世界,也包括它背后的可知、不可知原因,形上世界和形下世界之间具有一定的有机性、整合性、全息性,共相在殊相中见。

(三)经验的现象世界,存在着被称为"阴阳""两仪"的对立力量,在逻辑上可对应于科学的波粒二象互补性的当代科学世界观。世界的两种力量处于永恒的动态平衡之中,以相互排斥并补充的方式主宰着这个世界。于是,世界虽然充满着矛盾,却不会因此而崩溃,它将一如既往地维持着循环往复的秩序和总的和谐。

(四)这个世界的运动变化是一个自明的本然的事实,没必要寻求它背后的"第一因"或"第一推动"。世界上各类、各个事物相互为因,形成因果网。既没有物理学上的以太,也不需要心灵上的以太,"万物静观皆自得"(程颢)。

(五)世界不为人而存在,人也不是为了神而存在。人依靠外物生存,能维持生存的我们视之为有用,趋利避害、趋福避祸、趋乐避苦、好逸恶劳,选择有用物以自存是人的本能。"常因自然而不益生"(《庄子·德充符》),在美学性感恩中生活并享受生活。人是幸运的存在,这存在是自足的。

(六)人与世界(自我、社会、自然)的关系和人与人的关系,是一种广义的伦理性关系。对这种伦理关系背后的原因进行无限的追问是愚蠢的。因为,这个世界在最终的意义上是没有答案的,它的答案就是它的存在本身。时间能解决所有问题,时间就是上帝。在时间的大化流行中,一切问题在"早晚要报"的社会善恶守恒律信念中都将各得其所。

(七)中国的儒道哲学有把一切问题都推给时间来解决的思想倾向。我们不仅"相信时间会再来",而且相信明天会更好。对未来的乐观信念和在乐观的信念中追求幸福生活,是我们这个民族积极向上的基本动力,具体表现在儒家对后代的教育和各种各样的望子成龙心态上,也表现在道家追求长生久视的教义之中,甚至于它也表现为皇帝家国天下的长治久安整体追求中。对于过去,三皇五帝、尧舜禅让是儒家的理想时代,小国寡民、建德之世、至德之国、混沌之帝的时代是道家的理想时代。

(八)中西哲学的时—空区分是相对的,就像西方人也不得不被时间拽着走一样,中国人也不得不生活在空间中。乐观地说,我们相信时间会再来,"相信明天会更好";悲观地说,我们也和欧美人一样,都是时—空连续区的"囚徒"。这是人类的宿命:时—空,这是我们永远突不破的界限,不仅是物理的界限,更是文化的界限。不把物理学"虫洞"的想象当真才是科学的明智。人人都会死,代代都会生。"人生代代无穷已,江月年年只相似。"

(九)中国儒、道哲学虽然不注重逻辑本身的建构,却仍然执持着逻辑的"有之不必然,无之必不然"的信念。有了道理上的逻辑,世界并不会按照逻辑而存在;没有道理上的逻辑,人也不会不能活,事也未必做不成。生活虽不必遵循逻辑,文化,包括所有的符号和象征,却无法违反逻辑。事实上,也没有任何一种文化符号能够完全违背逻辑,中国文化并不在任何意义上有所例外。

(十)境界的提升是中国儒、道哲学的巨大功能,即"无用之大用"。在这样一种哲学境界中,大量的精英阶层可以有效地排除一神论宗教的诱惑,走向价值和意义多元信仰的并存、共生状态。对生死问题执持"存,吾顺事;殁,吾宁也"的儒家立场或采取忘却性的道家态度,都是中国人面对生死等终极问题所采取的基本态度。

二、儒、道两家的八大差异

儒、道两家在许多基本的自我、人生、社会、自然问题以及对外部世界的态度上,相互间存在着如下的重大区别:

(一)儒家强调社会生活的秩序性,他们关注家国,强调群体的和谐和有序。道家则重视个体生活的自由,他们重视个体的身心健康,关注人的内在心里感觉和受用。儒家强调秩序,仍然有自己的自由生存;道家强调自由,仍然有自己的自然秩序。儒、道两家在群体和个体的关注上各有自己的侧重,这使得他们不得不以相互补充的形式和谐共生。道家强调个体性存在,儒家强调群体性有序。道家智慧当然离不开儒家精神,儒家精神却也离不开道家的智慧。成功人士都是在儒家精神和道家智慧的共同性互补互动中,才达到了自己的成功境界。儒家群体的凝聚力很大,道家个体的活力很大,于此形成了我们这个民族独有的文化景观。这是儒道互补的第一层意义:儒家宗法主义和道家自然主义的互斥生成。

（二）儒家思想是角色本位的，它要求每个人都顺性（"善"性）守分（信靠"天命"，恪守"名分"），道德教化既是儒家实现传统社会有序化的基本方式，也是中国人所特有的基本责任伦理观念出发点。道家思想是生存主体的，希望每个人都能率性求真（"法天贵真"）。在激烈竞争的当代国际大家庭中，道家思想是当代中国人迎接欧美思潮挑战的主要传统资源和实际生存状态。儒道互补的中国哲学于是在操作平台上获得了自己的第二层意义：儒家角色主义和道家自由主义的互斥生成。

（三）儒家强调"仁"道，人际关系之道；道家关注"自"性，个体感受之性。儒家因此获得了他们的核心观念"人-己"；道家也因此恪守着自己得之于道的自然本性，不把自己放在儒家的人己结构之中。血缘伦理关系是儒家组建社会生活的基本原则，这一原则对现代商业型公共性人际关系有一定的排拒性。但是，强调自由的道家思想却又在无为而治的政治学意义上，为重组中国现代化的公共生活，提供了足够的社群人际空间。重视情感的自我感受是道家的基本价值向度，这对当代社会私人领域，特别是超越祈向的生存方式建构，具有重大的价值参照性，而儒家的血缘伦理规范也将在相互关爱中对当代中国人的私人生活领域产生巨大的团队贡献。

（四）儒家的天职是伦理-政治，道家的追求是哲理-超越。从伦理到政治是中国传统组建社会生活的基本向度，儒家的这种类比原则虽然并不遵循逻辑，却在传统的中华法系中采用祖先崇拜的方式充当着某种宪政精神。这种宪政精神的宣言是：人都是父母生的即所有的人是子。道家的玄思默想，思考的是人生的终极关怀问题，因而道家的天地崇拜为儒家的祖宗崇拜性宪政精神提供宇宙论范型。道家的这种思考由于得到了当代科学的佐证而获得了相当新颖的现代禀赋，这在表层上表现为生态哲学，深层次上却是为人类提供了一种后现代的世界观念。这就是前现代的道家观念与后现代的西方存在主义有着如此多的共性的真正原因。

（五）就现代观念而言，道家追求真理而儒家维护正义。儒家精神和道家智慧的此消彼长构成了中国文化形态五彩缤纷的主调和变奏。庄子的美学性哲学和孔子的血缘性伦理学因此也成为中国文化中最具有代表性的现代性文化表征。庄子对儒家思想的批判，是中华文明的基本动力和活力之源，批判是一种解毒剂。这不仅表现在对人生境界的提升上，表现在自由对秩序的校正上，也表现在社会生活中真理对正义的校正上,表现在对大自然的探索、思考之上。

(六)儒家宗法主义在实际的操作过程中,表现为一种将所有人都视为自然社会分工中的一个角色的角色主义正名教化过程,礼教因此不仅作为一种传统国家的意识形态被长期奉为国教,并且是中国人组构大范围社会生活的现代责任伦理基础。通过逻辑严密的分析,我们认为,在"君君臣臣父父子子"之中,"子"之角色不同于别的角色,"子"是天命性的,因此也就是自然性的。在存在论逻辑意义上,"子"全等于"人",即所有的"子"都是"人"。儒家的"把人当'子'看"和道家的"把人当人看",从而成为儒道互补的逻辑起点。从人人都要尽"子"道出发,要求人人都尽自己的"性分"(郭象),一种井然有序的社会秩序就会形成。

(七)道家自然主义在观念形态上可以包括儒家宗法主义观念,儒家思想的理论结构因此可以说是道家自然主义的一种人间存在形式。道家的自然主义在历史的演进中表现为老子的原始自然主义、庄子的多元自然主义、魏晋玄学中的彻底(本体性)自然主义、宋明道学中的普遍自然主义、明末清初汉学家们的行为自然主义五种理论形态。宋明以来,在表层的意识形态越来越儒家化的同时,儒家理论的内在理路却是越来越道家化,即越来越自然主义化,越来越具有更多的自由主义禀赋。上层的集权专制和下层的"一盘散沙"(孙中山语,"自由"的负面表述),在传统社会晚期,越来越信奉一种更加道家化的思想观念,进入一种泛神论信仰世界,生活在法家化的小农齐民社会之中。这种社会结构被黄仁宇称为潜水艇或三明治式"夹心面包"。

(八)从地缘因素和历史渊源上思考儒、道两家产生、形成的根源,北儒南道思想和商、周之际的巨大变革,可以说是儒、道两家产生的地理、历史性土壤。在儒、道思想产生的初期阶段,儒家思想可以说是中国北方的天候地缘的产物,道家思想可以说是中国南方的天候地缘的产物。以秦岭淮河为界,北方文化在先秦乃至后世一直饱受西北山林游牧民族的袭扰,从而迫使北中国学人都特别注重政治-军事方面的思考;南方物产丰富,湖泊山岭之间相对独立,对形成道家式小国寡民的"自治"思想形态,有一种地理上的支撑作用。北儒南道因此获得了某种地理因素的理论支撑。从历史渊源上讲,道家思想根源于殷商时代的"乙丁制"政治生活形态,儒家思想来源于西周时代的分封制政治统治形式。经过秦汉大一统的相互融合,西晋时期提出了"准五服以制罪"的法制思想儒家化观念,经过这种"以礼入法"的过程之后,儒家经典越来越成为具有"宪法"精神的政教一体观念形态。

三、儒道互补的六大价值

从中西比较的角度看,儒、道两家所共同拥有的价值观念和哲学理念,在现代化进程中必将表现出如下的个性和价值、意义。

(一)自然主义的自因、自动宇宙观,按马克思所说,是对上帝创世说的"唯一实际的反驳"。不管冯友兰的"以哲学代宗教"说和蔡元培的"以美育代宗教"说在多大程度上是真实的,人类的信仰生活在未来的形态如何,以儒道互补为主导的中国世界观必将构成人类信仰生活的二值选择阈,即要么选择欧美的一神教,要么选择中国式的泛神论,二者必居其一。某种意义上的哲学和美学、艺术学可以理解为一种自然存在性的泛神论。

(二)中国以儒、道为主的一元、自因、时间性世界观必将形成一种一重化的俗世生活价值观。这种价值观不仅在中国历史上使中华民族在人伦日用中满足终极关怀,今天乃至于将来也仍将能够缓解各种外来宗教的冲击。由于中国从来都是多种宗教并存的泛神性信仰局面,任何"一神论"宗教的冲击在中华民族文化大格局中都不过是一种"再多一神又何妨"的命运。这就事实上与当代人信仰方式的个体化、多元化、自由化取得了一种逻辑同构性的和解。

(三)整体直观的意义参悟,不仅能够在生活方式上为后现代提供参照,而且对现代中国的人文精神培育、民族精神的凝聚具有积极意义。民族精神作为软件中的软件是伟大的中华民族自立于世界民族之林的一个重要指标;中华民族的伟大复兴必将是民族精神的真正复兴,而不仅仅是物质生活水平的提高。整体直观的意义参悟是人的一种本能反应,是一种不学而知、不学而能的基本反应能力,所以,中国的直觉思维方式具有最为强大的生命活力。虽然这种思想方法不能建构理论形态的科学,却可以用最经济的方式满足人们的信仰。

(四)天人合一的儒、道生态理念对人类自然环境的优化,已经、正在并必将进一步产生巨大的积极作用。既要经济效益又要优美环境的中国现代化事业发展,已经、正在并且必将进一步证明这一点。人与世界和谐共生的中国儒、道特别是道家传统理念不仅表现在目前的和谐社会、和谐世界的和谐发展之中，也将日益影响全人类的生活理念向着有利于人类共存、共生、共荣、共美、共享的各个领域进一步深化。

（五）儒家人文主义对科学主义的冷思维有一种情感上的软化作用，道家自然人本主义对儒家人文主义有更进一步的理性纯化作用。儒、道两家为人类提供的这种缓冲方式必将在未来为全人类获得重要的价值、意义参照。冷冰冰的科学、逻辑观念需要儒家式的血缘亲情来软化，儒家亲情需要道家的人本主义对过分亲情带来的社会生活的腐败进行净化，这都是在本质上合于人性的进化方式，未来也必将是符号化、知识化的进化方式。道家思想是既讲理智又讲感情的观念形态，因此，未来人类在相当意义上将寄望于道家哲学理念。

（六）由于中国人有了儒家的血缘亲情和道家的美学、艺术情感维系，传统中国既不需要欧美式商业传统的契约关系，也不需要一个将人们从感情上联系起来的一神教。如果欧美和阿拉伯的一神教是经不起人类理性追问的观念形态，道家思想必将为人类未来的精神生活提供高层次的精神寄托。道家意义上的泛神论信仰方式，是人类未来的基本信仰方式，这将是一个不可能错的基本方向。非若此，人类将永远面对一与多的悖论。

（原载《学习论坛》2007年第3期）

儒道两家理论起点的逻辑分析

本文通过对儒家"君君臣臣父父子子"的逻辑语言学分析,确立儒家宗法主义的逻辑起点:"子"之角色。① 为此,我们必须首先回答逻辑分析如何可能的问题,然后证明作为儒家宗法主义逻辑起点的角色是"子",宗法主义在政治哲学层面上就成为角色主义。"子"这种角色是天命性的角色,因此带有道家自然主义的不可排拒性;儒家的把人当"子"看和道家的"把人当人看",从而构成儒、道两家的核心观念分野。就存在论意义上,道家所反对儒家的也正是儒家把人置换为角色之后,对人的心灵和行为方式所构成的巨大束缚。但我们同时承认,儒家的亲子教化经过适切的现代转化,并不构成对现代民主和宪政体制的实质性障碍。

在这里,事实和逻辑是同时发生的,道家的"自然"和儒家的"人为"与"生"俱来。儒家的与生俱来就是儒家理论的从"子"开始。道家也不得不承认,人之"子"也是"人",虽然他可能还没有什么公民权利。作为一种逻辑关系,道家和儒家一样,都是一种人本主义,儒家不能没有道家,正好像"子"之不可能不是"人之子"一样,他必然同时为"人"。既然"人子"是"人"而非神(耶稣),儒家也就不可能不承认道家从"人"出发的存在论向度上的理论言说。

一、从"君臣父子"说起

《论语·颜渊》篇载:"齐景公问政于孔子,孔子对曰:'君君,臣臣;父父,子

---

① 可参见郝大维、安乐哲《汉哲学思维的文化探源》中关于"焦点-区域"自我理论的有关论述。

子。'公曰：'善哉！信如君不君，臣不臣，父不父，子不子，虽有粟，吾得而食诸？'"

这段话本来没什么难懂的，事实上它差不多是国人耳熟能详的故事，是传统礼治秩序的纲领。为了理解孔子思想在中华民族两千多年历史中所起的重大作用，为了深入地理解我们悠久的传统，我们应该不厌其烦地琢磨它，用现代的逻辑眼光考察它。

钱穆在《论语新解》中对这段话是这样翻译的。"齐景公问为政之道于孔子。孔子对道：'君要尽君道，臣要尽臣道，父要尽父道，子要尽子道。'景公说：'好极了。若是君不尽君道，臣不尽臣道，父不尽父道，子不尽子道，纵有积谷，我哪吃得到呢！'"对于这一段话，钱穆注得极为简略，他说："齐景公：名杵臼。鲁昭公末年，孔子适齐，时齐大夫陈氏专政，而景公多内嬖，不立太子，故孔子答其问如此。"[1]杨伯峻在《论语译注》中大概也是觉得这段话实在太明了，所以干脆不注，直接翻译道："齐景公向孔子问政治。孔子答道：'君要像个君，臣要像个臣，父亲要像父亲，儿子要像儿子。'景公道：'对呀！若是君不像君，臣不像臣，父不像父，子不像子，即使粮食很多，我能吃得着吗？'"[2]

作为哲学家的胡适之、冯友兰早年都把这段话放在"正名主义"章节下来引录。胡在引录之后接着说："'君君臣臣父父子子'，也只是正名主义。正名的宗旨，不但要使觚的是'觚'，方的是'方'，还须要使君真是君，臣真是臣，父真是父，子真是子。不君的君，不臣的臣，不子的子和不觚的觚，有角的圆是同样的错谬。"[3]冯在引录之后的说法明显是受了胡的影响，但有一定的引申。他说："盖一名必有一名之定义，此定义所指，即此名所指之物之所以为此物者，亦即此物之要素或概念也。如'君'之名之定义之所指，即君之所以为君者。'君君，臣臣，父父，子子'，上君字乃指事实上之君，下君字乃指君之名，君之定义。臣父子均如此例。若使君臣父子皆如其定义，皆尽其道，则'天下有道'矣。"[4]

钱、杨的翻译在倾向性上是有所不同的，钱突出的是"道"，杨突出的是"像"。在语言学的意义上，钱的翻译暗含着一个对"道"的解释，杨的翻译却暗

---

[1] 钱穆：《论语新解》，成都：巴蜀书社，1985年，第295页。
[2] 杨伯峻：《论语译注》，北京：中华书局，1980年，第128页。
[3] 胡适：《中国哲学史大纲》，北京：东方出版社，1996年，第84页。
[4] 冯友兰：《三松堂全集》第二卷，郑州：河南人民出版社，1988年，第67页。

含着一个"模仿"的对象。胡、冯的解释,有明显的逻辑化解释向度,逻辑化也就是形式化。但二人似乎均未对这一语词形式进行逻辑分析。冯进一步提出了"定义"问题,引进了他后来在《新理学》中一再申述的"物之所以为此物者"这一关于"理世界"存在的基本认证方式,但在此没有对这一词项进行形式的展开。为了深入思考孔子思想所内含的逻辑结构,我们这里可以先抛开对话的具体内容,作一次纯形式的逻辑分析。如果逻辑确实是哲学的本质,那么这种分析就是不可避免的。否则,我们就无法在中国哲学中确立逻辑清晰的原则。

当然会有人说,中国哲学并不以逻辑见长,逻辑分析方法也不见得有益于当代中国的哲学事业。

中国哲学没有清醒的逻辑意识,如果对中国哲学的词项进行彻底的逻辑分析,是否会使它变了味呢?

对于这样的提问,我们可以这样来回答:第一,如果从语用学的角度看,语言只有在它的境域中才有明确的意义。如果我们执守于这样的原则,那么事实上不仅会取消哲学,也会取消历史。第二,中国哲学是有不注重逻辑清晰的特点,但这并不意味着中国语言可以不遵循逻辑。非逻辑的语言不是语言。即使取福柯对疯癫的分析取向,疯话仍然是在压抑中的逻辑,而不是它在表面上的非逻辑。第三,如果说逻辑是人之所以为人所不可避免的话语方式,那就意味着中国语言进而中国哲学中实际上蕴含着自己的逻辑。如果传统没有把它凸显出来,那正是我们应该努力克服、使之进步的时代要求。所以,作为胡、冯特别是金岳霖先生的后学,我们的口号毋宁是:把逻辑分析进行到底。

二、逻辑分析如何可能?

从形式上来看,齐景公和孔夫子的这段对话,可以这样书写:甲问某问题于乙,乙曰:"AA。"甲对乙这表面看来好像毫无内容和意义的回答,不仅心领神会,而且显然是满意的,所以,甲对乙先作了积极的肯定后,说:"如果 A 非 A,那么……"

"AA"是一个肯定判断,"如果 A 非 A,那么……"是一个逻辑蕴含。为了使人对这个极为简单的语词结构的分析能够明了,有必要对我们的思考方式提供一些根据和背景知识,这些背景知识即语言学、逻辑学的公认成果。

先从语言学说起。"AA"是我们自由约定的符号,然而一旦书写,它就和对话中的言说不同,具有了空间的确定性。"君君臣臣父父子子"已经是一种书写,抛开它的具体指谓内容不谈,它在形式上就是一个"AA"。"AA"是对"君君""臣臣""父父""子子"这四组排列组合进行的一次抽象,即"君、臣、父、子"四个符号是按完全相同的方式被排列在"AA"这样一种结构之中的,它们在形式上没有区别,这是我们作"AA"抽象的合法性所在。

根据索绪尔为语言学所作出的划时代贡献,语言符号有两个一般原则:

第一个原则即"自由约定原则"。

这个原则告诉我们:"能指和所指的联系是任意的,或者,因为我们所说的符号是指能指和所指相联结所产生的整体,我们可以更简单地说:语言符号是任意的。"①比如英语用"China"来指称中国,日本人曾用"支那"指称中国,不同的符号标定着民族的界限,却并不构成什么民族问题。

在语种内部特别是它的起源上,人对符号的约定也是自由的、任意的,比如我们当然可以把"狗"称作"犬"等。

"符号的任意性原则没有人反对。但是发现真理往往比为这真理派定一个适当的地位来得容易。……事实上,一个社会所接受的任何表达手段,原则上都是以集体习惯,或者同样可以说,以约定俗成为基础的。"②"任意性这个词还要加上一个注解。它不应该使人想起能指完全取决于说话者的自由选择(我们在下面将可以看到,一个符号在语言集体中确立后,个人是不能对它有任何改变的)。我们的意思是说,它是不可论证的,即对现实中跟它没有任何自然联系的所指来说是任意的。"③

索绪尔语言学的第二个原则,首先是对口语现象而言的,即指语用学意义上的"能指的线条特征"。索绪尔说:"能指属听觉性质,只在时间上展开,而且具有借自时间的特征:(a)它体现一个长度,(b)这长度只能在一个向度上测定:它是一条线。""这个原则是显而易见的,但似乎常为人所忽略,无疑是因为

---

① [瑞士]索绪尔等编:《普通语言学教程》,北京:商务印书馆,1980年,第102页。
② [瑞士]索绪尔等编:《普通语言学教程》,北京:商务印书馆,1980年,第103页。
③ [瑞士]索绪尔等编:《普通语言学教程》,北京:商务印书馆,1980年,第104页。

大家觉得太简单了。然而这是一个基本原则,它的后果是数之不尽的;它的重要性与第一条规律不相上下。语言的整个机构都取决于它。""它跟视觉的能指(航海信号等)相反:视觉的能指可以在几个向度上同时并发,而听觉的能指却只有时间上的一条线;它的要素相继出现,构成一个链条。我们只要用文字把它们表示出来,用书写符号的空间线条代替时间上的前后相继,这个特征就马上可以看到。"①

我们这里借用索绪尔的第一条语言学原则,可以论证"AA"这一结构设定的合理合法性;借用第二条语言学原则是想说明:(1)《论语》的记载这一书写行为本身,已经脱离了齐景公和孔夫子对话的线性时间特性,所以"君君臣臣父父子子"这一组符号——或者按索绪尔的说法,叫作"书写符号的空间线条"——可以在"几个向度上同时并发";(2)我们把"君君、臣臣、父父、子子"抽象为"AA"这一更加单纯的形式,无非是想在逻辑上穷尽这种语词形式在指谓特征上"同时并发"的不同"向度",以便让它更加清晰地显现出自己的功能范围和逻辑边界。这种逻辑形式可以通过庄子式的"鸟鸟""物物"等语词形式得到进一步的理解,即通过这种"动名词结构"来加以理解。

"AA"这一结构形式,是孔夫子的逻辑形式,由于有齐景公"君不君,臣不臣,父不父,子不子"的"A 不 A",或者更精确地说"A 且非 A"结构形式相对应,我们可以有根据地说,按照传统逻辑的说法,前者是形式逻辑的同一律,后者是形式逻辑的矛盾律。

如果按照维特根斯坦在《逻辑哲学论》中的确定性论证,孔子的同一律可以更周延地表述为"重言式",齐景公的矛盾律可以更周延地表述为"矛盾式"。在传统逻辑的范围内,"AA"就是"A 是 A"(胡适"真是"中的"真"字在逻辑意义上是多余的,科学意义上的"真"和逻辑学意义上的"真值判断"完全不是一回事儿。前者不涉及任何具体的实际指谓,后者则必得在具体指谓中实现),转译成维特根斯坦的说法,就是"如果 A,那么 A"。把这种逻辑结构转译成对话中的语言,就是"君是君、臣是臣;父是父、子是子",或者"如果君,那么君;如果臣,那么臣。如果父,那么父;如果子,那么子"。问题在于,这明显的同义反复在何种意义上是有意义的呢?

---

① [瑞士]索绪尔等编:《普通语言学教程》,北京:商务印书馆,1980 年,第 106 页。

根据维特根斯坦在《逻辑哲学论》中的论证,要想知道它在什么意义上是有意义的,首先要明白它在什么意义上是没有意义的。维特根斯坦说:"一个命题对于所有基本命题的真值可能性都为真。我们称该真值条件是重言式的。""一个命题对于所有真值可能性都为假:该真值条件是矛盾的。""在第一种情况下,我们称这命题为重言式,在第二种情况下,称这命题为矛盾式。""命题显示它们所说的东西,重言式和矛盾式则显示它们什么也没有说。""重言式没有真值条件,因为它无条件地为真;而矛盾式则不在任何条件下为真。""重言式和矛盾式是缺少意义的。"①为什么说它们"缺少意义"呢?他接着说:"重言式和矛盾式不是实在的图像。它们不表述任何可能情况。因为前者容许每一种可能情况,后者则排除任何一种可能情况。"②"重言式为实在留出了全部——整个无限的——逻辑空间;矛盾式则占满了全部逻辑空间,一点也没有留给实在。因而二者都不以任何方式规定实在。"③所以,"可以说,矛盾式隐迹于一切命题之外,重言式则隐迹于一切命题之内"。"矛盾式是命题的外部界限,重言式则是居于诸命题中心的非实在的点。"④

然而,这在科学实证意义上的"非实在的点"之所以在逻辑中不仅有意义而且极为重要,正是因为它从内、外两方面为逻辑画出了一个外部的范围、界限并在内部为逻辑标定出认识的确定性。所以,维特根斯坦又说:"但是,重言式和矛盾式不是无意义的。它们是符号系统的一部分,正如'0'是算术符号系统的一部分。"⑤"君君、臣臣、父父、子子"在儒家中的地位正如算术符号系统中的"0",没有它,一切传统中关于伦理的、政治的实践均将成为不可能;正像如果没有"0",一切算术运算都不可能超出"屈指一算"的水平一样。正是在这个意义上,我们可以把这两种逻辑形式"AA""A 且非 A"作为我们理解儒家礼治秩序的坐标命题。这个被我们称为坐标命题的"君君臣臣父父子子",首先是一个伦理命题,即由血缘所确定的"父→子"关系。进一步延伸,就升华为一种政治关

---

① [奥地利]维特根斯坦著,贺绍甲译:《逻辑哲学论》,北京:商务印书馆,1996年,第59页。
② [奥地利]维特根斯坦著,贺绍甲译:《逻辑哲学论》,北京:商务印书馆,1996年,第59—60页。
③ [奥地利]维特根斯坦著,贺绍甲译:《逻辑哲学论》,北京:商务印书馆,1996年,第60页。
④ [奥地利]维特根斯坦著,贺绍甲译:《逻辑哲学论》,北京:商务印书馆,1996年,第66页。
⑤ [奥地利]维特根斯坦著,贺绍甲译:《逻辑哲学论》,北京:商务印书馆,1996年,第59页。

系,即"君→臣"。

三、"子"之角色:儒家宗法主义的逻辑起点

孔子所建构的社会秩序原则,显然是一种贵族式、精英式的原则。在这种社会秩序中,贵族或精英享有着特权。这是问题的一个方面。从另一个方面看,至少从秦汉到隋唐,中国人在历史上逐渐削平了一个凌驾在社会之上的贵族阶层,这在表面上似乎为平民向社会上层流动提供了机会,但由于社会的阶层性界分是迄今为止由于天赋能力、机遇等的不同所无法摆脱的存在事实,它在事实上所改变的也就只是"由谁统治",而没有解决"怎样统治"的问题。抛开这种统治的合理合法性评价不谈,在逻辑形式上,如此简单明确地表述统治秩序的,确实正是孔子的这种逻辑同一律原则。如果违背了这一原则,正如齐景公所说的那样:"如果 A 非 A,那么一切都会失序,包括自己的吃饭问题都将成为真正的问题。"诚如维特根斯坦所说,这一重言式从内部标定出认识的确定性。后世儒家的一切现实运作机制都建立在这样一种认识的确定性之上。

沿着这条思路,我们可以进一步推出"君君、臣臣、父父、子子"在儒家伦理—政治生活中的另一层含义。这一层含义可以根据传统逻辑的排中律推论出来。罗素把包括排中律在内的传统逻辑进一步清晰化为"摹状词理论",我们可以借助它来做一点进一步的分析。摹状词理论让传统逻辑的排中律隐没在它自身之中,正像牛顿理论可以隐没在爱因斯坦理论中一样。就我们的论域而言,排中律就是金岳霖所说的"如来佛的手掌",即佛手。"佛手"的意思,按金岳霖的说法就是:我闭上眼睛,随便用手一指说"或者是桌子或者不是桌子"。这句话永远为真,不可能错。用形式化的表述就是"A 或非 A"。①

对于我们这里的论证而言,关键是金岳霖按照传统逻辑的排中律,闭上眼睛随便一指时,有可能"指空"。这个"空"也可以说是金岳霖《逻辑》一书中所

---

① "摹状词理论"和传统逻辑的关系非常复杂,我们这里不能细述,有兴趣的读者可参阅本人和王中江合著的《金岳霖学术思想评传》第四章"逻辑思想"和第五章"罗素哲学分析批判"的相关部分,北京图书馆出版社 1998 年版,本书收录了这些内容。

说的"空类"。也就是说,当你用所谓的"佛手"随便一指时,你可能什么也没有指着,是指了一个"空"。如果"指空"了,那就谈不上"是"或"不是"的问题。罗素的摹状词理论主要是根据科学的逻辑实证主义的"亲证"原则而引发的理论。用罗素在《西方哲学史》(下)中的说法,亲证原则是一种"实事求是"的原则。他说:"我所说的科学的实事求是,是指把我们的信念建立在人所可能做到的不带个人色彩、免除地域性及气质性偏见的观察和推论之上的习惯。"①从语言学的角度看,比如很多在历史中消失了的事物,你虽然可以言说它,却不能亲证。所以,罗素建议:为了保障逻辑的严密性,避免"空"说或者区别"空说"和"亲证",我们有必要在闭眼随手一指说"A 或非 A"时,加上一个"有 X"。套在金岳霖的例子中就是:"有 X,X 或者是桌子或者不是桌子。"很显然,这样一种限定在科学的意义上是十分重要的。也就是说,对于不能证实的事物,大可不必固执,就好像孔子在《论语·子罕》篇中所说的"子绝四"的意思:"毋意,毋必,毋固,毋我。"

回到我们的论题上。齐景公和孔夫子的对话是有语境的,所以,对于双方的指谓,相互之间都很清楚。然而一旦进入文本即被载入《论语》中,正如索绪尔所说:"视觉的能指可以在几个向度上同时并发,而听觉的能指却只有时间上的一条线。"所以当我们运用这一坐标命题时,就会出现"空"类问题。作为传统礼治秩序的"君君、臣臣、父父、子子",如果要避免它的无的放矢,从而使得它在纯逻辑中成为无意义却永远正确的言说,就应该加上条件限制。因为,只有我们先在逻辑上驱逐了话语的无意义部分,才能使话语的真正意义显现出来。虽说一种普遍的原则只求"适用"而不求"实用"(金岳霖),但它也很可能成为一根理论的"棍子"。理论要成为"理论的棍子",要具备两个条件:(1)理论有权威背景;(2)理论的泛指性被任意地措置于权威者所欲指之对象。所以,对理论的这种形式化纯逻辑性的认识,本身就是一种理论的"祛魅"(韦伯)。

在任何存在论性质的语境中,"或者是君或者不是君,或者是臣或者不是臣,或者是父或者不是父",这样三个佛手性判断都是可说的,不管有没有具体的人作为指称对象,它至少在逻辑上不会出现问题。虽然加上罗素式的"有人"然后再说"此人'A 或非 A'"逻辑上会更周延,实际上却无此必要。罗素的"摹

---

① 罗素:《西方哲学史》(下),北京:商务印书馆,1976 年,第 397 页。

状词理论"是为解决科学问题而提出,并非是为了解决社会-生活问题和伦理-政治问题。也就是说,在我们说"君君、臣臣、父父"时,不管有没有人,我们都可以随便运用自己的"佛手",但在说"子子"时,情况就大不一样了。

如果允许我们在父权主义的条件下忽略女人(事实上孔子时代,男子和女子都可称为"子"),这世界上也就只剩下了男人。所有男人,虽然他极少可能是"君",但毕竟可能是"君";虽说他较小可能是"臣",却也很可能通过努力成为"臣";一个男人,他可能因为没有结婚——比如后来的佛教徒和道教徒——也可能虽结婚却没有生孩子,所以未能成为"父"。也就是说,我们可以对任何一个男人说"他或者是君或者不是君,或者是臣或者不是臣,或者是父或者不是父",但我们不能说任何一个人"或者是子或者不是子"(包括女子)。只要他是人,他就一定是"子",一定是"人之子"。于是,"子"之角色和"父、臣、君"乃至于有男女然后有夫妇、有夫妇然后有父子、有君臣等角色不同,它是儒家宗法主义的逻辑起点。

我们不能说任何一个人"或者是子或者不是子",不管有人还是没有人,这话都不能说。因为,如果没有人,那是空说,"空类"之说;如果有人,那是错话。在伦理-政治领域内,一定有人,所以,说"或者是子或者不是子"就一定是错话。

在母系氏族时代,人知其母不知其父,但这并不意味着他没有父亲。他一定有父亲,只是在族外群婚的情况下有可能不清楚他的父亲具体是谁。即使在这种情况下,他至少也是母亲之"子";而在父系占统治地位的时代,不知其父就成了一个人最大的耻辱。儒家宗法主义理论从"有人"出发,且如果"有人",他就一定是"子"即人之子出发,这一点说起来虽然普通得让人好笑,可如果这个地球还没有成为克隆人的天下,就可断定它一定有自己的理论生存空间。

于是,在这种很不对中国人胃口的繁琐且细腻的逻辑分析之中,我们就为儒家理论找到了普适性、确定性的存在性定位。如果说"君君、臣臣、父父、子子"是孔子建构伦理-政治秩序的坐标命题,那么,对于"子"的这种理论的发现,也就为儒家理论找到了它坐标中的"O"点。我们可以称"子子"为儒家理论的自然命题。自然命题也就是天然命题。也就是说,"子子"不仅是一种角色性定位,而且是一种存在事实。"子"不可能不是"子",只要"有人",他就一定是"子"。这一存在性事实不仅构成了儒家宗法主义的逻辑起点,同时也构成了儒家和道家具有通约性质的分水岭。道家从"人"的存在性出发,儒家从人都是人之"子"出发,这使得儒家和道家具有了共同的理论实体出发点。"一切可能性都是逻辑的事实",但是,"假如世界没有实体,那么一个命题是否有意义就依赖于另一个命题是否为真"。"如果一个思想是先天地正确的,那么它就是一个其可能性即保证了其真理性的思想。"当然,当且仅当,"命题中包含命题意义的形式而非其内容"。①

四、道家的观点:角色并非人生的囚车

也就是说,"子子"作为一个维特根斯坦式的"不能论证"的天然命题,它和"君君、臣臣、父父"不同,它在自己逻辑的可能性之中已经包含了自己的逻辑真理性、存在性。所以,"子子"这样一个天然命题不仅是一个逻辑事实,而且是一个有关儒家理论"是否为真"所依赖的天然事实。假如按照儒家的要求,任何人都要尽"子"道,正好像父要尽"父"道一样,那么,儒家也就假设了这个世界上有实体:道。在这个意义上说,道不仅是"人道",而且是"天道",因为它不仅是道家批评的"人为",同时也是道家所肯定的"自然"。正是由于儒家有了这样一个天然合理性的理论基础,它不仅在理论上支撑了传统中国文化,在可以预见的将来,就一定还是支撑我们民族文化的基本支柱。倡导"自然"的道家和坚持"人为"的儒家之所以能够"互补",正是因为,在最本质的意义上,儒家也是立足于某种自然事实的。这就是说,"君、臣、父"的角色性约定虽然是人为的,"子"的存在却不仅是人为的,而且是自然的、天然的。"子不能不子",不管他是好儿子还是坏儿子,是孝顺的儿子还是不孝顺的儿子。这可以说是儒道互补的第一个理论支撑点。儒家所谓"达乎天地"(《中庸》)的自信,正是基于这样一个自然事实。

"子"的存在是一个天然的事实,但如果不是相对于父母而言,它就只是一个"人"。人一定是某人之"子",子也一定是人之子,在自然的存在状态上,即在"有"而不是"无"的意义上,二者并没有区别。"人"和"子"的区别是概念

---

① [奥地利]维特根斯坦著,贺绍甲译:《逻辑哲学论》,北京:商务印书馆,1996年,第26、27、32、32页。

(名)上的区别,这个区别本身即是人为的,是由"人"的语词所规定的,但却不是想规定就规定,不想规定就不规定的。用冯友兰所欲说而未说的意思来说,"子"之名虽然也是一个"名",但它与"君、臣、父"之名不同,它是不可论证也无须论证的。因为不作人为规定,"父子"关系依然存在;而如果不作人为规定,"君臣"关系也就可能不存在,至少不是非要"如此这般"地存在。或者即使存在,它也是不清不楚的。正如孔子在《论语·八佾》中所说:"夷狄之有君,不如诸夏之亡也。"只有在"君臣"同时是"父子"的情况下——比如在西周——孔夫子的这种断语才是清楚的,但这清楚不是人为规定的,而是天然的。换句话说,是"父子"关系的天然性保障了"君臣"关系的人为性;在这里,"父子"原则是作为原因和基础,为"君臣"关系提供了依据。一旦到后来用"如"字来比附,说"君臣如父子"的时候,它在逻辑上已经不再严谨,而只是借助历史来投射现实,甚至可以说是用权威来强制现实了。

理论尽可以把不同的存在事实作为自己的理论支点,但儒家的理论支点就是:"子"的天然性存在状况以及它必然蕴含的父子上行关系。如果说"子子"是一个逻辑必然性和事实存在性合并为一的自然命题,父子关系也就是一种具有逻辑必然性和事实存在性的天然关系。这种关系或者发生或者不发生,一旦发生,它就是一个永恒性的关系。不仅在父子俱在时如此,即使在父死子在或父子双亡的情况下,父与子的天然关系也不发生任何改变。由于西周和春秋时代确实存在过父子和君臣完全重合的情况——而这也是孔子的理想形态——当秦汉之后政制发生改变时,就会不时地出现逻辑上和事实上的问题。这种情况不仅发生在秦汉之后,在孔子之世即至少已存在过两次,这就是"汤武革命"的情况。由于这种情况不符合孔子的理想和原则,所以在整个《论语》中,对"汤武革命"也就或直接或含蓄地持反对态度。比如,孔子对《韶》乐和《武》乐的评价就明显是贬《武》扬《韶》;《武》之尽美不尽善和《韶》之"尽善尽美"①构成了显明的不同价值认可。这可以从反面论证孔子的原则和理想的"一以贯之"性。这与后儒的看法是大相径庭的。

道家力图用"人与人"的关系来抵制儒家建立在角色主义之上的礼治观念,但当他们的理论触角来到父子关系和男女(夫妇)关系这一层时,就再也没有能

---

① 《论语·八佾》篇:子谓《韶》:"尽美矣,又尽善也。"谓《武》:"尽美矣,未尽善也。"

力分解开了。"人"和"子"的天然统一性这一基本事实,既是儒家理论支撑传统社会秩序的基本存在条件和词项出发点,也是道家在历史上基本处在儒家之下风的基础性原因之一。而儒、道两家的互补性其实也正来源于男女性存在和夫妇性存在的不可分性。于是,"人"和"子"的区别既是道家"自然"和儒家"人为"的区别,也是个体和人际关系的区别,从而成为两家理论的一个共同出发点。在这一出发点上,道家之"人"和儒家之"子"发生了分化,所有的失之千里都导源于这一差之毫厘。在这个天然事实的出发点上,"人"和"子"在概念上反向而行,走向"人"的是道家,走向"子"的是儒家。于是,"把人当人看"(殷海光)和"把人当子看",可以作为界定儒、道两家的一个最重要的标志。儒、道两家理论板块结构的深层裂缝,在这里还只是差之毫厘,展开之后,它们背向而行,失之千里。这大概就是子贡说的"君子一言以为知,一言以为不知,言不可不慎也"(《论语·子张》)的一个意义向度。

这样一来,"君君臣臣父父子子"的断句就不能再像杨伯峻、冯友兰那样断了:"君君,臣臣,父父,子子。"这是一种平铺的理解,是四个并列的"AA"结构,其结果不仅掩盖了"君臣"和"父子"之中的权威向度,即"君→臣""父→子"在权利、义务上的非平等性,而且掩盖了"君臣"和"父子"之间的逻辑不同构性。事实上,第一,在"君君臣臣父父子子"之中,它有一个重心,即"子";第二,君臣关系不同于父子关系,虽说在西周乃至春秋时代对周天子或各诸侯国来说二者确实存在着同构性、重叠性。从第一点来看,这个重心和它的叙述次序相反:放在后面的不仅是基本的,也是最为重要的,因为它无可选择。如果承认这一点,事实上也就是在强调父子关系的"孝";而如果不承认这一点,它立即就转换成了法家的概念,要强调君臣关系的"忠"。法家只要把这个叙述的重心作一个意向上的颠倒,就拈手而来,套而用之。事实上,后来的法家也正是这么做的。从第二点的情况看,西周、春秋战国时代和秦汉以后的中国一直在试图混淆这二者内蕴的逻辑不对称。虽然魏晋以后也一直把"天朝以孝道治天下"挂在嘴上,可那是让臣民们做的,在政制上从来都是"君"本位的。"君"本位需要一个更加深刻的理论为其论证,这是直到黄宗羲才意识到的问题,尽管他的前辈们已经努力从各种理论资源中寻找补充性论证以便克服这一矛盾,比如"五德终始说"和开国帝王的"缘生情节"。

在我们目前的论域里,倒是胡适的断句更加准确可取些:"君君臣臣,父父子子"(参见上注,钱穆原文断句同胡,而翻译却又同杨)。如果要断得更加准确,其实应该是"君君,臣臣;父父,子子"。这意思是说,如果用"B、C、D、E"分别代表"君、臣、父、子","BC"是一组相互对待的概念,而"DE"是另一组相互对待的概念。那么,孔子的原意到底是什么呢?在整个西周乃至春秋时代,"君臣"和"父子"这两对范畴在"周礼"的贵族范围内,不仅是完全叠合的,而且是一个顺序成长的人生礼仪过程。而这也正是孔子所崇尚的"周礼"中所内含的基本原则;不仅是基本原则,而且是基本原则中的基本命题。孔子栖栖然"不知老之将至"(《论语·述而》)所追求的,是这个基本原则,而整个儒家理论都立足于这个基本命题。我们可以把《仪礼》即《礼经》这一命题称为"克己复礼"(《论语·颜渊》)之"礼"的纵轴命题。纵轴命题作为一个理论支点,它不是"BC;DE",而是"ED;CB"。这一点,我们将通过对《仪礼》这一被称为"达礼""礼经"的研究,使其理论内涵进一步得以展开。《仪礼》的展开是一个从"子"到"父",从"父"到"臣",再从"臣"到"君"的完整序列。这一点,我们现在就可以说清楚。《仪礼》"士冠礼第一""士昏礼第二""士相见礼第三"……的顺序,已经清楚地说明了这一点。这是中国时间性哲学的奥秘之所在。

　　进一步而言,"父"和"子"如果是一对相互界定的范畴,那么与其说是"父"界定了"子",不如说是"子"界定了"父"。虽然"父"作为一个"人"在事实上是先在的,但在逻辑上父子关系却一定是同时并存的;不仅是同时的,而且是永在的。在没有生子之前他可以是"兄""弟""夫""臣"乃至"君"等,但他要成为"父",却必须要由"子"的诞生来确立。在生子之前,他必定是"子",而只有他的"子"之诞生才不仅在事实上而且在逻辑上确立他为"父"。人作为"子"的先在是上行的,人作为"父子关系"中"父"的存在是下行的。这当然内含着一个时间性的演进和变迁。我曾在《儒道互补:宗法主义与自然主义的结合》①一文中提及过中国哲学的"一元、自因、时间性"特征,这可以是一个有力的佐证。在这里,事实和逻辑是同时发生的,道家的"自然"和儒家的"人为"与"生"俱来。儒家的与生俱来就是儒家理论的从"子"开始,这同时也是道家"自然"所不可排拒的。所以,如果从自然的人生历程角度看,不是"父→子",而是"子→父"。

---

① 拙文《儒道互补:宗法主义与自然主义的结合——中国哲学的一个解释视角》,载《中州学刊》2004年第5期。

"父→子"与"子→父"的天然关系不同,它首先指出了一个血缘的自然过程,其次是在此一自然过程基础上,把它建构为一个权威型教化关系,这才是儒家理论的逻辑深蕴所在。

在道家看来,人生虽不免扮演各种各样的"角色",角色却并不是人生的囚车。在角色的底层,是"人"的自然存在。如果无视人的这种自然存在,仅仅把人看成一个命定的角色,就像儒家所努力奋斗的那样,社会是会僵化的。正是因为道家清醒地意识到了这一点,从老庄到明代后期的心学、清初思想家如黄宗羲们,才不仅对儒家展开激烈的理论批判,而且对君主展开现实的批判。对君主的批判甚至从儒家的孟子就已经开始。儒家强调"君臣父子",实际上不只是要无条件地维护君主的无上权威性,而是要落实一种父对子的教化关系。

五、亲子教化无所谓民主不民主

如果把儒家父对子的这种权威型教化关系加以普适化的理解,就是费孝通先生所指出的"长老统治"。

费孝通指出,长老统治是"一种权力,既不是横暴性质,又不是同意性质;既不是发生于社会冲突,又不是发生于社会合作;它是发生于社会继替的过程,是教化性的权力,或是说爸爸式的,英文里是 paternalism。""所谓社会契约必先假定个人的意志。个人对于这种契约虽则并无自由解脱的权利,但是这种契约性的规律在形成的过程中,必须尊重各个人的自由意志,民主政治的形式就是综合个人意志和社会强制的结果。在教化过程中并不发生这个问题,被教化者并没有选择的机会。""'孩子碰着的不是一个为他方便而设下的世界,而是一个为成人们方便所布置下的园地。他闯入进来,并没有带着创立新秩序的力量,可是又没有个服从旧秩序的心愿'(《生育制度》101页)。从并不征求,也不考虑,他们同意而设下他们必须适应的社会生活方式的一方面说,教化他们的人可以说是不民主的,但是说是横暴却又不然。……'在最专制的君王手下做老百姓,也不会比一个孩子在最疼他的父母手下过日子为难过'(同上注)。但是性质上严父和专制君王究竟是不同的。""回到我们的乡土社会来,在它的权力结构中,虽则有着不民主的横暴权力,也有着民主的同意权力,但是在这两者之外还有教化权力,后者既非民主又异于不民主的专制,是另有一工的。所以用民主和不民主的尺度来衡量中国社会,都是也都不是,都有些像,但都不确当。一定要给它一个名词的话,我一时想不出比长老统治更好的说法了。"①《礼记·大传》说:"亲亲也,尊尊也,长长也,男女有别,此其不可得与民变革者也。"这里的"长长"就是典型的长老统治关系。虽然这一关系也是由父子关系即"亲亲"原则引申出来的,但在社会生活中它可以独立地发挥作用。"老吾老以及人之老,幼吾幼以及人之幼。""不独亲其亲,不独子其子。"(《礼记·礼运》)这都是父子关系向社会生活中横向地"推"的结果。

可是在孔子那里,"父→子"的权威型教化关系和费孝通先生所说还完全不是一回事。费孝通的"乡土中国"是孔子之后经过两千五百年的社会变迁,礼仪向社会的底层沉降的结果;而在孔子生活的春秋晚期之前,这一套礼仪秩序还是高高在上的。也就是说,它是贵族之家才可以履行的义务和享有的权利,即所谓"礼不下庶人"。孔子时代是一个转换期。子曰:"道之以政,齐之以刑,民免而无耻。道之以德,齐之以礼,有耻且格。"(《论语·为政》)他虽主张"道(导)之以德,齐之以礼",认为这样是好的,是一个理想,可事情并不像《圣经·创世记》中所说的那样:"事就这样成了。"毋宁说,在孔子看来,"道(导)之以政,齐之以刑"虽不尽好,有点"无耻",却也可以达到"民免"的目的。

礼德之治和刑政之治孰重孰轻的问题,也就是儒家和法家的分水岭了。法家登上历史舞台之后,"礼不下庶人"和"刑不上大夫"的轻重关系被颠倒,二者的界限日益被法家式的"一于法"所打破,终于出现了"在皇帝面前人人平等"的局面。秦始皇的郡县制之后,不仅"君臣"和"父子"的天然关系和人为关系脱节,而且礼德之治和刑政之治的关系也成了一种内外关系,即表面上讲礼治,内里却全是法家的东西,这当然是董仲舒和汉武帝之后的事。晋代之后,"以礼入法","准五服以制罪",隋《开皇律》之后,儒家的法律化过程基本完成,这就出现了宋明道学对儒家教义的新阐释,一种更接近于道家和佛学的阐释。

儒家的理论成长正是在和道家的颉颃中获得了动力、活力以及理论资源。道家思想也在和儒家的对立中获得了自己的不朽价值。儒、道两家就像一对连体婴儿,它们谁也离不开谁。道家离开了儒家,中国传统将陷入混乱;儒家离开

---

① 费孝通:《乡土中国》,北京:生活·读书·新知三联书店,1985年,第65、66、67、70页。

了道家,中国传统就会成为铁板一块从而僵化为没有生命力的教条。这就是儒道互补的基本格局。

六、自发的秩序和自发的自由

如果以中国的轴心时代为一个转换期、过渡带,在它的前后,"君君臣臣父父子子"的内在逻辑结构是发生了巨大转换的,这就是从一条线的纵轴转向两条线的叠加。即西周春秋时代子、父、臣、君的人生历程自然成长过程,到后来不再能成为社会统治权的合法性来源。特别是在隋唐正式实行科举制之后,君主的合法性基础和臣下的合法性基础遵循着两条完全不同的逻辑思路和实际途径。两种思路和两种途径在"君权神授"前提下的强制性叠加,就形成了后来的"夹心面包"型社会(黄仁宇)。这样一种由纵轴到横向叠加的转换,既是中国传统伦理和政治一致性的延续,又是使二者成为"伦理-政治"型文化形态的关捩点。这一关捩点的转换过程就存在于孔夫子"君君,臣臣;父父,子子"的历史性不同解释过程之中。通过对这一纲领性规范的不同解释,夏、商、西周三代政治和秦、汉之后的政治获得了某种表面上的理论一贯性,而巨大的转换就发生在春秋战国百家争鸣之中。一心为"治"的先秦轴心时代士人所完成的其实也正是这样一种基本的逻辑转换。

在孔子那里,"君臣父子"纵向成长关系对于贵族嫡系来讲,还是一个明确的社会政治事实和逻辑内洽的一套理论。在孔子之后,"礼坏乐崩",功利的现实驱动已经打破了脉脉温情的血缘纽带,越来越"君不君,臣不臣;父不父,子不子"了。显然,孔子思想中绝没有后来孟子的激动和荀子的冷峻。孟子把孔子思想的基础往人的内心深处引,荀子则把孔子的思想往社会秩序的外部调节有效性上引。孟子把伦理建基于人的同情心(恻隐)之上,荀子把政治秩序的架构建立在对伦理关系和政治关系的冷峻分析上;到了荀子的学生韩非子那里,也就只剩下赤裸裸的功利分析。对于孟、荀而言,人性善也好,人性恶也罢,都是从孔子思想中分蘖出来的。当然,他们也借助道家乃至墨、名两家的某些逻辑思想要素。

就道家思想的对应方面而言,老子之后出现了庄子的"内圣"性理论努力,庄子的一部分后学,与从《管子》开始的道家黄老学派和齐国稷下学派开始了"外王"方面的努力。儒家有儒家的内圣外王,道家有道家的内圣外王。从内圣和外王的意义上界分,道家的庄子和儒家的孟子属于内圣派,道家的黄老和儒家的荀子属于外王派。两种内圣和两种外王在此后的历史中,进行着复杂的互动、变奏和交响,和法家建构的政治体制一起,上演了一幕幕丰富多彩的历史活剧。儒家和道家在其中都扮演着举足轻重的角色。

对于中国的轴心时代而言,这一巨大的现实和理论的转换发生在孔、老和庄、孟之间。当庄、孟特别是庄子越来越沉潜于理论思考时,社会已经来到了一个历史的当口。这个当口用余敦康先生的话说就是:"春秋时期,关于这种理想精神仍然处于探索阶段,直到战国时期才分别在儒、墨、道、法几个学派身上不同程度地找到了自己的载体,但是通过长期艰苦的努力,方向性的选择已经确定,跃进的条件已经成熟,一个由哲学家登上前台领导时代潮流的新时期已经展现出清晰的轮廓,呼之欲出了。"[①]秦汉以降,"儒道存而墨法废",关于人究竟是角色定位更重要还是人本身的生活存在(按海德格尔的说法:人是面向死亡的存在。这种终极关怀问题道家论之甚详,于此不赘)事实更重要,儒、道两家各执一端,但各自的基本逻辑预设一直没有发生大的改变。"把人当人看"还是"把人当'子'看",从来都是儒、道两家的基本分水岭。至于宋明理学融道入儒,也仍然没有改变这一逻辑预设,但与此同时,却发生了理学和心学的内在冲突。

我们把儒家"把人当'子'看"的存在合理性,作为儒家理论的逻辑起点,这个逻辑起点也可以称为坐标命题。这种坚执的责任伦理精神一直充当着中华民族的精神支柱,一方面和法家的君主政治体制进行着老鼠戏猫的游戏,另一方面和道家智慧进行着精彩纷呈的互动,从而使得儒家在历史传统中的地位十分地突出。

所谓"儒家的坐标命题"实际上是一种关乎传统社会秩序的基本命题,由于它不言而喻的真理性和确定性,这个社会也就相对获得了一种普遍认可的秩序论证。站在今天的理论高度,我们当然可以说这是什么"封建专制"、君主专制

[①] 余敦康:《春秋思想史论(下)》,见王中江主编:《新哲学》第二辑,郑州:大象出版社,2004年,第64页。

和中央集权,而在中国传统中,专制和集权作为一种政制统治形式,它或多或少总是得到了一种社会的认同。否则,我们就不可想象它何以会在长达两千多年的历史中长期占据着统治地位。也就是说,它是经过选择优化的一种相对合理的秩序,在其中,大多数人能不同程度地满足自己的秩序要求。秩序意味着保障和安全,而这是生存所必须具有的起码条件。

正如哈耶克所说:"人的社会生活,甚或社会动物的群体生活之所以可能,乃是因为个体依照某些规则行事。随着智识的增长,这些规则从无意识习惯渐渐发展成为清楚明确的陈述,同时又渐渐发展成更为抽象的且更具一般性的陈述。""秩序并非一种从外部强加给社会的压力,而是一种从内部建立起来的平衡。""法律若想不成为专断,还需要满足一项条件,即这种'法律'乃是指平等适用于人人的一般性规则。……'进步社会的运动,迄今为止,始终是一个从身份到契约的运动。'身份的观念,亦即每个个人根据指定在社会中占据的地位观念,实际上是指这样一种状况,在这种状况中,所适用的规则并不具有很高的一般性,而是指向特定的个人或群体,并赋予他们以特殊的权利和义务。""如果只是该群体中的人赞同这种界分,那么显而易见,它就是特权;而如果只是该群体外的人赞同这种界分,那么它就是歧视。当然,对一些人是特权者,对于其他人就始终是歧视。"①

"三纲五常"作为秦汉之后的抽象的一般性秩序性陈述,它缘起于孔子关于"君臣父子"的秩序定位。"君为臣纲,父为子纲,夫为妇纲"的三纲和"仁、义、礼、智、信"的五常,在经历了现代民主、法治的洗礼之后,仍将以某种方式抽象地沉淀下来,成为中国文化的某种特色。这样,我们有可能同时收获社会自由和政制有序两种硕果,而不是照搬某种现成的政治制度嫁接到我们这个古老的文化传统之上。

从历史的角度看,这种秩序定位并非简单地从外部所强加,而是在我们既要治理黄河进行农耕生产又要经常受到北方游牧民族战争搅扰的实际生活环境中,"从内部建立起来的平衡"。这种平衡当然以角色身份为基础,但其中仍有道德人格上的平等性制约。

---

① 哈耶克:《自由秩序原理》,北京:生活·读书·新知三联书店,1997年,第184、183、191、192页。

这样一种规范性秩序虽然抽象程度不高,时时事事处处存在着特权,但它至少是精英阶层所普遍认同的。这种规范性秩序虽然对民众有不可避免的歧视,但如果考虑到"周期性超稳定系统结构"的"六道轮回,兴衰更替"动态平衡,考虑到"可怜生在帝王家""高处不胜寒"的周期性平衡,中国历史就仍然可以是合乎自己逻辑地、有序地在进步、在发展。考虑到"中国特色"的历史必然性和必要性,我们就不得不永远要用我们历史的光辉来昭示我们中华民族的未来。

(原载《社会科学战线》2007年第3期)

所有的人是子／所有的子是人：儒道互补的逻辑起点①

一、关系人秩序与个体人自由的互补

从秩序与自由的视域考察儒道互补,道家和儒家均非无秩序的自由或无自由的秩序。自由与秩序,总是相互涵摄、交叉杂糅在中国精神的基质里。这是人性的情欲冲动和理性的自约、自解、自和性所决定的,修到理想处即可"从心所欲不逾矩"(《论语·为政》)。从易道到孔老的儒道互补是一个逻辑起点,如果说儒家的逻辑出发点可以抽象为"所有的人是子"这样一个全称肯定判断命题,道家的逻辑出发点就是"所有的子是人"。孔老从群体/个体、内/外、知/行等向度对此进行各自的展开,成就了独具特色的中国思想整体性。

"德"字从金文始加"心"符,"道"与"德"在"行走"和"观望"上字根同体,故儒道两家于"心"处同根分途,构成心性哲学的逻辑起点。《道德经》赤子之心开出存在性自由主体,赋予文化以恒久的动力与活力。《论语》通过人对秩序的内化,先成己后能成人,成人者识人,成他人可推至成天下。儒道两家各有自己的内圣外王之道,展开为孟、荀儒家和庄子、黄老道家。儒家孝道追求本然的真情实感,道家玄道观照宇宙人生的本根之地。

易学阴/阳最简关系式的思想方法作为中华民族的内在逻辑形式是关系性、系统性的,当代物理学在基底上引入"互补"概念,可能使中国思想方法得以在当代全新展开。孔子与老子作为儒道两家的开山鼻祖,为后世儒道两家的发展开其端绪。不管是承续传统的孔子还是批判传统的老子,虽立论基础有别,价值指向相反,其内在的逻辑形式却都是易学所提供的阴/阳最简关系式。当

---

① 本文儒家部分发表在北京 2012 年《孔庙国子监论丛》,道家部分发表在鹿邑老子国际研讨会的论文集中。此次收录将两篇恢复为一。

孔子儒家开显出孟子的理想主义和荀子的现实主义两派,老子道家开显出庄子的理想主义和黄老道家的现实主义两派时,儒道两家便成就了自己的内圣外王之道,恰如所谓"两仪生四象"。但是,既然"易之义唯阴与阳"(《帛书·易之义》)的思想方法概括,与"万物负阴而抱阳"(《老子》第42章)的化学性宇宙论观念抽象均本于《易》学阴/阳最简关系式,孔子秩序作为展开现实自由的秩序,老子自由作为尊重自然秩序和社会生活秩序的自由,就一定是互补的。在易学主干儒道互补这一独特视域的思考中,秩序与自由不仅在理论结构上相互涵摄、交叉杂糅为一体,而且在儒道两家的思想流变中,以理念统摄的形式,模塑中华民族对神圣之域开放的人本化生活世界。

二、关系人/个体人:人的双重品格

人类这种特异的存在是双重性的:既是个体人又是关系人。他们不仅以个体人的方式生老病死喜怒哀乐吃喝拉撒,而且以关系人的方式理论上和所有其他人类个体组成丰富复杂的社会关系,并以这种方式来满足自己的吃穿住行用,解决自己的生老病死思等问题。既然人类具有大同小异的存在(不管它是否"先于本质")、需要及其满足的问题,各大文明对付解决这些问题的方式,相互之间便总会有一些或大或小的共同点和区别性。

西方人认为:每个人都以某种外在方式统合在一起,他们是可以集合的个体人并通过契约或神圣的方式,构成机械决定论的或宗教神学的世界观,为此,他们必须在文化形态之最上端预设一个操作这架大机器,从而决定着每个人命运的神圣上帝。

中国人则认为"天地之大德曰生""有天地然后有万物,有万物然后有男女,有男女然后有夫妇,有夫妇然后有父子,有父子然后有君臣"。中国人这种文化形态的基本特点是直接从"有"出发,本质上是儒家乃至法家秩序观的逻辑起点。而老子式"天下万物生于有,有生于无"之类玄学问题,在生活世界中,人非不得已便了无兴趣。我们每个人,虽以个体人的方式生活于天地之间,但根据"天地与我并生,而万物与我为一"(《庄子·齐物论》)的生生不息、大化流行理解,逐渐认定了一种有机联系性质的天人合一世界观或人生观,从而使每个人都自然、天然地置身于自我的关系网络结构中心。这样,中国文化形态中的个体人,就总是以关系人为背景、为底色。

如果用"关系人/个体人"这一对范畴,来思考作为中国哲学主体结构的儒道两家思想中所内蕴的"秩序与自由"有效且逻辑周延的话①,可以认定的是:从孔子发端的儒家学说的所有理论形态都是从"关系人"即"仁"这一逻辑前提出发的,从老子发端的道家学说的所有理论追求都是从"个体人"即"德"这一逻辑前提出发的。

存在主义法学家迈霍费尔对此思考道:"在个人的存在模式中,人把'物的世界'和'他人的世界'与他自己联系起来。在这个世界的构成中,个人把他人和自己联系起来,他人,无论如何,不仅是个人自我展示的手段,而且也是他人自身的目的。与这种作为自身中的目的的人们相对应,便产生了'私人自治'。这种私人自治的自主权在契约中得到充分的体现。在社会存在的模式中,唯一的非重复的不可比较的'我'接受可以比较的、结构上相似的'定位'。其中,自我被放到一定的身份和地位上发展到'成为角色'。在'成为角色'中,人超越了'成为自身'的限度并使自己从属于自然和文化的他治的法律秩序。

"在'成为角色'中,存在两种基本的关系,第一种是不平等的关系,第二种是平等的关系。这种区分对于法律正义的问题是非常重要的,从第一种关系中产生了'分配的正义'。分配的正义给予每个人他自己的东西,这种东西不同于他人的存在,是一种不平等性。从第二种关系中产生了'交换的正义',交换的正义也给予每个人他自己的东西,但是这种东西是与他人相同的,是一种平等性。这种'成为角色'的两种基本关系可以称之为'制度的自然法'。在制度的自然法中,那种在'存在与意义的一致性'中被预先指定的社会存在便得到了确立,并且在这两种法律关系中表现自己。"②

法学的立法成果是法律,法律是一种行为规范。在行为规范的意义上,法学和伦理学并无二致。于此我们可以说,不管中国的法家和儒家在公共的话语平台上如何扞格不入,礼与法,作为伦理规范和法律规范,都是行为规范,儒、法

---

① 关于这一设定的根据请参考拙文《儒道两家理论起点的逻辑分析》,《社会科学战线》2007年第3期。
② 转引自谷春德等编:《西方法律思想史》,北京:中国人民大学出版社,2000年,第278页。

两家作为社会规范的制定者、社会秩序的追求者,都以秩序为重,以秩序的价值为优先。对于哈贝马斯而言,没有主体间性就没有规则;对于孔夫子而言,没有关系人就没有儒家的名教和礼教。

在先秦乃至整个中国传统中,表述秩序观念的字是"治",区分治/乱的标准是有道还是无道。有道即有序即治,无道即失序即乱。治乱兴衰的历史现象中,从来都是以治为兴,以乱为衰。在中国人的价值位序中,衰乱总是暂时的,即便事实上分崩离析得很久,价值上它永远得不到人们的普遍肯定,这就是中国人根深蒂固的大一统观念。大一统就是崇尚天下统一。"乱世人不如治世狗"的民谚反映的正是"乱"往往联系着"战"即所谓战乱。中国人不仅追求政治上的统一,而且倾向于思想上的统一。因为在传统社会,"治/乱"是最为基本的分析模式(赵汀阳),人心即思想是否统一,直接关联着政治上能否统一。此即所谓"得人心者得天下"。

难道主张个体自由的道家主张分裂吗?道家不反对统一,道家反对的是人为的强制性规范的统一,主张自然的契约性的统一即所谓"有德司契"(《老子》第79章)。尽管这种思想观念由于农耕条件下商业的欠发达未曾得以高度发展,道家思想家仍然坚持人为强制的非人性,主张人性的自由性和天然本真,此即道家求道的真谛。道家并不反对"治"而主张"无为而治"。无为而治有"君无为"和"民自然"两个向度,并成为历史上的"文景""贞观""康乾"等盛世的必要条件。以法家郡县制保障体制上的政令畅通,以儒家宗亲和道家姻亲的家/乡性自然封建性来扩张地方自治性,这是两种"臣有为"的形式。这两种形式在中国历史上,成为社会结构平衡和历史动态平衡的基本保障,并从而构成中国历史形态的治乱兴衰循环之道。在此循环中,迈霍费尔分配不平等关系得以校正,并在新境遇中重新展开自己的正义之道,即所谓正当性、适宜性(黄玉顺)。

三、《论语》《老子》中的文字学证明及其结论

从文字学角度考察孔老对关系人/个体人的态度,《老子》一书用"自"字32次,"己"字仅在第81章"圣人不积,既以为人己愈有,既以与人己愈多"句中出

现 2 次;《论语》一书用"己"字 29 次,表达"自己"意思的"自"字仅有 8 处。"己"是相对于"(他)人"而言的自我指称,"自"是独立的自指性代词。这一文本现象是个坚强的文字学证据:老子道家强调个体人,孔子儒家强调关系人。现代汉语在用"自己"这个双字词时,已是特定的儒道互补语词结构了。汉字符号学家孟华认为,汉字二元结构是华夏文明的内在形式。如果儒道互补确实是中国哲学的主体结构,这种关于"自"和"己"的第一人称的单字选择性使用,就是《老子》和《论语》的作者在儒道源头处的刻意所为,绝非偶然。

"自"与"己"都是单体字。"自"作为初文的意思是"鼻子",后来转意成自指字;"己"的意思极为单纯,除作为"天干的第六位"外,便只有"自己"一义。这说明"己"只有在"人/己"的关系结构中,才有它的意义。这正反映了《论语》的作者是在强调关系人,与列维纳斯的伦理学"他人优位原则"若合符契。在《辞源》中,"自"字的组词极为丰富,从第三册 2582 页到 2586 页,"自"单字 7 解,除"自己""自然"外,尚有"开始""从""因为,由于""虽,即使""苟,假如"5 个极具抽象意义的意思。以"自"组成的双字词 68 个共 93 义,三字词 14 个,四字成语 17 个。有兴趣的读者可以细绎其义,我曾抄录一遍,颇为有趣。无论如何,我相信《老子》的作者和《论语》的作者都是极为认真地在阐释思想,如此的文字学现象,确实让人备感妙趣横生。中国哲学史的儒道互补品格,其实不就是"自/己"的事儿吗?

我们在别处业已论证,言/文或说/写的互补关系,源于《易》学"八卦取象"的对偶两分,且引证孟华关于文/言关系即儒/道的互补关系之语数则。这里我们可以进一步指出,在"汉字的词化和句化"部分,孟先生提供了大量的现代汉语造字规则案例,有趣的是,即便在外来词汇的翻译中,这种互补性对偶两分的例子也俯拾即是。所以他说:"无论是象形字还是言文结合的单音词,它们都是单体的'1',即都是单纯的纵向意指单位:形、音、义结合体。而与之相对的则是横向结构单位'2',即一个符号与另一个符号相加后构成横向的符号结构体,如合体字、复合词等。我们知道,汉字合体字、汉语复合词都以二合性结构单位为主,具有偶值性特点,所以称为'2'。"于是"相对而言,汉语是一种非逻辑性的语言。但并不意味着汉语不能反映人类共同的逻辑思维,不可以说汉语语法结构中没有反映逻辑命题形式的结构成分"①。有鉴于此,《老子》中的"自"字和《论语》中的"己"字在现代汉语中结合为"自己"这一双字词也就是老规则的新运用。

　　孔子和老子之所以同,是因为他们有一个共同的文化渊源和生存背景;他们之所以异,是因为他们先天-后天的种种原因使他们思考了不同的问题。我们相信"孔老相会"是一个伟大的思想史事实。老子作为最后的"史",他需要将自己手中的接力棒交接下去;而孔子作为最早的"士",他需要顺应时代精神的召唤,去面对,去承担。老子是东周王室的史官,地位显赫而又饱经沧桑,《老子》思考的问题是居高临下的;孔子"少焉贱",需要"下学而上达",《论语》的教诲是亲切和蔼的。老子带着孔子,在自己走出巫史传统的神秘巫氛的同时发现了人,所以《老子》高屋建瓴;孔子超越老子,也就是告别了神学的巫氛进入人的生活世界,投入滚滚的生活之流。一位老者,需要面对一生的欢笑和劳苦,所以老子思考的问题带有个体人的终极性;作为开风气之先的"至圣先师",孔子需要在纷纭杂陈的文化遗产中整理出挽救礼乐崩坏颓局的一整套思路,所以孔子注定顾不上关注人生的终极问题,而将全部的生命热情投向需要他的人。此即孔子选择关系人立场、老子选择个体人立场的个中缘由。关系人和个体人的孔老立场是一种理论的抽象,每个人都是并且不得不同时是这两者,恰似《易》学阴/阳一般关系之不可"孤",孤阴不生,孤阳不长。孔子和老子所开启的这两个理论向度是不可超越的,假如我们坚守人本主义立场的话。

四、儒家的关系人命题:所有的人是子

　　关系人立场就是社会的立场、秩序的立场。社会需要规范,秩序需要维护。法治国家的理想是我们所需要的伟大目标,正像民主也是我们的伟大理想一样。但现实的社会生活永远不会有一天突然宣称:我们不再需要伦理-政治了!公序良俗是法律的基础却不是法律,突发事件永远会有而法律对此不可能皆有

---

① 孟华:《汉字:汉语和华夏文明的内在形式》,北京:中国社会科学出版社,2004年,第235、221页。

所备。所以,不喜欢法律的孔夫子仍然是不朽的,他"无讼"的伟大理想甚至受到了美国联邦法院大法官们的高度敬仰。

我们曾经运用严格的语言学、逻辑学方法,通过孔子答齐景公问政的"君君,臣臣;父父,子子"推导出一个基本的关系人命题或称全称肯定判断:所有的人是子。① 有逻辑学常识的人一看便知,这是 AEIO 系统中的 A 命题:所有的 S 是 P。通过论证,这一"必然地推出"(王璐)的逻辑结论,既符合常识且自然蕴含着"逻辑恰是后承关系"(李小五)的当代逻辑定义。"后承关系"说是对数理逻辑鼻祖弗雷格的自然数"后继关系"的扩展使用。我们曾严格推证的"所有的人是子"这一科学性命题,正是运用这一数理逻辑结论尝试展开中国思想传统的努力:子是父的"后继",从而每个人都被天命性地镶嵌在特定的社会关系之网上。孔子的仁学思想体系可以收纳于这一命题之中。

孔子将人通过他的"从人从二"式的"仁"学,作了符合自明性自然事实的安排,亦通过对"天"的"不言"式理性存疑方式,使人保持了自己和世界的一体性联系,并现实化地认定了"天子"在"人"与"天"之间的特殊地位,从而使得传统社会的日常生活得以可能。② 儒家推伦理入政治的逻辑努力,终于在隋唐时代成为事实,实现了历史与逻辑在中华法典中的统一。③

若进一步推论,我们很容易能够发现,"所有的人是子"这一命题里的"人"和"子",作为主词和谓词变项(传统逻辑称为"宾词")是可以互换的,互换的结

---

① 安继民:《儒道两家理论起点的逻辑分析》,载《社会科学战线》2007 年第 3 期。此文经扩展后被安排在《秩序与自由:儒道互补初论》一书的第八章,北京:社会科学文献出版社,2010 年,第 159—178 页。"关系人/个体人"范畴,意欲在与"秩序/自由"相关之"法治/民主"建设上作进一步诠释。

② "天命玄鸟,降而生商。"(《诗·商颂·玄鸟》)"古之神圣人,母感天而生子,故称天子。"(《说文》)这层意思在晚年维特根斯坦思想中被表述为生活基础的神秘性和日常生活的联系,这种联系不在逻辑意义而是在生活意义上使生活得以可能。

③ 哲学界拘于汉武帝"独尊儒术"之说,以为汉代政治秩序已是儒家占主导地位的法律秩序。这是莫大的误解。瞿同祖先生早在 40 年代即已落实了"以礼入法"的详细过程,惜后学多所不知,有意者可参《中国法律与中国社会》《汉代社会结构》等书。

果就正是老子的立场:"所有的子是人。"我们将这一变换称为前者的逆命题。①

所有的人是子等于仁,这是孔子(可推广到儒家)的立场选择。

所有的子是人等于德,这是老子(可推广到道家)的立场选择。

这样两种互逆的命题选择,使中华文明成为一个开放系统,既有自己的建构方式,又有自己的解构方式;既有秩序规划的理性出发点,又有自由活力的生命原始域;既有礼法的规范,又有生存的冲动:就像阴阳太极图黑白二鱼动态对冲一样,生生不息,勇往直前。中国思想传统在现实和理论之间,通过毛泽东的"理论联系实际"或晚年冯友兰的"理在事中"形成一种发展文明的内在张力。"从批判思想出现以来,连同苏格拉底学派,不断发展的文明传统一直与反文明倾向并驾齐驱(更贴切地或许可以说,在其内部运行)。这种反文明倾向的传统相应产生了要么回到某种如子宫般安全的前批判社会,要么前进到某个乌托邦的哲学。由于此类反动的理想和乌托邦的理想,都满足同样的需要,因此它们具有本质深刻的姻亲关系。"②中国如此,美国亦复如此。"美国思想界有两股齐头并进但罕见交流的潮流——一个是高调的,一个是低调的。"丹尼尔·贝尔说:"有两种形象作为美国性格的精华沿传至今:一是乔纳森·爱德华兹的虔诚和苦恼,以及他对人类堕落问题的专注;一是本杰明·富兰克林的实践和技巧,以及他对成就与利益的关心。"③

这样,我们在相对一神教商业文明形态意义上,为中国文化历史形态在社会结构平衡和历史动态平衡中,找到了"以人为本"而非"以神为本"的逻辑出发点。"所有的人是子"和"所有的子是人"这一阴/阳最简关系式的双向命题,为"儒道互补"这一泛用的观念,找到了一个无可置疑的理论基础。孔子之

---

① 逆命题和正命题一样,乍看似卑之无甚高论,就像据称有博士论文写《糖为什么是甜的?》。但如果结合宋明理学将"所有的人是子"这一命题扩张为绝对道德律令,以保障伦理-政治文化秩序的绝对性和神圣性,宣称"君要臣死臣不得不死,父要子亡子不得不亡""天下无不是的父母"时,人能反驳的真命题是什么?别无选择,"所有的子是人"。"五四"批儒虽有过激之嫌,但作为对西学的刺激-反应,鉴此实属可原。

② [英]布赖恩·马吉:《开放社会之父——波普尔》,长沙:湖南人民出版社,1988年,第107页。引者注:出于"让哲学说汉话"的学术追求,引者对译文略有技术调整。

③ 丹尼尔·贝尔著,赵一凡译:《资本主义文化矛盾》,北京:生活·读书·新知三联书店,1989年,第106页。

"仁"和老子之"德"若成为具备严格知识形态的哲学范畴①,"儒道互补"即有了清晰的逻辑预设,在此基础上,或可进行几乎是无限的形式展开,因为正如维特根斯坦所言:"没有先天的事物秩序。""逻辑形式是无数的。"②

但是在秩序与自由预设下的思考,不管是中国的人本化生活世界也好,西方的一神教商业文明也罢,秩序问题在理论上总是一个困难的问题。金岳霖指出:"我们要知道思议底范围就是逻辑,思议底限制是矛盾,只有矛盾的才是不可思议的。这当然就是说只有反逻辑的才是不可思议的,而可以思议的总是遵守逻辑的。任何可以思议的世界既都是遵守逻辑的世界,我们当然可以思议到一没有归纳法所需要的秩序的世界也遵守逻辑。秩序问题依然没有解决。无论从演绎说或从归纳说,归纳所需要的秩序总是麻烦的问题。"③也就是说,秩序问题虽非逻辑性必然地推出,生活仍然得以可能继续下去的基础,却明显地摆在那里,这就是亨廷顿所谓人不能有自由没有秩序地生活,却可以有秩序没有自由地生活。缘于此,儒家成为中国传统的主导话语形态,孔夫子成为中华民族的符号性象征,也就是自然而然的事了!

五、老子④的个体人命题和自由理念

孔子是关系人的立场,从关系人的立场出发,孔子的理论旨趣是构建自然的合于人情的礼治秩序,即通过将礼归于仁而仁归于孝的方式,来建构封建根于宗法、宗法源于嫡庶的伦理-政治新秩序,使天下由无道变有道。

在希望天下由无道变有道的价值追求上,老子与孔子并无二致。但是老子

---

① 这意味着我们将在形下之"有"而非形上之"无"的意义上,把孔子之"仁"定义为所有的人是子,老子之"德"定义为所有的(人之)子是人。已如上述。
② 维特根斯坦著,贺绍甲译:《逻辑哲学论》,北京:商务印书馆,1996年,第86、54页。第94页有"很清楚,'逻辑的初始命题'的数目是任意的",此与"逻辑形式是无数的"实际意义一致。
③ 金岳霖:《论道》,北京:商务印书馆,1987年,第3页。
④ 关于"孔老先后"问题,抛开一切学术和信仰性争论(如胡适和冯友兰)不谈,我们认为老子这个人早于孔子。《老子》文本是他那个"史学世家"在他身后累积形成的,正像有人考论《论语》的形成可能经历了230年之久。孔子确是向老子问过礼的,谭宝刚博士说:老子批儒不一定针对孔子而是针对周公。

之道与孔子之道虽然"道"字为一,所内含的意义则大有区别。这里我们抛开过分细密的形而上学考察和文献训诂,从儒道互补的秩序/自由论题入手,来检视在"关系人/个体人"这一范畴之下,老子为什么要取相反的个体人立场:所有的子是人。①

孔子虽通过个人努力曾贵为"鲁司寇",但他自己说得明白:"吾少也贱,故多能鄙事。"他因父母"野合"所生而不获家族承认,即便承认了也只是宋国贵族流亡者的后裔而已。从孔子曾做过委吏、乘田等官吏看,他是底层的士且仍是顾炎武所谓的"有职之人"。王官之学此时已经下逮、流散于民间,这为孔子提供了一个可选择的进身之径,即"吾十有五而志于学",以便能够像后来科举取士时那样,自立于天地之间,即所谓"三十而立"。这一人生历程与现在一般年轻人所强调的自强、自立在境遇的意义上没有什么区别。一旦志于"学",其所学的内容便只能是当时已经下逮于民间的《诗》《书》《礼》《乐》《易》五经②,以及礼、乐、射、御、书、数六艺。所谓"不怨天,不尤人,下学而上达,知我者其天乎?"(《论语·宪问》)正是孔夫子人生选择的真实心理写照。谁能说只有美国人才崇尚个人奋斗而中国人不呢?我们的至圣先师不就是一个最好的楷模吗?

老子则不然。司马迁神秘兮兮地把老子说得神乎其神,身世难测,但有一条是清楚的,即豫东一带人,洛阳做官,晚年西行的行迹则极清楚。老子是天子的史官:"周守藏室之史也。"(《史记·老子韩非列传》)即老子是一个至少在名分上地位很高的人。且据李水海的考证,"春秋晚期周景王之时,周王朝单氏擅权,在单氏党争中,老子受到迫害,而被罢官,遭髡完刑(或髡刑)。帛书《老子》甲本《道经》《德经》就明确记载了老子本人被当权贵族伤害而受顽(髡)刑或梡(完)刑的史实"③。正因为有此劫难,老子才会跑到鲁国,孔子才会"从老聃助葬于巷党"(《礼记·曾子问》)而成聚讼纷纭的"问礼"之争。

这样一个人在同样是礼乐崩坏的时代,其主观感受和孔子会很不相同。如

---

① 这种选择的文化价值已如前述。即作为逆命题,它形成了文化的内在张力、活力和动力。任何文化都要通过不断地自我批判进于文明之境。诚如上述:宋明理学将"所有的人是子"这一命题发展为绝对的道德律令,以保障政治文化秩序的绝对、神圣性,宣称"君要臣死臣不得不死,父要子亡子不得不亡""天下无不是的父母"时,你能够反驳的只有这个逆命题:"所有的子是人。"

② 在讨论儒道互补时,我们只能取"五经"说而舍儒家经典《春秋》。《春秋》三《传》二义:一是《左传》历史义,二是《公羊传》"托古改制"义。至于《穀梁传》,影响很小,备典而已。

③ 李水海:《老子遭受"完刑"考论》,载《中州学刊》2006年第2期,第147页。

果说孔子是仰视传统的五经六艺,老子则一定是俯视的。至少在思想观念上,身为周王室史官的老子可以居高临下地看待这个世界,他发现在周礼名义的背后,其实是权力的倾轧和围绕权力所进行的你死我活的政治斗争,脉脉温情的礼乐文明此时已经完全成为不仅是各诸侯国,而且已经是风雨飘摇中的东周王室内部进行血腥争夺的观念借口。在这一系列的权力斗争和战争中,真正受害的是底层的民众。所以,一部《老子》,虽然从形而上学的哲学高度可以说是"代道立言",从社会的伦理-政治意义上,却可以说既是对统治者的劝诱——这才会有后来的"君人南面之术"①之说,也可说是在为苦难的民众鸣不平,为每一个"天地之性人为贵"的生灵奔走呼号。他之所以把吃饭问题看得那么重要②,正是因为吃饭问题确实很重要,即所谓"吃饭哲学"。没有必要把"虚其心,实其腹"(《老子》第3章)一定说成是什么"愚民政策"。对于我们这个从来都以挨打、挨饿为基本生存状态的民族③来说,马恩"首先就需要衣食住以及其它东西"的思想观念,即"何谓'生产物质生活本身'?何谓'现实生活的生产和再生产?'不就是人们的食衣住行吗?也就是我讲的'吃饭哲学'"。李泽厚引莫言的经验之谈说:"'长期的饥饿使我们知道,食物对于人多么的重要。什么光荣,事业心,理想,爱情,都是吃饱肚子之后才有的事情。'当然对个人来说,可以有例外。有绝粒自杀的英雄,有饥寒不移的壮士,有投井守贞的巾帼,有将'光荣,事业心,理想,爱情'看得比自己的吃饭要高得多的个人品德、节操、气概、境界。但是,这远不可能有人类的普遍性。将生命意义置于毁灭生命,只对数量有限的个体具有作用。……生命意义在于消灭生命,作为普遍性伦理命题,对族类来说是矛盾的。"④老子个体人立场实即民众立场,"素朴"的"吃饭哲学"在李先

---

① 班固说:"道家者流盖出于史官,历记成败存亡祸福古今之道,然后知秉要执本,清虚以自守,卑弱以自持,此君人南面之术也。"(《汉书·艺文志》)唐代王真甚至说《老子》是兵家之书,都有根据。

② "民之饥,以其上食税之多。"(《老子》第75章)于是乎"民不畏死,奈何以死惧之?"(《老子》第74章)"民不畏威,则大威至。"(《老子》第72章)此类意思的话语甚多,恕不赘引。

③ 李敖前几年来大陆讲学,很多精妙机辞几乎全忘记了,只有中国人在历史上一是挨打,二是挨饿之说,印象颇深。我想补充的是,"挨打"是因为我们生活在蒙古高原上的游牧同胞为了生存骑马放牧过来即是战争,马,实际相当于现在美国最先进的战略武器;"挨饿"是说,黄河流域干冷、热湿两股气流总是不听话,这便往往造成或旱或涝的年景,使我们总不免于怕挨饿或竟然真的挨饿。

④ 李泽厚:《历史本体论》,北京:生活·读书·新知三联书店,2002年,第14—15页。

生的意义上即是历史唯物论。"吃饭"等凡是只能"帮"不能"替"的就是个体人的事情,所以林语堂说"道家是中国人的乡村哲学"。

六、道家的逻辑出发点:所有的子是人

我们这里选择"个体人"而不泛泛地说"个人",确实有强调人的身体性的意思,或者叫作"根身性"。不仅如此,因为人绝非以"吃饭"见长,吃饭是活人的必要条件而绝非充分条件。人会说话/写字①、能劳动、有理性,人能群即能够组织成社会。但是,首先,就科学意义来讲,人的身体及其活动才是可观察的客观对象。其次,我们去搞社会调查,并不是去找无法被指称的"社会"去调查,而是找一个个的人去调查。这也就是说,社会作为名词是抽象的,抽象的社会离不开一个个具体的人,这些人在自然科学意义上是个体人,关系人是人的族类本质。最后,"个体人"这一概念的运用是为了区别于个人主义的"个人",这样的表述正是为了把人放在"关系人/个体人"的二元逻辑结构中来考察、来思考。

如果说"民之饥"可能由于种种原因而非仅是政府"食税之多"的话,"民不畏威"和"民不畏死"所描述的,便是能否生存下去的心理状态,"不畏威""不畏死"的情结一旦形成,任何看似强大的政权都会在这种"民心"中出现严重的政治危机。所以当老子说"圣人无常心,以百姓心为心"(《老子》第49章)时,他提出了一个非常高远的政治学命题:人心,是任何哪怕最专制独裁的政权,都没有什么办法控制的个体人的内在活动,这构成了政治行为的绝对限制。但让人扼腕长叹的是,中国历史上多少次农民起义造反导致的朝代更替,不幸都被老子言中。当老子说"吾所以有大患者,为吾有身;及吾无身,吾有何患"(《老子》第13章)时,他是什么意思呢?至少有一个意思蕴含其中,即人的心灵本来就是自由的,人心可以不受物理事实的限制而异想天开,甚至如我们曾论证过的

---

① 关于人会说话和会写字的区别,可参孟华《汉字:汉语和华夏文明的内在形式》(北京:中国社会科学出版社,2004年)中关于"言/文"关系的论述和吴前衡《〈传〉前易学》(武汉:湖北人民出版社,2008年)对此的易学探源。

那样,可以"胡思乱想"。① 每当读到人民用"武器的批判"代替"批判的武器"之类的史书时,我们不免会问:统治者何以就不长记性呢?何以历代都有皇帝"尊道",居然不能防止此类事端的一再发生呢?这是理解中国思想传统的一个至为关键的问题,也是至今仍然面临的基尼系数增大、政府机构精简面临严重考验的问题。② 这里,我们只想指出,老子所选择的"所有的子是人"这个逆命题的个体人立场,是理解中国思想传统的最为关键的问题之一。

立场和观点虽然常常因果关联,但二者毕竟是两回事。对于一个以书写为业、以书写为志趣的人来讲,仅仅有立场是不够的,他必须对自己的立场提供观点的论证。老子选择个体人的立场,只能表明他观察了一个个的个体人且对人心难测之类的形上观念感到震惊并深以为然。只有当他提出"所有的子是人"——这当然是我们从《老子》文本的傅伟勋式蕴谓中提炼出来的——这一逆命题时,才可以用费孝通的话来理解儒道之间的这种互补性关系:"从官僚的怠工做到无为而治的、'天高皇帝远'的、不发生作用的、被软禁了的皇权——这才是孔孟老庄合作努力达到的理想政治。"③这大概就是道统的社会意义所在了!

儒家通过从商鞅到唐太宗一千年的努力,缘情制礼以入法,改变了法家的法律原则,将同一性法律改造为差别性法律(瞿同祖),这样就渗透了法家;在将道家的自然真情纳入礼治秩序的同时,通过宋明道学(包括理学和心学),又在形上层面裹挟了道家,并最终在阳明后学特别是泰州学派中转而趋向道家(牟钟鉴)。于是,儒家作为中国传统的主流意识的地位被确立,孔夫子作为中华文化的象征性符号更是当之无愧。但如果不同时考察法家和道家,中华文化的历

---

① 本人曾说:"人是可以胡思乱想的动物。""胡思乱想是任何政府权力的最后界限。从政治哲学和法哲学的角度思考,自由虽然是强制的反面(哈耶克),但无论何种集权和专制独裁的政权,哪怕它使尽浑身解数地对人强制,仍无法控制它的臣民胡思乱想。这当然构成权力的绝对界限。"载《秩序与自由:儒道互补初论》,北京:社会科学文献出版社,2010年,第252、253页。引录时略有修饰。

② 基尼系数增大问题这几年由于中央财政大幅度向农村倾斜已呈缓解之象,但机构膨胀带来的财政压力和社会舆论、社会心理压力则依然难得有效缓解,政治体制改革难度颇大。黄仁宇在《万历十五年》中,曾引申时行对张居正改革壮举的悖论性反思指出:改革总是某种利益结构的调整,机构改革却要以官员利益的牺牲为代价;用官是要解决社会问题,但官僚机构往往是这个社会的最大问题。这一思考与控制论创始人维纳在《人有人的用处——控制论与社会》中说的"控制论难题"一样:人类社会必得面对的"狗瞰羊群,拐杖瞰狗"的无穷倒退问题,维纳问:那让谁来瞰拐杖呢?即"终极控制者"逻辑上是找不到的。

③ 费孝通、吴晗等:《皇权与绅权》,上海:观察社发行所,民国三十八年(1949),第6页。

史形态问题,特别是和秩序与自由相关的、中华文化人本化生活世界与西方一神教商业文明平等对话的时代问题,就仍然得不到理解和解决,特别是老庄道家,他们虽然在后世儒释道历史变奏交响中转变为道教,但原始道家的基本立场依旧:所有的子是人。道教与民俗的交错杂糅互渗难分,可以清晰地说明这一点。鲁迅说中国的根柢全在道教,林语堂认为道家是中国人的乡村哲学,陈寅恪强调新道家之真精神等,都能说明这一点。

从乙丁制到昭穆制：儒道互补的历史渊源

殷商时代的乙丁制是地缘共生的两个血缘族群轮流执政的政权继承方式，具体是男女双系"兄终弟及"和"舅死甥继"两种继位方式；西周时期改为单亲男系的"父死子继"，乙丁制的形式却以昭穆庙制的方式延续下来。这就为后世儒家造成了解释学上的困难。从血缘继替、地缘共生两个角度对儒道互补的历史渊源进行考察，可以厘清儒道两家在重血缘和重地缘上的纠葛。

一、老子背后的乙丁制

根据张光直先生《中国青铜时代》的研究，殷商时代的政权继承既不是父死子继，主要的也不是兄终弟及，而是舅死甥继。舅死甥继是将十大天干为称中，乙、丁两个强势的走婚制通婚氏族集团的"隔代轮流执政"[1]。殷商统治集团大族群内部分为两个小族群组：乙组和丁组，乙组和丁组的男女之间实行对偶婚。一个乙组的商王死了，先是他的诸弟继承王位，诸弟之后，王位便转移到丁组中他的外甥们那里，这些外甥们以母系的族号继承王位。反之亦然，轮替循环，这就是乙丁制。乙丁制在政治形式上类似于目前发达国家的两党政治。

儒家的昭穆古义是道家的乙丁制，乙丁制是母系氏族的遗制。这种制度显然不仅照顾到了人类的血缘关系，也照顾到了社会生活的地缘关系，并将这种地缘关系转化成姻亲性的血缘关系。后世对蕃族的和亲政策，与此恰有异曲同工之妙。同姓为婚，其生不蕃。道家特别是老子以男女的性结合必须以族外婚的地缘族群共生为根据，这就是商代的乙丁制。殷商帝号全是以母系的族号为

---

[1] 张光直：《中国青铜时代》，北京：生活·读书·新知三联书店，1983年，第156页。

号,透显出一种淡淡的女性情结信息。在这种制度之下,殷商时代的女人社会地位相对较高。妇好墓的大量陪葬说明,这位伟大的女性生前可以率部征战,是一位名符其实的巾帼将军。这是殷商时代女权较高的一个有力佐证。在这种体制下,王号是依女性所在的氏族来命名的,女性有相对较高的地位,这和老子的守柔处下思想和淡淡的母权崇拜遗迹有渊源关系。

道家特别是老子思想中有相当明显的女性情结观念,这是中外学界的共识。《老子》一书"母"字凡七见,隐喻女阴的"谷""玄牝""众妙之门""容""柔"等也屡见于《老子》。老子最核心的概念"无",也与女阴空洞的隐喻性有密切关系。《老子》共81章,与这种隐喻有关者竟多达20多章,占总篇目的三分之一。我们这里不必一一引述老子的论述,但他确实把这种隐喻构成了一个联想的序列,"母"即"雌",由此引申出女阴性隐喻的"玄牝"和"谷";由"谷"又联想出了"水",而水是守柔处下的。按道家思想很重的曹雪芹的话说,"女人是水做的",而水在引力作用下又是自然趋下的;由此再引出女人柔弱的性格特征。而这种隐喻和道之"无"的隐喻是一脉相承的,女阴崇拜就是对"空""无"的崇拜。《老子》第20章在对"婴儿""愚人"进行了"昏昏""闷闷"的描述后说,自己与众不同之处是"我独异于人,而贵食母"。也就是说,老子的理想性神格是一种女阴、女性崇拜的位格。因为在他看来,正好像道生天地万物一样,"母"即女性生育一切的人类。在儒家看来,人是爹娘生的;而在道家看来,人经验地直接地却只是母亲生的。所以,如果试图把这两种原则对立起来,那在事实上是不可能的。宗法主义原则和人类存在的自然主义原则,于此构成了一种互补性的难舍难分。

道家所坚守的不过是这样一种原则:"天下有始,以为天下母。既得其母,以知其子。既知其子,复守其母,没身不殆。"以这种天下观念看待世界,就是一种生成论的世界观,而非欧美人创造论、构成论的世界观。道家为主导的中国哲学崇尚一种柔弱怀化的心灵征服观,而非法家式的刚直的暴力征服观。这与女性的阴柔美不无关系。《老子》第1章说:"无,名天地之始,有,名万物之母。"这就是生成论的世界观。所以,到了最后,究竟老子是要用"母"隐喻他的"道",还是要用"道"来表述他弗洛伊德式的女阴女性情结呢?我们已经难以追问清楚。道"可以为天地母。吾不知其名,强字之曰道"(《老子》第25章)。但如果通过《老子》第59章的阅读,当你发现老子的目的只是"治人""事天"

"有国"时,你就能理解作为"周守藏室之史"的老子,究竟想要说什么了。"事天"就是尊重流变中的道,一个生生不息的道,一个供人行走的道而非言说性的"道",它可以被言说只是因为它有"用","无之以为用"(《老子》第11章)。人一旦体验到它的妙用,作为个人,可以"长生久视",如果是君主,他就可以对国家权力长久地拥有,可以深根固柢,长治久安了。"治人事天,莫若啬。夫唯啬,是谓早服;早服谓之重积德;重积德则无不克;无不克则莫知其极;莫知其极,可以有国;有国之母,可以长久;是谓深根固柢,长生久视之道。"(《老子》第59章)。这样,一种对于神秘的不可言说的道的体验,就由一种女阴崇拜的原始思维,逻辑地转化为既是个体的养生之道,又是治理国家的手段、策略:"君人南面之术"。

这女阴崇拜的女权思维,和儒家式的"祖"的古字为"且"并象征男性生殖器一样,具有同样的基本性。历史事实的真相,确有不可尽知者,书写的历史对真实的历史来说,真可谓只鳞片爪。许多历史的真相掩埋在历史的沉沙之中,本来也是不得已的事情。孔子以承续传统为己任,的确有功于后世,然而儒家有自己的观念系统,父权崇拜是儒家信仰的基础,这就难怪儒家学者对这早期的母系时代遗迹遮掩搪塞了。

二、孔子"不欲观"的背后

解释学告诉我们,解释是戴上自己观念的眼镜在典籍中寻找自己之所需者。这当然是一种六经注我的治学立场,但是,谁又能完全摆脱它呢?儒家居然连西周时还盛行的重大祭祀礼仪也会给弄乱,首先可能是因为年代久远,确实有所不知。其次可能是因为观念先入为主,戴上父权的眼镜看,母系时代的遗制自然也就不容易看清楚了。儒家对昭穆制的曲解和有意无意的误解,从反面证明道家背后的乙丁制母权性质。而儒家的这种解释向度可以说是一种为了健康的遗忘。

> 子曰:"禘自既灌而往者,吾不欲观之矣。"或问禘之说。子曰:"不知也。知其说者之于天下也,其如示诸斯乎!"指其掌。(《论语·八佾》)

这里的关键是:孔子对"禘之说"是真"不知"还是为了"避鲁讳"而佯装不知呢？仍然是《论语·八佾》篇记载，子曰:"夏礼，吾能言之，杞不足征也；殷礼，吾能言之，宋不足征也。文献不足故也。足，则吾能征之矣。"杞人忧天，这已经被后人当成笑话，如果考虑到夏之后裔在杞国，我们似能想象出远去的夏人对天象的探索热情是真实的。孔子前面讲夏、殷之礼由于文献不足不能证，后面讲如果知道，治天下都是易如反掌的事，明显是真的不知道。后儒们却一般都作另解，以为孔子是圣人，哪能"不知"，只是"避讳"罢了。这一点从孔颖达①到王力②、钱穆③，一脉相承。儒家传统讲的避讳是说鲁国的祭祀违背了礼制，我们这里所说与此稍有不同。我们的意思是说，孔子不欲观禘礼，很可能是由于昭穆制度的真正根源和母权崇拜有关，与他坚持的父权宗法主义原则有根源上的相悖，所以，他在态度上、价值上不愿意承认，这就是他"不知"的真正原因。

其实，禘礼作为对人类最早祖先的追问，本来就是一个玄秘而不可确解的问题。伟大如马克思在《1844年经济学哲学手稿》中，对此类事体也有一段执着、有趣的论说：

> ……直到提出谁产生第一个人和整个自然界这一问题。我只能对你作如下的回答:你的问题本身就是抽象的产物。请你问一下自己，你是怎样想到这个问题的；请你问一下自己，你的问题是不是来自一个因为荒谬而使我无法回答的观点。请你问一下自己，那个无限的过程本身对理性的思维说来是否存在。既然你提出自然界和人的创造问题，那么你也就把人和自然界抽象掉了……不要那样想，也不要那样向我提问，因为一旦你那样想，那样提问，你就会把自然界和人的存在抽象掉，这是没有任何意义的。④

是谁向马克思提出了这个问题呢？正是马克思自己。马克思的问题正是接着自己这样一个思考而发:"如果我的生活不是我自己的创造，那么，我的生活就必定在我之外有这样一个根源。所以，创造(即创世)是一个很难从人民意

---

① 参见《十三经注疏》，北京：中华书局，1980年影印本，第2466—2467页。
② 参见杨伯峻《论语译注》，北京：中华书局，1980年，第26—27页。
③ 参见钱穆《论语新解》，成都：巴蜀书社，1985年，第57—59页。
④ 马克思:《1844年经济学哲学手稿》，北京：人民出版社，1985年，第86—87页。

识中排除的观念。自然界和人的通过自身的存在,对人民意识来说是不能理解的,因为这种存在是同实际生活的一切明摆着的事实相矛盾的。"①

孔子所说的"不知",从高处说是对这种追问本源问题的回避,但我不相信孔子能达到这种思辨的水平后又理性地回避它;从低处说,就是对"禘礼"所包含的具体历史含义真的不知道,"不知为不知,是知也"(《论语·为政》),这是孔子的一贯态度。倒是孔颖达在"为尊者讳"的同时,回答了这个问题的症结:

> 禘祫之礼,为序昭穆。故毁庙之主及群庙之主皆合食于太祖。灌者,酌郁鬯灌于太祖以降神也。既灌之后,列尊卑,序昭穆。而鲁逆祀,跻僖公,乱昭穆。故不欲观之矣。②

杨伯峻的解释是:

> 禘是天子之礼,鲁国举行,在孔子看来,是完全不应该的。但孔子又不想明白指出,只得说"不欲观""不知也"。③

钱穆与杨伯峻的解释如出一辙:

> 孔子不赞成鲁之禘礼,或人因此为问,孔子不欲深言,故诿曰不知。④

杨、钱二人都只讲了孔子是为避鲁国讳,而没有谈到昭穆问题,不过钱穆还是留下了余地,他说:"本篇二十六章,多论当时之礼乐,然时移世易,后世多有不能明其意义之所在者。"孔子也"不能明其意义之所在"的正是什么是"昭穆"。那么,昭穆的意义究竟是什么呢?

西周世系表中,第四、第五任周天子分别为昭王瑕和穆王满,昭、穆为序不乱。周人以后稷为太祖,加文、武、成、康、昭、穆正好是"天子七庙",三昭三穆。即在太庙中,文王、成王、昭王的牌位在左,武王、康王、穆王的牌位在右。这样,按后儒的解释,昭穆主要是一种宗庙制度。《礼记·王制》云:

> 天子七庙,三昭三穆,与太祖之庙而七。诸侯五庙,二昭二穆,与

---

① 马克思:《1844年经济学哲学手稿》,北京:人民出版社,1985年,第86页。另外,前一引文中的"自然发生"说,准确的译法或说法应该是"自然而然"说,参见拙文《冯友兰"三史"中庄子的"道"——一个宇宙论方面的考察》,载《旧邦新命》,郑州:大象出版社,1999年,第146—157页。
② 《十三经注疏》,北京:中华书局,1980年影印本,第2466—2467页。
③ 杨伯峻:《论语译注》,北京:中华书局,1980年,第26—27页。
④ 钱穆:《论语新解》,成都:巴蜀书社,1985年,第57—59页。

太祖之庙而五。大夫三庙,一昭一穆,与太祖之庙而三。

这里讲的是差等,是天子、诸侯和大夫之间人为规定的差等,其数为七、为五、为三,等级越低,太庙中摆放的牌位也就越少。这样,太庙里的牌位摆放倒也井然有序。新死的王进太庙叫祔庙。祔庙时,为了保持原有的昭穆秩序,就要撤去一个牌位,以保持原有的数目规定,这叫祧庙。对死去的先王在太庙中的位置依"左昭右穆"的顺序排下来,"昭与昭齿,穆与穆齿"(《礼记·祭统》),其结果就总是隔代相序,即自己总是和爷爷、孙子排在一边,而父亲和儿子总是会相对排在另一边。把这个序列用来服务于人间秩序,就是:

昭穆者,所以别父子、远近、长幼、亲疏之序,而无乱也。是故有事于大庙,则群昭、群穆咸在,而不失其伦,此之谓亲疏之杀也。(《礼记·祭统》)

然而问题在于儒家最讲究"亲亲",为什么"别父子"成了"无乱"的条件了呢?在儒家看来,"男女有别"才是人之大伦,"父子"有什么好"别"的呢?如果从祖庙中牌位摆放的美学对称原则考虑,限制各个等级摆放的多少,以所敬祖神的多少来显示社会地位的差别,倒可能是一个说得通的解释向度。事实上后代的祔庙制度为了保持这种建制,也确实是进一个,出一个。太祖即立庙的先祖的牌位居中,是永远不变的,一个驾崩的君主牌位要进入太庙,就必须把前面左右排开的牌位按昭穆之序请出一个,以保持左昭右穆的对称,不能把太庙中搞得太乱。但对于这里"别父子"的解释,儒家在历史上一直是一本越说越乱的糊涂账,因为,他们的父权思想影响了他们的想象力和理解力。

根据人类学和考古学的成果,人类历史上确实存在过一个母系氏族时代。遍布祖国各地的仰韶文化和河姆渡文化遗址,就是母系氏族的繁荣期。这一时期的人们聚族而居,有公共墓地,每个村落的大小和内部的陈设、墓地葬仪和随葬品也都大体一样。据碳十四同位素测定,距今至少都有5000年到7000年。此后从大汶口文化开始,正式进入我国历史上的父系氏族时代,也就是传说中的"五帝"时代。母系氏族时代的特征是男不婚女不嫁,但严格禁止氏族内部的男女性关系。所以,人们只知其母,不知其父,因为父亲一定会在另一个氏族中。且因是群婚,父亲一定是父方氏族同辈男性一群中的某一个而不是任何一个。到了殷代,就成了对偶的确定的一个。在母系氏族时代,不是干脆不能辨认而是不太好辨认。如果他或她的母亲只与对方氏族中某一特定的男子发生性关系,当然也就可以断定自己的父亲是某一位确定男子了。如果两个氏族之间实行这种婚制,按照古人男人下种女人提供土壤生殖儿女的生育解释,一个男人就和他的祖父辈和孙子辈是同一个男性血缘,和自己生活在一个氏族中的父辈和子辈则属于与之族外通婚的另一个男性血缘,而自己和他们只有共同的女性血缘。这些和自己在一起生活的父辈们实际上是自己母亲的兄弟,也就是自己的舅舅们;而自己的这一辈男性也当然就是自己下一辈男性的舅舅们。既然和他一起生活的父辈和子辈属于另外一个氏族的男性血缘后裔,是甥舅关系,当然就应该有"别"。

母系氏族时代所实行的这种婚姻制度,人类学称之为族外婚或亚血缘群婚,很像纳西族如今还在实行的"走婚制"①。在这种婚姻制度下,女子仍旧生活在自己的氏族组织之中,婚姻和经济生活是分离的。邹昌林对古代礼制也有相当清晰的认识,他指出:"当母系向父系过渡之后,昭穆变成了同姓同血缘,但昭穆作为行辈别婚姻的标志却保留了下来。"②这就是昭穆制度的真正起源。

根据张光直先生颇有科学根据的论证③,殷商王朝的母系社会遗存还相当明显,他们实行的是两大统治族群之间的对偶婚制。儒家以周王室父权体制为其伦理-政治制度的设计蓝本,当然不愿意对此多予讨论。特别是孔子,他是有意识地要确立一种社会继替规则,当然也就不太可能对昭穆制度的母权遗存多加谈论。但由于当时民间社会生活中母权制的影响还相当大,殷商时代带有相当明显母权崇拜的"兄终弟及"制又是孔子儒家所反对的,这当然也就成为儒家所无法深究的问题,而只能对昭穆制度的历史渊源即乙丁制保持沉默了。

三、孔、老儒道在商、周源头上的互补

道家特别是老子的思想与儒家相反,他们崇尚殷商制度中的原始民主传

---

① 参见严汝娴、宋兆麟:《永宁纳西族的母系制》(昆明:云南人民出版社,1983年)中的相关述论。
② 邹昌林:《中国礼文化》,北京:社会科学文献出版社,2000年,第103页。
③ 参见张光直《商王庙号考》等文,载《中国青铜时代》,北京:生活・读书・新知三联书店,1983年。

统,崇尚这一传统中男女相对平等的观念,可由于时代的发展已经不可能回到过去,他们只能以十分抽象、晦涩的方式来谈论这些问题。这是后人对老子的观念系统一头雾水的原因之一。

但如果我们讨论儒道互补问题,这是不能回避的。人类历史上,一些最基本的制度往往总是最有生命力的,比如母系社会,它在后来的历史上虽处在亚文化层面上,却一直影响巨大。原因很简单,即使儒家尚男权,家中却无法没有女人。没女人,无法生育儿女,没有儿子,怎么传宗接代?所以,即使在儒家的意义上,女人的地位在事实上也永远不会低到哪儿去。中国从西周开始,全面实行一夫一妻制,女到男家安家落户,贵族则实行一夫一妻多妾制。儒家讲究子代对亲代的孝道,这孝道不可能单指父亲,至少是非常自然地也无法排斥母亲。道家思想容易在民间生根,大概与这种生活事实不无关系。于是就有民间对《杨家将》中的佘太君、穆桂英的爱戴,对《红楼梦》老祖宗角色的道家式安排,等等。这实际上反映的正是人类的文化基因永远植根于人类的存在性事实之中。对中国文化而言,人的原子式自我概念的设定虽然在认识论上相当重要,但在存在论上却又是荒谬的:人的角色性、关系性在男女夫妇和父母儿女层面是天命性的,正好像凡上帝创造者必为神圣一样。[1] 中国文化中许多根深蒂固的文化遗存在社会-政治生活中的表现也极为强烈,即使在帝王家,外戚干政长期影响中国政治生活的多如牛毛的历史事实也能证明,这是一个永恒的问题。任何文化形态的任何时候,都不可能超越这一点。儒家在先秦时还认为"君子之道,造端乎夫妇"(《中庸》),这正是对道家思想的一种认可和承认。从这个意义上我们可以说,儒道互补也可以说是一种男女的互补、夫妇的互补,这样说太赤裸,不好听,于是就说是阴阳互补、刚柔互补、虚实互补、人为与自然的互补等等。男女是自然,男权便是人为,甚至内(圣)与外(王)、形上(天)与形下(地)等中国哲学范畴,也都可以是这一隐喻的文化表达方式。

从总体上讲,我国在五帝时代已经进入父系时代,但如果说直到当代还有纳西族坚守着走婚制度,那就不能说春秋时代这制度已经绝迹。关于这种历史遗制的史籍,《春秋左氏传》中还有不少的记载,根据子产当时的解释,人们首先

---

[1] 参见郝大维、安乐哲:《汉哲学思维的文化探源》(南京:江苏人民出版社,1999年)中关于东西方两种"自我"概念设定的有关论述。

或者说主要禁止的是氏族内部的乱伦。理由有二：一是《左传·僖公二十三年》说的"男女同姓，其生不蕃"，这正是当代人仍在说的近亲繁殖，儿女的生理状况会有问题，譬如弱智等；二是要避免氏族内部的情争，不如此便无法维系和稳定氏族内部的基本生活秩序。《左传·昭公元年》载，子产云：

> 内官不及同姓，其生不殖。美先尽矣，则相生疾，君子是以恶之。故《志》曰：买妾不知其姓，则卜之。违此二者，古之所慎也。男女辨姓，礼之大司也。

这就把两层意思都讲到了。《礼记·丧服小记》说："如不知姓，则书氏。"这显然是在说当时的"姓"还不够普及，而氏族之间的界限则相对清楚。子产的说法虽不能证明春秋晚期还有母系氏族的族群存在于郑国境内，却说明族内乱伦的危害是必须时时提防的。只要避免了族内的性关系，不产生内部的情争，当时人对男女之间的婚恋问题还是十分宽容的，即所谓"春社之时，男女不禁"。可见当时对青年男女的性约束仍然相当宽松、自由。齐"景公多内嬖"和齐、鲁"齐姜之乱"的历史事实证明：春秋孔、老之时，族内婚仍然有一定的市场。《诗·小序》曰："风化之所行，男女弃其旧业，幽会于道路，歌舞于市井。"说的就是这种情况。《诗经》中大量的言情诗就清晰地反映出当时的社会风尚，那风尚和宋明以降礼（理）教桎梏下对性爱的扭曲压制相当不同。这在弗雷泽的《金枝》中有相当精彩的描写。道家思想的这种隐曲的表现形式和深厚的社会基础，正说明儒道两家是互为表里的。表面上，儒家可以把规范秩序讲得森严无比，可这只是规范在原则上不允许例外的理论要求。但规范越严，也就越是不得不在事实上为人们的实际生活留下足够的弹性，否则社会机器的运行也就不灵了。道家作为一种反映个体人性实际状况的学派，实际上正是扮演了这样一个社会机器的润滑油角色，它以一种隐曲的方式起着巨大的作用，这也是儒家离不开道家的一个深层原因。

就我们所关注的问题而言，昭穆制的症结在于，人类历史确曾有过一个知其母不知其父的母系氏族时代，在禘礼这样的重大祖神祭祀活动中，所祭祖神的最早祖先问题无形中变成了谁是最早的父系祖先问题。这当然无法确认，且是一个关于人类起源的严重理论问题。孔子的"不知""不欲观"都和这一基本理论问题的严重性有关，而不是什么避不避鲁君之讳、看不看得惯的问题。

另外需要指出的是，鲁国祭祀的特权是由周公旦传递下来的。《礼记·祭统》对鲁国在祭祀方面的特权有明确记载：

> 昔者周公旦有勋劳于天下，周公既没，成王、康王追念周公之所以勋劳者，而欲尊鲁，故赐之以重祭，外祭则郊社是也，内祭则大尝禘是也。夫大尝禘，升歌《清庙》，下而管《象》，朱干玉戚以舞《大武》，八佾以舞《大夏》，此天子之乐也。

孔子"是可忍，孰不可忍"的"八佾舞于庭"并非指鲁侯，而是指责三桓公族。鲁国禘祭为成、康二王特许，不存在违规僭越、逾礼乱制的问题。孔子何避之有？何讳之有？

孔子真实的想法很可能是，第一，他对当时禘礼祭祀中的母系氏族遗制看不惯，因为他是一个坚定的父权主义者，却又对这种状况无能为力，于是就"不欲观"。第二，孔子是一个典型的现实主义者，他的兴奋点是人类社会生活的现实秩序安排问题。对于"未知生，焉知死"（《论语·先进》）的孔子来讲，既然对人类始祖问题的思考永远不会有什么结果，他也就理所当然地可以没兴趣，于是，坦率承认"不知"。当代心理学有一种说法，就是让人有意识地遗忘掉和自己的深层价值观念相左的事情，这不仅是人类的心理自我保护能力之一，也是一种健康之道。孔夫子大概就属于这一类的"不知"，即有意识地遗忘以免心里不舒服。

儒家以父系血缘为单亲单核心的政治凝聚方式，道家以地缘为双亲双核心的社会凝聚方式，尽管地缘关系在姻亲意义上也是一种血缘关系。所以，地缘性的社会凝聚力量的通婚族群之间，地位相对平等，这就是舅死甥继政权继替方式在社会学、人类学上的基本原因。中国哲学的许多思辨性观念都有具体的历史学和人类学根据，这是中国哲学史或中国哲学的真正特点：具象性强而抽象性弱。

祖神信仰是上古史中最为重要的社群整合力量，这一点各种文化形态相同；但将祖神的信仰原则作为后来民族大融合的核心根本性重要精神力量，却是中华文化形态所独有的。中国哲学时间性特征源于历史性的深层原因即来自于这种祖宗崇拜信仰，我们直到现在仍然一致认同大家都是炎黄子孙，天下一家，就是最好的证明。根据古史辨学派的考证，商、周两代的人们虽然只知道夏代，而对此前的历史只是停留在口头传说的水平上，但在有限的史籍中，仍有诸多祭祀祖先神灵的活动，"先王"作为最高权威，既是保持族群间界限的标志，也是族群成员内部团结应对生存环境的基本精神力量。这在《尚书》和《诗经》中有大量的史料证据,《仪礼》作为礼经,更是一部培养贵族成员祖神崇拜情感的人生历程礼仪连续剧,其中内蕴的思想,在春秋战国时代,被日益抽象为一个基本的宗法主义原则:儒家宗法主义理论大厦的底座是道家自然主义,血缘性的宗法主义和婚姻地缘性的自然主义纠结在一起,儒、道两家于此既同根分途并进行排拒,又在功能上互相补充,儒道互补缘此成为中国传统文化的基本格局。

(原载《中州学刊》2009年第3期,此次收录作有文字调整)

儒道互补：宗法主义与自然主义的结合
——中国哲学的一个解释视角

中国哲学以一元、自因、时间性的特征，与欧美哲学的二元、他因、空间性哲学相区别。儒道两家都为中国哲学做出了自己的贡献，本文从"主义""道与理""人与物""行与知"四个方面来论证。这种论证归结起来可以说明儒家宗法主义和道家自然主义在政治、伦理表层的对立，同时也说明了宗法主义实际上是一种特殊的自然主义，所以，儒家和道家又互补性地建构了一元自因时间性的中国哲学。

中国不仅有自己的哲学，而且是与西方哲学迥异其趣且自成一格、同样具有根本性预设的哲学。简单说来，我们可以说中国哲学是一元论的哲学，西方哲学是二元论的哲学；中国哲学是自因性的哲学，西方哲学是他因性的哲学；中国哲学是时间性的哲学，西方哲学是空间性的哲学。所谓"一元和二元的对立"，是指西方文化中有一个以上帝为根本标识的外在超越以及与之相关的逻辑化超越的世界秩序，而中国文化却从来把我们能够感受到的世界看作一个"一重化"（吴重庆）的现实生活世界，颇类似于胡塞尔的"生活世界"。所谓"自因和他因的对立"，是指相对于中国哲学的一元性质而言，为了满足人类共有心灵的追根寻源究问，不得不将世界分为两种理论上相互对立的两个要素，以便使它们作为相互性的因果并相互作用；具体来说，其根本的设定即"阴阳"或"两仪"。所谓"空间性和时间性的对立"，是指西方哲学的逻辑特征在本质上是一个具有确定性的逻辑"图画"（维特根斯坦），而中国哲学所强调的时间作为一种在感受中的内在绵延，则以世界的循环性运化为自己的特征。鉴于这样一种判断，我们认为儒道互补正是中国文化中两个互为因果相互作用的两股力量和两种智慧，即儒家以道家为因，道家以儒家为果，而儒道之间又分享着共同的一元性和时间性哲学特征。所以，中国哲学是经验主义、现实主义的，西方哲学是理想主义、逻各斯中心主义的。这样，我们就可以把中国的儒道互补哲学至少分为下面四个方面来进行分理。

一、主义

虽然中国式一元、自因、时间性的哲学并不需要欧美哲学的那个知识论向度,学着为我们的传统文化下个定义却是有益的。因为,下定义是一个逻辑性的技术化问题,而不是一个哲学创造性思维的定向问题。也就是说,如果我们采纳中国哲学的价值取向,同时引入西方哲学的逻辑分析技术,也就有可能开拓出一种具有强烈现代意味的当代新哲学。哲学的思维定向应该不仅是爱智慧,而且是要学会智慧地思考。在这样一个前提下,我们认为,把儒家概括为宗法主义、道家概括为自然主义是恰当的。

宗法主义的原义是十分明显清楚的,《中庸》说"君子之道,造端乎夫妇","有夫妇然后有父子",从这样一个原始事实出发来建构自己的"主义",虽然不见得每一步都走到点子上,可彻底否定它却是不可能的。儒家,至少是从孟子开始,似乎一直致力于把人和动物区别开来,如果按照上述的意思,这根本就没有必要。因为按庄子的说法"虎狼,仁也",很清楚,虎狼也有"父子之亲",这父子之亲当然也来自夫妇之爱。在这样一个意义上,儒家和道家其实根本就没有什么好争的。儒家把人当"子"看和道家把人当人看在本质上是一致的,因为事实上,没有一个人可以不是"子"。在先秦,"子"经常包括"女",非子即女,这就是人的存在事实,是一个由上帝造就的天然而自然而然的事实,不可改易。由于当代法治社会的要求,目前新儒家一般认同儒家以"仁"为核心概念说,而不太赞成以"礼"为核心,然而这是现在的说法。五四时期的人们所批判的儒家可都是"礼教",不仅鲁迅批、李大钊批,连胡适也批。大家一齐批礼教,说明在他们看来儒家的核心概念确实是"礼"而不是"仁"。"理即礼也",这是清代汉学家们所共同认可的说法,戴震说"以理杀人",其实也就是以"礼"杀人,这种批判锋芒一直是道家思想的一贯特点之一。这是从政治学层面上来说。如果从伦理学上看,儒家和道家却是各走了一偏:儒家坚持把"家"的原则推广到"国",道家虽然不反对家庭生活,却反对把这种生活在大范围内推广,他们坚持认为伦理规范向政治层面的推广是不合法的。也就是说,道家虽然反对"仁义",却无法不承认伦理意义上的"人"在家庭范围内是必须要和他人面对面地生活的;但如果从"礼"的角度来看,道家对"礼义"的批判也就不留什么余地了。即使在老子那里,"道、德、仁、义、礼"的价值排序也是清晰的,"礼"处在最低的价值底层。"义"高于"礼",因为即使在家庭内部也有一个"义"字的规范问题,义就是正义,就是一个基本的公正和公道,不管是什么样的亲缘关系,在这些基本规则上没有什么不同,极端地说"盗亦有道",任何人类社群都不同程度地需要一定的规范。即所谓没规矩不成方圆。所以,道家并不是一般地反对规范,而是反对把血缘伦理的自然伦理规范推广到社会生活和政治领域,特别是反对把"礼"作为政治学的基本规范和立法原则。道家虽然没有直接说清楚政治规范的操作性和诉诸文字的规则性,却仍然不同意儒家这样一种规范主义式的宗法主义。一句话,道家反对得最坚决的是儒家的"礼","义"次之,"仁"更次之,因为它们都没有"德"和"道"的价值排序高。价值排序的高低不同于两军对峙的反对,而只是一个什么东西更好一些的问题。

"礼"的原义,按李约瑟的说法可以说是习惯法、自然法或者说是不成文的原始法律。把这样一种法律拿到当今的社会政治生活中来看,中国传统中的"礼",可以说是中国传统政治的"宪法"精神。正是由于它的这样一种精神,它保持着秩序和自由、群体和个体的一种动态平衡。这种动态性的平衡,事实上一直使我们这样一个民族保持着既有秩序也有自由、既优先考虑群体利益也时时可以因为群体利益的"过犹不及"(《论语·先进》)性而"反者道之动"(《老子》第40章),让个体的自由通过"造反有理"来体现一下子。也就是说,在原始的习俗层面,道家并不完全反对"礼",而只是一方面反对"礼"的强制化,另一方面反对"礼"作为维护统治者利欲的法律借口。因为,一旦是强制的,它就不再是自然的,一旦是假借的,它就不再是真实的。正是由于道家的这样一种内在自然真实性禀赋,中国的"礼教"从来也没有发展到西方宗教压抑人性的逻辑性高度。这就是中国传统从来就既不会出现完全的失序性自由,也不会过分地专制强制的原因。当代新儒家经常把东南亚的权威说成是"软"权威,这是说出了儒家权威的特点。问题在于儒家的软权威如果不借用法家的硬家伙往往总是不能奏效,这当然是另外的话。儒家总想用"天命"来约束、控制皇权,道家认为皇权压根儿就跑不出"天道"的循环法则。一旦皇权失去了"天命"的庇护,就会由"革命"来重新厘定天命,而这样一个循环过程,在道家看来,就是循环性的天道所必然蕴含的常道之理。这样的道理不是人为的,而是自然的。

在这个意义上,我们可以把儒家和道家进一步概括为儒家是秩序主义者,道家是自由主义者。儒家总是想通过秩序在社会分配机制中得到一个相对较好的份额;道家却认为,世界具有它自然的天然界限,人在其中想自由也自由不到哪里去。

儒家总是从家国的角度出发来考虑社会在什么样的情况下才能保持自己喜爱的有效性秩序;而道家却总是从个体生存质量的角度出发,考虑一个社会如果不能保证个体的生存质量它就会失去自己的合法性基础。秩序主义和自由主义,按照罗尔斯、麦金太尔的说法可以叫作社群主义和个人主义,如果勉强和我们时下的流行语汇对译,也可以说就是集体主义和个人主义。其实不管是什么主义都不可避免地带有"主意"的意思,主意的意思就是主观成见,也可以说是一个空空如也的柏拉图式的"理念"性意思。但生活是一个客观的事实,不可能靠任何一种主观的理念逻辑地进行。逻辑地追求知识是正道,逻辑地制定规则不就难住了所有的自由主义者了吗?如果不受难为,还会有社群主义者反对罗尔斯的论说吗?

二、道与理

中国人原来其实不讲主义,只讲道理。"道"是道家的"道","理"是理学的"理"。"道"的原始意思当然是"路",所以直到戴震的时代,仍然把"道"解释为"道犹行也"(《孟子字义疏证》)。"理"的原始意义是"纹路子"或者说是"文路子",为了区别于动态的"道","理"变成了一个空间性的逻辑架构,成了一个可以让人看让人说的词。路是让人走的,理是让人说的。"走"是一个动词,"说"也是一个动词,可这两个"动词"的意义完全不同。动嘴和动手的区别就是"劳心"和"劳力"的区别,儒家认同了"劳心者"的社会职业,道家却认同"劳力者",虽说道家人物特别是后世有名气的道家人物其实也都不是劳力者。然而《论语》和《庄子》中的道家人物可都是自食其力的劳动者,而孔子对樊迟的"问稼""问圃"却是不屑一顾的。隐士们都是面对与生命相关的"物"进行科学技术性的探索(《庄子》中的灌园丈人等可能有所例外),从而扩展人类获取生活资料的领域,而儒家总是在固定性、有限性的圈子中考虑分配问题。用当代经济学的术语说,道家想的是怎样才能降低一点恩格尔系数,至少不再自己提高恩格尔系数;而儒家总是想缩小基尼系数。

哲学家总是满足于说清一个"理",并自谓其终生的职志就是追求真理,就其职业性意义来讲,这并没有错。可正像哲学家自己也明白的那样,真理和上帝、天道一样是从不现身的,现身的是生活中的道理,道理不是真理,而是一种在"做事"的过程中体现出来的"真理"。社会生活连法律都可以不认,否则就不会有那么多的社会犯罪了。社会生活更不会认为它有必要服从儒家的什么伦理规范,否则就不会总是有好人也有坏人,有好事也有坏事了。想减少坏人坏事的儒者是理性的,想消灭坏人坏事的儒者是迂腐的。因为如果这个世界上真的有一天一个坏人一点坏事都没有了,社会生活其实会变得非常的无聊,没有意思。社会生活只认那些有价值的东西。有价值的东西就是大家都争着抢着想要却又很难得到的东西,除了有形的健康、权势、金钱和美女,还有无形的爱情、亲情、友谊、勇气、真诚、荣誉、慷慨、美善、价值、意义、智慧、权力和成功等等。

"道"和"理"不同,它不但追求知识,更努力创造智慧性的成功,也就是把有价值的东西变为某种现实的可以满足需要的东西。《老子》所讲"柔弱胜刚强"(第36章)的"胜"字正表现出一种实践性品格,从而和后世的理学区别开来。对于哲学家来讲,他当然就是从文化发展中所遇到的重大问题出发,进行文化的重新组合和设计。这虽然也是一种"做",而且不可不说是非常重要的"做",可哲学往往容易自我膨胀,认为他是在做一件最为重要的事情,而实际上只是说了一些大话。其实,学到深处,皆为哲学。每一个学科,当它对自己的学科基础进行追问时,它就是在"做"着和哲学完全一样的事情。哲学并没有什么特权,也不是可以号称为某种大综合的学问,而只是就文化发展中所遇到的不得不思考的问题进行思考,并努力从中找到一种智慧性的理性解决。智慧不是知识。且不说自然科学的知识,科学家其实并不满足于他发现的新知识,而是也对自己的新知进行反问、反思的,于是,就有所谓科学主义和人文主义两种对立的哲学。人文主义的哲学思考也绝不限于哲学家,经济学家、法学家、政治学家干的其实也是同一件事。当他们走到自己学科的前沿时,他们就进入了哲学的领地。所以哲学并不是独立自足的,哲学家也没有自己的独特领地。正是这种没有自己独特领地的处境才使得哲学越琢磨越不清楚,而如果你离开哲学,和它保持一段距离,换个角度来看,有时候反倒会相对清楚一些。

哲学家的处境可以这样来思考:他们在一无所有的地方进行着智慧性的创造。在西方文化中,创造是上帝的特权,人的创造是对上帝创造的模仿,所以有"人类一思考,上帝就发笑"的说法。但中国文化没有那样一个上帝,它不是一神论的,而是泛神论的。在科学昌明的当代,我们如果能够利用科学为泛神论"脱魅",我们似乎就不再需要一个典型的西方意义上的上帝(至少我们不能再期盼中世纪式的教会组织)。因为,上帝的事上帝做,人的事情人来做。上帝是人的界限,也是自然的界限,自然如此这般的存在而不是非如此的存在,构成了人类创造的界限,而上帝因此同时又是自然的界限。不仅哲学家管不了上帝的事,科学家其实也管不了上帝的事。人只能在大自然所提供的限定性知识中进行创造,而为什么大自然是这样地限定着我们而不是用另外的方式更加有趣或者更加无聊地限定着我们,那就是只有上帝才能知道的事情。我们是人,人不能冒充上帝,冒充上帝是最大的罪过,就好像"犯上作乱"是中国人最大的罪过一样。

中国人不善于讲逻辑性的"理",但他们更加重视"道理"和"情理"。庄子认为:"道有情有信。"(《庄子·大宗师》)因为道有信,所以我们只能信仰它,而不能认识和描述它;因为道有情,所以我们又能体验它、感悟它。这就是中国人的本体之根。当宋明理学把"道"纳入到它的"理"中之时,道的实践性减弱了,而它的说理性加强了。就哲学意义而言,这是一个进步。正像冯友兰所说的那样,"接着讲"也好,照着说也罢,因为我们面对着不同的时代问题,我们不得不"接着讲",而没有办法照着说。照着说就是把古书抄一遍,可那不是学问,而是三流的书法家才愿意做的事情,那里,他是在追求艺术,而不是追求哲学的真理。在现实和社会生活之中,或者勉强地说,在胡塞尔式的"生活世界"当中,生活根本不理哲学家的事。生活不和哲学家说事儿,这就造成了哲学家们的"大而无用"之感,可感慨甚至感叹又有什么用呢?如果哲学家想要有用,无非有两条路:一是和实际的生活结合起来,把自以为是的真理放到社会生活中试一试,看看它是否有用,有用的就是把想要的"做"成了真理。虽说有用的不一定都是真理,可真理一定是要有用的,要有用,就一定得进入实际。二是面对整个文化进行哲学的创造,以便获得智慧。智慧是相对于面对的紧迫问题而言的。虽说在不同的哲学家那里,他们的紧迫问题总是不一样,但如果他真诚地面对了文化所面临的问题,而且能够自圆其说,他就可能通过写作性的"做"找到一些真理。虽然这么一点真理也算不了什么,可它毕竟还是能够解释一些问题。

三、人与物

人和物不同,这在原儒原道那里都是清楚的。原儒抓住了人的现实,原道抓住了物的现实。虽说人可以是物的一种,可毕竟是最重要的一种。如果说"纯粹的道家""蔽于天而不知人"(荀子),那么纯粹的儒家也就可能是一个反题:蔽于人而不知天。"天"虽然不是"物",但"道法自然"的设定却要求它一定要落实于现象界的物之中才有意义,这就是道家的精髓所在。道家当然不是什么唯物主义者,但他们也不是什么唯心主义者,因为在他们那里,罗素所关心的"物"的分析和"心"的分析都不是真正的问题,而是实实在在的假问题。"心"当然可以空想一气,幻想一通,可那又怎么样呢?"物"当然是我们的五官感觉所能感觉的东西,但如果它们不进入心中和身中,它对人又有什么价值和意义呢?

儒家的着重点在于如何处理好人与人之间的关系,以便在恩格尔系数很高的情况下降低一点基尼系数,这就是儒家的"不患寡而患不均"(《论语·季氏》),即今人所谓的平均主义。他们不关心物的生产,而只关心人际之间的某种分配性规范,且把这样一种规范视为最为重要的东西加以价值化。这是很不清醒的。人与人之间的规范首先要遵循物的知识性和规则、规定性,否则它们就降低不了恩格尔系数,降低不了恩格尔系数而只是在基尼系数上做文章,到头来由于官僚机构的膨胀和腐败,基尼系数仍然可能非常之大。虽说儒家同意穷人在基尼系数太大的情况下"犯上作乱",但他们从来不认为这是人所能做的事情,也从来不敢率先去做这样的事情。只是等到墨家的侠义精神与道家的"天道"精神结合在现实的"奉天承运"的"真龙天子"身上之时,他们才会凑上去"帮闲"。所以到了最后他们唯一的事情就是"平日袖手谈心性,临危一死报君王"。于是他们在世人眼中,也就成了迂腐不堪的聪明绝顶的废物:腐儒。

正是儒家这样一种无用的局面导致了心学对理学的反叛,然后紧接着就又导致了泰州学派对心学正宗的反叛。泰州学派扎根于道家之中，这是牟钟鉴先生在其《走近中国精神》中论证得非常清楚的事情，不需要我们在这里再多说。可难道心学对理学的反叛就没有道家因子在里面吗？理学和心学统称为"道学"，道学当然是源于道家的东西，但到了理学，他们把伦理规范价值化的同时，也把"理"好像是知识化了。以物性喻人性，是理学家们论证的基本方法，可人和物毕竟不同。方之所以为方者是几何学的知识，飞机之所以为飞机者是自然科学各种各样的知识综合造成的，可人之所以为人的"仁义礼智"却不是知识，特别是"礼义"，以"君臣父子"为根本价值取向的规范和法家化了的法律规则更不是可以和"物"的知识相混淆相比拟的知识。理学由于不区别这两种东西，即不区别关于物的知识和关于人的规范而导致了心学的反叛。心学的这种反叛在深层次上也就是道家的自由意志心性论对儒家的家国秩序规范论的反叛。理学源于道家又反归于道家之根，这是一个哲学史上不争的事实。王阳明的心学虽然还保留着日用人伦之儒家取向，却在将"理"进行"心"化的同时，种下了道家进一步反叛的"祸"根。王学"四句教"在王畿和钱德洪那里的"四无""四有"的对立，实质上是儒道之间的深层对立，四有说消失在清代汉学家的进一步探索之中，四无说也就消失在了泰州学派禅化了的道家自由放情论之中。"一而不党，命曰天放。"(《庄子·马蹄》)早在庄子那里，这种自由主义的情怀就不可避免地沉入中国文化的深层，使得任何将规范假冒为知识的努力总像在沙滩之上盖楼房，终归要毁于一旦。

因为，人和物的区别只是在于人的价值是可以通过人的努力追求得到的，人有自由意志。而物则只是顺应自然，"一宅而寓于不得已"(《庄子·人间世》)。在道家看来，人虽然是一种特殊的"物"，却不能离开他的这样一种"此在"(海德格尔)的物性而享受儒家所标定的人性。从这一点来讲，道家从来没有像儒家那样糊涂过。道家从来就认为知识和规范是不一致的，所以他们才一贯地努力反对二者的混淆。理学那明目张胆的混淆是"混"不过去的，陆九渊早在鹅湖之会上就提醒过朱熹，朱熹执意要造出一个"空明澄澈的理世界"，并很快就被官方所赏识，这注定了他只能是一个心甘情愿的御用文人。王阳明发展、成就了陆九渊的心学，他也在自己死后半个世纪之后，进入了孔庙中去享用官方祭祀的冷猪头了，怪不得他的学生们又要反叛他。牟钟鉴先生指出道家大致上总是在野的，儒家也就相对而言地总是在朝的。只要在朝，就难免有在野党的反对。人类正是在这样一种柏拉图意义上"辩证"地言说的对话中,并通过这样一种言说方式来实现历史的辩证规律。

人当然也可以作为"物"成为知识的对象,但那是生物学和医学的对象,即"它"是自然科学的对象,而不是哲学社会科学的对象。人之所以不能作为哲学社会科学的对象并不在于人类"社会"的无形性,而在于"他"的非实验性。拿人搞实验,这即使在儒家看来也是不道德的。没有道德的伦理是什么样的伦理?不讲人的存在性享用的生活规范是什么样的规范?

四、行与知

中国文化诚然没有达到欧美知识论哲学那样的逻辑高度,相对于中国人的百年屈辱来讲,不得不承认这是一种落后。可也正因为中国文化没有进入哲学知识论的死胡同,这才保持了中国文化的人本主义特征。人本主义和人文主义的区别可以说是儒道之间的另一个重要分野。人本主义重"身",人文主义重"心",但我们不能简单地以为道家是人本主义的,儒家是人文主义的。因为儒家的重心并不是身体力行,而只是"劳心者"的统治之行。儒家并不重人们的感性之心,而只是想把人的心弄成类似于神的心。他们不仅将规范价值化、将伦理知识化,而且将主体角色化,将内圣"外王"化,将内圣"外王"化其实只是幻想,并不是真的。

与此不同,道家从来注重身体力行,不是儒家那假装的遵循伦理规范上的"身体力行",而是在实际的做事过程中的身体力行。道家的这样一种身体力行不仅保持了道家人物的健康和长寿,而且在各种工艺性的劳动中体验到了大自然的许多奥秘。这就是李约瑟所一再称道的道家思想中的科技精神。中国科学技术思想基本上是在道家思想中的,这是因为他们一直非常尊重自然存在物的"物性"即物的自性。以物的态度对待物,以鸟的态度对待鸟,以任何存在性的名词性事物的态度对待此一事物,这是道家科学精神的深层神韵。

儒家也有逻辑类似的同一律命题,最典型的莫过于孔子见齐景公时所说的"君君臣臣父父子子"(《论语·颜渊》)。这样一种同一律其实只是表面上的同一律。它事实上是通过把人角色化而把人作为主体的地位虚化了。人首先应该是人,然后才可能作为各种各样的社会角色来行动。所以,儒家的"知"从来就不是什么知识,而只是冒充为知识的规范、冒充为某种价值的伦理。这样的冒充,其实在孔孟时代就已经十分明显,因为孔孟都非常激烈地反对"乡愿",而乡愿却总是越反越多。之所以如此,正是因为儒家只是用一种假装价值的规范唱出了太多的道德理想主义高调。调定得太高,绝大多数人高不上去,高不上去却又不敢说心里的实话,人们当然不得不去当乡愿。完全可以说,中国人的无原则乡愿现象正是儒家的高调逼出来的。儒家逼出乡愿而又反对乡愿,这正是儒家走不出来的怪圈问题。这样,儒家的伦理规范对于陌生社会的人来说也就落空了。道家就不是这样的,在一个恩格尔系数很高的时代,道家知道人活着就不是一件太容易的事情,所以他们主张自食其力。白居易的《卖炭翁》和杜甫的"三吏""三别"所描写的都是一种强盗式的抢夺,这才会造成"朱门酒肉臭,路有冻死骨"的悲惨社会现实。道家人物像长沮、桀溺、荷蓧丈人、灌园丈人那样的,都是些自食其力的好人,他们才是有道德的高人,从来不想以什么"仁者爱人"的大话来蒙人。冯友兰之所以认为道家人物分不清"天地境界"和"自然境界"(《新原人》),那是从知识分子的角度来说的贵族性的话,在原始道家那里,其实只有种庄稼、灌菜园的老农才是在"自然境界"中体验"天地境界",因为他们从来就是与蓝天黄土打交道的人。儒家人物往往是装出一副不为名不为利的"天地境界"样子,悄悄地求名求利的人。道家人物是自然之子,虽然他们都是人之"子",却不需要对人教导什么"孝道",而是通过切实行为体现真情实感且羞于说得出口。

论儒道互补的秩序/自由最简关系

中华民族的伟大复兴需要具备自己独特的理想追求,儒道互补的秩序/自由解读既需要中华文明的历史源头性的观念支撑,又需要对中华民族的历史形态进行梳理和哲学抽象。在人本化生活世界的中华文化与一神论商业文明的欧美文化的对话/冲突的世界格局中,提出问题、寻求解决问题的可能性方案是当今中国哲学学术界的神圣使命。

一、问题的缘起

自亨廷顿提出文明的冲突或对话以来,中华民族以强烈的责任感和使命感,旗帜鲜明地坚守对话而不冲突的原则,为维护世界政治经济秩序的稳定作出了巨大贡献。从这样的时代背景考察中国历史的渊源和形态,中国春秋战国时期完整开创出来的一以贯之的人本主义传统,与欧美中世纪的神本主义传统,恰可构成对立的两极。对当今世界的文化形态、文明特质及其地缘分布的格局进行考察,欧美一神教商业文明与中国人本化生活世界,恰是中国特色社会主义和个人至上自由主义的对立对话关系,这一文明对话关系可以约化为秩序与自由在现实生活世界中如何有效衡定的学术问题,而这一问题的核心正是东西方不同的思想方法。

中国作为发展中的大国又是文明古国,她的现代化不仅关乎中西方文化形态的比较、对话、竞争的实际问题,对中国思想界而言,还有个旧邦新命、继承发展的理论创新问题。如果社会主义的价值诉求是秩序优先,中国特色的界定正是在强调其历史的传承和依托。儒道互补的秩序/自由解读,正是要从价值判断、解释选择及其思想方法上强化文明意识、显化集体无意识、增强民族自信心的学术努力。在深入、全面、系统地对未来中国的可能趋向进行自觉研判的今天,考察儒道两家模塑的社会形态及其历史演进规律,返本开新,对构建和谐社会、提升文化软实力,有着理论和现实的双重意义。

中华思想的整体性决定:不谋全局,不可以谋一域;不谋万世,不可以谋一时。中国先秦的诸子百家群星灿烂,至今仍有不朽价值者,从理论到现实排序:道、墨、阴阳、名、儒、法、纵横、兵;影响至大者八子:孔、孟、老、庄、孙、墨、荀、韩。《春秋》的历史意识及皇皇二十五史,标定着中华民族的时间哲学;《书》《礼》/《诗》《乐》的秩序/自由源头,循《易经》对偶两分的阴阳思想方法和文化建构模式,以诸种历史形态在东亚大地历史展开。诸子百家共承五经,神圣庄严而又壮丽的文化星空,开显中国文化的独特形态。儒道两家正像地理版图上的黄河长江,孔、孟儒家和老、庄道家以易学为主干,展开了理论/现实的文化两翼,即所谓北儒南道。① 他们以汉字为载体、阴阳太极为本根的思想方法,不仅深刻地模塑着每个中华儿女,而且影响着整个汉字文化圈的文化-心理结构。

二、儒道互补的秩序/自由解读

"在哲学上,秩序是一个关系范畴,它指事物存在的一种有规则的关系状态。""自由是人类及每一个人所追求的重要价值目标之一。"②把秩序/自由关系化并置于某种系统整体之中,即是对某种角色冲突的不同价值序列进行有效性考察,而非沿西方式因果链作形式逻辑的线性推进,这是中国思想传统最根本的特性之一。

---

① 王国维说:"我国春秋以前,道德政治上之思想,可分之为二派:一帝王派,一非帝王派。前者称道尧、舜、禹、汤、文、武,后者则称其学出于上古之隐君子(如庄周所称广成子之类),或托之于上古之帝王。前者近古学派,后者远古学派也。前者贵族派,后者平民派也。前者入世派,后者遁世派也。(非真遁世派,知其主义之终不能行于世,而遁焉者也。)……战国后之诸学派,无不直接出于此二派,或出于混合此二派。故虽谓吾国固有之思想,不外此二者,可也。"(《王国维文集》第一卷,北京:中国文史出版社,1997年,第30页)"子路问强。子曰:南方之强与,北方之强与,抑而强与?宽柔以教,不报无道,南方之强也。君子居之。衽金革,死而不厌,北方之强也。而强者居之。"(《中庸·子路问强》)

② 张文显主编:《法理学》(第三版),北京:高等教育出版社、北京大学出版社,2007年,第305、314页。

秩序与自由是一对现代范畴,以易学最简关系式的关系逻辑表述即可写成:秩序/自由。"/"表示无任何具体内容摄入的一般关系。一旦转化为人际间仁性的简易、不易、变易、交易价值关系,它的确立便意味着中华文明属人性的确立。中国人本主义把人放在以关系为基底的整全性、系统性中,即置入－/—或 P/Q 的关系形式中进行考察。具体即相对于 P,Q 是什么;相对于 Q,P 是什么。更进一步即相对于 P/Q 而言,O-R 是什么,属于对称、传递、自返等关系逻辑形式中的哪一种。

在儒道互补的论域中,儒家立基于所有的人是子;道家立基于所有的子是人。将"人"和"子"作全称肯定判断的命题区分并提升为关系人/个体人的范畴,儒道两家在中国文化传统中的不同功能意义,就有了一个确定的逻辑证明,并可给出历史学的科学证实。儒道互补落在秩序/自由的范畴框架中,正需要这样的逻辑起点。儒家秩序的规范义可从"所有的人是子"这一命题出发,并概念化为关系人;道家自由的哲理义可以从"所有的子是人"这一反命题出发并概念化为个体人。这样,儒道两家或儒道互补的思想观念,就不仅可进行严密的逻辑分析,而且可以解释诸多重大的历史现象:礼治/法治的弹性规范问题,封国/郡县的体制平衡问题,政统/道统的人心安顿问题,等等。而以农业/商业为基础的东西方两种文化形态,在一切的具体文化要素都不同[①]的情况下共在共生、互补沟通的基础,正是中国式的人本化生活世界,而非由一神教保障的契约天国。儒家是在人的现实性意义上思考并行动的,当且仅当在此意义上,孔子和马克思确有通约之处。马克思如此迅速地取代孔子成为中国人认同接受的"圣人",除种种历史机缘外,他们都从现实性的关系人出发来考察人及其所组成的社会,是理解这一历史现象的关键。

儒道互补的秩序/自由解读,于是可界定为:秩序是文化形态的规范性理性形式,自由是文化持续的生存性感性动力。简言之,即秩序是形式,自由是动力。纯哲学地说:秩序是有限的现实,自由是无限的可能。[②]

秩序与自由作为名词虽可在许多语境中单独使用,实际上不是独立的观念。价值问题的属人性,使道家以生命为中心的宇宙整全之道成为中国文化的

[①] 请参余英时:《士与中国文化》(上海:上海人民出版社,1987年)中的有关论述。
[②] 请参金岳霖:《论道》(北京:商务印书馆,1987年)中的有关论述。

形上基础,而非知识性的逐物不返的因果逻辑追问的对象;儒家以价值为中心的社会观,则整合型构着中国文化的秩序优先原则。无所不在的道(庄子)使人人皆可为尧舜(孟子),而不必在天国批发到"爱"之后再转而爱人。儒家宗亲血缘的家教,道家姻亲地缘的乡情,使道由情生的终极价值在人际间而非天国展开,中国人本主义因此而土沃水美,生命力极为旺盛,历经磨难而不衰。在政治优先于法治的传统中,生法之道校正君生之法,使现实的礼/法一体拥有终极的形上依据。通过对丧服单元理想模型的生活-生产-祭祀"三位一体"的分析,可对人本化生活世界给出严谨的逻辑说明。

儒道互补作为群体性和个体性的互补,缘于人的存在的两重性。一方面人是社会动物,具有群体性,基本人性中包含着关心家庭、他人和社会的意识;另一方面人又是相对独立的生命个体,有自己特殊的利益、欲望、情感、个性和自由意志,其本性中即包含着关心自己、追求个人幸福自由的意识。儒家强调人的群体性,道家强调人的个体性。儒道两家制衡互补,使社会不至于偏向以共性压抑个性或以个性破坏共性这样两个极端,把群体性与个体性结合起来,使社会既生动活泼又团结有序。[1] 余英时认为:"所谓儒,大体指重群体纲纪而言;所谓道,则指重个体自由而言。故与其用儒道之名而多所凿枘,何如采群己之分而更可发古人之真态乎?"[2]这便让人想到了严复的《群己权界论》、邓正来的《自由秩序原理》的译名问题。密尔的 On Liberty 应译为《论自由》,严复译为《群己权界论》;哈耶克的 The Constitution of Liberty,早有中文译名《自由的宪章》,邓正来却译为《自由秩序原理》。严复衡定的翻译准则"信、达、雅"一直被翻译界奉为行规、律则,但时隔近百年,两本西方自由主义思想家的名著,如此意译却又被中文读者欣然接受,这是为什么呢? 翻译者作为两种文化的桥梁,他实际上是把两种文化要素在自己的心灵中进行碰撞,在两个不同的观念系统之间进行人为转换,转换中他有很多的选择自由。翻译既是文化的沟通机制又是文化的隔离机制,他的文化潜意识会迫使他去过滤,去创造。密尔、哈耶克的自由主义思想观念,必须通过如严复、邓正来等翻译家的思想方法之网,才能摆

---

[1] 牟钟鉴:《走近中国精神》,北京:华文出版社,1999年,第191—192页。引者对文字作了技术处理。
[2] 余英时:《士与中国文化》,上海:上海人民出版社,1987年,第398页。

上中文读者的文化餐桌。

不管自由/平等的口号如何成为主导时代精神的话语,作为商人的理想价值,自由是个元素、原子式的孤立个人理念。在现实的整全社会生活中,任何人都实际上处于社会分工的主从关系结构中,以自己的独特方式天命性地在世一生。商品交换的一瞬,由于数量的绝对相等性,双方有一种假定的平等,但数量的相等绝非质量的相同。民商法的困难不在这简单的数量性商业平等中,而在于交易背后的质量和信用问题往往纠纷不断,寻求实现双方都能接受的妥协性的相对平等。这绝非通过立法一蹴而就的事,平等须在执法的权变和司法的不断解释中相对地兑现出来,是个复杂多变的动态过程。任何把个人或社会绝对化的概念,都只有与神圣关联起来才成立,但任何神圣的事物都永不出场。在其现实性上,只有在主从关系的科层结构中,才能兑现出人类可行的、在社会中生活着、行动着的人的自由/平等。这意味着只有承认自由的秩序性前提,自由才具有现实性。即相对于秩序来说自由是什么,或相对于自由而言秩序意味着什么。若如康德所言,自由只有在和上帝存在、灵魂不朽一起思考时才能获得自己的内涵,东方民族不信一神就必定下地狱吗?

法家在皇帝面前人人平等的功利人立法理念,成就了郡县帝制及其成文法,平等观念和科层性主从关系体制互为体用,是深入理解法家和中国历史运动的重要路径。儒家坚持人格上的平等关系,但又肯定礼制上的主从关系;法家认肯皇帝例外的法律面前人人平等,但坚守郡县体制中的科层性主从结构。结果即平等/主从关系的儒、法两家逻辑、历史地互补展开。儒法两家都承认人在理论上的同一性平等关系,又强调人在现实性上的差别性主从关系。以主从关系为基底将父权、君权差等秩序诉求进行历史性逻辑展开,经两汉到魏晋的四百年努力,至隋唐终于落实在《唐律疏议》为代表性法典的中华法系的礼/法一体弹性规范中,并与科举选拔的郡县体制一起,形成儒法互补的中华秩序形态。中华法系亦因此由同一性的法律转换为差别性的法律①,道统和政统形成了一体共生的和解。其在理论上的支撑体系,即日后理学强调秩序、心学强化自由的宋明道学。儒道互补性的道统作为秩序本体,与政府科举选拔的郡县帝制一起,在收拾-安顿人心上分工合作,形成了对话语/暴力有效互补的权力配

---

① 参见瞿同祖:《中国法律与中国社会》附录《中国法律之儒家化》,北京:中华书局,1981年。

置格局。

  道家与自由主义者都强调个体人，但"首要的问题不是自由，而是建立一个合法（引者注：用'正当'一词会更人本）的公共秩序。人当然可以有秩序而无自由，但不能有自由而无秩序"①。我们把自由理解为一种能力，一种人所特有的潜能，人生在世就是要实现这些潜能，在现实中把自己做成"人"。同时我们把秩序理解为一套人为规范系统和相应的体制架构，在文字符号的确定性形式规范背后，是一个个活生生的自由人。这就是说，你可以像儒家那样仁以为己任地去做成自己，也可以像道家那样顺任自然无为少做，以便在人格尊严上终极性地成就自己。道家甚至告诉人们：既然规范是人为规定的，人就不仅可以被规定，也可以不被规定，你不仅可以选择不被规定，甚至可以选择破坏规定。这是儒家汤武革命和道家替天行道的最后正当性根基。既然规定必须是为了所有人的规定，人就有权利拒绝将自己沦为非人的规定。儒家根据关系人的逻辑命题即所有的人是子，创造和谐人际关系的礼制规范系统，以保障社会在角色性逻辑规划中的有效运行；道家则号召人们至少不被强制地扮演什么角色，结果也就使儒家的规范系统往往一律自然失效。自由蕴含着平等性的人际关系，但所有人都在主从/平等关系的瞬间转换或复杂合取中，用各自的方式拿捏性地处理着自己所面临的一系列境遇、情景性问题。这既是我们人本化在世的生活，也是我们生活于其中且不得不生活于其中的人本化生活世界。

  我们的问题意识来自"李约瑟难题"，对这一问题数十年的关注和思考，使我们对来自西方的科学、逻辑、神学等话语系统尽最大努力进行了考察。这实际关涉中华文化形态和西方文化形态的比较问题：中国何以突然落后？我们将以"中西互补：人本化生活世界与一神教商业文明"为题，给出自己大胆的判断，并试图以此参与中西文明间的对话。

三、最简关系式的科学互补考察

  互补概念由与爱因斯坦齐名的物理学家尼尔斯·玻尔（1885—1962）于

---

① 亨廷顿著，王冠华等译：《变化社会中的政治秩序》，北京：生活·读书·新知三联书店，1989年，第7页。

1927 年在诠释作为当代物理学基础的量子力学波粒二象性时提出:如果两种理论对同一对象具有互补性的诠释功能,这两种理论之间就具有互补性。由于这种思想方法在西方逻辑性的思想方法中找不到对应的思想元素,玻尔不得不将古老的中国阴阳太极图作为"互补原理"的科学喻象。玻尔的朋友雅默尔对互补原理分析道:设有一理论 T,第一,T 包括同一研究对象的至少两种描述 D1 和 D2;第二,D1 和 D2 涉及相同的研究领域 U;第三,只取 D1 或 D2 都不能包罗罄尽地阐明 U 中的所有现象;第四,用 D1 或 D2 单独描述对象会得出矛盾的结论。这时理论 T 就是一种互补诠释的理论。①

中华思想方法受《易经》阴/阳最简关系式的影响,可能比我们能够想象到的大得多。它体现在学术性的文本典籍中,体现在中华民族的历史实践和每个人的生活方式中,构成人本化生活世界的中华文化形态。周宣王时期确立的二元组合"籀变"规则,使汉字承续了易画符号对偶两分的互补形式和精神内涵。这样,秩序、自由的原子化个人主义观念,就必然在集体无意识的历史惯性中转换为关系一般的"/"范畴:秩序/自由。

易画符号是一个严整的数理关系逻辑形式系统,与信息(bit)的通过物理事实兑现的二进制(莱布尼茨)同根共生、与人的根本存在方式语言的双向通信性(维纳)具有完整的同构关系。② 易画渊源于人体坐标的二者择一选择,我们将据此提出关于《易经》起源的"前衡猜想",基本结论是:人类在命运关怀这一最基本的终极价值选择问题上,永远不得不像三千多年以前的中华初民一样,生活在易学性质的希望之中。

当阴/阳最简关系的思想方法作为一般关系的抽象,以偶值两分的潜在隐蔽性进入儒道互补,成为支撑中华民族历史文化形态的基底性思维定式,如盐在水,日用不知,对中华民族的人格特征、思想方法、行为方式和情感反应产生巨大的影响,铸造着整个民族的国民性。严复、邓正来对自由主义的

---

① 参见吴重庆:《儒道互补——中国人的心灵建构》,广州:广东人民出版社,1993 年,第 6—7 页。玻尔是物理学诺贝尔奖得主。他为自己得奖的爵士勋章选图案时,以太极图象征他的互补原理,大有深意。
② 控制论创始人维纳说:"理所当然,没有一种通信理论能对语言问题避而不论。事实上,语言,从某种意义讲来,就是通信自身的别称,更不用说,这个词可以用来描述通信得以进行的信码了。"参见 N.维纳著,陈步译:《人有人的用处——控制论和社会》,北京:商务印书馆,1978 年,第 56 页。

刻意"误读",和我们思想传统中的阴/阳思想方法直接相关。中国人不能接受一个原子般的光溜溜实在的"自由",必欲将其置于一个关系性的模式之中而后快。在翻译中凸显的这一小小的文化差异,背后是根深蒂固的哲学思维定式。

  道家最麻烦的问题是不得不说话,一旦说话,就是在扮演角色。隐士仍是士。余英时认为可以"把'士'看作中国文化传统中的一个相对的'未定项'。所谓'未定项'即承认'士'有社会属性但并非为社会属性所完全决定而绝对不能超越者。……'未定项'也就是相对的'自由'。从现在的观点言,这点'自由'似乎微不足道,然而从历史上观察,中国文化之所以能一再地超越自我的限制,则正是凭借着此一'未定项'"①。如果西方人的"正义"诉求确有个弗里德里希意义上的超验维度,道正是法的超验根据。②

  科学哲学家波普尔从问题出发,通过猜想和反驳的试错,使科学得以推进的科学发现的逻辑,与实践、认识、再实践、再认识(毛泽东)或知行合一(王阳明)的思想方法,与改革开放"摸着石头过河"探索前进的试错性策略选择,在致思倾向上完全一致。作为学术研究,马克思《资本论》第二版《跋》中的话,更能表达我们的追求:"在形式上,叙述方法必须与研究方法不同。研究必须充分地占有材料,分析它的各种发展形式,探寻这些形式的内在联系。只有这项工作完成以后,现实的运动才能适当地叙述出来。这点一旦做到,材料的生命一旦观念地反映出来,呈现在我们面前的就好像是一个先验的结构了。"③

(原载《中州学刊》2013 年第 12 期)

---

① 余英时:《士与中国文化·自序》,上海:上海人民出版社,1987 年,第 11 页。
② 弗里德里希曾为美国政治学会会长,他在《超验正义——宪政的宗教之维》(卡尔·J.弗里德里希著,周勇等译,梁治平校,北京:生活·读书·新知三联书店,1997 年)中认为:美国的宪政如果没有宗教传统的支撑,是无法维持的。所以,我们经常讲的"政教分离"就只能理解为是行政机构与教会组织的分离,而不能理解为是政治统治与宗教信仰的分离。因为,无论是当代政治的授权性的合法性根据,还是历来起作用的继承性(或传递性)、有效性政治合法性根据,其背后都有一个人们对"公序良俗"的基础性形上信仰在支持。中华民族的"天道"公平观扮演的正是这样一种传统政治文化形上根据的角色,而不管这一形上观念究竟是儒家、道家抑或是法家信念。
③ 马克思:《资本论》第一卷,北京:人民出版社,1975 年,第 23—24 页。

《道德经》自由理念的现实观照和本体考察

  如果说中华民族文化形态的基本特征之一是内圣外王之道,中国哲学的基本特征就是逻辑分析和结构功能认定意义上的内外之学。本体考察为内,现实观照为外,从本体论的高度考察自由这一高端概念,观照其现实的外王落实,人本主义的结论是:人本化生活世界中的自由小于但却高于一神论商业文明中普泛化了的主义性自由。在"太上""无为"的前提条件下,怎样达成"甘其食,美其服,安其居,乐其俗"的社会效应,让人人拥有"百姓皆谓我自然"的非强制感和自由自适的快乐幸福有尊严的生活,是老子文本具有的现代品质。把《老子》理解为"君人南面之(道)术",在以隐为旁观之超越义上,老子提出了一套抽象的政治("道生法")理想和"无为"原则。君道一体还是君道分离,且怎么分、如何合,这是考验民族政治智慧和文化软实力的重大课题。道家之"道"既是可信赖信仰的恒常本体,又可以进行知识拷问;道家之"德"则是显现在包括人在内的天地万物中的"道"。拟于一神教商业文明的自由性,道可以理解为神的大自由,德作为道的分项,可以理解为人的小自由。这样,中华文明中人的非原罪性,就在本体义上得以诠释,黑格尔的中国一人"自由"说,也可以给出一个中性的知识论性质的回应。从外王层面看,《道德经》可理解为老子从正反两面对圣王的训诲和警戒,告诉他该怎么做,不能怎么做,因为,道是这样的而不是那样的。道的柔弱性源于道的无形性,落实到圣王层面就是要求强者尊重弱者,权力方对权利方做事要有柔韧性,胡适晚年一再强调"宽容比自由更重要"正是此义:上宽容则下自由。从反面说,"民之饥""民不畏威""民不畏死"三章,是要挟圣王在柔弱中"勇于不敢"①。《道德经》中的战争论述是史官现实感的表现,不仅与《庄子》"无君派"诸篇②在理念上相呼应,且与儒家汤武革命和墨家平民情怀共同构成"替天行道"观念的思想基础,即所谓"革命无罪,造反有理",对朝代兴衰更替中的儒道互补历史动态平衡现象具有巨大的解释力。

一、要自由不要主义

《道德经》中蕴含着深广终极的自由理念,并不意味着它是一本古老的自由主义著作。在中华民族已经自立于世界民族之林的今天,我们需要的是理性而不仅仅是爱国的热情。一神教商业文明中的主义性话语充满对世界的解释渴望,中华民族的以人为本传统,却对神圣之域保持乐观的开放态度,这是以易儒道为主体的人本主义文化形态的伟大明智。老子是要自由而不要主义的,一干两翼的易/儒/道哲学基本倾向是反宗教的,从而也一定反对作为其替代品的主义性话语。近代的西学东来,主要表现为自由主义话语系统对以儒家价值为主导的文化形态的全面冲击,却不曾与老庄道家正面相遇。西方自由主义是通过逻辑学追求一神的整全真理,地理大发现和随之而来的殖民市场开拓,诱发了科学发现和技术高效率的世俗观念。历史上,佛学东来对汉文化心理结构只是一套义理冲击,老庄道家中的本体性自由理念即可使之衍化为禅宗,丰富了华夏文明。以自由主义为代表的西学却是一个从物质、制度到文化心理结构的严整系统,其冲击是全方位的。近代以来,我们用尽了儒、道、墨、法、兵、名、阴阳、纵横等所有文化资源,至今仍难从容面对这一巨大挑战。

从《道德经》自由理念入手,通过整体的现实观照和本体考察,祈愿推进的

---

① 本文采陈鼓应《老子注译及评介》校定本,引文见第 73 章。下引只注章数。我们亦可以帛书本为据,使用《德道经》之名,强调"德(得)-道"的字面义而非道教义,但与通常所说《老子》文本不作区别。

② "无君派"是指《庄子》外、杂篇中对儒、墨两家持激进批判态度的一组文章,包括《骈拇》《马蹄》《胠箧》《在宥》《让王》《盗跖》《渔父》等篇节。"无君派"之说,请参见刘笑敢《庄子哲学及其演变》第三章"《庄子》外、杂篇的分类"(中国社会科学出版社 1993 年版,第 56—101 页)。

是从严复到梁启超、从胡适到陈鼓应这一百年努力的深化。①《道德经》作为道家的开山之作,拥有与西方自由主义相通的精神气质和政治追求是毋庸置疑的,问题在于怎样描述它并使其展开为新的话语方式。哈耶克把"自由"定义为"一种生活于社会中的人可能希望尽力趋近但却很难期望完全实现的状态"②,这并非政治自由,而是存在性自由。他坦承"真正的自由主义与宗教并无冲突","自由主义之本质并不反对宗教"③。于是,欧美宗教改革之后的基督新教,通过"在上帝面前人人平等"和"在《圣经》面前人人平等"这两大观念的诉求及其落实,高高在上的一神信仰,已经弥散为道家意义上的泛神④,圣灵的弥散和其"三位一体"的中世纪解读已经不再绝对为"一",话语解释权已不再垄断于教会。通过将人的神性祈向以斯宾诺莎或庄子式的方式深植于所有人心中,⑤欧美人的罪感已经被消解。自由主义作为"主义"性话语,原本有一神论消退、科学昌明之后的信仰替代功能,自由主义在近代西方的兴起,其深层文化原因即缘生于此。哈耶克的表白无非证明:自由主义放弃了教会式的整全

---

① 比如,严复就把"安、平、泰"释作"自由、平等、合群",虽不免牵强却亦自有理据。梁启超和胡适的论述甚多繁,这里不予引述。陈鼓应在《老子注译及评介》中说:"'无为'的主张,产生了放任的思想——充分自由的思想。这种思想是由不干涉主义而来的,老子认为统治阶层的自我膨胀,适足以威胁百姓的自由与安宁,因而提出'无为'观念,以消解统治者的强制性与干预性。在老子所建构的社会里,虽然不能以'民主'的观念来附会它,但空气是自由的。"他引述"天地不仁,以万物为刍狗;圣人不仁,以百姓为刍狗"时说:老子"强调了天地间万物自然生长的状况,并以这种状况来说明理想的治者效法自然的规律('人道'法'天道'的基本精神就在这里),也是任凭百姓自我发展。这种自由论,企求消解外在的强制性与干预性,而使人的个别性、特殊性以及差异性获得充分的发展"。"老子主张允许每个人都能依照自己的需要去发展他的禀赋,以此他提出了'自然'的观念;为了使不同的意愿得到和谐平衡,他又提出'无为'的观念。老子'自然无为'的观念,运用到政治上,是要让人民有最大的自主性,允许特殊性、差异性的发展。"(中华书局1984年版,第34、83、35页)需要说明的是:在与一神论主宰说的比较意义上,中华本人主义虽避免了教会的垄断话语解释权,却落入儒家独尊的话语垄断。
② 哈耶克著,邓正来译:《自由秩序原理》(上册),北京:生活·读书·新知三联书店,1997年,第4页。
③ 哈耶克著,邓正来译:《自由秩序原理》(下册),北京:生活·读书·新知三联书店,1997年,第200页。
④ 侯外庐说:"《老子》书中也出现'神'字,如'谷神不死'之类,后来朱子还把这一点肿胀起来,然而神在《老子》书中是泛神一类的概念,完全义理化了。"载《中国思想通史》第一卷,北京:人民出版社,1957年,1980年第5次印刷,第266页。泛神的哲学意蕴是天人合一,即神圣在世俗中即可被观察、被指证。
⑤ 斯宾诺莎反对圣三位一体的绝对性、主张圣灵散布人间和庄子之道的"无所不在"性有异曲同工之妙。

诉求。

　　《道德经》反复强调的道的不可言说性即绝对性,坚持的正是人对神圣之域的敬畏心,对他人、他者的尊重和顺任态度。"以无厚入有间"(《庄子·养生主》),从而不仅成为高远的生命智慧和处世方式,①且在政治上成为统治者必须尊重和顺任民心、民意、民情、民生,严肃认真地"以正治国"(《老子》第57章)的智慧。如果"无"确实是世界本体,这种对本体的体认就是中华民族人本化生活世界对神圣之域开放的基本态度和方法;对世界背后的神秘力量保持理性存疑的态度,这是儒道两家共同的伟大明智。② 独尊儒术只是政治垄断话语解释权的需要,与孔孟原儒的开放胸襟无关。儒学的宗教化努力,最客气的理解也是以西方话语为内在尺度的迷误。

二、德性:农人的自由

　　中国人现在经常用"德性"二字来描述一个人的道德品性,这是合儒道两家而言。儒家之性即道家之德,此点徐复观言之甚明。③ 如果说孟子人性善是为社会找到了必要的价值定位和价值定向并与荀子人性恶共同构造了一条管理社会生活的价值轴线的话,道家自由人性论和墨荀韩功利人性观却与儒家一

---

　　① 学界特别是道教界常将"庖丁解牛"理解为个体人的养生术,字面上固然不错,但从《养生主》的精神气质和行文理路看,把"以无厚入有间"养生化显然过分简单了。庖丁的"技进于道",正是把社会和自然环境的外在对象形象化为"牛"的结果。牛体不是人体,只能是外在的对象而非内在的体验。故《养生主》应该理解为人间世"游刃有余"的生活智慧,是对《道德经》第43章"天下之至柔,驰骋天下之至坚。无有入无间,吾是以知无为之有益"的形象化深度描述。此谓人可在客观世界中开发出主观自由;得道。赵汀阳认为"如果不能改变世界就改变世界观",亦为此意。哲学只有在这一意义上才可称为"爱智慧"。
　　② 《道德经》第71章"知不知,尚矣;不知知,病也。圣人不病,以其病病;夫唯病病,是以不病"和《论语·为政》"知之为知之,不知为不知,是知也"至少字面上与知识论问题相关,故可理解为儒道两家对终极问题持理性存疑态度的思想基础。哈耶克对《理性的自负》的批评与此相类。
　　③ 徐复观在《中国人性论史·先秦篇》中指出:"道是客观存在;照理论上讲,没有物以前以至于没有物的空隙处,皆有道的存在。道由分化、凝聚而为物;此时超彻之道的一部分,即内在于物之中;此内在于物中的道,庄子即称之为德。……内七篇中的德字实际便是性字。"(上海三联书店2001年版,第327—328页)将此推至《道德经》中的德-道范畴,就是个体人性自由论或如于光远所谓的"性本玩",与孟荀社会管理人性善恶守恒律并行不悖。儒道两家各侧重关系人/个体人的论述,在中华文化形态的构建中各得其所。

道,大大扩张了传统人本主义的价值空间。农人的自由是天道观科学基础上的时间性自由。中华天道观既不同于西方的宇宙论,也有别于受佛学影响后的宋明道学世界观。宇宙、世界首先是时、空概念,其次是整全观念系统即宇宙论和世界观。受形式逻辑和印度因明学的影响,不管是宇宙论还是世界观,特别是在亚里士多德之后的西方哲学,由于逻辑学的形式因素对时间因素的强行排除,表现出强烈的空间确定性,即用孤立静止片面的形而上学观点看问题。这种思想方法可以为知识找到确定性的基础,却容易把生活世界的丰富多样性约化为僵硬的理想模式。

中华文明是以黄淮海大平原上的农业生产方式与草原游牧的冲突为地缘基础,逐渐向长江、珠江流域推扩,并以此迥异于地中海一神教商业文明。① 在农耕的背景下,天文学是天下第一学,历法是天下第一法。历法的规律就是无限循环的大大小小的周期性。于是,时间因素就不可能在农人的思想上被逻辑排除掉。地球自转昼夜更替,我们日出而作,日落而息;地球公转暑往寒来,春夏秋冬是永恒的循环,人们就春耕夏耘秋获冬藏,此即以人合于天。三线(赤道线和南、北回归线)决定四点(冬至、夏至、春分、秋分四节点),也就注定了我们必得这样生活。在历法完备且律历一体的科技前提下,②"帝力"③绝不是人为强制,而是对自然的顺任。不必追求逻辑的确定性知识,生活和天体循环自为一体。庄子的"天地与我并生,万物与我为一"和张载的"民吾同胞,物吾与也"在天人合一意义上逻辑同构。

儒家的"使民以时"在道家这里就是:既然历法已成为普遍的常识,治者不必干预,什么时候长什么庄稼连动物植物都知道:"似曾相识燕归来",原上草"一岁一枯荣",人道和天道天然一致。所以,人道应该效法天道,必须效法天道。这是"人法地,地法天,天法道,道法自然"(《老子》第25章)的最原初、最

---

① 参阅拙文《中华文明起源的地缘反思》,《焦作师专学报》2009年第1期。
② 《史记·律书》说:"王者治事立法,物度轨则,壹禀于六律,六律为万事根本焉。"有人称其为决定四大发明的黄钟原理,参阅拙著《秩序与自由:儒道互补初论》,北京:社会科学文献出版社,2010年,第十一章。
③ 这里,解"帝"为神圣上帝是强调对自然规律的循环性认识;解"帝"为君王皇帝是强调民众对统治者"无为"行为方式的认可和"不知有之"的恬静自得态度,两ının内涵虽异,却在第一逻辑位阶上相通约,即"帝力于我何有哉"既可以是前解"帝力"之"无",又可以是后解"帝力"之非强制性。

基本意义!① 如果不作玄学的奥解,将老子思想回归到人体坐标的隐喻性,似乎一切都可以进入人类日常生活的常识和经验世界之中。"德",这一从周公旦开始即进入核心价值的大词,最初的内涵无非是对汤武革命的历史经验总结和自警自省,但这一大变革一旦为直行之"值"加上"心"符,使之成为一个承载道德、德性的象征性符号概念,它就获得了哲学的意义,成为文化形态的第一奠基石、文化长河的第一颗理性明珠。历史地展开,"德"就是商代上帝和周代天命观念在人心中的沉降生根,并成为最为基础性的文化心理要素积淀。

在老子之德-道论②系统中,人是价值的唯一主体,价值是关系范畴。道与德字根同体,意味着价值关系被永久性地设定在这一系统性循环之中,成为文化传统的价值基础,从而也就使道家思想在价值意义上,不仅获得了存在性自由的价值定位,更使这一定位获得了无限永恒的基源性价值支撑。德性自由和道性自由成为价值关系的两端,正如康德所言:自由是道德的存在理由,而道德是自由的认识理由。人的生命根身性于此扎下了坚实基础。每一个自我作为生命体因此便都在"百姓皆谓我自然"(《老子》第 17 章)和"帝力于我何有哉"(《诗经·击壤歌》)的循环往复中获得了作为价值基础的自由。

三、自由嵌入自然成为逻辑空间的圆心

《道德经》中,自然当然还不是自由,但老子的自然却既是自由的基础,又是自由的产物。自然就是自己如此,人人如此,如此之"此"既可以是这样又可以是那样,如此即是如彼,自己如此就是如你如他亦如我,人人都有一个命中注定的"此在"③,这就是自然的"自"作为无量代词的魅力所在。"自"字排斥进一步的追问,人人都有一个绝对的"自"来支撑他如今这个样子,任何人的自然自在自得自足都有其自我绝对性。这绝对性把自由置于自己的内在性之中,也就把因果性内置了。内置的因果性不容追问,这是绝对之所以为绝对的自我肯定

---

① 鲁庆中称之为"后设叙事",请参氏著《道:在"有"的向度上》(《中州学刊》2006 年第 3 期),《〈易经〉就是辩证法吗?》(《学术研究》2007 年第 9 期)。
② 参阅李晓英:《个体论:先秦儒道对德道的诠释》,北京:中央文献出版社,2009 年。
③ 海德格尔的"此在",在"林中散步""诗意栖居"语境中,与我们口语中的"自在"同趣。

性。对民众自由状态的发现,在道家那里绝不是为了追求康德意义上的至善,而是让民众得以不受限制地创造出自己最低限度的温饱生活。"虚其心,实其腹;弱其志,强其骨"(《老子》第3章)绝非简单认定的愚民。

人的基本生活条件,是政治所要协调的根本社会问题;社会的有序协调,是政治运作的基本目标。任何政治理想,都无非是人与人在当下有限的生活资料前提下,既有秩序又有自由的和谐生活状态。所以,老子既要求君主无为、好静、无事、无欲,以保障民众在自然状态中创造自富、自正、自朴、自化的生活,又站在民众立场上,对当政的君主进行威慑性的警示。对道家而言,儒家的仁义礼本身都是好的。但老子清楚地看到,这些理念不管对周天子还是诸侯、大夫,都已经成了纯粹的摆设甚至干脆就是个借口,观念的力量已经不再能够作用于这些当政者。孔子对时弊的救治努力是伟大的,老子对世界的观念性批判是深刻而有效的。孔子痛心疾首,老子一语道破。在《老子》第38章,道、德在价值排序上优先于仁、义、礼而不是排斥它们:"失道而后德,失德而后仁,失仁而后义,失义而后礼。"

老子并没有号召民众革命,甚至反复强调人应该知足、忍耐,但其潜台词却是:人们一旦忍无可忍,必将以革命的方式自由(liberty)爆发,革命、起义,人的生命天然拥有正义性——人的德性来源于道,它既内在于人的个体价值,也通过与道的内在关联,超越于一切价值之上而成为不可再追究的绝对价值。

需要指出的是,道家式的自由与自然和康德的自然与自由不仅没有任何直接的逻辑关系,而且往往相反。康德通过三大批判所严格界定了的先验自由、道德自由和审美自由,都是以与自然的对立为前提的。在康德那里,自由是与上帝存在、灵魂不朽共存并生的概念。[①] 中国传统的儒道思想都不以神圣和世

[①] 康德在《实践理性批判·序言》第2页这样论证:"自由的概念,一旦其实在性通过实践理性的一条无可置疑的规律而被证明了,它现在就构成了纯粹理性的,甚至思辨理性的体系的整个大厦的拱顶石,而一切其他的、作为一些单纯理念在思辨理性中始终没有支撑的概念(上帝和不朽的概念),现在就与这个概念相联结,同它一起并通过它而得到了持存及客观实在性,就是说,它们的可能性由于自由是现实的而得到了证明;因为这个理念通过道德律而启示出来了。"他接着说:"但自由在思辨理性的一切理念中,也是唯一的这种理念,我们先天地知道其可能性,但却看不透它,因为它是我们所知道的道德律的条件。"(邓晓芒译,杨祖陶校,人民出版社2003年版)康德的自由概念显然不能简单引入中华传统语境,我们当然也不是简单地排除"上帝和不朽",但我们不需要一神教义来支撑它的"存在"。当《老子》第1章劈头就来一句"道可道,非常道;名可名,非常名"时,我们已经永远排拒了对神圣之域的形上学建构。

俗的二元划分为前提。道家的"自然"不仅蕴含着自然界,而且更主要的正是天地万物的"自己如此",自由是自然地内在于每个人心中的原因性,"自己如此"就是动力和原因的内在性,自然在这一意义上就是自由本身。

刘笑敢将"自然"分析为"人文自然",它不仅"自己如此",而且"本来如此""通常如此""势当如此",这使道家"自然"蕴含了欧美传统所没有的更多价值。[①] 我们这里要强调的是,当我们赋予人文自然这一看似自相矛盾的词以价值意义时,文化根基处即有了三条价值原则:(1)人是唯一的价值存在;(2)价值是一个关系范畴;(3)任何终极性的价值论证,都一定是在人和不可知的神圣之域之间循环展开的。

如果说孟子为传统文化形态提供了"四心"的心理学基础、"四端"的逻辑学定位和仁义礼智"四德"的"人性向善"价值定向,荀子现实地指出"人之性恶"是反向延伸了人性的价值轴线,从而使孔子"道之以政,齐之以刑,民免而无耻;道之以德,齐之以礼,有耻且格"的导齐模式,得以在法家奖善惩恶"二柄"中把内圣现实地转换为外王,那么,道家在人性论上的真正观念就绝不是冯友兰等人所说的比儒家"更善",而是典型的自由人性论,即,人在善恶这一价值轴线

---

① 参阅刘笑敢《老子之自然与无为概念新诠》,载《中国社会科学》1996年第6期;《老子之人文自然论纲》,载《哲学研究》2004年第12期。此外,刘先生还在其他多处讨论过"自然"为最高价值原则的老子思想体系,但刘先生在"回归历史和文本"方面着力多,而在"面对现实和未来"上着力少。但他在《人文自然对正义原则的兼容与补充》(《开放时代》2005年第3期)、《道家式责任感与人际和谐》(《文史哲》2008年第6期)二文中却确实提出并论证了老子思想在当代乃至未来的普世价值意义。

上往往采取选择性的自由态度,这就是道家的结论。① 在整个中国历史中,正是这种自由人性论为生活的所有追求提供论证,并和墨荀韩的功利人性论一道,为中国文化传统提供了充分足够且正当广阔的价值空间。《庄子》以所有人的生命存在为中心,认肯所有为了生活或更好地生活的一切人类行为选择在个体人意义上的价值正当性和存在合理性。庄子后学甚至认为:任何存在的行为本身,就是他的德性,这种德性拥有着存在性自由的一切权利,包括盗抢、偷窃、伤害他人的坏人坏事一概予以认肯,个人的价值选择因此获得某种绝对的道性。这当然使庄学的自由人性论格局因广阔无垠而荒谬,却也因此使得道家自由观获得了终极性的哲学特质。

---

① 傅佩荣先生在多处反复论证的儒家"人性向善"而非"人性本善"说,是对几千年来儒家人性论的一次难得的关键性澄清。这种"人性向善"说的深刻性和时代性,仍然可以通过康德的论证来加以进一步说明。正如上述,康德认为自由"是我们所知道的道德律的条件"一语中专门注释道:"当我现在把自由称之为道德律的条件、而在本书后面又主张道德律是我们在其之下才首次意识到自由的条件时,为了人们不至于误以为在此找到了不一致的地方,所以我只想提醒一点,即自由固然是道德律的 ratioessendi[存在理由],但道德律却是自由的 ratio cogmoscendi[认识理由]。因为如果不是道德律在我们的理性中早就被清楚地想到了,则我们是绝不会认为自己有理由去假定有像自由这样一种东西的(尽管它也并不自相矛盾)。但假如没有自由,则道德律也就根本不会在我们心中被找到了。"(康德著,邓晓芒译,杨祖陶校:《实践理性批判·序言》,北京:人民出版社,2003年,第2页)这里,康德所持的自由与道德有条件地互为因果,与傅佩荣的"人性向善"论有异曲同工之妙。所以,如果我们说儒家的人性论是孟子意义上的"人性向善",却同时承认荀子意义上的"人性有恶",那么,道家的人性论就是"人性自由"。儒家从道德在社会生活中的必要性立论,道家却是就人的存在性上立论。换言之,自由是人的个体性存在天性,向善是人的关系性道德天性。儒道两家之所以能够在文化形态意义上比翼双飞,是因为它们共同遵循着《易经》所提供的阴/阳最简关系式思想方法,而非线性的逻辑性因果追问思想方法。这种思想方法既为道家以生命为中心的思考提供方法论基础和境遇性思想框架,也为儒家以社会价值导向为中心的思考提供方法论基础和境遇性思想框架。结果就展开为一系列具体的想象关联,使人能够在对超越界开放的传统知识背景中安身立命,既安顿每个人独处生活中的心灵,也解决每个人在交往生活中所遇到的一系列具体问题。易学史上的象数派和义理派以此为基础,既在历史的历时性中展开,也在社会的共时性中呈现。

四、生活世界的自由小于但却高于普泛的自由

从政治哲学的角度来看《道德经》的文本问题，正像王博在《说"寓作于编"》①中所揭示的那样，如果我们把第 17 章以及与之密切相关的第 18、19 章②放在最前面，即作为第 1 章来处理，就可以突出老子文本的现实功能。"百姓皆谓我自然"和"帝力于我何有哉"在呈现为外王落实意义上同义，《道德经》的"自然"蕴含着"自由"，但从自由却无法反推出自然。也就是说，老子的自然比自由内涵更丰富，外延更全面广大。"自然"意味着人首先是自然界的一部分，但我、你、他却一定同时又是人文自然③或社会的组成部分并以可观察的个体人形态存在于天地之间；"自由"则是将惟危之人心的自觉性和包括自身在内的、有自反能力的自我及一切外物、他人对立起来。就此而言，自由作为哲学范畴所描述的就是那个不断后退的最后的"自我"。

就此人本意义而言，科学观念应该也必须得到修正。人不同于自然界的外物，无法也不能通过干涉、控制和缜密的逻辑思考为"人"这一对象设定理想的实验条件以便研究，人类社会从不曾且永不会有欧美自由主义理论家据以立论的"原始状态"，也不允许通过那原始状态的设定且以之为逻辑起点，对人类及

---

① 载《中国哲学史》2006 年第 1 期。王博教授在这里所要说明的是：不同的老子文本，包括帛本、简本、通行本及其诠释的不同编排，都有抄录者自己的创造性理论思考。就解释学意义说，我们所要校订的不是最终的权威性版本，而是要发现不同版本背后的理论思考、观念预设及其之所以如此产生的前理解。

② 陈鼓应先生在"2010 洛阳老子文化国际论坛"大会的发言中披露：北大简本《道德经》共有 77 章，其中第 17、18、19 章是三章合一的。北大简本整理的阶段性成果即将在《中国哲学史》上发表。

③ "人文自然"是刘笑敢近年来通过一组文章提出的一个重要概念。《哲学研究》2004 年第 12 期所载的《老子之人文自然论纲》较为集中地概括了这一提法的意义；从价值意义上看，老子式的人文自然既是终极关切，又是群体关切和个体关切。此外，《南京师大学报》2004 年第 9 期所载《人文自然与天地自然》、《中国哲学史》2000 年第 1 期所载《孔子之仁和老子之自然——关于儒道关系的一个新考察》等都对此有清晰的说解，《中州学刊》1995 年第 1 期《试论老子哲学的中心价值》一文可能是最早提出这一思考向度的文章，首次将"自然"范畴作为价值范畴来思考。本文与刘先生于《中国社会科学》1996 年第 6 期上所发表的《老子之自然与无为概念新诠》一文主旨相类似："老子哲学以自然为中心价值，以无为为实现中心价值的原则性方法"（第 136 页），把"自然"范畴作为价值范畴来思考，即以自然为中心价值，把无为当作实现方法，此即内外之学的学理关切。

其社会生存状态进行逻辑推理并付诸实施。在涉及人本身的问题时,纯粹理性的设定不是无意义而是往往有害,自由主义的理性主义要求因此是无理的,从个人出发并落实到行为主义之上的许多科学观察和考量是不人道的,而欧美人往往无意识中以为这样做合于"神"道。人类生活世界不允许纯粹的功利主义,更不能让社会契约论在生活世界中通吃。欧美自由主义者的理论预设,均建立在自然科学方法论上;人类社会生活必以自然科学的物质基础为前提,并不意味着其把人物化的合理合法性。人类应该"物物而不物于物"(《庄子·山木》)。技术对人有使用价值,科学在终极意义上拥有神圣价值①,人本主义和神本主义科学观不同,不承认终极意义上的价值中立。因此,人类很可能需要一种李约瑟、马斯洛意义上的"道家式科学观",以及与之相关的方法论来面对人类整体性的文化局面。以看似被动、静观的方法面对人类这一自反的对象,仍然可以是科学的,它不同于建立在主客体分离基础上的自然科学。②

五、自由理念的本体性

由于"自由"一词作为哲学理念的高端性并因之而导致西方世界近代以来对其认识的丰富、复杂、矛盾性,我们至今对这一重大问题的认识和理解,仍然

---

① 科学立基的引力常数 G、绝对光速 c、普朗克常数 h、多普勒系数 f 四大支柱,因不可继续追问而神圣。

② 刘笑敢《道家式责任感与人际和谐》(《文史哲》2008 年第 6 期)一文对此已有论及,可参阅。刘说:"所谓'道家式科学'是针对权威的传统的实验科学而得出的。传统科学的性质决定它倾向于干扰、介入、积极安排,甚至随意打搅和干涉。""马斯洛强调,道家式接受性的实际内容教人学会不插手,不开口,有耐心,暂停行动,保持接受和被动的状态。"所以,道家式的科学态度"是反技术的"。这种尊重对象而反技术的科学态度,最适宜应用于人类社会的科学研究。在我们看来,这样的学术研究至少可以强调:一、关切并尊重作为对象的他人;二、以开放的胸襟广泛充分地包容对象;三、科学家要保持价值中立,防止其成心、师心影响到对象描述的客观性;四、德-道而非伦理性地对超越界开放。这第四点,与王庆节所谓"示范伦理学"有粘连。我们认为:示范应该是道德性的,而不可名之为"示范伦理学"。伦理学是人际关系之理,示范若成伦理,便难免有做给人看的嫌疑,结果反倒把道德的人性光辉异化为功利算计和沽名钓誉。基于这一理解,落实市民社会的道德示范要以市民自治为主、媒体舆论引导为辅的策略,而政府不宜直接参与。因为,政府参与不仅可能导致有限政府的功能越界,更为重要的是政府参与的利益后果,可能立即使行为人的动机遭受质疑,造成道德向功利的滑动。

停留在相对浮泛的层面。所以,要想全面梳理《道德经》中的自由观念,以及与之相关的自由主义思想蕴涵,我们必须从最高端的本体论层面展开思考。

本体论旨在探讨存在世界背后是否有一个独立而抽象的基础,或曰形下可感的世界背后是否有一个形上而不可感的抽象原因,并构成可感世界的根据。从对"是"(Ont,希腊文,即巴门尼德式的"存在")即being的探讨到对Ontology学问的系统性研究,在西方哲学史上,有一个相当复杂的发展过程。近现代以来人们逐步发现,人/神在"存在"这一根本问题上有一个基本的通约处:人的本质和神类似,是某种至今未明的形而上者,既非人可感的身体,更非对象世界中那哪怕是最为普遍的本质属性或任何通约点。①

无形的对象由于不可感而不可确知是一个常识性事实。但常识知识的问题正在于:它无法满足人们求索不已的灵魂的究竟追问,世界恰好是"这样的"固然奇妙,"它为什么是这样的"难道不是一个永远更具诱惑力的真正哲学问题吗?为应对人类心灵的这一困境,各大文化传统在轴心时代,都给出了各自的终极性答案。

如果允许我们抛开细节,可以把这一问题简化为:地中海文明丛中的西方人在强烈的商业需要和拼音文字条件下,以希腊哲学为支撑主张一神创世论并集结为《圣经》文本;东方人,主要是中国的道家思想家们,他们主张自然而然说。② 哲学地说即:西方是二元、他因、空间性哲学,中国传统是一元、自因、时间性哲学。所谓二元,是指它不仅在价值认定,且在事实上相信有一个独立于有形世界之外的无形世界,无形世界作为有形世界的原因和根据,控制并支配着

---

① 在哲学形而上学终结和思想的开端处,当代科学前沿已经将对本体即Ontology的研究,收缩到信息科学的人工智能和计算机语言之中,但是其哲学意义已经被转换成为:在联系并解决现实问题的诸多不同领域的逻辑体系内部以及各体系之间,可以通约的基础究竟是什么?这和金岳霖对逻辑和哲学的态度及其精神传人王路所坚持的理论立场迥异其趣。在金先生看来:我们必须假设世界背后有一单数的共同根据,否则,便无法进行任何严肃认真的真理探索和有效的人际沟通。这种一神背景的西学思想方法认定:人一旦失去追求至善真理的动力和标的,就会进入怀疑、相对的状态,堕入无底深渊般的虚无主义世界。但由于上一世纪学术界对本体问题终极答案的普遍失望,这种对绝对真理的坚持,似已无法与信仰问题相区别。这种理性和信仰在终极处的融合,对科学主义者来说是非常难以接受的。在中国学术界,无论儒道哪家传人,基本上均持两极循环易学思路,并视"对超越界开放"的立场选择、存疑态度和对科学/神学终极性合取认信为天经地义。可参东方出版社1997年版的张志刚之《理性的彷徨——现代西方宗教哲学理性观比较》。

② 详论可参阅拙文《宇宙起源问题的逻辑考察:神创论和自然论》,载《社会科学战线》2009年第6期。

包括人类在内的有形世界的一切,从而形成神圣天国对人世间的绝对超越和隔离,这种神对人的超越性对于有形世界而言,也就是包括道德生活在内的生活世界的他因性。这种超越性一旦被人们所实际地想象并加以表述,就表现为不同于当下可感世界的具有空间确定性的世界。当人们运用逻辑追问寻求对这一确定性世界的理解时,由于逻辑形式对时间的排除而强化了作为他因的另一世界的绝对性。空间确定性和时间变化性,是先验的必然。人类理性的绝对界限在于:人只能体验并领悟时间而无法在符号中有效地表述时间。因为任何符号化的表达,都因其物化形态而将时间冻结起来。故所谓理性表述本身即意味着人类理性向绝对的世界时间性的妥协让步,此即人类理性的终极真相或绝对限制。若人类社会生活之外有一至高无上、神圣崇高的存在,这一彼岸性存在对人的"此在"①即构成决定性的规定和制约,是这个世界之所以如此且不得不如此的根源。这就是近代以来引入中国话语系统的本体②:Ontology 或 Being。围绕这一概念建构起来的话语系统的基本特点是:它习惯于并总是尽可能用逻辑形式来表达自己的思想,因为,据说只有这种表述方式才是理性的。

亚里士多德逻辑的根本特点是:逻辑是分析性的,任何逻辑结论都早已蕴涵于前提之中。时间性因素不得或者说无法被有效引入,逻辑中没有时间,只能是一种诉诸空间结构的描述性思想方法。这是西方哲学具有二元、他因、空间性基本特征的逻辑-语言学方法论上的根本原因。以《圣经·创世记》为例,世界一旦通过神"言"被创造,就只能如此,永远如此。人在这种"神言"中不仅是被动的,而且是天生即获致"原罪"的。即只有上帝或神是自由的,人是不自

---

① 德文 Dasein 是海德格尔将日常生活中人们常用的"这个 da"和"存在 sein"相组合而新造的一个词,一般被译为"此在",但熊伟将其译为"亲在",张祥龙译为"缘在"。就存在主义和中国儒家思想立足于关系人的亲和力而言,我同意张祥龙的译法;就其和道家思想立足于个体人的亲和力而言,我同意熊伟的译法。这里之所以仍依旧说,是因为这一概念和儒道互补相关联。中国哲学"易为主干,儒道两翼"的基本格局,要求我们用"此在"译 Dasein 以达易学的"时""位"两义:人"此时在这里"的境遇性。

② 关于这一"本体"和宋明道学中与"工夫"相对的"本体"的巨大区别和粘连,我们将另文略加论及。但可以指出一点:原始儒家意义上的本体是道德形而上学,老庄道家的本体则是关于世界本源和基始意义上的形而上学,即道体的整体性和根本性。

由的。大而化之地说,这正是西方哲学本体论的神学之根。①

就此而论,根据黑格尔历史目的论的认定,东方人由于处在他所说的自由发展三阶段的第一阶段上,只有当权者能做他想做的一切,因此也就只有一个人是自由的。但黑格尔的逻辑也可以反推:根据基督教会中世纪的布道逻辑,只有上帝或神是自由的,而所有的基督徒都是不自由的;由于基督教是全民性宗教,中世纪的所有欧洲人是不自由的,他们处于外在神圣本体所限制的囚犯般强制性存在状态之中。在黑格尔历史逻辑中,高远苍穹的上帝之城转换为遥远未来的理性必然,只有在这一设定之中,"自由是对必然的认识"这一知识论形式命题,才是可以理解的。马克思在黑格尔历史哲学启示下,对历史的物质科学规律进行求索,将倒立的黑格尔历史观进行了一次因果倒置,在必然王国的逻辑基础上,表现出对"未来"共产主义理想的时间性追求。

马克思的这一追求,与中国人把希望看成终极关怀的时间性信仰方式相一致。马克思说:"我们的目的是要建立社会主义制度,这种制度将给所有的人提供健康而有益的工作,给所有人提供充裕的物质生活和闲暇时间,给所有人提供真正的充分的自由。"②于是共产主义社会,即成为自由人的联合体,他说:"人终于成为自己的社会结合的主人,从而也成为自然界的主人,成为自己本身的主人——自由的人。"③马克思和黑格尔的历史规律在时间维度上互相颠倒,但在认识论意义上,自由是对必然的认识这一命题同时成立。不同的只是在黑格尔看来,德国人已经是自由的,只要运用自由精神去认识绝对精神的必然,即可实现历史的目的;而在马克思看来,无产阶级或者说人类的绝大多数仍然是不自由的,只有经过联合起来的奋斗,人类才能从必然王国一步步地走进自由王国。

---

① 斯宾诺莎和庄子哲学的相通性以及教会对斯宾诺莎的强硬态度表明,如果不承认严格的"圣三位一体",教会将因圣父圣子圣灵三位一体绝对性根据的丧失而无法成功形成自己的布道策略;原罪说因圣灵的遍在或道的"无所不在"(《庄子·知北游》)而丧失理据,与之相关的"拯救"措施将不再必要。
② 《马克思恩格斯全集》第21卷,北京:人民出版社,1976年,第570页。
③ 《马克思恩格斯全集》第19卷,北京:人民出版社,1976年,第247页。

六、内外一体的德-道

中国哲学特别是道家观念系统认定,宇宙、人类起源之哲学根本问题为一元、自因、时间性的,这便使所有人均可生活于一重化生活世界之中。① 道是关于世界整体性、根本性意义上的不可言说性并从而获得绝对性。这一绝对性之道保障着人的自在性自由,自在性自由在道家观念系统中也就是"德"。"德"即人之所以为人之自由天性,又由于道"稽万物之理"(《韩非子·解老》),所以,"道法自然"(《老子》第25章)实即道性自然、自在。②

道性自然自在于此的根据是:

(一)如果将自然作天地万物解,则天地万物中有道,此道即万物之德。德者,得也。包括人在内的天地万物都从道那里获得了自己的根据,天地万物之所以为天地万物,正缘于它其中的道,道分而言之即为德为性,在儒道语境中均适切。于是,道不再有别的原因和根据,它就是自己的原因和根据,即,道是自由的。这里,人、天地万物和道一体冥合,道通过德获得了既内在又超越的本体论形而上学禀赋,人由于分享了道的这种自然而然性而获得了自身存在的原因和根据,亦即是获得了自由。

(二)自由一词中的"自"字,有"开始"义、"原因"义,甚至有"即使"的转折义和推理的"假如"义。③ 开始在本体论意义上就是创始,道之所以要创始,并没有什么道理,如果硬要给个说法,沈清松认为是因为道的"慷慨"④。道因其慷慨性而获开创之原因性。道创始和神创始的区别是:它并非宗教家的"信其

---

① 方东美先生认为中国哲学有三大特点:一是以生命为中心的宇宙论,二是以价值为中心的人生观,三是对超越界保持开放的态度。这抓住了一重化生活世界的中国传统特征,因为,只有以人的生命及其价值追求为中心并对超越界或神圣之域开放,胡塞尔的"生活世界"才可能是自足的。人类生活世界若欲自足,就不能求助于外在的神圣天国,否则,"生活世界"便不再是一重而仍是二重了。

② 道性自然并非是说道等于自然,其差异性是指道既在天地万物之中,又在天地万物之外、之上、之前。

③ 关于"自"字的这些说解,可参阅《辞源》第三册,北京:商务印书馆,1981年,第2582页。

④ 沈清松:《论全球化与道家的慷慨精神》,载《道家文化研究》第二十二辑"道家与现代生活"专号,北京:生活·读书·新知三联书店,2007年,第14—32页。

为真"而是哲学家的"认其为真",正是在"认""信"之区分义上,康德划清了哲学和宗教的界限。如果搁置"自由"一词在西文中的复杂意义,①根据其汉语的语义自然延伸性,完全可以将"自由"二字颠倒过来进行自我解释:"自由"就是"由自"。自由之意只能在语言学的最高处说:对任一所指而言,它(他)自己就是自己的原因。自由原则在近代西方的确认,标志着现代人类进入以人为本的自本自根自因性世界观念之中,从而走出了中世纪神圣阴霾的笼罩,韦伯将此称为现代性的祛魅。但是,对大中华这样一个从来就是复数本体②的文化形态来说,由于我们从来不曾真正进入过一神的神本主义状态,也就不存在冲出神学迷雾的冲动。由于孔、老和庄、孟对鬼神的理性存疑态度,中国人在本体义上从来自由。认识论上说,对神圣之域的开放态度无须罗尔斯、哈耶克的无知之幕,相信时间会再来(金岳霖)便希望所知日多,从而不断提升自己的精神境界。

(三)"德"作为显现在包括人在内的天地万物中的"道",拟于一神教"创世"的神的自由性,道可以理解为神的大自由,德作为道的分项,可以理解为人的小自由。这样,中华文化中人的非原罪性就可以得一本体性的诠释,黑格尔意义上的中华传统只有一个人即圣王自由的说法,即可据此给出一个中性的知识论回应。

从本体论上考察道的属性,道性自然就是道性自由。道不仅是上帝般超越的外在性,同时是内在于天地万物之中的自我规定性。天地万物之所以是这个样子,没有他因,只有自因;没有另外一个理想的世界,只有我们可知可感的这

---

① 哈耶克《自由秩序原理·自由辨》开篇数页对 Freedom 和 Liberty 二词的混乱用法有具体描述,可参阅。
② 关于哲学本体的单数、复数之说,请参阅宋志明《单数还是复数——从冯友兰看哲学观念的更新》一文,载《中州学刊》2010 年第 3 期。意为:古希腊的"本体"和希伯来的"上帝"结合后,欧美的哲学本体论从来是单数的,而中国思想传统中的"道"本体,由于诸子百家纷纷言道且相互吸纳,本体是复数的。

一个莱布尼茨式的足够好的世界。没有彼岸,只有此岸。① 我们生活于其中的"这个"世界内在而自洽统一,所谓天人合一②、知行合一、情景合一、身心合一甚至情理合一等诸多命题,都源于《道德经》本体和万物的自然性关系:道并非天地万物的外在性,而是与包括人在内的天地万物既融洽为一而又超越其上的本体。自然性即自己如此的道把自己的无形性内置于存在世界的有形界,"有"和"无"不是世俗和神圣的两个世界,而是同一个世界的显性和隐性,隐性不仅是显性的最后原因和根据,且只通过其显性呈现出来。

王弼发端的"无本论",由于佛学的刺激而使"无"渐渐远离"有"的现实性,升华为宋明道学那空明澄澈的"天理流行"。但陆王心学特别是阳明心学在明代的全面反拨,却再一次显现出原儒、原道的巨大潜能,使中国思想的历史重新回到它原初的自生自发性,从外在的天理强制回归到内在的良知性自由。③ 冯友兰晚年从新实在论重回"理在事中",可以理解为:冯先生以浓缩的人生历程方式,重复了佛学一千多年的漫长历史冲击和文化演化过程,从游离到回归。按心学的思想方法看待自由意志,"理在心中"的意义正是人的自在自足的自由本性。人性根据不假外求,天然自足,这就是中国最本根的自由论。

当然,这种自由人性的认定,不仅参与导致治乱兴衰的朝代更替、六道轮回,且往往导致社会政治生活要么一盘散沙,要么专制独裁。但引入科学、民主的现代化转型之后,儒道互补文化形态仍可有效遏制一神教的文化殖民,葆有我们的人文景观和民族个性。

---

① 我们这样描述并不意味着中国传统是没有抽象思维的文化传统、中华民族是没有理论思维的民族,而只是说,我们在儒家式日用伦常和道家式生命体验中,在儒道互补理论所模塑的政治理论形态中,高远的形而上者和世俗的形而下者是不即不离、若即若离的。换句话说,道就在我们日常的生活世界之中,而并不是仅仅存在于人们想象出来的死后的所谓天国中。即我们在日常生活中已经将高远的形而上者,纳入自己的身心体验和审美感悟之中了。这虽然不是康德意义上的纯粹理性,却是高远美妙的生活智慧。这种智慧使人不必执于彼岸,但也并不排拒任何形式的关于彼岸的信奉者。

② 傅佩荣认为儒家是人天合其德,道家是人道合于冥,不可混说天人合一。这里仍依旧说,是把儒家之天和道家之道与西方的上帝、逻各斯,共置于第一逻辑位阶上发论,并以"神圣之域"之名相通约。

③ 良知性自由当然可以是一种道德自律,但这种自律与康德式的道德自律有天壤之别。这一差别不仅导致理论上的不同形态,更潜隐在人们的行为、情感方式和思想方法之中,使中国人在秩序中安顿自由。

七、德-道与心性之体

从逻辑学上追问:道是什么？颇不易说。"为学日益,为道日损。"冯友兰所谓负的方法,《道德经》最为集中,这里,道总是"像什么但又不是什么",是烘云托月式的。通过"有"的描述彰显"无"的神妙,道作为无限、永恒的进取力量,知性不可言而智性可把握。教会通过宣称"我们是上帝奥秘的保有者"垄断世界神圣性的解释既已失效,对超越界开放的态度,就必将成为人类精神寄托的最佳选择。"泰初有道,道就是上帝。"袁步佳通过《道德经》把道解释成为无人格的上帝,①言之成理,持之有故。故不妨再引申一步:如果"因信称义"是一种解除慕道者精神武装的社会心理策略,老子运用负的方法,通过人性欲而不贪,反身自求,即可实现与道的冥合或密契,体贴世界的亲在性(熊伟)。德与道亲近一体,人与终极实在一体合冥。道家思想中的生态智慧,其实正是人与环境间有机统一性的人性设定:通过生命的自在性自由地合德于道。

就此而言,阳明心学的"无善无恶心之体"心本论,事实上呈现了典型的道家气象。牟钟鉴先生认定的阳明后学特别是泰州学派更像道家的结论是恰当的:心本论和知行合一的践履功夫一道,证成人之所以为人的道性根据。人的这种道性根据所展示的人文景观是:道只有在人心中才能呈现,所以人是自由的;人的德性作为人的内在规定,有强烈的自律性。人在个体人/关系人②的内在情理平衡中,在人与人、人与环境的有秩序和谐中,通过互动调适,使自己的自由潜能兑现出来,把价值做成真理,即人生在世。人在心学的工夫践履中,呈

---

① 袁步佳认为:《道德经》提供了宗教对话与沟通的"通途",人类可借此避免宗教矛盾、消除宗教冲突而方便地获得"道"。比较基督宗教的《圣经》及其教义神学,基督徒亦可以"原道篇、圣人篇、灵修篇"这三个部分来解说、领会《道德经》的精髓。(可参阅袁步佳《〈老子〉与基督》,中国社会科学出版社1997年版,第84页)本注脚在CSSCI学术论文网(http://www.csscipaper.com/)上有全文阅读链接,网址为:http://www.csscipaper.com/zhexue/zongjiaoxuedongtai/67410_2.html)的基础上,略有修饰并补充了出版信息。至于《道德经》中老子笔下的"圣人"究竟是不是耶稣,老子是否为基督教的"先知",当是另外的问题。我们并不认同这一结论而只想提示:既有这一文化交流向度,即应以开放心态大度以待。

② 参阅拙作《儒道两家理论起点的逻辑分析》,载《社会科学战线》2007年第3期,第19—25页。

现出自己的道性,这道性即日常生活中的某某人的德性,它体现在人生历程中,即人在行为方式上的道性。用儒家的说法就是:日用伦常中见道。①

八、天道在人心中见

人心之究极之处是什么?② 老庄道家作为中华传统的形上追求者,他们的答案是什么?作为道家的开山鼻祖,老子在《道德经》中对人的本真之性究竟如何回答?易言之,如果孟、荀在人性上发生了正相对反的善、恶诘辩,道家会怎么评判?是同意孟子的性善判断还是赞赏荀子的性恶论证?《道德经》在这个问题上透显出的人性论只能是人性自由。

《道德经》中的自然与自由究竟是何关系?自由是近当代哲学的最高端概念,它作为生活语词,生活中随处可见,明白而晓畅。一旦作为哲学的、法理学的、经济学的概念来考察,每个人就不可避免地从自己的价值立场、知识背景和观念体系"前理解"出发,而出现理入于情的各说各话现象,这就是价值多元。

自然是一个自因自果的自我肯定词,它遵循普遍的因果律;自由却是个自因自动词,它从人的角度强调人类行为的普遍性主体根据。自然描述的是运用阴/阳最简关系式③思想方法所表达的因果体:有/无;自由却只描述人的任意性,即人天生能且只能由自己的意志而行动,这就是不受他人专断意志所支配、强制的天赋人权。人权的这种性质是欧美近代宗教改革的重大成就,它是对教

---

① 林丹:《日用即道——王阳明思想中的"形而上"与"形而下"在生活中的贯通》,载《中州学刊》2010年第2期。至于牟宗三的道德形而上学在我们看来:一、不必以道德代宗教;二、康德式道德形上学于中国问题无补;三、无法接受康德的新三位一体说;四、虚无主义是一神论传统的后遗症,中国只有防止传染的问题。

② 相对于荀子批评庄子"蔽于天而不知人"(《荀子·解蔽》),庄子对儒家有"明乎礼义而陋于知人心"(《庄子·田子方》)的批评。荀子的"人"是指儒家的关系人,庄子的"人心"指个体人的认知(反知成智)、价值之心。所以,荀、庄的说法可以因其各得其所而自安。《老子》中论心不多,但"圣人无常心,以百姓心为心"(第49章)一言是中国人本政治理念的重要源头。

③ 阴/阳最简关系式论述,请参阅吴前衡:《〈传〉前易学》,武汉:湖北人民出版社,2008年,第91—94页。吴先生说:"在一切关系中,只有两个元素的关系是最简单的,这个最简关系同时又具有'关系'的一般品质。因而符号表达式'—/- -'是'关系'的抽象,'系统'的抽象。中国的形而上学立于关系或系统之上,它把握对象关系的整体。换言之,中国的形而上学是关系的形而上学,也即系统的形而上学。它与西方传统的形而上学'A=A'大不一样。"

会主张神创说并主宰人类精神生活的彻底反动,神本主义因此而转换为人本主义。中华传统从来都是多神泛神的,所以,基督的来临只能是个再多一神又何妨的结局,用不着大惊小怪。虚无主义是一神教义的必然结果,邻家"上帝死了",我们吊的什么孝?

中华传统虽然有文化上的种种积弊,民本蕴含人本却是一优良传统,欧美核心价值词全是一神教的逻辑延伸。古老的民本主义传统加上后来的科举制,尽管形式上区别甚大,功能上却基本可以满足甚至解决欧美近代以来所要解决的自由、平等等核心价值问题。①

老子的"无为"观念,作为政治学术语,就是要求、训诲为政者,警示他们不要强制性阻止臣民的自由创造行为;要求为政者克制自己的私欲、收敛政府的无限行为,从而把全能政府变成有限责任政府。在此前提下"善有果而已",即为政者在做好本该做好的事后能不自伐、不自骄、不自矜、不自彰(参见《老子》第7、22、72诸章),民众在"甘其食,美其服,安其居,乐其俗"(《老子》第80章)的"功成事遂"中享受"我自然"(《老子》第17章)的成就、尊严和幸福快乐的生活。所以,"太上下知有之……功成事遂,百姓皆谓我自然"的社会,就是自由的社会,一种每个人都可以根据自己的自由意志进行行为选择,从而实现自己的生活目标的有活力的社会,一个稍加改造即可转化成的民主/法治社会。在宪政法治即抽象政治的社会中,既不需要对统治者歌功颂德,也没有对民众无私奉献的强制要求,每个人都为自己的幸福生活而奔忙,即可造就出繁荣发展的社会。

"天视自我民视,天听自我民听。"(《尚书·泰誓中》)天道在人心中见,此治者言。老庄道家和孔孟儒家以各自不同甚至相反的方式,继承的是同一个悠久的历史传统。老子理想中的自由社会是农耕文明条件下的自由社会,这种社会理想的实现,靠道德自律完成。道家自律理论上不需要儒家伦理式人际自

---

① 民本加科举何以能在功能上满足自由与平等这一自由主义困境?这是一重大问题,我们于此可提醒两点:一是科举制理论上对所有人开放,这是机会均等和人格平等;二是在科举竞争中以一种相对客观的标准为衡量,能者上,愚者下,这是一种自由的竞争。这事实上即保障了农耕时代除皇族之外的所有人的人权。欧美人从19世纪开始,把中国科举制系统学习改造为现代文官制度,并以此分设政务官和事务官,使得政党竞争不至影响公共性政府事务,这反过来保障了政党政治的运作。目前的公务员考试实即"出口转内销"。

律/他律的仁性约束机制,它是纯粹的自律道德。① 但在现实意义上,任由一个人在德性对道性的追求中自我提升,却仍然是一种理论上的可能而非现实性。所以,道家自由理想与儒家一样,无法自下而上自然而然实现,自生自发地成长,它要靠自上而下的表率作用即王庆节式示范伦理实现。儒道两家价值取向上的这种相近性,必依墨法两家的手段方法来落实并内外协调,这才不仅是理论上的内圣外王之理,而且是事实上的内圣外王之事,从而成就出中华民族的历史文化形态。

九、道的终断性和开启性

"道"确实是不可言说的,正如一神教中的"神"终不在场。故任一文明形态,若已成熟则必有一终极性概念,以便统摄天地人生及生活世界中的纷纭文化诸现象。此即所谓道的终断性。终断性概念的文化功能是避免思考和言说的无穷倒退和恶性循环,就遏制无穷倒退上说,道本身意味着它对真理的穷尽;就避免恶性循环上说,道这一理念意味着此一文明的整合性终极价值,言至此即不必再说。"行到水穷处,坐看云起时",道的终断处亦即言说的开启之时,思考的终点即是起点。

赵汀阳在《天下体系·前言》中以难得一见的老到语调说:"今日世界,乱世已成……天下之论,虽为古人天才高见,然时事演化,社会变迁,天已自变,道亦自新,自当度量形势而修正之,未敢拘泥于老法也。而所作发挥,无非一己之管见,或仁或智,或当或不当,惟望于问题有所推进。天之道,万物之本,至大而不知之,故孔子曰天道远矣。"就老聃所著《道德经》而论,我们可以这样理解:道是

---

① 这种人对自身的纯粹的自律性道德的实现,在西方只是在康德之后才进入人们的视野。中世纪,神圣的他律虽也必通过人心转化为自律性行为,但在理论上,自律对于欧美传统而言,仍是一种潜在状态。

上帝的自由,德是人的自由天性。①

老子随说随抹"正言若反"(《老子》第78章),正是为了避免进一步的追问,像上帝一样,道是最后的道理,最后的道理即不讲道理的道理。② 这是说,不再有原因就是自由,自由就是由自。由于它或他甚至祂不再有原因,人类为避免无穷后退,不得不为自己设定这个"最后的思想之锚":最后的不能再进行追问的也就是"不讲道理"的。在讲道理的所有场合,讲出个道理往往就是说出个"之所以如此"的原因。道的自然性说明:它既是世界如此这般的"然",又是这个世界的"所以然",它是因果合体的。一神教通过僭越上帝——人格化的Logos——而获自由,道却通过德赋予人以自由。从万物或人的立场上看,"德者得也",人通过所得之于道者而成其为人。这是中华文化形态区别于所有一神论文明的根本特点:道可以是无人格的上帝。冯友兰说:"基督教的上帝有人格,从而人爱上帝可以与子爱父相比,后者是道德价值。所以,说基督教的爱上帝是超道德价值,是很成问题的。它是准超道德价值,而斯宾诺莎哲学里的爱上帝才是真超道德价值。"③

人是会胡思乱想的动物,④人天生即具有这种心志的自由或任意。就此而言,自由本体论作为道家的个体心本论,无法成全一个文化形态,只有在孔、孟

---

① 道在道家这里,是一种整体性根本性的力量。道是人的理性所不能全面把握的,但却可以通过它在天地万物的自我呈现中让人们从不同角度感受、体悟并理解、描述。就这个意义上,道类似于爱因斯坦所称道的斯宾诺莎式的上帝。爱因斯坦1929年4月24日回复犹太教拉比"你相信上帝吗"的海底电报时说:"我信仰斯宾诺莎的那个在存在事物的有秩序的和谐中显示出来的上帝,而不信仰那个同人类的命运和行为有牵累的上帝。"(《爱因斯坦文集》第一卷,北京:商务印书馆,1972年,第243页)爱因斯坦的这种"宇宙宗教情感"和道家特别是庄子道无所不在的思想逻辑一致。

② 老子的"正言若反"之所以能够避免进一步的追问,通过后世禅宗"问果以因对,问因以果对"的本体循环答问方式也可以使认识得以深化。20世纪最重要的中国逻辑学家金岳霖也说过类似的意思:把整个的一部字典逻辑化之后,难免是一个"兜圈子"的后果。"兜圈子"就是文化循环论。法学家王轶在《民法价值判断问题的实体性论证规则——以中国民法学的学术实践为背景》中指出:价值多元时代,价值问题"难免流于如下三种命运:一是无穷地递归,以至于无法确立任何讨论根基;二是在相互支撑的论点之间进行循环论证;三是在某个主观选择的点上断然终止讨论过程"(《中国社会科学》,2004年第2期,第106页)。所谓"不讲道理的道理",方法论上即人类知性边界处"在某个主观选择的点上断然终止"。每一文化形态都有类似的终结追问的方式,譬如"天""道""上帝""逻各斯"等。

③ 冯友兰:《三松堂全集》第六卷,郑州:河南人民出版社,2000年,第8页。

④ 关于这一组非常奇怪的命题的具体意义,请参阅拙文《秩序与自由——中国传统的当代解读》一文的《"三胡"理论——一些直观的想法》节,载《文化中国》2005年第4期,第34—36页。

儒家的社会价值定位和价值定向以及与荀子的性恶论一道,形成的价值轴线基础上,道家才能展现出它灵动活泼的自由性。老子之道的"夷希微"和庄子的"唯道集虚"(《庄子·人间世》)且"无所不在",通过王弼"无本"论和向秀、郭象的"独化""性分"说,在"人伦日用"的儒家素朴真理中,以互补的形式合流于程朱陆王的心性本体之中,就不仅是逻辑的必然,更是历史的必然。道性的自然既然通过德赋予天地万物以自由,①当然也就在本体论意义上赋予人以终极性的自由。中华人本传统和一神教的神本传统,于此形成了截然不同的人生态度:乐感和罪感。

尼采宣称"上帝死了"标志着一个虚无主义时代的来临,而对于中国人可以相应地说:我们的上帝已经死了三千年了,我们的文明仍然得以健康地延续。因为,我们不仅有儒家主宰性的"天"作为关系人的支撑,而且有道家"自己如此"的"道"作为个体人体验这如此美妙而又真实的世界的人类心灵的支撑。孔子"知其不可而为之"(《论语·宪问》)的儒家奉献精神和老庄道家"知其不可而不为"的静观智慧,②可以在科学昌明的现当代,凭借儒道互补的理论形态,创造出一个不需要教会的一神教义垄断话语解释权的生活世界,并坦然接受这个很可能走向热力学第二定律(熵)所标示的走向死寂的世界。当然,根据对道性"独立而不改,周行而不殆"(《老子》第25章)的理解和信赖,人类凭借着自己的理性和热情,或许有希望在宇宙死寂之前为自己找到一条新的出路。

道是我们文化传统的形而上者,面对农耕条件下的生活世界,儒道两家至少在先秦时并不曾为它穿上体系性的逻辑西装,但是,这并不妨碍道作为我们民族的本体性精神家园和文化根基。金岳霖先生在《论道》中以他难得的动情语调说:"不道之道,各家所欲言而不能尽的道,国人对之油然而生景仰之心的道,万事万物之所不得不由,不得不依,不得不归的道才是中国思想中最崇高的

---

① 这自由分开来说:物的自由是获得道性之后的阴阳和谐自我肯定并确定地供人欣赏;人的自由作为基本人性,在个体人和关系人的身心结构自我张力中,通过智慧的选择最大限度地实现自己的潜在可能性。
② 《庄子》对此的解释所在皆是,最典型的说法是"知其不可奈何而安之若命,德之至也"。(《庄子·人间世》)《老子》第16章强调万物皆复归其根时说:"归根曰静,静曰复命。复命曰常,知常曰明。不知常,妄作,凶。"第51章说:"道之尊,德之贵,夫莫之命而常自然。"通过这种对儒家主宰之天的超越和否定,人的自由天性获得了本体论的证明。当然,老子在代道立言中也有主宰性语气。

概念,最基本的原动力。对于这样的道,我在哲学底立场上,用我这多少年所用的方法去研究它,我不见得能懂,也不见得能说得清楚,但在人事底立场上,我不能独立于我自己,情感难免以役于这样的道为安,我底思想也难免以达于这样的道为得。"①所以,道在终极意义上是武断的,这就是道不可言说的绝对性;道在一重化生活世界中对人生的具体活动而言却又是彻底开启的。道从不可说起步而终极性地允诺了所有的言说。宗教的上帝梦在尼采那里被惊醒,希尔伯特的科学逻辑"上帝梦"也止步于哥德尔、维特根斯坦及其他逻辑实证主义哲学家手中。② 如果人们终于发现自己不得不永久保持对神圣之域的终极不可知并采取相应的开放态度,正像周国平所说的那样:思想一旦除去体系的虚饰,它们反以更加纯粹的面貌出现在天空之下,显示出它们与阳光、土地、生命的坚实联系,在我们心中唤起亲切的回响。

(原载《商丘师范学院学报》2014 年第 1 期)

---

① 金岳霖:《论道》,北京:商务印书馆,1987 年,第 16 页。
② 德国数学家希尔伯特(1862—1943)在罗素《数学原理》的基础上提议:将所有的科学公理、定理在集合论这种分层划界的新逻辑学基础上,关联为一个整全的公理系统。这一提议得到科学界的普遍响应并充满期盼地看好它的进展。因为一旦成功,整个世界也就在人的"手"中了。但哥德尔(1906—1978)于 1930 年前后发表了两篇文章,用严谨的自然数方法证明"希尔伯特方案"的不可能,即著名的"哥德尔不完备定理"。这一定理宣布了科学逻辑"上帝梦"的破灭,比尼采宣布"上帝死了",教堂成为上帝的坟墓之类的情感性口号要有力得多。哥德尔不完备定理以一种毋庸置疑的方式,宣称了人类理性特别是逻辑的界限,这种对道家语言符号观的科学逻辑学认定,对整个欧美哲学形而上学的冲击是巨大的。

儒道互补视域中的道家自由哲学刍议[①]

上世纪20年代末,与爱因斯坦齐名的物理学家尼尔斯·玻尔,根据物质世界的波粒二象性,提出互补原理。互补原理是关乎世界观的哲学问题。就中国哲学而言,儒家重群体纲纪,道家重个体自由,儒道两家在秩序与自由上的制衡与互补,根源于易画阴/阳最简关系式,这一最简关系式源于人类早期以人体为坐标向六方神灵求问。这实质上是中华文明根身性的思想方法,并与物质世界的波粒二象存在方式相贯通。

一、儒家与道家

当今的中国需要儒家文化,更需要道家哲学,需要以儒道互补为主体架构的中华智慧。余英时认为:"所谓儒,大体指重群体纲纪而言;所谓道,则指重个体自由而言。故与其用儒道之名而多所凿枘,何如采群己之分而更可发古人之真态乎?"[②]"群体纲纪"即是社会秩序,"自由与秩序之间的张力"根本上是个体与群体、个人与社会、生命与生存境遇之间的张力及其平衡问题。儒家与道家之间的思想对话不仅是个体自由与社会秩序之间的张力问题,而且是个体价值和群体价值之间的张力问题。于是乎,儒家与道家之间的思想对话就不仅是个理论问题,更是一个现实问题,一个关乎每个人及其生存境遇、生活质量甚至生命价值的问题。所以,"群己之分"问题在理论上的挑战就永远不可能理论地解

[①] 本文是2014年7月提交北京大学哲学系"混沌与秩序:道家哲学及其现代语境"研讨会的发言稿,后发表在《道家文化研究》上,由北京生活·读书·新知三联书店2015年12月出版。

[②] 余英时:《士与中国文化》,上海:上海人民出版社,1987年,第398页。

决,它还必须到现实的社会生活中,面对生活的互补性、混沌性。

理论问题在现实面前的困惑相当普遍,特别是在所谓的社会科学领域。不过这一让人无奈的现象,并不是我们在理论上退缩的借口,而是深入探讨其文化价值的动力。牟钟鉴先生在《论儒道互补》一文中说:"儒道互补也是群体性和个体性的互补。……儒家群体价值观与道家个体价值观……可以形成一种制衡和互补,使社会不至于偏向以共性压抑个性或者以个性破坏共性这样两个极端,把群体性与个体性结合起来,使社会既生动活泼又团结有序。"①陈鼓应先生的《论道家在中国哲学史上的主干地位——兼论道、儒、墨、法多元互补》、吴重庆的《儒道互补》等,②都对中国哲学的儒道互补结构形态多有阐发。具体讨论历史上儒道互补现象的文章,目前更是达到了二三百篇之多。

儒道两家的存在,恰如地理版图上的黄河、长江,王国维径直称儒家为"北方派",而道家是"南方派",并从"帝王派/非帝王派""贵族派/平民派""入世派/遁世派"③等方面理解儒道两家的理论特质。儒家的理想是在社会之内推动改革,道家的理想是在社会之外"创造新社会"。④ 即儒家是改良派,道家则是革命派。革命固然会遭遇当权者之仇视,改良亦往往不见容于当权者。儒道两家之风范气象迥异,王国维因此又称儒家为"实践派"而道家为"理想派"。

---

① 牟钟鉴:《走近中国精神》,北京:华文出版社1999年版,第191—192页。
② 陈鼓应先生的《老庄新论》,上海古籍出版社1992年版,"道家主干"或"多元互补"一文载《哲学研究》1990年第1期;吴重庆的《儒道互补》,广东人民出版社1993年版。
③ 王国维说:"我国春秋以前,道德政治上之思想,可分之为二派:一帝王派,一非帝王派。前者称道尧、舜、禹、汤、文、武,后者则称其学出于上古之隐君子,(如庄周所称广成子之类)或托之于上古之帝王。前者近古学派,后者远古学派也。前者贵族派,后者平民派也。前者入世派,后者遁世派也。(非真遁世派,知其主义之终不能行于世,而遁焉者也)前者大成于孔子、墨子,而后者大成于老子。(老子楚人,在孔子后,与孔子问礼之老聃,系二人,说见汪容甫《述学·老子考异》)故前者北方派,后者南方派也。此二派者,其主义常相反对,而不能相调和。观孔子与接舆、长沮、桀溺、荷蓧丈人之关系,可知之矣。战国后之诸学派,无不直接出于此二派,或出于混合此二派。故虽谓吾国固有之思想,不外此二者,可也。"(见《王国维文集》第一卷,北京:中国文史出版社,1997年,第30页)
④ 王国维说:"北方派之理想,置于当日之社会中;南方派之理想,则树于当日之社会外。易言以明之,北方派之理想,在改作旧社会;南方派之理想,在创造新社会。然改作与创造,皆当日之社会之所不许也。南方之人,以长于思辨,而短于实行,故知实践之不可能,而即于其理想中,求其安慰之地,故有遁世无闷,嚣然自得以没齿者矣。若北方之人,则往往以坚忍之志,强毅之气,恃其改作之理想,以与当日之社会争;而社会之仇视之也,亦与其仇视南方学者无异,或有甚焉。故彼之视社会也,一时以为寇,一时以为亲,如此循环。"(《王国维文集》第一卷,北京:中国文史出版社,1997年,第31页)

"北派气局雄大,意志强健,不偏于理论而专为实行。南派反之,气象幽玄,理想高超,不涉于实践而专为思辨。是盖地理之影响使然也。今吾人欲求其例,则于楚人有老子,思辨之代表也;于鲁人有孔子,实践之代表也。孔子之思想,社会的也;老子之思想,非社会的也。老子离现实而论自然之大道,彼之'道'超于相对之域而绝对不变,虽存于客观,然无得而名之。老子以此'道'为宇宙一切万象之根本原理。故其思辨也,使一切之现象界皆为于相对的矛盾的之物而反转之。……孔子者北方雄健之意志家也,老子者南方幽玄之理想家也。"① 这里,王国维对儒道两家以地缘为基础的分判,似乎是源来有自的。《中庸·子路问强》曰:

> 子路问强。子曰:"南方之强与,北方之强与,抑而强与?宽柔以教,不报无道,南方之强也。君子居之。衽金革,死而不厌,北方之强也。而强者居之。"

于是乎,正如李泽厚所言:"儒道互补是两千年来中国思想一条基本线索。"②

二、互补与阴阳

(一)"互补原理"

互补概念由与爱因斯坦(1879—1955)齐名的物理学家尼耳斯·玻尔(1885—1962)于1927年9月16日在意大利召开的科学界纪念伏特逝世100周年的大会演讲中首次提出。"互补原理"不仅解释了量子力学,也在哲学上解释了整个物质世界的波粒二象性;既是一个物理学概念,也是一个关乎世界观问题的哲学范畴。即:一旦两种互相排斥的理论对同一对象具有互补诠释的功能,这两种理论之间就具有互补性。具体来说,即:设有理论T,第一,T包括同一研究对象的两种描述D1和D2;第二,D1和D2涉及相同的研究领域U;第三,只取D1或D2都不能包罗馨尽地阐明U中的所有现象;第四,用D1或D2

---

① 王国维:《王国维文集》第三卷,北京:中国文史出版社,1997年,第108页。
② 李泽厚:《美的历程》,北京:文物出版社,1989年,第49页。

儒道互补视域中的道家自由哲学刍议

单独描述对象会得出矛盾的结论。这时,理论 T 就是一种互补诠释的理论。①转述到我们的语境中来,儒家 D1 和道家 D2 的互补诠释形成理论 T,对象 U 即中华民族的人本化生活世界。在文化形态学意义上,在当今全球化的语境中,东亚汉字文化圈的人本化生活世界,可以和西方的一神教商业文明,在排斥性竞争的对话冲突中逐渐形成文化形态上的互渗互补。

(二)阴/阳最简关系式

把互补原理形式化即:T(D1,D2)→U,转换为中国形式即"道(阴,阳)→人"。具体内容经阐释即可代入这一公式,成为儒道互补研究的基础形式。阴/阳最简关系式的意义,在这一公式中被限制为有限的、可解释的、较为精确的经典性内涵,它的符号可采取传统的"- -/—"形式,"/"在这里的内涵可以定义为"关系一般"或"一般关系"。本人提出并努力证明的儒道互补的逻辑起点:"所有的人是子/所有的子是人",从而人的双重品格:"关系性/个体性",是互补原理与阴/阳最简关系式的尝试性应用。② 对这一思想方法的理论支撑,要到易画六十四卦早出的考古学证据中来寻找。

(三)"前衡猜想"的易学起源简述

假如我们的判断不错,中华思想方法受易学阴/阳最简关系式的影响,可能比我们能够想象到的大得多。阴/阳最简关系式是汉字构字的基本原则,而汉语和汉字在区别度上是互补的。③ 于是,通过汉字这种区分度高的符号系统影响的就不仅是学术性的文本典籍,更是一种思想方法、行为方式乃至情感方式。关系性的易学思想方法,不仅是"一阴一阳之谓道"的系统性形而上学思想方

---

① 据作者掌握的资料,对互补原理的最早引述是陈卫平的《互补原理:一种可能的选择》(《理论学刊》1987 年第 1 期),吴重庆及本人对此都有所引录。

② 对这一结论的论证,作为三十余万字的《结项报告》,目前仍处在国家社科基金的"正在结项"阶段。其中"第二章 孔老:关系人秩序与个体人自由"对此进行了力所能及的考察。下述有关易画六十四卦早出的"前衡猜想",在该《结项报告》的"第一章 《易》学:最简关系式与希望哲学"中努力进行了考察。

③ 李葆嘉在《论语言符号与文字符号的区分度互补原理》中结论性地指出:"综上所述,语言与文字区分度有一种互补的倾向。区分度偏低的文字符号系统可应用于区分度较高的语言符号系统,而区分度较低的语言符号系统则要采用区分度偏高的文字符号系统。这就是语言符号系统与文字符号系统的区分度互补原理。"(载《江苏社会科学》1991 年第 2 期)

法,也是一种"宇宙代数学"①。

吴前衡的遗著《〈传〉前易学》就是针对这一问题的长达七八十万字的资料梳理和思想考察。他在书中提出了这样一个理论假设:如果张政烺的易画阴阳与出土数字卦奇偶通约的论证不错,六十四卦的卦画就不是"两仪生四象,四象生八卦"之类的传统易学逻辑演算的结果,而是易学的前提;六十四卦的早出、原生性将颠覆整个易学史的历史发生学解释。而六十四卦作为巫源性的法器符号,经过适切的现代转换,则既是科学的又是信仰的。它提供的阴/阳最简关系式作为一种思想方法,既是初民命运关怀的结果,又作为关系性形式系统,为现代物理学的物质世界波粒二象性提供思想范式。阴/阳作为关系性的思想方法,"– –/—"作为关系性的逻辑符号,"/"作为一般关系或关系一般,它严格区别于来自西方的逻辑重言式 A=A 的因果追问方式。

根据吴前衡先生提供的资料和思考,我认为在易画、进一步即为《易经》起源问题上,承认存在着一个可以称为"前衡猜想"的科学假设是必要的,这一科学的猜想一旦成立,将不仅改变易学史"以传解经,牵经合传"②的历史差误,而且可能改写整个的中国哲学史。"前衡猜想"是我根据吴前衡先生《〈传〉前易学》,③借鉴卡西尔符号学、伽德默尔解释学、波普尔的"世界3"及其"问题1→猜想→反驳→问题2→……"即"科学发现的逻辑"理论,对以《周易》为最后符号集成的易画起源问题,作了认真研究后提出的专门术语。前衡猜想可作如下

---

① 冯友兰说:"(二)《周易》哲学可以称为宇宙代数学""(三)《周易》和计算机都是二进位法"。见《孔丘·孔子·如何研究孔子》,《团结报》1985年1月19日,《新华文摘》1985年第4期全文转载。

② 余敦康先生指出:"表面上看来,在《周易》的结构形式中,传是解经之作,依附于经而存在,应该是经为主体而传为从属;但是就思想实质以及所体现的文化意义而言,经却是依附于传而存在的,正好颠倒过来,传为主体而经为从属。"余先生认定《易传》为儒道互补之作,他又说:"《易传》围绕着'一阴一阳之谓道'所展开的思想体系,是自然主义与人文主义的结合。就其思想渊源而言,它的自然主义的思想是继承了道家,人文主义的思想是继承了儒家,因而,总体上体现了儒道互补的特征。"(余敦康:《〈周易〉的思想精髓与价值思想——一个儒道互补的新型的世界观》,《道家文化研究》第一辑,北京:生活·读书·新知三联书店,1992年,以上引文均见第122页)

③ 吴前衡(1945—2003)生前所著《〈传〉前易学》一书,根据武汉大学胡治洪教授推荐、唐明邦先生作序,由湖北人民出版社于2008年出版。这是一本极有原创性的著作,对我所谓的"前衡猜想"论之甚详,逻辑严谨,运用资料特别是反证性易学资料相当充分。本人以为这是关于易学起源的一个科学猜想,或者说是对六十四卦的易画何以历史地在先的考古学资料进行合理诠释的一个科学的猜想。

表述：

> 吴前衡先生以"为什么出土千例数字卦多为六个一组"为问题意识，提出的关于易符号起源的猜想：易象六十四卦之原生性何以可能？曰：每个人都有一个空间性的身体，以身体为坐标进行最简差异式二者择一的六次空间定位性选择，必得六十四卦的符号系统，即 $\left(\frac{1}{2}\right)^6=\frac{1}{64}$。①

自从张政烺的《试释周初青铜器铭文中的易卦》②发表以来，面对占主导地位的上千例的六个一组的数字卦考古实物存在，易学界囿于几千年的传统易学成见，几乎是一片漠视，没有人给出过任何理论上的说明。所以至今为止伏羲作卦、文王（或神农）重卦作卦爻辞、孔子序《易传》的"圣人作《易》"说，仍是易学界的潜在预设。这种非历史的易学文本发生学的误区经典表述是：阴阳→八卦→六十四卦，即"$2→2^3→2^6$"的升幂历史过程。这种"圣人作《易》"的历史过程，也是由简单到复杂的逻辑集成过程。

这显然是将初民的思想能力过于理想化的结果。在没有文字甚至没有数字的前文明时代，初民们何以可能完成从抽象到具象的历史演绎呢？所以，易画六十四卦的考古学早出只能用命运关怀的吉凶祸福预测来理解，而无论龟占还是卜筮，都可能是与当时的思维水平相称的可能猜想。这不仅在新石器时代的考古材料上，而且在安阳殷墟卜辞、周代的金文易画上，都能找到大量证据。

全面考察这一问题不是本文的任务，我们不妨就人类的命运关怀问题，看一下吴前衡的思考："人总是面向未来生活，但'未来'的生存状况，'现在'从来都不够明朗。人明确地知道有'未来'，但不知道'未来'怎么样，世界的变幻莫测和人对生活的价值期望，反反复复在'未来'上面闪烁交织，把人紧紧地缠绕，人永远无法摆脱。而且，情况随时都在变化更新，人们面向未来生存，就得随时

---

① 关于"前衡猜想"，我在《秩序与自由：儒道互补史论》（待出版）第一章有详细考论，兹不赘述。

② 张政烺在该文的《补记》中指出："1979年江苏海安县青墩遗址发掘，出土骨角栖和鹿角枝上有易卦刻文八个……为前举三十二条考古材料所无，说明它的原始性。这是长江下游新石器时代文化，无论其绝对年代如何，在易卦发展史上应属早期形式，可以据以探寻易卦起源地点问题。"（见《考古学报》1980年第4期，第414页）后据碳-14测定，该考古发现的绝对年代为4400—5300年前。

随地谋划'未来',为'未来'烦劳和烦恼。这就是人作为人的现实生活,是生活本身不可脱离的主题。只是在不同的历史时期,这个主题活跃在不同的旋律里。"①"初民告别了原始的蒙昧,即开始了命运的苏醒,急切地关怀自己的命运。这是文化的重要进步,命运关怀的表现为,对某物某事之后果的计较和思虑,计较和思虑的中心点是命运的好坏。去狩猎,多获还是少获？迁徙涉川,有险还是无险？去作战,俘还是被俘？去作田,好年还是凶年？如此等等,都是命运苏醒的关怀。命运的苏醒,意味着人对自己的未来有了意识,意识到了未来的捉摸不定,意识到这种捉摸不定直接关联着自己的命运,意识到置身于变幻莫测的世界中命运的飘忽不定;于是就产生了对命运有所谋划的要求,以求在变幻的世界中能够趋吉避凶,获得美好的命运。"②

初民为了趋吉避凶、趋利避害性地掌握自己的命运,向"六合"神灵求问,长期积累,即可形成以身体为坐标的"二者择一"六十四卦符号集成。八卦是在六十四卦的基础上,由周初的巫史专家团队,通过直觉即可实现的提取公因式的结果,即从六十四卦到八卦,再到阴阳的 $2^6 \rightarrow 2^3 \rightarrow 2$。这就为老子的"负阴而抱阳"(第四十二章)和孔子"易之义唯阴与阳"(《帛书·易之义》)的哲学抽象提供了历史根据。金岳霖先生曾说:"阴阳二字颇有问题,中国哲学里常用此两字,意义非常之外;至少我自己弄不清楚。"③作为逻辑学家和"九分西学,一分中学"(张岱年)的哲学家,金先生对"阴阳"的疑虑是极为深刻的,因为在逻辑 A＝A 思想方法的支配下,与互补原理相关的关系性阴阳最简关系式思想方法确实是难以理解的。对此,玻尔有清醒的认识,即现代科学的互补解释必须用经典的术语来表达。④ 我们这里提出这一问题,并不是说本人能够真的理解把握它,而是将这一科学史上的重大现象及其与易学的相关性提请到我们的学术平台上就教于方家。至少在我看来,这是一个真问题。

值得重视的是,互补原理与关乎到中华民族思想方法的易学阴/阳最简关

---

① 吴前衡:《〈传〉前易学》,武汉:湖北人民出版社,2008年,第129页。
② 吴前衡:《〈传〉前易学》,武汉:湖北人民出版社,2008年,第122页。
③ 金岳霖:《论道》,北京:商务印书馆,1987年,第38页。
④ 玻尔说:"不管量子物理现象怎样远远超越经典物理解释的范畴,所有证据说明必须用经典术语来表达。"载 Niels Bohr. Discussions with Einstein on Epistemological Problems in Atomic Physics//In P.Schilpp.Albert Einstein:Philosopher—Scientist.Open Court.1949.

系式有着缘定的相通性,太极图因此被许多人誉为"天下第一图"。1947年,尼尔斯·玻尔在为丹麦政府授予他的骑象勋章设计徽章图案时,采纳助手罗森塔尔的夫人柯汉娜的建议,将中国的阴阳鱼太极图作为其互补原理的形象图示融入勋章的基本图案,所不同的只是玻尔将太极图中原先的白色改成了红色。玻尔的勋章铭文 Contraria sunt complementa(互斥就是互补)作为对太极图表示的互补原理的说明,与太极图一起,将东方古代哲学与西方现代科学的思想有机和谐地结合起来,达到了完美的统一。

三、秩序与自由

余英时的儒道两家分别侧重群体纲纪/个体自由,故"群己之分而更可发古人之真态"的断语,很容易让人想到严复的《群己权界论》和邓正来的《自由秩序原理》的译名问题。密尔的 *On Liberty* 应译为《论自由》,严复译为《群己权界论》;哈耶克的 *The Constitution of Liberty* 早有中文译名《自由的宪章》,邓正来却译为《自由秩序原理》。严复衡定的翻译准则"信、达、雅"一直被翻译界奉为行规和律则,但时隔近百年,两本西方自由主义思想家的名著,如此意译却又被中文读者欣然接受,这是为什么呢?翻译者作为两种文化的桥梁,他实际上是把两种文化要素在自己的心灵中进行碰撞,并在两个不同的观念系统之间进行人为转换,转换中他有很多的选择自由。翻译既是文化的沟通机制又是文化的隔离机制,翻译者的文化潜意识会迫使他去过滤,去创造。密尔、哈耶克的自由主义思想观念,必须通过如严复、邓正来等翻译家的思想方法之网,才能摆上中文读者的文化餐桌。

道家最麻烦的问题是他们不得不说话,一旦说话,如老子和庄子等道家人物,事实上就已经在扮演角色了:尽管他们是隐士却仍然是士即知识分子,不仅说了话而且写了下来,故而又成为社会精英分子,这等于还是扮演了社会角色。按余英时的理解,可"把'士'看作中国文化传统中的一个相对的'未定项'。所谓'未定项'即承认'士'有社会属性但并非为社会属性所完全决定而绝对不能超越者。……'未定项'也就是相对的'自由'。从现在的观点言,这点'自由'似乎微不足道,然而从历史上观察,中国文化之所以能一再地超越自我的限制,则正是凭借着此一'未定项'"①。道家可以不仕,却仍不得不是隐士。隐的实际效用当然是获得了更多的个人自由,但保持距离意味着某种"超越",即所谓旁观者清。隐这一行为本身,还可以告诉世人一个非常平凡而又伟大的道理:人,居然还有这种活法!

道家式自由和儒家式秩序,它们与西方古希腊、古罗马特别是近现代以来发展起来的法治秩序和主义性自由思想观念,有着什么样的共通之处和重大差别呢?法家的"法"和西方一神教商业文明传统中的"法"的区别究竟何在?如果正义有一个弗里德里希意义上的超验维度,道正是法的超验根据。在中华文化传统中,无论我们应该如何进行批判或者继承,道法一体确实体现在君道合一的皇帝身上,这在两汉时代亦曾是历史的真实。

西方人近现代以来的法人平等秩序理念,建立在商品交易相对人数量等价的 A=A 绝对数字同一律关系之上,这对传统社会分工体系中的士、农、工、商价值排序是一重大挑战。

在如此研究的基础上,儒道互补的秩序/自由解读,似可作出如下界定:

秩序是文化形态的规范性理性形式,自由是文化持续的生存性感性动力。

用金岳霖《论道》的术语表达:秩序是有限的现实,自由是无限的可能。

形式上讲,当我们写出这两个命题时,我们是为秩序和自由分别下了文化性关系定义。这定义显然只关涉人及其群类的群己权界或秩序/自由的最简关系。

这一结构性定义,在金岳霖《论道》的意义上,可以简化为秩序是形式,自由是动力。但从严格的逻辑立场讲,"任何可以思议的世界既都是遵守逻辑的世界,我们当然可以思议到一没有归纳法所需要的秩序的世界也遵守逻辑。秩序问题依然没有解决。无论从演绎说或从归纳说,归纳所需要的秩序总是麻烦的问题"②。

正是在这个意义上,尼尔斯·玻尔强调互补原理在表述上的经典性不可或免。这涉及的大概正是最一般意义上的语言学悖论问题,即庄子的"一与言为'二'"这一人的自由超越的最后界限是自相矛盾的,自由在其根基处是存在性

---

① 余英时:《士与中国文化·自序》,上海:上海人民出版社,1987 年,第 11 页。
② 金岳霖:《论道》,北京:商务印书馆,1987 年,第 3 页。

的,是不得不自由的。既然自由必得有秩序依托,而不是精灵的神秘飘荡,秩序与自由之间的某种循环论证,就不可或免。"任何人都不可能脱离开自己的视域去观察和了解世界。因此,问题就不简单是怎样丢弃自己(它既无可能也无必要),而毋宁是如何在置身于某种历史视域的同时,既超越自己固有的视域,也超越此一历史的视域,并通过此二者之间的循环往复而又富有成效的对话,实现某种更高程度的统一。"[1]人不仅用语言组织现有世界,回味历史,而且可构建未来的价值性虚拟世界。道家语言观的伟大之处,恰恰在于他们看到了人如何用语言把自己和世界割裂开来的一分为二。人从自然脱胎而出靠语言,使人无家可归的仍然是语言。返家的路恰恰且不得不是对家的重建。人类不可能再次陷入永恒的沉默当中,面对原始的蛮荒,但必须反抗语言工具性和历史性对人类自由的褫夺。庄子式的"胡说八道"如此波诡云谲,事件如此波澜壮阔,想象如此离奇夸张,但道这个"东西"万变不离其宗地横亘其中则是自明的。

---

[1] 梁治平:《寻求自然秩序中的和谐》,北京:中国政法大学出版社,2002年,"再版前言"第 V 页。

文化生态中的秩序与自由

秩序是文化的界限,自由是文化的动力。没有秩序和没有自由的文化都是不可设想的。中国农耕文化和从地中海文化丛中发展出来的商业文化在生态学意义上具有质的不同,由此说明,秩序和自由并非欧美文化特别是它在近现代突出发展的商业文化的专有观念;中国传统中仍然有自己独特形态的秩序和自由。中西文化的差别是形态上的差别,即使商业充分发达,中国仍然会顽强地保有自己的文化个性。

一、文明对话的必要性

正如马克思所说:理论在一个国家的实现程度,决定于理论满足这个国家的需要的程度。如果说思想和历史是互动的,那么,孔子在中国两千多年的历史中被官方所选择,老庄被民间所认同就都不是偶然的。这正好说明,他们用简单的理论原则抓住了中国:一个宗法,一个农耕;一个血缘,一个地缘。以血缘为纽带的宗法主义和以地缘为基础的自然主义,形成了独具特色的中国传统的本土之根。

血缘关系是人类最原初最基本的人际关系,宗族组织是人类最早的社会形态;在所有原初的国家形态中,家与国的同构都是一个无可逃避的事实,包括古希腊、古罗马也不例外,而非独中国如此。如果我们这些父母所生之人尚未在科学那高歌猛进的步伐中被克隆人所消灭,不同形式的家庭原则大体永远不会彻底失效。人类确实随着知识的进步在进化,按欧洲的历史形态来看,国家机器一旦形成,地缘行政组织就会蚕食血缘宗族组织。但是,中国人似乎一开始就是一个例外。在我们的传统中,国家机器特别强大,它的生产力水平和所笼罩的地域空间反差之大，完全是一个世界历史的奇迹；宗族不解体，国家组织就像芝麻开花一样建构在家族组织的根茎上。忠把孝无限放大，在人、神之间，社会和自然之间构成了一种广泛的和谐。这种广泛的和谐保证了我们祖先自由地生活在秩序之中，而秩序又确乎与自由达到了一种内在的平衡。这种历史文化现象，不管让现代人看来多么的不堪，却是一个全世界都不得不承认的历史事实。

文明给人以形态感，它以一种超越的置身其外的心态，试图获得尽可能客观的文化描述。文化给人以动态感，它强调，文明作为人所特有的存在方式，不仅能将自然人化为客观的确定性的知识，而且能将人际交往的规则通过约定加以规范、调适、反馈、重塑，并在世代继替中获得某种无孔不入的不朽性。马林诺夫斯基所说的文化，作为一种为满足特定功能的结构设计，实际上即是某种特定的生产生活方式，经常相当于文明；而亨廷顿的文明，作为各有其独特核心价值的文明形态，其实也就是文化。马林诺夫斯基的方法论，从哲学上讲，是承认任何社会文化现象和人类活动方式的合理、合法即合目的性。对所有人类文化现象，不分先进与落后、野蛮与文明，一概给予同情的理解，这是功能学派的特点和长处。亨廷顿则不然，他在《文明的冲突》一文中是要指出"冷战"结束后新的世界力量对比、较量格局，带有强烈的政治经济诉求；甚至也有欧美中心论价值取向。马林诺夫斯基的治学方法，很有点像是中国传统的体用不二说，甚至也有点像美国式的实用主义诉求。所以，当他的入室弟子费孝通用此种方法来把握中国传统，用诸如《乡土中国》、《皇权与绅权》（与吴晗合著）来描述传统中国时，便能够揭示出它内在的一致性和自洽性。历史学家汤因比对中国文化所表现出来的巨大功能性存在方式抱有相当高的期望，因为古罗马的辉煌似乎永远消失——其实是弥散——在地中海沿岸的文化丛林之中，而远东中国的单一文化形态却一再重新崛起，成就了"第二帝国"的隋唐和"第三帝国"的明清（黄仁宇《中国大历史》）。中华民族是一个善于行动的民族。对于牛顿、爱因斯坦式理论思维所开发出来的科学知识发挥了如此巨大的社会功能而言，这当然是一个弊端；然而对于要在指定的时间内实现小康之类的现世功业来讲，善于行动有它巨大的好处。

西方个人主义在知识探索上的优势建基于认识过程总是个人的，这是一个自然存在的事实；集体、社会在认识论上是一个虚拟的主体，它作为一个集合性的抽象性存在并不会思考。人不可避免地要思想,却不能生活在思想里,任何人的生活一定是一种和父母、子女、亲戚、朋友、熟人乃至于陌生人之间的共在、共生。这种公共性生活虽然无法在知识论意义上获得逻辑体系的真理,却导致一个必然的事实:任何集体或社会,如果它还存在,就必须存在于某种控制之中,它要有序(控制和被控制并不涉及平等的理论设定,也不对自由构成实质性的威胁,虽然它涉及一个统治的合法性问题)。中国传统文化的好处就是它一开始就把握住了并存在于这样一个事实之中,它没有像古希腊、古罗马那样,割断人类血缘纽带的社会自然联系,反而把父权控制提升为某种教义,从而确立了皇权专制。亨廷顿在"冷战"结束后提出的文明冲突论,正被中国学人解读为以和为贵为核心价值的文明对话论,仁爱不同于博爱,它不是以一种普世的眼光来获得或争取获得某种客观的认识,而是在自己的"生活世界"(胡塞尔)中将自己的爱心具体化为切实可行的行为。以血缘为中心的宗法性推扩,现在看来已经成为中国社会形成公共空间的巨大弊障,但如果我们进一步向下沉一个层次,让生活变得更加具体和切实,人首先的其实并不生活在世界中,而是生活在家中。这样一个基本的自然存在事实,是不可改变的、确定的、普适的、最基本的事实。基督徒的亲子之爱没有转化为建构社会生活特别是社会公共生活的原则,但这并不意味着基督徒们可以在生活的具体行为当中完全排拒血缘亲子的仁爱。如果亨廷顿的冲突论是对的,我们当然应该能够发现世界学人之间的连横派和合纵派。如果我们和为贵的对话观是对的,我们必得要在知己知彼的前提下才能有效地展开各大文明——如果可能,我们也可以将之简化为中国和欧美——之间的对话。在对话中才能发现、发展自我。

二、农耕文明和商业文明

　　欧美文明是海洋文明,中国是一种典型的大陆文明。海洋和大陆虽然并不是两大文明的宿命,地理因素决定论虽然也有它天生的不足和缺陷,但在远古生民的情况下,这一点切不可等闲视之。基本地理环境对于初民来讲,并不是什么文化问题,而是实实在在的生存问题。黄仁宇反复强调的黄土地、黄河、15英寸降雨分界线等地理要素,对中国文化原生态的形成及其在这一起点上的惯性发展,是我们考虑传统文化的基础。与此同时,在地中海沿岸,我们却发现了一个文化丛。从古埃及到古巴比伦、从古希腊到古罗马,地中海是这一文化丛的内湖。他们这样形容古罗马:"在地中海里来往的商运船舶不再受到敌舰或海盗的威胁。从陆路上来往的商人受到罗马法律和秩序的保护。良好的军用公路网促进了贸易,不仅是指帝国旧有的部分,而且也包括边疆的诸行省。罗马钱币到处已被接受为标准的货币,便利了商业经营。"海斯等人接着说:"贸易不只在数量上增加,而且范围也扩大了。罗马帝国的货物输出得既远又广,遍及国境内外——达到了斯堪的纳维亚、日耳曼、俄罗斯、印度、中国、东印度、阿拉伯和非洲中部。"①当我们想象当年的地中海上商船往来如织,满载着粮食、橄榄油、酒、各种工具以及生活器皿的景象,从而为罗马的贵族乃至平民带来奢华和享受时,我们不能只是看到商人的贪婪,也应该看到利益驱动为社会带来的巨大活力。

  文化作为一种集体人格,它是否有着类似于人格成长的早年决定论性质呢?我一直对《汉谟拉比法典》中那强烈的契约意识、遗嘱继承以及其中蕴含的对个人自由意志的尊重、工具保护条款等"欧美化"内容百思不得其解。相当于夏代中期就有如此强烈的商业、自由和个人主体意识,对于国人来讲实在是一件匪夷所思的事。契约意识直到现在对于国人来讲,仍然是难以打破的情面的对立物;认真的遗嘱继承对于刚刚发了财的为数不多的私营、合伙老板来讲也只是开始被朦胧地意识到的事情,对于大多数传统性的小农生产者来讲,这一问题本身似乎根本就不曾是一个真正的有意义的问题。谈到工具,作为某种人之所以为人的标志,根据张光直的调查,中国夏、商、周三代青铜器中是一件工具都没有的,谈什么对工具的保护性立法呢?在中国的整个青铜时代,青铜的主要用途只有兵器和礼器两种,恰好对应于《左传·成公十三年》"国之大事,在祀与戎"的记载。

  古希腊的民主和法治都已经得到相当现代性的发展,克利斯梯尼的三一选

---

① 海斯、穆恩、韦兰著:《世界史》,费孝通等译,北京:生活·读书·新知三联书店,1975 年,第 274 页。原译者署名为中央民族学院研究室,据费孝通回忆,实际上是他和谢冰心、吴文藻三人合译的。

区制①打破了传统氏族血缘中的长老统治格局,使宗法关系再也没有了立足之地。如果不是商业文明的充分发展,这一切又怎么可能呢?希腊的问题不在于它有多少民主和法治,而在于民主和法治未曾分化。了解苏格拉底之死的人都会明白,他死于民主和法治不分的公民投票法庭。古罗马的私法体系建构年代和我们的两汉同时,而罗马的法律体系则是近代立法的样板。首先是它作为法国大革命的伟大成果被引入拿破仑法典之中,如果说法国的《民法典》有赖于盖尤斯的《法学阶梯》的话,德国法律在其后的建构中则有赖于查士丁尼时代由法学家选编的《学说汇编》。它们都是在公元6世纪所谓的"黑暗"年代即被编辑出版的。由此造成的大陆法、德"民法法系"和英美"普通法系"的区别,实际上只是在罗马法、日耳曼习惯法和教会法三者之间的选择上孰多孰少、孰轻孰重的问题,而这三大法源都似乎与中华法系的礼法秩序风马牛不相及。由此形成了东西方迥异其趣的文化形态,形成了各自的自由秩序平衡格局。罗马法中最引人注目的是它对人格概念的界定,它将人格分成三个递次的权利层次:首先是自由权,其次是市民权,最后是家长权。失去家长权为人格小减等;而一旦失去自由权,就成了非自由人即奴隶,这是大减等。如果说作为当今欧美核心价值观念的自由、人权等,在古希腊、古罗马时代便已经奠定了决定性的基础,有些人难免会瞠目结舌,但这是事实。不仅如此,在古希腊产生的《罗德岛法》作为海商法的基本原则,不仅支持了文艺复兴前后沿海商业城市海上贸易的有序进行,而且直到现在仍是同类国际贸易法规的基本原则和精神源头。以商业为基础还是以农业为基础,这两种生产方式当然和海洋、大陆的地理环境之间的巨大差异有着千丝万缕的渊源关系。不同的起跑点和跑道似乎一开始就将东西方两大文明引向了南辕北辙的两个方向。

如果说农业和黄土地的联系是直接的,海洋和商业其实并没有直接的联系。一个不争的事实是,地球上虽有着70%的海洋,事实上却只有地中海沿岸才发展了早期的商业。原因极为简单,一方水土养一方人,地中海沿岸地貌的差异性极大,而水域距离又相对较小,这就造成了互通有无的必然之势,互通有无是所有商业的基础性原动力。没有互通有无的强烈需要,也就不会发展出商

---

① 从沿海、平原、山区各挑一个氏族组成选区,即为三一选区。克利斯梯尼这样做的目的是打破血缘联系,这与同时代的孔子儒家恰成对反。

业文明。说罗马的商业触角已经延伸到了远东的印度和中国,应该非常微弱,但在地中海沿岸,商业的需要却是切切实实的生活要求,否则我们无法理解奴隶制下的工商业和资本主义条件下的工商业在法律意义上为什么会如此的同构、相似。而在远东的中国大陆农业区,我们必须要进入流通领域的似乎只有盐、铁之类极为少量的商品,盐铁是专卖还是允许民间经营这一问题在西汉时曾经有过简单的会议讨论,但到了后来,一种公私合营式的简单方式即已经使问题一劳永逸地解决了。绝大多数的农业人口实行分散的小农生产,一切的生活必需品基本上全是通过自给自足的方式即得以简单的满足。这就使商业文明以及与之相关的法律秩序的发育既不可能也没必要。

所谓"黑暗的中世纪",对于欧美人来讲,不仅有对教会压制的反抗,更是农奴们获得自由人身份的过程。教会的世俗权力和日耳曼以农业为主导的生产方式,以一种奇特的封建割据的方式结合为一种多元并存的社会,商业文明在这种割据的夹缝中从来没有真正地停止其前进的步伐。宗教改革的精神原动力和意义在韦伯的《新教伦理和资本主义精神》中已经得到了充分的阐发,而新大陆的发现对欧洲商业文明的拉动效应似乎不是一个学术问题,从来不曾引起学术界的足够注意。即使在"黑暗的中世纪",在农业充分发展的同时,封建领主的各自为政和拼音文字的平民化分裂效应,造成了足够的商业生存空间。在这个破褛子般的地图上,商业不仅没有受到严重的压制,而且正是以威尼斯为首的沿海商业城市为后来的商业发展提供了商业文明的规范性智力资源,使沿海商业城市自下而上自发地沿着海岸线不断地扩张,直到巴尔干半岛、伊比利亚半岛、丹麦、英国的伦敦和隔海相望的荷兰、德国北部波罗的海沿岸的汉萨同盟。中世纪晚期,商业已经成为包括巴黎在内的内陆城市的主要生产方式,而发现新大陆和麦哲伦环球航行之后,牛顿科学支持下的工业革命也就顺理成章地在商业文明的框架中乘风远航了。

商业天生就是二元乃至多元的文明形态。其中希伯来的耶路撒冷和希腊的雅典在价值和理性上的二元对立关系又和商业的多元性同构。这对我们来讲虽然是一个重大的人文学术课题,但对于地中海沿岸乃至西欧、北美来讲,一切又似乎来得自然而然、不假思索。欧美文明的商业基础和政教分离的多元传统对我们来讲虽然过于复杂和扑朔迷离,但对于生活在那片海岸线上的居民来讲,却又是如此简单和清晰。如果我们仅仅固守于希腊的民主和科学,而不对商业文明背后的经济机制和政教分离的政治文化运作机制有更加深入的了解，我们是没有能力和人家对话的。这不仅会影响到中国的现代化进程，而且将越来越严重地影响到我们现代化的质量。

在地中海文明丛的形成过程中，商业文明的发展前呼后拥一般。纯粹功利性的商业居然能发展出如今不可一世的文明形态，一方面得力于教会道德禁令的制约，另一方面也可能和"盗亦有道"的长期残酷碰撞，直到发生两次世界大战，导致他们不得不建立出一套国际交往规范有关。

与之相反，在远东的中国大陆，它的文明发祥地处于一个广袤的黄土高原上，与之毗邻的华北平原是一个几乎无限大的农业沉淀区域，使一切游牧民族的暴力冲击像是沙漠中的河流一样，自然而然地消失其中。在早期，关中平原、汉中平原、成都平原都构成了西北游牧性的山林少数民族和中原农业性的汉民族的巨大缓冲区。到了后来，长江中下游平原越来越重要地充当了北方游牧民族战争冲击的缓冲区和大后方，辽、金、元和清统治者在东北崛起并被汉民族的农业文明所同化，也和他们拥有一个相当大的东北平原有关；也就是说，在他们进攻中原并进而间断性地入主中原之前，他们早已拥有了相当规模的农业经验，并同时拥有游牧经验。

说到海洋以及与之俱来的商业文明，明朝和日本幕府在朝鲜半岛上的战争冲突就已经有了商业和农业对峙的意味。但是，一是丰臣秀吉的早死导致的战争后果直接影响了历史的路向，使日本人不得不在中国的海岸线上以倭寇的方式与庞大的汉民族农业文明为敌，而这本来就不是他们的优势；二是日本在德川幕府晚期发展起来的商业力量在陆地上已经无法和同样骁勇善战的满人为敌，这也延缓了日本的商业需求对中国大陆农业文明的威胁；三是日本毕竟版图过小，文明单一，那一点商业需求绝不足以和庞大的中国形成真正的文明的冲突，因而日本也就不可能像欧洲那样，发展出自己的本土商业文明；四是日本的文明基础本身援接于中国，它背后的太平洋又过分地浩大，难以造成探索地球、追求科学的技术支撑，从而成长出一个完整的现代性多元化商业文明。这样的基本态势也同时能解释为什么日本人是欧洲的好学生，不但有前期明治维新之后的军事工业崛起，而且有二战后的经济奇迹。因为日本虽然不具有商业充分发展和科技成长的文明基础，却有一个和英国完全类似的地理环境和社会结构形态，日本能够自发形成和英国类似的政教分治的二元社会结构，难道说和它们之间的近大陆岛屿地理环境没有关系吗？日本和英国一样，地域狭小，资源短缺，同样需要商业的支撑，相对漫长的海岸线也同样有利于商业的发展。台湾问题的历史渊源，事实上也正和日本岛国的商业需求、倭寇袭扰以及麦哲伦环球航行之后欧美商业文明的海上东来有关。台湾问题其实是中国大陆农业文明和海洋商业文明东西大碰撞的产物；而台湾问题的解决也必须借助于这两种文明形态的综合智慧，仅依靠传统的力量特别是其中的文化整合力量，在当今这个世界，怕是难以成功的。

三、农耕文明有自己的秩序和自由

人权为自由划定界限，这些界限之间的关系构成商业秩序；家庭为自由提供生活条件。在传统中国，一旦走出家庭，离开你赖以生存的农耕条件，就要服从于一种官僚秩序。这种秩序讲究天理、人情，更讲究某种靠经验积累逐渐悟解的世故。任何一种产业都不可能吞并生活，但产业的整体链条即使不是生活本身，生活也必得依赖它，否则日子无法过下去。于是，这会让人怀念原始的不依赖于生产的生活，这就是卢梭和中国的老庄道家所称道的自由生活。

在这种文化生态学思考的基础之上，我们所要考虑的是这样两个问题：一是秩序和自由的平衡问题；二是现代性的文明形态在物质财富增长和人类心灵之宁静祥和之间的调适程度，到底和人类的身心健康有没有冲突的问题。作为人本主义的一个思考向度，兹事体大。我们关心文化或文明，其实是在关心中国文化或中华文明在未来的走向问题，因为这才是我们有可能面对的真问题。

从哲学的高度来讲，秩序问题类似于形式性的问题，而自由既是动力又是目的。秩序和自由一样，都具有严格自然科学意义上的不可观察性，从人道主义的立场出发，它更不应该具有自然科学意义上的实验性。在这个意义上，秩序和自由一样，是一种精神文化；因为自由本来首先就是某种精神性的东西。从这个意义来讲，中国人并不是没有自己的自由形态，其中庄子式逍遥性心灵自由就是典型的代表。儒家在自己的观念形态核心深处，既有以仁为代表的心灵自由层面（"随心所欲不逾矩"），也有以礼为代表的秩序层面。晋代以礼入法之后，中国人有了自己的秩序定位，宋明理学被心学所超越之后，中国人也有了更为丰满的心灵自由言说。但中国人从来没有发展出属于自己的权利/权力学说。非不能也,是不为也。原因也极为简单:不需要。

以权利制约权力是当代欧美的经济政治文化运作。所以也就有了现代性的即时性空间运作模式,这就是随时随地对秩序和自由进行身心调适的模式,以此区别于中国传统的治乱兴衰性的时间性的社会调适模式,通过这样一种时间性的历史调适模式,中国文化中发展出了许多属于后现代性质的要素。这是十分重要却又是极为复杂的问题。

许多人对人类的历史发展进行了各种各样的分期,从而形成了复杂的社会文化类型。我们这里试图提出一种最为朴素的分期方法,即温饱生存——充分消费——随心所欲三个历史时期。传统社会一概属于温饱生存的年代,二三百年前后的欧美人在物质生活水平方面,似乎也并不比中国人的同类生活水平高。欧美真正进入充分消费的年代是从什么时候开始的呢?而如果仅仅从物质消费水平来讲,中国人现在的平均消费水平肯定会超过欧美百年前的水平,可我们之间的社会结构区别,却可以是如此之大。问题在于:随心所欲的阶段到底会不会有一天真的在人类个体身上现实性地降临?问题的答案似乎可以用一个简单的反问来回答:人到底可不可能有一天变得像神一样呢?如果回答是肯定的,那么这样一个阶段也就是一个科学的命题。

重要的不在于它能否成为现实,而在于它为人们提供了多少希望和精神动力。一个充分消费的新时代正在呼唤着新的轴心时代的到来,人类的心灵需要一种新的安顿方式。无论如何,人需要生活在爱与希望之中。不管人类会不会出现福山式的《历史的终结》,不管自由主义能否成为未来世界占统治地位的意识形态,自由和秩序都不可能须臾分离,正像个人主义和社会主义两种理论形态在生活世界中都不是真实的理论话语一样。正鉴于此,我们对中国传统中实际存在着的秩序与自由的理论论证也就变得有益了。一个没有自由的文明和没有秩序的文明一样,它是不可能存在的。

一个以农立国的文化传统不同于以商立国的文化传统,它们的秩序与自由的内涵也就不可能一样。

欧美的商业文明所建构起来的是一种权利性个人主义自由,与之相关,欧美的秩序建构也就只能是一种公共性的法律秩序。与之不同的是,中华文化以农立国,土地的所有权界定是相当困难的。所以,我们建构起来的秩序也就只能是一种宗法主义秩序,我们能享受到的也就只能是自然主义自由。正是这二者之间的动态平衡使我们这个民族获得了持续的生命活力,旧邦新命,既古老而又年轻。

(原载《中州学刊》2006 年第 9 期)

人本化生活世界对话一神教商业文明[1]

价值优先于知识,因为它决定着人类的行为取向。信仰作为价值论证的最后根据,往往是文化形态的基础部分,故有人称此为文化上的"倒金字塔现象","道"作为整全性的理念是"信仰而非知识",终极性地支撑着我们的价值及其行动方向。信仰问题在逻辑上永远是一个荒谬的悖论,"做优先于是"作为蕴涵了中华民族信仰方式的时间性,便总会在做之过程中创造希望,从而使一重化生活世界的人本价值,拥有巨大的生活创造空间。许多不清楚的事做着也就清楚了。所以,许多真理是事后总结,而非先验地存在。

一、生活信仰的逻辑分析

(一)一元多元问题与情/理逻辑悖论

一元多元问题主要发生在关系人为基底的共同体(无论大小)中即人际关系之间;情/理悖论则主要在个体人的身心二元结构中体现出来。从我们的论域而言,"信"的问题在我们的思想传统中由于熟人性质的社会生活,它从来不是什么大问题;可一旦进入商业的生人社会,提升到当代的高度,就是一个必须要揭示的逻辑矛盾。所谓的礼坏乐崩、汤武革命,从历史和政治的角度来看,当然是一种崩溃、失序和秩序重建的过程,一个从混乱到有序的过渡状态;从哲学的角度来看,其实是"天神"和"祖神"的双重信仰预埋下的冲突所导致的合逻

---

[1] 本文发表在2012年第6期的《江南大学学报·人文社会科学版》,题目为"从儒道互补看一重化生活世界的人本价值——兼论中西碰撞中的思想传承与革新",此次重新录入,做了一定的修改,缩写为这个简单的题目。

辑的结果:儒家天命信仰和祖先崇拜有一个一元和多元之间的逻辑矛盾,这一理论上的矛盾在传统中国,往往是国人冲击秩序的最后借口,并构成动摇传统政治秩序的社会心理隐患。逻辑地讲,多元信仰无法构成真正的信仰,因为世界只有一个。信仰在理性上总是一元的,而在感情上却又总以无数个体为单位。所以,信仰也就不得不永远是一个悖论。

卡尔·波普尔将宗教和科学相对言,并将"宗教"的判定标准定义为"既不能实证也不能否证",作为科学家他是对的。但是,"信仰"的对象是"神学"问题而非"宗教学"问题。问题是建立在科学理性之上的标准,将人的感性排除出去,信仰在生活中的落实便成了问题。结果是历史上不断发生而现在仍能看到的一神教内部的文明冲突。就此而论,一神教区在信仰/异端思想模式的指导下的文明冲突,在更深层次上就好像在逻辑上排除悖论,与儒家为主体的华夏文明在传统中兴衰更替一样。

绝对化一元信仰和统治秩序的结合,并不意味着信仰的绝对认同,它仅仅是表层性地意味着秩序相对稳定或对稳定的诉求。因为,不管是一神信仰还是天命、天道信仰,都是不能解释的,一解释就面临逻辑的自相矛盾。信仰的解释过程永远是信仰既自我扩张又自我消解的过程。问题的严重性在于:人类历史上所有以信仰而非功利为基础的统治,都不能不对其统治的正当性作出解释。统治的正当性在信仰的解释过程中实现,却又在这同一过程中自我消解,故而便只能说不可说、道非常道,一说便不是。这就是一元多元问题不说不行,怎么说怎么不行的逻辑困境。人类的群体共生是无所逃于天地之间的,维持共生状态的办法只能是为逻辑因果追问思想方法画出边界,即承认符号不能自指的本性早在人类口语交流的时代就已经被注定,而书面语言不仅强化了它,而且固化了它。

在人类特有的身心结构中,感觉、感情主要来自身体,理性、知识主要来自心灵。语言文字将人的"自我"在身心上撕裂为"二",却又是人之所以为人的终极根据。对个体人而言,信仰的悖论问题即体现为情/理的冲突,理性往往是信仰的破坏者。信仰与宗教不同,真正的信仰是在共识中寻求共同情感体验的方式。信仰不是一般的情感,而是对世界整体存在的感情。"向死而生"的终极问题无非是一个极严重的情感问题,由此可知中华思想传统的"道由情生"的根身性、情感性。

就中华思想传统而言,我们要特别郑重地指出:信仰绝非是什么理性问题,而是一个历史积淀的个体人感性落实问题。不管是儒家还是道家,都相信感性的分量,把感性提高到信仰的高度来思考。就儒道互补而言,信仰的感性分量正是人心的分量,此为政治生活必须考虑的最大问题。感情决定着人的大多数行为,而理性、知识只决断为数不多的大事情。

人类既有理性又有感情。中华思想传统把人心分成情/理两个方面,但情、理在信仰问题上作为个体人的身心共鸣不可分。一切都仅以理性为依叛,这是西方人近现代以来误用理性的结果。任何信仰都寻求共识性的确证,这意味着人心在理性上达成了某种语言文字性的通约。在公共场合所达成的话语通约,并不等于每个人真正的信仰;任何教义或信条,必须转化为个体人的生活行为方式才算数;在这种转化中,人的感情力量居于主导地位。人心不同,各如其面,理性的信条通过各自的情感体验起作用,是信仰的更深一层的情与理的悖论。悖论本即一理性字眼,人的感性根本不必至少不严格受此约束。信仰作为理性的认同,它隐含着一个人人平等的人格尊严性的情感逻辑前提,否则就仅仅是表面上的顺从,而不是信仰。信仰是一种理性的心理状态,又以个体人的情感方式存在;情感性的存在又必然渴望、寻求着理性的认同,以排除人生的孤寂。多元/一元即理之一与情之多的矛盾,表现为真诚的程度、知识结构和价值偏好等不同造成的理解不同,特别是境遇的不同所带来的人生经验和历史经验相交和的问题。

当然,这里的情是指一般性的自然真情而非随便什么情欲。对于人的情欲,儒家强调以礼制情,道家强调以理化情;理与情的一多悖论必须通过一生的修养,才能获得某种个人与群体之间的动态平衡,这是中华人本主义价值多元的基础。一神教文明之间不断冲突的千年史及宗教改革之后的内部教派冲突争执,都可以对上述判断构成实质性的说明:既然都信一神,何以争战不休?看来根本性的问题不在于"神"的绝对价值虚拟是什么,而是人的价值多元问题通过什么样的行为方式、思想方式和情感体验才能够得以安顿的问题。正是在这一点上,天下大一统价值共识的有效性便历史性地满足了自身的正当性。

(二)原子个人与家本位

1.当下案例分析。个体人有自己的事情,它不应该侵入关系人的共生领域。商业交换中作为一般等价物的货币,却让人的情感生活无地自容,结果即导致

极端个人主义。让我们以歌手尹吾的《各人》为例,看一下当下流行的世故人情。《各人》的文本是:

你和我各人拿各人的杯子/各人各喝各的茶/我们微笑相互点头/很高雅。

我们很讲卫生/你和我各人各说各人的事情/各人数各人的手指头/各人发表各人的意见/最后我们各人走各人的路/在门口我们握手/各人看着各人的眼睛/下楼梯的时候如果你先走我向你挥手/我向你挥手说再来/如果我先走你也挥手说你慢走。

然后我们各人各披各的雨衣/在漆黑的夜里各自逃走。

这样描述《各人》的"各 to do 各"吧:两个认同 AA 制的朋友(没有性别的中性人),相约一起喝茶。在一干净高雅的茶馆理性地谈论事情、发表意见,清醒而文雅,彬彬有礼却冷若冰霜,没有对立却似有相得益彰的互补。最后礼貌告别,披上雨衣在雨夜中告别——逃走!20 个"各"用动词隔开,形成一个清晰的"各 X 各"句式。你我"各 X 各","各"完了,"各自逃走"。既然"各 to do 各",两个人何必要走到一起?再说,人怎么能"各人看着各人的眼睛"呢?只能作玄想:每个人都通过对方的眼睛发现了更切己的自我;生理的眼睛观对方,心理上却是"各人看着各人的眼睛"。

"在一起'各'"构成了生活世界中典型的句式迷宫甚至是逻辑困惑。这与陈其钢的北京奥运主题歌词《我和你》正好构成强烈的反衬:"我和你,心连心,同住地球村;为梦想,千里行,相会在北京。来吧!朋友,伸出你的手,我和你,心连心,永远一家人。"很明显,《我和你》多么地温馨!《各人》的你、我很冷漠!故有必要从中华文明的儒道互补视域,再思考那个永恒的问题:人啊!人!?关系人?个体人?

人可以从关系人/个体人两个向度考察:强调关系人的是儒家的仁道,强调个体人的是道家的德道。两个人在一起心连心手拉手是儒家的责任担当;如果两个人在一起做无法替对方做的事,便是道家所面对的理性智慧。结合一下实际:个体人的吃喝拉撒睡梦思,再大的领导,都得亲自做;关系人的吃穿住行用,再小的百姓,都有人伺候。这里的吃饭和所吃之饭并非一"吃"。厨师可以自做自吃,但如果只是自做自吃,他就不再是厨师而只能是快乐的单身汉!生老病死靠别人料理,喜怒哀乐是自己体验。在面对面和背对背中生活的人,和谐之爱与冲突之恨共在。因为人既是个体人又是关系人,既各自独立"只能帮不能替"地吃喝拉撒、生老病死度一生,又要在社会分工的关系结构中,认同角色并寻求价值共识,创造出共生性的美好生活世界。人性自由不确定,逻辑上只能是要么二人都确定却所定不同且又互不妥协之对立、冲突;要么两不确定互动不已,从而忧烦不已,直到有所确定而从平等关系走向主从关系。沉默且不动不会错,价值有共识于是因其难能而可贵。于是,我们必须用各种方式寻找价值共识包括 AA 制,尽管它充满了"人在旅途"的隔膜甚至冷漠无情。

在西方自由主义的知识谱系里,个人主义、理性主义、功利主义和道德多元一体化,逻辑上虽不自洽,用它理解《各人》的冷漠情调却是有用的。近代西方个人主义流行,给人们造成了一种错觉,似乎"个人"真的能够"独立"地应付所有的生活问题。其实,真正的个人生活永远在家里。对于儒家而言,家永远是一个温馨的港湾。

2.用工夫终止循环论证。人的身心二元结构必然诱发情/理冲突,表现在关系人/个体人中,即个体人之情感体验是内在的,一个人信仰什么并依此采取行动往往由情感来决定。情虽然不讲理,但它与人的尊严直接相关,从而拥有绝对性。于是,我们不得不进入一个循环论证:是秩序保障了自由还是自由创造了秩序?是社会保障了人的生存、安全和其他人权,还是人创造了这个我们不得不生存于其中的社会?

现在就让我们举一个例子,证明对感情的"驯化"需要工夫,以便终止这种循环。美国政治学会前会长卡尔·J.弗里德里希在讨论美国宪政的宗教维度时,就陷入了循环论证。他说:"一个人的尊严的核心是他的确信、他的信念、他的信仰。""对一个宪政论的宗教基础几乎业已消失的时代里的宪政论的人本主义精髓的描述……会因社会的不同而有区别。但是,这些阐述包含了一个共同的内核:承认人自身拥有其固有的尊严,并因此有权获得实现其生命潜能的机会。"①究竟是"个人尊严"支撑着他"一神教义"的信仰还是信仰支撑了个人尊严?此其一。第二,是"国际社会"的秩序保障了人权还是信仰"超验正义"的"人权"衡准着大小不同的生活共同体的社会秩序?他说:"所有现存国家都不

---

① [美]卡尔·J.弗里德里希著,周勇、王丽芝译:《超验正义——宪政的宗教之维》,北京:生活·读书·新知三联书店,1998 年,第 110 页。

能完全践行其对人权的承诺……一种有效的国际社会将会实现作为人类存在首要条件的自我保存这一基本权利,而且免受战争或威胁的自由,将使政治关系变得缓和,并减少一向被作为侵犯人权以利于国家理性依据的紧急状态。……如果超验正义所要求的对人的信念,仍作为本文遗产的一部分而得到维护,它就会被推向前进。"①显然,超验正义是由一神教义支撑,经由悠久的传统积淀下来的文化-心理状态,但对于非一神教的东方,又该怎么办呢?

第一,如果把儒家和法家在伦理-政治学意义上归结为角色普遍主义,道家则以隐士身份坚守了个体人格主义。隐是一种自由的生活方式,隐士为这种生活方式提供了思想论证和实际的例证。个体人格主义固然满足于生存的心态,但却使儒家在危难关头得以通过退隐保全自己的人格尊严;退隐的归宿是家,家是所有人在社会生活中的最后一道防线。中华传统如此,西方社会在生活层面上亦不例外。

第二,从老子的"致虚极,守静笃"到庄子的心斋、坐忘、丧我得吾,从孔子日日新的人生到孟子"养吾浩然之气",从《大学》中"自天子以至于庶人壹是皆以修身为本"到《中庸》的"诚者天之道,诚之者人之道",从道教老子式"贵身"到外丹向内丹的历史转换以及佛教的静坐禅修,这一切的一切到了宋明道学家那里就是"工夫"。不管强调性理相通还是强调心与理的直接相通,没有工夫在人伦日用中的磨砺或自觉自省,本体也就悬空了,无法呈现。所以,工夫就是华夏文明对信仰问题的生活实践解决方案。对于儒道互补的传统知识分子来说,"家"差强于西方人的"教堂","家教"的内容可变,但家是自然的,唯其自然而然而历尽沧桑而不变,并通过宗亲-姻亲的家乡信念使人的心灵得到安顿。

(三)成其所是与是其所是

成其所是(to do how)与是其所是(to be what)是中西文化比较研究中的最重要方面之一。苏格拉底提出"人是什么"的问题时,是把人的本性当作一个客观、绝对、普遍的真理性知识去追求:"知识即美德。"尽管他中断了古希腊的宇宙论兴趣、排除了探测物理事实的物化方式,知识论倾向依然强烈。在知识论中,自我是一个阿基米德支点,对自我的认知是哲学的最高目的。然而问题是

---

① [美]卡尔·J.弗里德里希著,周勇、王丽芝译:《超验正义——宪政的宗教之维》,北京:生活·读书·新知三联书店,1998年,第111—112页。

从来不存在一个孤立、静止的作为实体的自我。"人根本没有'本性',没有单一的或同质的存在"①,自我从来并非"是什么",而是将要完成的"如何成为"他自己。重点不在"what"而在"how"。中国哲学的心性修养工夫历练即是强调一生的"做"自己即如何成为什么,这不同于把人作为"类"的理性描述的外在知识,而是在儒家亲在/道家缘在的当下存在中实现为什么。中国哲学因而不存在从理性到存在的转换导致的思想断代,而是道家对人自身存在的本体追问,儒家对人的社会本性的发现和升华。儒道两家具有各自的价值排序和理论结构:就个人说是德即个体人/关系人,就社会说是仁即关系人/个体人的不同自我展开方式。西方必须通过信仰来终止理性无穷倒退的二元对立,上世纪在存在主义中终结,而这一终点正是儒道互补的起点。中西文化的区别正像中西医的区别:中医看人,西医看病,或者更周延地说:中医看病的那个人,西医查人的那个病。

人的存在与物的存在显然不同,人有一个"如何"的向度,如中国人的"人生在世"强调过程,他的"盖棺论定"才成就一个人完整而真实的存在;在这个人生过程中,一个人的作为决定了他终于"是什么"。伴随着行为的也许有一整套理念,但抽象理念必须在境遇或情境中发生作用且在变化中不断重新创造,以适应新境遇和新情境。看上去"是什么"好像是人先在的、永恒的本质,但"如何做"却事实上在某些瞬间决定了他"是什么"。每个人的生活都不免不可思议地多少有些荒诞意味,但"如何"生活是可以选择的。因此,在人的自我生成和创造的意义上,命运不是否定性的概念,人面对不可知、不可测的未卜前途时,内心可以充满恐惧、疑虑、狂喜、悲观等诸多复杂的情感,然而人和命运的遭际之间,恰恰又是生活意义生成的过程并要永恒地面对:因为时间会再来,所以希望总会有。人的哲学就是为了发现和认肯这些意义,并为不同的价值进行排序,以便找到一个下手处或者说前进的方向。

中国哲学倾向做人、做事的品格决定了它较多关注人际交往和互动的生活世界,而往往忽视"物自身"的性质和规律。西方哲学将物作为思想的主题,自然界和人自身都是对象化的,这种致思路向导致形而上学并成为宿命。两相比较,中国哲学没有陷入这一"逐物无边""原子化个人"的泥潭,无非是一重化的

---

① 卡西尔著,甘阳译:《人论》,北京:西苑出版社,2003年,第21页。

人本生活世界强调意义的生成性使然,因为物只有在人的复杂变动的实践活动中才能显现出来,从根本上克服"物"对人的异化:人为物役。也就是说,一种关于人的哲学首要的并非思考物的本质"是什么",而是要在人使用物进而与万物共在共生的过程中凸显出物的"意义"或价值。西方的"原子化个人"似乎与道家庄子的"丧我得吾"中的"我"相近,但中国哲学的真我即"吾"却是摆脱僵化的人际关系,纵情于山水之间体味"物我为一"或"民胞物与"的天地境界中诗意地栖居中的存在者。中国人的存在是自然的、生活的、真实的、当下的,和西方以不可证的假设为前提的"人"作为苍白概念因而"不存在"价值诉求大异其趣。

但是,儒道两家的观念绝不可以简单、肤浅地理解为俗世主义;正如赵汀阳所论,超越西方宗教信仰从而是更为高级的"现实理想主义"生活智慧才是它们的真谛。首先,只有一个世界即我们的"所来之处"并现实生活于其中的世界,对我们不得不生活于其中的这个世界的认肯是"存在的完满"的前提;第二,人只有在做(to do)而非是(to be)中才能获得存在的意义。幸福、公正、尊严并非思辨的产物,而是人在"事"中"做"出来的。儒道互补的方案是在人际关系中求得平衡、解决争端并创造现世幸福和公正的不二门径。① 当代世界,市场无孔不入,平等因此成为重要的时代精神。但在现实生活中,主从关系仍然在所有共生境遇、情景中无所不在。除了权力、财富的支配性主从关系外,普遍的情况是在任何组织化的内部,由分工导致的主从关系。"我听你的,因为你说的'对'。"生活中的这种自然而然形成的主从关系是建立在"对"的正确性、美好性两种意义上的,如果说正确可以是知识性的"真",美好便一定是价值性的"善",在打破原子化个人的情况下,追求并认同真、善、美的人生仍然内在地蕴涵着主从关系。所以,人无法完全平等地具体生活,生活中林林总总的各种事情,使人不得不在自然而然的主从关系中各得其所。"一人之身,百工为之备。"尽管今天的社会分工更加丰富复杂,但在社会分工结构中既平等从事自己愿意做的又在那个"本分"中认同、服从主从关系,仍然是所有人生活、工作的现实的事情。

---

① 参阅赵汀阳:《共在存在论:人际与心际》,载《哲学研究》2009年第8期。

二、人本化生活世界与一神教商业文明

纵观全球,作为中国人,虽然可以承认亨廷顿的文明分类有他自己的道理,但就我们的课题视域而言,作为文明核心国的中国人本主义和耶路撒冷为代表的地中海神本主义,构成了对偶两分的基本格局,从而在人本化生活世界和一神教商业文明的对话中,双方各有其内在的逻辑理路和历史命运。在形式意义上,这样的分类方法的基本证据是符号特别是语言文字符号。符号既是人的特殊本质,又是文明或文化的载体。汉字文化圈和拼音文字的区别,是东西方文化区别的最基本也最为重要的表征。汉字既象声又象意的内在特征与拼音文字只象声的简单性,相对于诉诸人的视觉、听觉器官上的区别,是浸润在一切生活现实之中的,这一形式上的区别会越来越显现其重大的历史意义。这一重大的人类文化现象目前已经受到孟华等人的极大关注且取得巨大成就,这是另外的话。下面我们从人本还是神本、工夫/本体和现象/本质两方面略加展开:

(一)人本还是神本?

1.人本与神本的一般描述

中华人本主义强调一重化生活世界的常态事实及其本性,隐蔽着的现实效用原则将儒家、道家、法家在社会、政治、法律、文化等各个方面结合起来,使得各流派的思想以一个整体的面貌呈现出来。而能够将中华思想世界结合起来的基本要素是易学互补性最简关系式,各流派的思想在易学的关联性思维中并行而不悖,相育而不相害。此即人本视域中的中国:没有儒家固然不成其为中国,没有法家和道家,也将不成其为中国。儒道互补之论依易学最简关系式的思想方法,随时事形成社会结构平衡和历史动态平衡。"中国思想中的某个'部分'不可能独立地具有思想的力量,每种思想都具有开放性,都从其他思想那里借力,都依赖着'中国思想'这个整体结构,所以必须从'整体'去理解才是有意义的。事实上,中国各个思想流派之间的配合和协调远比冲突重要得多,中国从来都是综合地使用各种思想,从来都不单独地使用某种思想……从而形成系

统性。中国思想只有一个系统,思维的综合性和整体性正是中国思想的突出优势。"①这是一个关于易学整全性思想方法的表述,一个关于生活世界的真理,它在法、儒、道三家思想的融合中显化出来,正好像道在易中显化出来,使中国历史在社会结构平衡和历史动态平衡中,在学术与政治的内圣外王之间,通过"内纯致治原则"(孙筱),展现为既理想又现实的人自身的一切潜能、能力性的自由。一物一太极,它内在旋转着,在每个人的生命历程中以无限可能的方式展开,成就人生,成就为独特的文化实体和历史性的社会共在。

建立在自然而然基础上的身心合一、情理合一、知行合一、物我合一乃至于天人合一,是自由/秩序在中国文化传统中的表现形态,儒道两家共同构成其思想资源。儒道两家都尊重自然的身体,儒家对人的欲望的膨胀和恶化节制以礼,道家将人从欲望、名位的束缚中解放出来;儒家努力探讨在普通的人伦日用中遭遇的各种生动、具体的伦理问题,道家则始终强调全生养真,使人的生命时时处处事事处于良好的状态。这都是中华文化中一元、自因、时间性哲学的致思倾向所致。② 儒家的"性/心"、道家的"道/德"、法家的"礼/法"在逻辑上都是"一/多"的关系,它作为道的本性依赖总是在生活世界中以"- -/—"最简差异表现出来。于是儒道就不仅在心灵境界上互补相通,而且形成了一幅全幅面的生活世界的景观。儒家的自然体现为伦理性血缘亲情,所谓"身体发肤受之父母",而道家的自然则体现为"与万物为一"的生命一体性"道通为一"。由于人体验世界的方式天生是以自我为中心的,所以要以完全对等的方式来看待他人,这样,在与他人的交往中,就需要每个人的自我经过艰苦的自律性努力,所谓"反求诸己"。儒家的自律不能脱离自然的血亲关系,作为人之所以为人的存在之源,自由是所谓的天人通其性;道家自律恰恰是要脱离这种仅仅在血亲层面上的自然关系,进入到更具有本源性的生命力的深层,达到天人合其德的自由。自然在中国思想家那里的意义与强调一重化生活世界的时间性整体密切相关,原本就是一回事。

在农耕生产方式的条件下,强调自然的社会秩序的形成具有必然性,自然既然是自在的,那么它就是自由的。这样的逻辑顺序可以表述为在自然秩序

---

① 赵汀阳:《天下体系:世界制度哲学导论》,南京:江苏教育出版社,2005年,第8页。
② 参阅拙文《论儒道互补》,载《学习论坛》2007年第3期。

中,实现为具有特定形态和诸种可能的自由,我们称其为"自在自由",并尝试以此和西方的理性自由展开对话。

西方的神本主义出于其逐物不反的人类心灵的平衡需要,人被物化的同时,人心有必要在神的世界里重新走向沟通,正像商业总是需要到一个陌生地寻找买主,神是买卖双方的中介。所以,孤立的个人、物自体、"我思故我在"便成为逻辑的必然,也是历史的事实。在西方文化背景中,有一个最醒目的表征,即基督教的上帝。如果人没有源起、本质、目的,那么该如何面对存在的最大虚无?人似乎无力承担这飘忽的命运:人没有目的该走向何处?一神教义在某种程度上缓解了人的担忧、彷徨、孤独、寂寞,当人们以"信"的方式脱卸这"直面虚无"的严酷命运时,不得不成为匍匐在神的脚下的"自欺者",不但在上帝的面前背负原罪,而且成为教会统治下的罪人,用商业利润购买救赎。当康德把"自由"与"上帝存在""灵魂不朽"黏结成新的三位一体时,这种理性的设定只能解决"生死"问题,不能解决"生活"问题。即如果只有当上帝存在且灵魂不朽时人才是自由的,这种自由便要么在科学的预设下脱离生活世界,要么把自律变成神学教义的他律而缺乏人性的内在支撑。20世纪的西方哲学史体现为理性主题向人的存在主题的艰难转换和思想蝉蜕,追求实体确定性的一神教思想方法,使得这种转换成为难以摆脱的宿命。

对于西方人而言,为了克服科学作为工具理性的终极虚无性,神圣价值的复归理无必然则势成必要。而对于我们这个从来讲究社会道德的横向超越的社会而言,既没有世俗化的"祛魅"更不存在神圣的复归。殷商时代的"上帝"已经死了三千年了,皇帝天子也已退出历史舞台一百年了,可我们的生活世界一如既往。东西方智慧对虚无存在的解释可通约为神圣价值,在价值问题上,神圣的上帝或包括人在内的自然神圣性本身,在经历过商业冲动的几百年黄金岁月后似乎一起坍塌了,于是需要重新说明。

儒家是中国人的工作状态,道家是中国人的游戏状态。儒家如同宗教一样对价值重建充满热情,承诺人皆可成圣成贤并让人葆养培植它,为人生设立基础、目的和手段,极其严肃而认真;道家的游戏状态似与后现代的独步虚无、直面存在颇为相似:无根据便自身建立根据。儒家的秩序优先和道家的逍遥自由曾形成一种很好的平衡,历史上被治乱兴衰的朝代轮回打破既是政治学问题,也往往是文化的自我调适问题。

儒道两家之所以在文化形态的结构功能意义上形成互补，既与易学最简关系式的思想方法有关，也与儒道思想的共同出发点"道法自然"有关，它们共同应对生活世界的问题。道家以生命为中心的宇宙论思考和儒家以社会价值导向为中心的人生安排，都自然而然地依托于阴阳生克的设定和境遇性的思想框架，结果就展开为一系列的想象关联，使人能够在对超越界或神圣之域开放的存在背景中安身立命：既安顿人的心灵独处生活，也解决每个人在交往生活中所遇到的一系列具体问题。《易》学思想史上的象数派和义理派，正是以此为基础，既在历史的历时性中展开，也在社会的共时性中实现。

对人的存在问题的关注，在中国哲学传统的源头即孔孟老庄处已是现实，他们都肯定一重化生活世界的意义。中华易学思想方法强调具体的"事情"中根据变化进行判断的方法，可为西方思想走出偏弊提供借鉴。在哲学的主题和方法两个方面，我们的一重化生活世界的人本价值并对超越界开放的态度，可以与西方的宗教信仰比肩而立。

对于消弭生死界限的一重化生活世界而言，信仰不能定义为对虚幻彼岸世界的期许，中国哲人的顿悟是：纵浪大化中，无忧亦无惧。这意思通常被解读为天人合一的哲学理念，一种概念上的最大可能性，同时是中国人世俗生活中的存在方式，一种即刻可得的幸福和快乐。这样，人们时常可见的一幕也就变得可以理解：西方人在遭遇苦难时自然会问：上帝在哪里？这种深刻的对不可验证的终极慰藉的质疑，往往与更虔诚的信仰纠结在一起，这种矛盾和悖反成为西方人的精神或者说心灵自相矛盾的分裂的渊薮。用中国人的话说，谁都会心神不定，承认这一点就是相信在终极问题上人不得不进入循环论证，从而将价值判断交由每个人去决定，并可以通过和亲朋商量解决具体问题以缓解终极性的心理压力。

2.人本主义的主题特征

主题观念和思想是文化形态的关键词，思想方法作为人类的思维工具，它隐含着不同文明形态的主题观念。秩序与自由是相对世界中具有绝对性的范畴，是道家道/德概念的当代对偶互补关系表述，具有呈现中国哲学本体论的根本性。中国哲学的大多范畴都成对相互生成，并可套入太极图中。它的链接依情景而非依逻辑而定，但并不违反逻辑，而是在语用逻辑的意义上超越了形式逻辑。如果中国哲学的基本特点主要是伦理-政治哲学，那么它在伦理学上表现为天理秩序/情态自由,政治哲学上表现为天下秩序/生态自由。

(1)空间自然界与时间自然性。自然界意味着有形的空间,自然性意味着无形的时间。中华思想始终被自然所规定,有了自然之道这一规定,中国思想方法呈现出易学的关系性、整全性和变易性,进而落实为一重化生活世界的人本价值。中西方对自然界有着不同的态度。中国人对自然界不是采取认识继而征服、占有或无尽利用的态度,而是采取一种协调、相互依赖共存的生生不息态度。而对西方而言,自然界始终是粗鄙的原始自然的存在。中/西思想的分歧表现在人与自然的关系上,中国人主张天人合一,西方人认为天人两分。永不弃离的自然性即时间性使得中华思想在维特根斯坦所谓语用中心论意义上,获得了她的境遇性、情景性,并从而生生不息。

因此,我们有必要重新审视中国哲学中的自然概念及其意义。首先,"人生天地间",自然作为先在之"物"对人具有根本的规定性,中国人始终不曾也不愿脱离自然这个所来之处,把它视为人安身立命的家园。其次,自然不仅是自然而然地自己如此,且有本来如此、势当如此甚至必然如此等意义从而成为最高的价值,即刘笑敢所谓"人文自然"。中国佛教的"真如""如如"也有这层意思,自然约略相当于胡塞尔现象学的"自身给予"(self-given):唯其自身给予,它是无须前提的、自明的(self-evident);唯其无前提的自明性,故而它是存在论的最高范畴,人生价值的终极根据。天地自因,人也只有获得本来如此的自然性才能作为自身而存在或本当如此的本性。自然像时间一样完全是形而上学化的,中国人的原始状态是怀古,过往的事总是超验的即不可见不可触的,但"昨天"明明在那里,古人何以不存在?自然从根本上不能脱离生活世界,因此,自然形上者的禀赋最终没有形成西方形而上学的知识体系,更与一神教文明分道扬镳。

(2)生活世界价值优先与形上存在知识至上。中国哲学的根部从来都是价值论问题而非知识论问题,这才是关键所在。如果哲学(philosophy)确为"爱智慧",知识论充其量是为哲学准备了某些资料而已;如果价值是属人的,没有价值论的爱智慧就只是赝品。理性在终极处与信仰合流,似乎从来都是天经地义、不言而喻的。关于这一点,通过张志刚对西方学人的分类梳理,从反面为我们提供了坚实的论据。① 故曰：无知识则价值为空，无价值则知识为盲。

在本体论的哲学探求上，西方走的是知识本体论的道路，中国走的是心性本体论的道路。西方哲学在经过理性探求宇宙本体的灵魂之旅后，随着连续的哲学转向和人文危机的加剧，开始向心性本体论回归。现代西方思想产生了重大变化，存在成为哲学思考的中心问题，尤其是当人的存在越过理性的边界，彰显出自身最深刻的悖论和最复杂的面目时，西方现代哲学对本体论的批判，正在于使存在论哲学成为可能。传统本体论通过系词"是"的哲学化构造，形成了集逻辑性、概念性和原理性于一身的存在构成维度，其实质是通过思想来把握存在，本体论也因此错失了真正的存在。不仅如此，由于用理念代替存在造成了对存在的遮蔽，现代哲学对本体论的批判的真正意义，正在于使哲学回到真正的生活自身。由于上世纪学界对本体问题的终极答案普遍失望，绝对真理的坚持已无法与信仰问题相区别。理性和信仰在终极处的融合，在一神教传统和科学传统之间形成了尖锐的对立，在缓解对立的过程中，置身于其中的每颗真诚的文化心灵，都非常难以承受。

当代科学前沿已经将对本体即 Ontology 的研究，收缩到信息科学的人工智能和计算机语言之中，但其哲学意义已经被转换成为：在联系并解决现实问题的诸多不同领域的逻辑体系内部以及各体系之间，可以通约的基础究竟是什么？这显然和金岳霖对逻辑和哲学的态度以及金先生的当代精神传人王路所坚持的理论立场迥异其趣。西学背景深厚的金岳霖（张岱年说金先生"九分西学，一分中学"）认为：必须假设世界背后有一单数的共同根据，②否则，我们便无法进行任何严肃认真的真理探索和有效的人际沟通。这种以一神论背景为支撑的思维方式认定：人们一旦失去追求至善真理的原动力，会进入一种怀疑、相对的状态并从而不可避免地堕入无底深渊般的虚无主义。

正如王路所论，西方传统哲学的核心即"是论"（本体论），无论从形式还是内容上看，中国传统都不存在"是论"的特征，于是就有了金岳霖提出的中国哲学合法性的焦虑。其实，只有当人们根据西方哲学观念和框架审视中国哲学

---

① 参阅张志刚：《理性的彷徨——现代西方宗教哲学理性观比较》，北京：东方出版社，1997年。

② 参阅宋志明：《单数还是复数——从冯友兰看哲学观念的更新》，载《中州学刊》2010年第3期。

时,才会对它的资质产生怀疑。在新一轮的中西哲学比较研究中,应该运用生存状态分析即整全的文化生活世界景观描述方法,摆脱中国哲学史的写作依傍西方哲学,造成中国哲学观念孤立单义性不够的困惑。这就特别要突出中国哲学的根本特征:一重化生活世界的意义。

3.人本主义的思想方法

思想方法是一个不容易说清楚的大问题。因为"怎么想"和"想什么"总是粘连在一起,"说什么"和"如何说"也就难分。牛顿、康德无非先弄清了"想什么""说什么",然后使劲地研究,居然终于说清楚了。康德不及牛顿,因为他想解决的问题是"人"之事而非"物"之理,而人在通过说话、写字获得自由的同时,亦因此自我分裂了。语言和世界永远处在偶值关系中,这就是易学最简关系式的最高抽象,也是它面临的最后问题。任何人天生就会"明辨是非",巴巴拉少校的公子和老庄们是人类思想的两个极端。王小波在《我的精神家园·自序》中一上来就说:"年轻时读萧伯纳的剧本《巴巴拉少校》,有场戏给我留下了深刻的印象:工业巨头安德谢夫老爷子见到了多年不见的儿子斯蒂芬,问他对做什么有兴趣。这个年轻人在科学、文艺、法律等一切方面一无所长,但他说自己有一项长处:会明辨是非。老爷子把自己的儿子暴损了一通,说这件事难倒了一切科学家、政治家、哲学家,怎么你什么都不会,就会一个明辨是非?我看到这段文章时只有二十来岁,登时下决心,说这辈子我干什么都可以,就是不能做一个一无所能,就能明辨是非的人。"

(1)关系性:平等抑或主从?阴阳表明了一种基本的关系逻辑。阴阳思想方法的整全性允许合取 A 与非 A,这是结构-功能的方法,但不反逻辑,而是对逻辑的超越。这种允许矛盾存在的思想方法,关涉的要点是价值问题,而非科学上的知识论真理。故因果逻辑对应于自然科学的真值判断,阴阳逻辑对应于人类社会生活的价值判断,社会生活的价值判断当然不是那位公子的个人判断。韦伯说"科学所确定绝非价值能确定",这种中立后的价值在人这里表现为世界的撕裂。从人本主义出发,由于科学的最后预设不能继续追问,故科学对人具有神圣价值,技术对人具有使用价值。科学、技术如此赋义后便不再是什么完全的价值中立,而是对人而言的价值和意义。或者也可这样说,正是因为这种人类的赋义活动是真实可感的,人与外部世界之间从而获得了属人的关系性即实践性认识或价值关系,阴阳思想方法于此获得系统性乃至整全性。而所有的系统都必得从一般的最简关系式出发,这就是阴阳关系逻辑。这种逻辑不仅等价于物理的波粒二象性,且等值于计算机语言的二进制(bit)。

阴阳逻辑的思想方法与"道"本体是结合在一起的:"一阴一阳之谓道。"(《易传·系辞》)比阴阳更为根本的道可以从根本上消解阴阳类比的工具性痕迹。"道"的规定就是"不作任何规定"地"规定了一切"。极端地说就是道不可说,因为它不可见,是"无"本身,科学与神学于此汇聚于人类的心灵。苏轼对道与易(阴阳)的关系说道:

> 相因而有,谓之生生。夫苟不生则无得无丧,无吉无凶。方是之时,易存乎其中而人莫见,故谓之道而不谓之易。有生有物,物转相生,而吉凶得丧之变备矣。方是之时,道行乎其间而人不知,故谓之易,而不谓之道。①

于是乎,在"一般关系"的意义上,人际一切关系都可以概括为主从关系和平等关系及其合取、或取的逻辑关联,这两种关系及其允许合取可以逻辑周延地概括所有人际关系,能够解释所有人类社会生活中的现象,因此,将阴阳作为一种思想方法,不仅足以解释中华思想观念和文化形态,且可以解释人类社会生活的所有现象。一切人际关系都可以抽象为平等/主从两种关系及其各种合宜运用。

平等/主从关系在历史中呈现出不同的面目,在元伦理的争执较量中,父子主从关系最终战胜了夫妇平等关系。儒家强调父子伦理社会差异性主从关系,这种关系的展开即表现为儒家伦理性角色等差和法家郡县制科层行政管理两个序列并形成儒法互补。将自然的血缘人伦序列推扩为社会、政治、法律层面的超稳定系统秩序结构,人的角色名分成为普遍的民族文化心理。道家强调的夫妇伦理则反映自然差异的平等关系,这一关系拥有创生的力量即所谓生生不息。② 道家平等伦理与商人平等法治空间将以什么样的面貌重塑未来的人类政治生活,仍是一个悬而未决的问题。

商业平等关系当然也是一种关系,但严格地说,它是一种瞬间性理论关系,而不是一种稳定的人际关系。商人和商人之间的关系不是生活关系而是陌生

---

① 苏轼:《东坡易传》卷七,上海:上海古籍出版社,1989年。
② 参阅张再林:《父子伦理还是夫妇伦理》,载《中州学刊》2011年第1期。

人之间的生意关系,是一种以类词而非摹状词为主的可集合性关系。这一点我们可通过一个中国成语来适当加以讨论:中华文化的特点是注重人伦特别是被称之为天伦的血缘伦理关系,所以像男女两性之间的关系也就非常难以界定:它是一种角色关系还是类关系?"伦"是人际关系性的摹状词,这一点费孝通在《乡土中国》中曾提到,潘光旦为此写过专文《说"伦"》;"类"当然就是类词,这在数理逻辑上是个关键性的问题,由罗素的集合悖论及其《数学原理》加以显化,从而使自然数目字成为"类的类"。所以,泛称的男女究竟是类还是角色呢?如果说是类即人类,那是不错的,但在生活世界中,男女显然还要再分类,于是男人和女人就不再是一类;如果说是角色,那只有当他们成为夫妻之后,夫和妻才在相对的意义上是角色。如果泛泛地说男女是人这一"类"之间的性别关系,那就比较麻烦,因为这个"同类"在生活世界的意义上,实际上往往不能集合,故名之谓"不伦不类"。泛称的男女关系是不伦不类的,这在任何文化形态的实际生活中都会在实际上通过约定俗成或默认的方式来维持某种稳定的男女相处习惯,但在理论上,没有哪个文明像华夏族的儒家那样,将人伦日用原则提升到如此的高度,所以也可以说极端个人主义的男女关系往往"不伦不类"。

儒家感知到了这个不伦不类的问题,所以要设"男女之大防";道家则表示沉默:不类。从《老子》中能够清晰感受到的那种"女人哲学"(牟钟鉴)意味猜测,它的作者可能主张男女平等,但平等并不意味着可以实际地集合。《庄子》的作者聪明到干脆回避这个问题,林语堂据此说孟子是大丈夫而庄子是大丈夫中的大丈夫。无论如何,我的感觉是中国人闹不出什么"女权主义"的事情来,批评一下儒家的男尊女卑、法家的夫为妻纲也就够了。夫妻可能是最小的私密单位,这是关于儒家强调血缘关系的判断,而一神教商业文明以个人为最小私密单位。至少在理论上,两者所要处理的问题性质是不同的,儒家讲的是生活问题而个人主义讲的是生死问题。

(2)整全性和系统性。我们必须在生活事实面前选择、质疑、整合、放弃、变更不同的价值,因为没有永真的唯一确定性。在中国这种以阴阳最简关系式作为思想方法的基础上建构起来的人类价值关系序列中,我们把世界的整全性视为当然。袁永飞的硕士论文研究老子的"道法自然",他认为:人在自己的文化视域中,通过道把自然的法象理解为当然的法则(未刊)。这不可能被否证但也无法被确证,但老子之道于此不再是关于世界的真理,而是人的整全价值,且因价值判断不同而因人而异。因此,道家的个人自由是密契于道的。

西方人的思想方法是逻辑因果链条的不断好奇和不断追问。这表明了自然数"一"的最大可能存在,整全完满的"一"在哲学的追问中演变为追根溯源、穷根究底的思想方法。这种思想方法虽然在人与社会的问题上往往"凿之过深"(余英时)而"过犹不及",但整个形而上学的历史在无穷现象中辨识和抽象出原则、本质、基础、根源的"一"并孜孜以求的精神却让人叹服。西方人的二分观,呈现出现象和本质、内容和形式、原因和结果、缘起和流变等主次有别、被理性法则规定的不可逾越的边界。缘于此,他们将现实视为虚幻,将理念视为真实,两者的割裂和分离在这种无穷追问中既不可避免又无可选择。结果表现为信仰性的决定论世界观。

中国思想传统在一开始就驻足于道或自然为我们开启的偶化的世界图景,偶化在现象界只是一个开端,丰富多样的选择从并列的阴/阳开始。由于坚持了阴/阳的偶化关系及其生化的过程性,中国人得以保持并和谐相处在多元的一重化生活世界。"彼是莫得其偶,谓之道枢。枢始得其环中,以应无穷。"(《庄子·齐物论》)庄子的环中之道中只有价值排序问题而没有终极的价值,只有不同的解释而无终极裁判。赵汀阳的"无立场"思想方法①,彭富春的"无原则"批判②,追求所谓"理论的恰当性",既是对西学的回应也是对道家思想传统的继承。但我们要说,与其说"无立场""无原则",毋宁说"无边界"更为深切恰当。无边界是哲学的特点,特别是中国哲学比如说庄子的"无町畦"的根本预设,却又通过易学的偶化过程扩张为系统性的整体。这样,工程哲学家李伯聪的许多结论就可以同时解释爱因斯坦问题:为什么中国没有科学而可以有那么

---

① 赵汀阳在《一个或所有问题》中对此论述甚详,而在最近的《坏世界研究——作为第一哲学的政治哲学》中也屡有运用和说明:无立场思考不是没有立场,而是在各种立场之间进行转换的解释学方法。他又说:"不受某一特定价值的限制,更多地考察什么样的事实意味着什么样的价值。"(《人之常情》,沈阳:辽宁人民出版社,1988年,第1页)可见,价值而非知识是无立场思考的关键词。

② 彭富春:《哲学与美学问题——一种无原则的批判》,武汉:武汉大学出版社,2005年,第22页。

多的技术?① 因为,工程技术所要解决的全部是系统性的相对整全的问题,故"神舟""天宫"可以上天,而许多理论性强的核心科学问题仍然落后。

(3)变易性和时间性。易道阴阳思想方法最根本的内涵就是变易性。在中华文化景观中,它表现为历史性、希望性的信仰,而抽取了所有内容的变易性就是时间性。时间性是西方史上的"休谟问题",被罗素调侃为"哲学的家丑",金岳霖对此终生以求的思考结论就是"相信时间会再来"。可见时间问题对西方形而上学和形式逻辑而言是何等的棘手。但自弗雷格以来,自然数的"数数"(前为动词,三声;后为名词,四声)原则,通过一系列的"后继"概念进入了逻辑科学,时间因此也就为动词的"数"(三声)而成就了名词的"数"(四声),这一革命性逻辑思想的逻辑学对象定义表述即李小五先生所谓"逻辑恰是后承关系"。② 在"后承""后继"关系中,人会因时间性的不得不动而成为自然而然。

孔夫子"逝者如斯夫"的浩叹、陈子昂"前不见古人,后不见来者"的孤独心语都提示我们,时间是哲学和人生不可回避的最大问题。时间之流的不间断和连续性,常引起人们的困惑与沉思。中国哲人将时间因素引入人生价值的思考(或说他们自然就这么思考了),确与西方逻各斯中心主义的空间化致思倾向大异其趣。道家要人看破生死,目的是挣脱时间的桎梏进入自由的生命和精神境界;儒家要人"事死如事生",目的是通过对祖先的缅怀,理解更为持久的生命传承,而"子子孙孙无穷已"则是对未来的期待和寄托。这和西方人对死亡的想象——上天堂和下地狱大不相同,根本上是源于中西方文化形态在价值/知识问题上的时间性/空间性差异。由于强调时间要素且运用人神循环论证的易学方法,中华民族始终沉浸于天地自然和血亲人伦的一重化生活世界,将对天神的空间性神秘信仰转渡为对祖神的时间性信仰,从而成为对人开放的神学,孝/慈为本使得"爱"有个下手处。共有一个祖先的历史怀古,即大家同为炎黄子孙的信念造就了中华民族政治上、文化上的大一统价值共识,"五服"观这一集合

---

① 爱因斯坦说:"在我看来,中国的贤哲没有走上这两步(形式逻辑体系、系统的实验发现),那是用不着惊奇的。令人惊奇的倒是这些发现[在中国]全都做出来了。"引自爱因斯坦1953年写给斯威策的信,这封信于1963年被李约瑟全文引用。《爱因斯坦文集》第一卷,北京:商务印书馆,1976年,第574页。
② 请参见李小五《什么是逻辑》(《哲学研究》1997年第10期);在《再论什么是逻辑》中,他说:"在对象层次上,逻辑恰是后承关系。为了讨论方便,我们姑且把这种定义称为关系定义。"(《社会科学战线》2009年第6期,第66页)

了家庭生活—农耕互助—祖先祭祀的准宗教活动,是一个"丧服单元三位一体"的一重化生活世界全幅画面,从根基处保证了中华文明的连续性,从而克服了空间性的地缘利益冲突所导致的政治分裂。道家"因"物施事、"应"物变化的政治思想也因历史经验的校验而被儒、法两家所借鉴。儒家的"做人"否定了人的本质论,人在一生的坚持中,"顺这个条理便谓之礼,知此条理便谓之智,始终是这条理便谓之信"(王阳明)。"择善固执"(孟子)地贯彻下去,即所谓"立德、立功、立言"的三不朽,转译为当代话语就是做人、做事、做学问。中国哲学的"做优先于是"就是把价值做成真理。

形式逻辑和辩证逻辑的根本差别可以描述为空间和时间的差异。亚里士多德之后,逻辑学的形式因对时间因素的强行排除,表现出强烈的空间确定性,用孤立静止片面的形而上学观点看问题。这种思想方法可以为知识找到确定性基础,却容易把生活世界的丰富多样性约化为僵硬的理想模式。最具代表性的是基督教设立的天国和尘世的二元隔绝,似乎真的存在着一个既作为原因和根据又能支配人类生活世界的具有空间确定性的理想世界。这在自由主义者们的集体无意识中就是对"原始状态"的设定和依赖。

于是应该指出,自然依然是中国哲学时间性特质的文化价值之源。儒家血缘伦理关系本质上是一种世代继替的时间关系,时间是自然的,其自然性构成哲学的最为形上的根本特征。《周礼》的天、地、春、夏、秋、冬六篇六官,正是天地空间性向春夏秋冬的时间性延伸的确切证明。我们的农人祖先从自然界中获得深刻的启悟时,他们就获得了时间的自然性:天时或历法有不可移易的超越性、神圣性,它决定了农作物的春耕夏耘秋获冬藏,决定了农人的修养作息,以一种规律性的时间次第安排得有条不紊。

作为易学思想方法的根本特征,时间性是对整全性、关系性的终极包容,有人的内容参与其间的时间就是历史。世界上没有哪个文化形态能够像中华文明一样,能如此连续一贯地记载自己的历史,在那书不尽言、言不尽意的基底处,仍然是时间性。时间是终极的形上者,相对于时间的形上性,空间是能够诉诸人的眼睛的有形之物,在中国哲学中被称为形而下者:形而下者谓之器。

(二)工夫/本体和现象/本质

在中国哲学一元、自因、时间性与西方哲学二元、他因、空间性的比较中,中国哲学的工夫以价值的诉求和道德的实践为旨归,西方哲学中的现象则不必含价值,这是中西哲学的重大分野。中国哲学的基本特征是儒家的社会价值,其实现又以人为本。价值可以覆盖现象,现象则不必含有价值。中国哲人尤其是儒家在理解或解释一个事实时,总有某种自身情境,哪怕它是个贫穷破烂的"家",都可以作为他行为动机的出发点,这就是自然的合宜。儒家不仅强调道德形上的"经",也在人际交往中秉持"权"的方法。后者不断对前者进行修正,就是不断返回出自真情实感的道德,这一真实包含着具体的情感发生的真实境遇,而这一境遇在西方文化中是相对缺失的。儒家倡导的道德实践以自然情感为本体根据,"公利"之义是行为的权度法则,从根本上不同于康德道德形而上学的主客、人己二分和超越。道家万物一体的生命力植根于人自身,不离弃人的生活。道家预设人性自由的无限可能性,这种自由意味着最高价值的呈现。这个最高价值就是"一",就是道,就是无限,就是自由。所以,中国哲学有着自己独特的神圣之域。从逻辑的第一位阶上看,中西思想为同样的人性诉求达到了同样的高度。不同的是西方哲学以"求知"的因果链条,进行空间化的逻辑推理和表述来抵达本体,中华智慧则一开始就把重心放在人的"心性"上。

当代西方哲学界不再让理性决定存在而是希望存在决定理性,回到具体而变动不居的生活世界。"产生认识的主体-客体结构得以可能的,是自我-世界相互融合的结构。"①存在整全性即人的生活-生产方式,对存在的西方式质询,对人类产生了最重要最深刻的影响。海德格尔的哲学的终结就是主客两分二元模式的终结,所谓思想的开端,就是承认这样的前提:人一向或早已融合于世界万物之中,这融合才使得认识(理性)得以可能。这与《庄子·逍遥游》中的"小知不及大知"差可比拟,大知是使小知得以可能的存在性智慧。现代哲学的语言学转向无非是指出人的社会生活-生产这一存在事实背后,有着更为本源的结构性言语活动和文字能力。在语言事实中,人和世界创造生成。

中华文明的一重化生活世界人本价值与西方现代哲学的存在-语言诉求形成呼应。中国哲学在本体论层面所特有的慧观,可以为人类心灵家园的重建提供有效的哲学模式,以"道"为元概念的中国哲学形而上学,在建构上不存在二重世界的区分和对立。因此,牟宗三新儒学的所谓"内在超越"未若张世英先生提出的"横向超越"准确。张先生认为以主客二分为前提概念的西方哲学,是从

---

① 梯利希:《20世纪西方宗教哲学文选》上卷,上海:上海三联书店,1991年,第828页。

具体事物超越到抽象永恒本质的纵向超越,中国哲学则是以人与万物一体为前提的横向超越。爱上帝还是爱人？这是张先生的最终潜台词。道通为一的"通"和西方真理观的"同一"形成最重要的差异。张先生说:"相通是指两个不同的东西或方面的相互联系、相互作用、相互影响,相同或同一性恰恰没有说明这一点,而仅只说明了两者之间的共同点。"①庄子"言此意彼"的语言学洞见恰恰更深入地解释了这一差异。西方人擅长的指称性语言是一结构性对应关系,音本位的记言特质,使得能指不间断地追逐所指。汉语文本位的特质使能指/所指呈辐射状,"得其环中,以应无穷"地以人为中心的天地人聚集,是中华天人合一精神的最高表述方式。庄子的诗言借用汉字的意象立于"道枢",使得在场的能指成为不在场的所指显现,而在场的能指又生成或召唤无数可能所指的出场。德里达的著名寓象"无底棋盘的游戏",比超越更能说明西方文化的特异,庄子作为"聆听无底深渊的声音的人",以诗言的方式完成了人与世界参差多姿的共在共生关系。只有充分肯定儒学的道家根基,才能在一重化生活世界中说清楚超越的问题:深渊无底便没有根据,从何处超越到何处？道家对人之生命的肯定态度为人本主义奠定了最后的确定性基础:活着本身就很好！"道"既不可说,那就找"人"聊"天",为什么一定窥探"无底深渊"？所以,要么不说,要么学会"听",小道虽不足道,若能娓娓道来则亦庶乎近矣！

于是,当人际间实际上纠葛的纷乱和胶着状态使得儒家方案变得不那么可行时,道家用人心与万物的沟通交流缓解价值困境的方案,就成为人们生存和安全的最后自由避难;而法家用刚性的律条做底线,以维护人间秩序的努力也构成儒家的补充。儒道两家都有内圣外王之道,并一起为中华思想传统提供了全幅的理论画面。"上帝存在"和"灵魂不朽"并非必需,人本主义儒道传统让每个人都自由地挺立在天地之间并现实性地成就了数千年一贯的家国天下制度体系。如果没有道家的自由,人便无法对自己的行为负责,因为既然我是完全没有权利地行动,当然也就不必承担义务。道家的这种自由文化要素就是方东美以生命为中心的宇宙观。另外,如果没有儒家道德价值,人作为社会动物的现实性便无法展开,从而人对物的需要也就无法获得满足。在现实的社会分工中,人不仅是目的也不可避免地是手段,权利/义务正是那块著名的金银盾,

---

① 张世英:《新哲学讲演录》,桂林:广西师范大学出版社,2004年,第72页。

人和社会的相互融摄和复杂互补,使人在社会这个大舞台上展示人性的多彩多姿,这是以价值为中心的人生观。

道家侧重于对自我个体性原则的确认和坚守,用"反"(否定)的语言方式"返"回到人自身,即自由的自治自洽;儒家则从"所有的人是子"的血亲自然关系出发,用修齐治平的推扩完成人的责任和使命,使道家的抽象自由实现为社会伦理-政治层面上的可操控的民生权、精英话语权和皇权的制衡。中国哲学既不乏道家"说出来的"纯粹内省的心灵自由:认识你自己,也具备儒家"做出来的"行为中相对现实的自由:成就你自己。

成就自己的自律精神在儒道两家的思想观念中就是"反求诸己",现代表述即所谓成为自律性的模范或示范伦理,并在无害于他人的原则下任由人自愿模仿,此即中华思想传统的礼不往教原则。这种礼有来学而不往教的儒家式谦虚,与近代以来的传教士重复性积极主动"上门",到处宣传教义(赵汀阳)的"服务"(购买灵魂!)方式构成了巨大的差别。道家式慷慨(沈清松)是立于道枢往复无穷的包容之道,承认复数本体(宋志明)的道教,亦不主张走出去传教,道教精神是因时因地因人因事而制其宜的。

根据中国思想的理解,人类在自己的生活世界中并非和上帝订约,而是和他人、万物缔结有限责任的关系以便普遍受惠。人不可避免地既是演员又是观众,在世界这幕硕大无比、无始无终的戏剧中,注定要出演角色并浑然不觉。诚如叔本华所言,流转不息的盲目意志需要暂时休歇,以理性为意志的明目导引西方人观看客观外部世界的真相以满足好奇心,保证其进入世界的活力和动力。中国人则以情感为理性的伴侣,通过生活意志获得人生在世的智慧,始终将自然本身视为自身远离的家园,并尝试不断地返回;如此创造出来的一重化生活世界,就是万物的汇聚,自由不假外求并缘此而成为自然的自我生成、自我创造。

儒道的差异,在今天还被描述为儒家和西方近代、道家和西方后现代在致思倾向上的可比性和相似性。这结果便是中国的现代化就是西化,中国传统也就成了列文森博物馆中的"文物",与传统断裂是不可更改的命运。但这不是事实。那么如何保持与历史的同一,传统儒道思想资源能否为中国和世界提供新的智慧,道家和儒家在中华文化构型中各自起到的作用是什么,其在中国历史特别是思想史中的深层机制究竟怎样,大一统那圆融恒定的价值取向与西方分裂型虚无主义有没有互补的可能,都是摆在思想者面前严峻、紧迫而重要的问题。在现象性知识一统全球的今天,中国生活智慧中的工夫不正是小小的地球村的福祉吗?

三、人本主义的现实价值

在物欲横流的今天,技术充斥着每个人的私人生活和公共空间。科学变成了技术,机器借技术实现了高效率,制造出堆积如山的批量商品,人们的物质生活从来没有如此丰裕。但是,高效且机械的生活又把人变成了社会机器中的零部件,我们成了"单面向的人"(马尔库塞)。无论秦汉之后的历史演进对人类必须面对的根本问题以什么样的变奏和交响表现为不同的历史形态,这些带根本性的问题却始终没有什么变化。两宋特别是北宋时代,中国历史出现了重大的转折迹象,几乎一切带有近现代性的要素一齐迸发,但特殊的地缘政治打断了这一进程;明末清初,西学东来,历史又一次提供了进入近现代的机缘,但这一地缘政治因素又一次打断了华夏文明的自然进程:北方游牧民族的入侵。在这一征服-同化的过程中,不仅是儒道互补,整个诸子百家其实仍都在我们的生活中以不同的方式存在着。当代中国正处于和平发展的关键时期,我们必须以不同的方式面对同样的一系列问题,即以新的姿态回到我们的人本性一重化生活世界中来。"周虽旧邦,其命维新",在伟大的文化传统面前,我们到底能有一些什么样的现实启迪呢?

我们认为,先秦诸子百家的思想光芒一旦照亮生活,文明古国将不再是一个流行的词汇,而是一种根深永固的自发生长。人不是穿着衣服会吃饭的猴子,人心需要思想光芒的照亮。就中国哲学看,中国的圣贤们没有穿上西方人那种逻辑的形而上学西装,但照亮人的心灵的并非孤立、静止、片面的宏大知识命题,而是更加有情趣的思想。所以,有情趣的思想表达是一种更具生命力的思想。世界的神秘不会屈从于任何科学家的公式和什么哲学体系,人的生命力贯注其中的思想,从来且永远不会被公式、体系所掩埋。"一旦除去体系的虚饰,它们反以更加纯粹的面貌出现在天空之下,显示出它们与阳光、土地、生命的坚实联系,在我们的心中唤起亲切的回响。"(周国平)

无根之木不长,无源之水不流。对于每一个炎黄子孙来说,寻根是一项祈盼,而古圣先贤的思考从来都以无形的方式流淌在我们的血液里,在根基处影响每个人的感情和理性、行为方式和思想方法。它既是我们的价值参照,也是我们的生活本身;这是我们的精神家园,也是我们心灵的故乡;没有文化传统的现代化只能是翻版的西化。寻根就是祭祖,祭祖不若数典。在百家争鸣的诸子时代,不管是司马谈的"六家要旨",还是班固的"十家九流",从魏晋玄学到隋唐佛学,从宋明道学到乾嘉汉学,温情地善待古人,既意味着对民族灵魂深处那骚动而睿智的创造精神的尊重,又是善待我们自己的不二法门。

近现代中国以无比开放的心态,直面西方文化的巨大挑战。儒道互补的整体架构中,诸子百家的思想智慧得以平等全面地被开发。马克思的学说之所以能在中国迅速传播,并发生如此重大的影响,很大程度上是因为,它不仅强调人的关系性,而且深入探讨劳动生产这一过程的时间性要素,从而与中华思想传统发生了强烈的共鸣,它在希望哲学的意义上所表现出来的对"未来"共产主义理想的时间性追求,与华夏文明希望天下大同的思想是一致的,从而也与把希望看成终极关怀的易学时间性信仰方式相一致。

中华传统的总体特点是以民为本或人本主义。新时期以来,以人为本的理念,支撑着和谐社会的构建。易学主干、儒道两翼的互补性文化传统是秩序优先,且与自然性自由形成相对稳定的张力结构。立足于这一结构和当代实际的整体态势,人本主义在学理上表现为三种价值或向度。

(一)回归生活的基本价值。生活就是做人做事,做事要有能力,做人要有境界。哲学智慧在儒道两家及其相关联的诸子百家那里,既提升人的境界,也培养人的能力,注重德才和贤能,儒道两家仁智双彰。随时随地在秩序与自由之间保持动态平衡,追求从心所欲不逾矩即为新的中庸之道。让中华思想传统回归生活基本向度的主题是民生,但民生不仅是吃饭哲学!

(二)和谐润德的现实向度。面对现实生活中的腐败现象、道德沦丧和各种新的人性迷失现象,要保持住良知和独立自主性;人人都能在知行合一的传统理念上于做人做事中求理,成为实践主体,即可贤能匡正,让理论、知识为现实、为生活服务。一重化生活世界是我们的永恒家园,生命是一份珍贵的礼品;既然做一次人不容易,那就该珍惜生命、热爱生活,好好地活着,好好地工作,尽自己的本分,承担自己的人生责任。和谐润德让大家学会有德性有智慧地生活,对普通生活中的人来说,这已经足够地好!

(三)确立信念的终极价值。一元自因时间性的人本化生活世界哲学理念,可以为人类的理想、信仰提供最后根据。"易→儒/道"时间哲学的信仰方式,表现形式是总有希望且把未来的希望落实为当下的做法而非仅仅是说法。希望是时间哲学的终极关怀。希望的信仰方式既可以避免知识和信仰的两难,也可以舒解人的生存困惑。

论庄惠之争

庄子是先秦道家思想的集大成者,庄子思想充分发展了道家思想的所有方面。惠子是名家"合同异"派的代表人物,是先秦诸子中最有科学素养和世俗精神的人。庄惠之间那饶有情趣的学术争论,给我们留下了诸多启迪和思考。本文拟略作阐释,庶几以管窥豹,就正方家。

一、庄惠作为知己辩友

庄子和惠子都是宋国人,活动在战国中期公元前4世纪后半叶;二人的生平、行事则刚好相反,适成对照。

庄子的父祖辈可能是吴起变法时候被贬谪的楚国贵族,他本人却一生甘享寂寞,只做过管理漆器作坊的小吏。《史记》云"楚威王闻庄周贤,使使厚币迎之,许以为相",却被他幽默地婉言谢绝了。庄子的一生,贫穷、清高,以学术交游为务,"著书十余万言",在先秦诸子中名列榜首。

惠子出身"布衣",不仅是学富五车的大学者、大思想家,也是超一流的政治家和外交家。他做魏相国十二年,"治农夫","王齐王","为法……民人皆善之",主张"去尊""偃兵",变法图强。他开六国称王之局,是山东六国"合纵"外交的实际组织者。

在庄、惠之间漫长的学术交流和精彩的理论诘难中,既有针锋相对、唇枪舌剑,也有相互理解、切磋琢磨。他们一起叹天地、议万物,一起哀人生、念先贤。《庄子》中对惠施充满友善之情的揶揄、嘲讽,正说明他们的理解深、交谊厚。正如伍非百在《中国古名家言》中所说:"庄子虽非毁名家,转以益其论。"最能说明他们这种既为论敌又为挚友的十分特殊关系的,是《庄子·徐无鬼》上的记载：

> 庄子送葬，过惠子之墓，顾谓从者曰："郢人垩慢其鼻端若蝇翼，使匠石斫之。匠石运斤成风，听而斫之，尽垩而鼻不伤，郢人立不失容。宋元君闻之，召匠石曰：'尝试为寡人为之。'匠石曰：'臣则尝能斫之。虽然，臣之质死久矣。'自夫子之死也，吾无以为质矣，吾无与言之矣。"

惠子死后，一股"子期不在为谁弹"的深深哀念之情回荡在庄子胸中。没有惠子"立不失容"的学术功底，庄子就难以"运斤成风，听而斫之"，成就那一番汪洋恣肆、仪态万方的学术事业。思想的火花只有在碰撞中才能闪现。

二、庄惠之争的四大焦点

庄子和惠子曾全方位、深刻地探讨过诸多重大哲学问题，自然哲学、人生哲学、认识论、价值论等均有涉及。

1.在自然哲学方面，庄子持"气"一元论的物质观，而惠子的"小一"，则颇类西方(含印度)的原子论物质观。《庄子·至乐》篇载"庄子妻死，惠子吊之"时，庄子说：

> 察其(庄妻)始而本无生；非徒无生也，而本无形；非徒无形也，而本无气。杂乎芒芴之间，变而有气，气变而有形，形变而有生；今又变而之死，是相与为春秋冬夏四时行也。

把生与死的对立理解为一气流行的不同形式，理解为四时更迭的循环规律，在《庄子·知北游》中已发展为万物皆一气流行的宇宙本体论物质观：

> 生也死之徒，死也生之始，孰知其纪！人之生，气之聚也；聚则为生，散则为死。若死生为徒，吾又何患！故万物一也，是其所美者为神奇，其所恶者为臭腐。臭腐复化为神奇，神奇复化为臭腐。故曰："通天下一气耳。"圣人故贵一。

气是万物的基始，气的流动就形成万物的运动变化，人的生死问题无非是气的聚散而已。这就为理解世界的统一性找到了一个基础；按黑格尔的说法，这就是哲学的真正开端。我国后世发展相当完备的气一元论物质观便肇端于庄子。

与庄子不同,惠子的物质观是以所谓"至小无内,谓之小一"(《庄子·天下》)为基础的。"至小"便不可入,"无内"便不可分,这"小一"说很有点像西方的原子论。有学者如郭沫若说:"小一""很类似于印度古代思想的极微与原子"(《十批判书》),是有道理的;至少,"蕴含着气论物质观向原子物质观转变的契机"①。"至小无内"的"小一",按现在的理解,即是极限趋近于零的无限小,这个类似于微分的概念,用惠子的话说,就是"一尺之捶,日取其半,万世不竭"(《庄子·天下》)。趋近于零而又非零,这就使自然存在物在逻辑上导入了一个矛盾:"无厚,不可积也;其大千里。"(《庄子·天下》)可惜的是,这种将物质观引向深入的逻辑概念,却过早地被儒法道各家联合绞杀了。

显然,作为构成万物基始的自然哲学概念,庄子的"气"是从物质的可感知性即经验的角度提出的,是一个哲学性的实体性概念;惠子的"小一"是从事物表象背后的统一性、本质性,抽象角度提出的,是一个逻辑概念。

2.在人生哲学方面,庄子主张人应因任自然,适情任性,使心灵处在无是无非、恬淡虚无的状态;与此相反,惠子认为,人有人的情欲、追求,在生命活动中使其得到满足,自我价值得到实现,才是生命的真谛。庄子与惠子就此进行过激烈的争辩。《庄子·德充符》记载:

> 惠子谓庄子曰:"人故无情乎?"庄子曰:"然。"惠子曰:"人而无情,何以谓之人?"庄子曰:"道与之貌,天与之形,恶得不谓之人?"惠子曰:"既谓之人,恶得无情?"庄子曰:"是非吾所谓情也。吾所谓无情者,言人之不以好恶内伤其身,常因自然而不益生也。"惠子曰:"不益生,何以有其身?"

生而为人,当然会有人的情欲、意志、情绪、情感等,庄子似乎并不反对这一点,而是说修道之人,不应因是非好恶之情而烦恼,从而伤身凿性。因为从相对主义的角度看,世界上本来就没有所谓是非标准可言。庄子习惯于从彻底的自然主义的层面,来观照生命的本然状态。惠子则不然,他总是从社会、世俗的实用性层面上,来观照人的现实生存状态。在惠子看来,"人类的心灵的最深处是焦虑不安的,愈向心灵深处挖,愈会发觉它是暗潮汹涌、折腾不宁的"②。而庄

---

① 李存山:《中国气论探源与发微》,北京:中国社会科学出版社,1990年,第145页。
② 陈鼓应:《老子注译及评介》,北京:中华书局,1984年,第249页。

子哲学(包括道家乃至东方哲学)对人性的设定,是宋钘的"情欲寡浅"(《庄子·天下》)。所以,人的心灵的本然状态应该是宁静透明的,心灵的骚动不安是后天的是非之见搅扰的结果。

3.关涉认识论核心问题的濠梁鱼乐之辩,是庄惠之争中最有情趣的一段。请看《庄子·秋水》的记载:

> 庄子与惠子游于濠梁之上。庄子曰:"鯈鱼出游从容,是鱼之乐也。"惠子曰:"子非鱼,安知鱼之乐?"庄子曰:"子非我,安知我不知鱼之乐?"惠子曰:"我非子,固不知子矣。子固非鱼也,子之不知鱼之乐,全矣。"庄子曰:"请循其本。子曰'汝安知鱼乐'云者,既已知吾知之而问我,我知之濠上也。"

鱼儿优哉游哉地在水中嬉戏,自然勾起了庄子直观审美的移情心理;而习惯于逻辑思维推理的惠子,一下子就抓住庄子慨叹中所暴露出来的逻辑矛盾。因为庄子的相对主义主张"彼亦一是非,此亦一是非",人与人之间"我与若与人"尚且"俱不能相知",更何况人与动物呢?"毛嫱丽姬,人之所美也;鱼见之深入,鸟见之高飞,麋鹿见之决骤;四者孰知天下之正色哉?"(《庄子·齐物论》)对于庄子的这些论点,惠子当然十分熟悉,"子非鱼,安知鱼之乐"的诘问,其实是"以子之矛,攻子之盾"。庄子的回答也用惠子习惯的逻辑方法反唇相讥:我不是鱼,你也不是我,如果我不知鱼,你当然也就不会知我。

进一步来看,这场争论隐含着一个亘古而常新的"认识论难题:一个非物质的、无展延的心灵,何以能了解运动着的物质"[①]。人作为主体,他认识客体的能力,是一个谜一般的本然存在的事实。爱因斯坦曾对此不无悲叹地说:"这个世界最令人不可理解的事情,就是它是可以理解的。"(《纪念爱因斯坦译文集》第97页)庄惠鱼乐之争触及了这个难题,又不得不用机智把球踢回去,借以摆脱这一无解的问题。但是问题的提出本身已足以显露的透脱的智慧,将给后人留下永恒而明亮的启迪。

4.庄惠关于"大而无用"和"无用之用"的争辩,关涉到价值论的问题。《庄子·外物》篇说:

> 惠子谓庄子曰:"子言无用。"庄子曰:"知无用而始可与言用矣。

---

① [英]丹皮尔:《科学史及其与哲学和宗教的关系》,北京:商务印书馆,1975年,第13页。

天地非不广且大矣,人之所用容足耳。然则侧足而垫之致黄泉,人尚有用乎?"惠子曰:"无用。"庄子曰:"然则无用之为用也亦明矣。"

这里着重指出,有价值的事物不能孤立存在;离开了其赖以存在的环境条件,任何事物都会失去它本来的价值。下引同类对话则指出,任何事物的属性都是多方面的,从一个角度看是没有价值的事物,换个角度却可以发现它崭新的效用性。《庄子·逍遥游》曰:

> 惠子谓庄子曰:"魏王贻我大瓠之种,我树之成,而实五石,以盛水浆,其坚不能自举也。剖之以为瓢,则瓠落无所容。非不呺然大也,吾为其无用而掊之。"庄子曰:"夫子固拙于用大矣。……今子有五石之瓠,何不虑以为大樽而浮乎江湖,而忧其瓠落无所容?则夫子犹有蓬之心也夫!"惠子谓庄子曰:"吾有大树,人谓之樗。其大本臃肿而不中绳墨,其小枝卷曲而不中规矩,立之涂,匠石不顾。今子之言,大而无用,众所同去也。"庄子曰:"……今子有大树,患其无用,何不树之于无何有之乡,广莫之野,彷徨乎无为其侧,逍遥乎寝卧其下。不夭斤斧,物无害者,无所可用,安所困苦哉!"

在惠子看来,庄子的理论就像大而无当的葫芦和"不中绳墨""不中规矩"的大樗树,是"大而无用"的。而在庄子看来,惠子实际上是"拙于用大"。大葫芦可以做腰舟浮游江湖;在精神的"无何有之乡",大樗树可以免遭世俗的戕害,完成全性保真的"大用"。这一"有用""无用"的争论,实际上是"关于一种思想和学术的意义或价值的争论。惠施偏重于用一种实用的、社会的尺度来衡量……庄子则偏重于用一种绝对的个人标准来衡量"[1]。

价值,作为主体需要和对象物属性的关系范畴,它只能发生在二者的中途。使珠宝商眉开眼笑的珍珠,反不如玉米能引起公鸡啄食的兴趣,那是毫不足怪的;不是珍珠不美,对公鸡来说它无所谓美。哲学、艺术等对于世俗的庸见和无知而言,并不是必备的生存要素。正是在这个意义上,黑格尔说:"从哲学史里人们特别可以推出一个足以证明哲学这门科学无用的理由。"[2]惠子也正是从

---

[1] 崔大华:《庄学研究——中国哲学一个观念渊源的历史考察》,北京:人民出版社,1992年,第20—21页。
[2] 黑格尔著,贺麟、王太庆译:《哲学史讲演录》(第一卷),北京:商务印书馆,1979年,第4页。

他出将入相的"治世"角度来评价庄子哲学的。麦克利说过:"古代哲学不屑于对人有用,而满足于保持停滞不前的状态。它主要研究道德完善的理论,想去解无法解决的谜团,想去规劝人们到达无法达到的境界。"①人,作为一种自为的存在物,并非仅有世俗的功利性。因此,不能用世俗的、功利的标准评价一切。在一定的物质基础上,人们还需要哲学、艺术、科学、宗教等来满足他们探索不已的灵魂。

三、庄惠之同与惠施"历物十事"之比较

先秦时代是我国文明的"轴心时代"。庄惠二人作为这一伟大时代的佼佼者,他们以各自的方式为人类文明做出了卓越的贡献。《汉书·艺文志》写道:"战国纵横,真伪分争,诸子之言,纷然淆乱。"但是,"其言虽殊,辟犹水火,相灭亦相生也……相反而皆相成也"。庄惠之争正是"其言虽殊","相反而皆相成"的,正如庄子所言,"道"是"无所不在"的。

首先,我们应该看到,在更高的层面上,争论的对立本身同时也是互补和统一。庄子本人崇道,而在他看来,惠子之言也是"曰愈贵道"的。

其次,思维是存在的反映。具有相同历史文化渊源、理论观念背景的庄子和惠子,他们共处人类文明的觉醒时代,都在关心人及其与自然、社会和自我的对立问题,都是在"天"、"帝"、宗法关系和宗教诸神的精神奴役下,努力拯救人类精神。

最后,庄子和惠子作为切磋琢磨的知己辩友,他们在学术观点上相互昌明、相互阐发;在概念、命题上相互借用、相互认同。以《庄子·天下》篇惠施章所载"惠施十事"为例,我们在庄惠之间寻找相同之处,结果发现,惠施的每一命题,都可以在《庄子》中找到完全相同或意义相近、相通的文字。现列表加以对照(表见下页)。

这里我们无法畅言惠子"历物十事"所揭示的自然哲学内涵及其与庄子之言的相通与相左。概而言之,他们都论及了物质世界在宇观和微观领域的无限

---

① 转引自贝尔纳:《科学的社会功能》,北京:科学出版社,1981年,第41页。

性问题,都臆测到了直到爱因斯坦才揭示出来的物质世界的相对性存在状态,都论及了运动变化在一维性时间隧道中的绝对性,论及了事物一般和个别的矛盾性。唯有⑦,庄子是把惠子的话当作反例运用:没有是非标准,就不可能有是非之见,否则,就像说今天去越国,昨天就到了一样。当然,同一命题在不同的语言环境和思想体系中,其意蕴是可大相径庭的;正其如此,才能展示人类文化的内在丰富性。有鸣放就有学术对立,有对立才能功能互补性地发展。

惠施十事	《庄子》中的相应命题
①至大无外,谓之大一;至小无内,谓之小一。	至精无形,至大不可围。(《秋水》) 精至于无伦,大至于不可围。(《则阳》)
②无厚,不可积也;其大千里。	节者有间而刀刃者无厚,以无厚入有间。(《养生主》)
③天与地卑,山与泽平。	知天地之为稊米也,知毫末之为丘山也。(《秋水》)
④日方中方睨,物方生方死。	方生方死,方死方生。(《齐物论》)
⑤大同而与小同异,此之为小同异;万物毕同毕异,此之谓大同异。	自其异者视之,肝胆楚越也;自其同者视之,万物皆一也。(《德充符》)
⑥南方无穷而有穷。	彼其物无穷,而人皆以为有终。(《在宥》)
⑦今日适越而昔来。	未成乎心而有是非,是今日适越而昔至也。(《齐物论》)
⑧连环可解也。	其分也成也,其成也毁也;凡物无成与毁,复通为一。(《齐物论》)
⑨我知天下之中央,燕之北越之南是也。	汤问棘曰:"四方上下有穷乎?"棘曰:"无极之外,复无极也。"(《逍遥游》)
⑩氾爱万物,天地一体也。	天地与我并生,而万物与我为一。(《齐物论》)

"惠子蔽于辞而不知实;庄子蔽于天而不知人。"荀子在《荀子·解蔽》中对庄惠二人的评价,虽失之简略,却也一语中的。《庄子》一书,多以与惠施的问答争辩终篇,如《逍遥游》《德充符》《秋水》《天下》等。《天下》篇最后专门介绍、评价惠施,请看庄子的评价:

惠施多方,其书五车,其道舛驳,其言也不中。……遍为万物说,说而不休,多而无已,犹以为寡,益之以怪。以反人为实,而欲以胜人为名,是以与众不适也。弱于德,强于物,其涂隩矣。……其于物也何庸!夫充一尚可,曰愈贵道,几矣!惠施不能以此自宁,散于万物而不厌,卒以善辩为名。惜乎!惠施之才,骀荡而不得,逐万物而不反,是穷响以声,形与影竞走也。悲夫!

这是一段满含惋惜和真挚情感的对惠子百般揶揄的妙文。在那个时代,科学还停留在经验事实的水平上,惠施试图通过论辩、推理来认识大自然和世界万物的奥秘,当然只能是"其涂隩""其道舛驳""骀荡而不得"。相反,庄子所畅论的精神修养途径,反倒有一定的实践性和效用性,更能激起人们的共鸣和认同。这大概也是庄子之学历劫不衰,而惠子之学湮没无闻的原因吧!即便如此,对学识渊博、"逐万物而不反"的惠施,庄子仍掩不住内心的欣赏赞羡之情,在"惜乎""悲夫"声中称道"惠施之才"。

在先秦诸子中,庄子是哲学修养最高的人。他追求的是"天地与我并生,而万物与我为一","逍遥"于"无何有之乡"的高远宁静的精神境界。在对知识的态度上,庄子认为用短暂的人生去求知是"以有涯随无涯"(《养生主》)的徒劳,是"以其至小求穷其至大之域"(《秋水》)的虚妄,深刻但却消极。惠子是先秦诸子中科学素养最高的人。他追求的是认识世界的确切知识,"说而不休,多而无已",奔波在求知的旅途上,对认识这个壮阔而奇妙的大自然充满坚定的自信和强烈的渴望。这是十分难能可贵的。

(原载《中州学刊》1994 年第 3 期)

墨学衰微原因初探

一、解题

墨学是先秦特别是春秋战国之际的显学,也是唯一能够与儒家分庭抗礼并影响一个时代的学派。更为重要的是,在中国传统中,墨家思想是唯一一个努力追求逻辑体系的思想形态,并以此形成了和儒、道两家迥异的特异理念系统。但在秦汉以后,一个不争的事实是:儒、道存而墨、法废。

法家虽然衰微,却由于"汉袭秦制",它——不管是功是过——为中国两千多年中央集权专制帝国奠定了一个政教一体化的政治体制。墨学的命运则简直是悲惨至极,除了在朝代兴衰更替之际,通过民间的"侠义"精神透显出墨家一点旁枝末节的精神气质,几乎在历史上完全销声匿迹了。

这究竟是什么原因呢?它难道是另一道"李约瑟难题"吗?

现存《墨子》五十三篇在先秦典籍乃至于中华传统典籍中都显得十分特异,这主要表现在两个方面:(1)《墨子》的绝大多数文章是分组的。"墨学十论"共二十四篇(包括《非儒》)是最核心的一组;"墨经六篇"是最艰深的一组;"守备十一篇"可以说是墨子《非攻》篇军事思想观念的操作性部分。此外开头七篇的《亲士》《修身》《所染》《法仪》《七患》《辞过》《三辩》也都是命题文章,都围绕题目逻辑地展开;《墨经》后面的五篇《耕柱》《贵义》《公孟》《鲁问》《公输》,号称是墨家学派的"论语"。这两组的十二篇有一个共同特点,那就是它们可以看作是儒、墨之间的衔接部分,可以说是《非儒》篇的延伸以及墨家思想和儒家思想逻辑过渡的中介部分。这一中介部分和非儒十论、墨经、守备三部分共同构成了一个完整的理论系统。这样一种分组也就是一种分类,分类也就是分科;也就是说,《墨子》或墨家学派的思想有它形式上的逻辑性或者说是科学性。这就是墨学的第一个特点。(2)除被称为墨家学派"论语"的五篇外,其余的四十八篇题目,实际上都是一个个的逻辑命题,也就是说,这四十八篇都是命题文章。这些文章每一篇都紧扣着它题目的命题,层层递进,逻辑地展开,论证精辟,结构严谨,说理性强。从现代人的眼光来看,这种类型的文章和绝大多数的传统典籍至少存在着形式上的巨大不同。若从论说性言说方式的逻辑观念来看,这四十八篇文章都属于一流的文章。命题作文而不是因情势、因时因地因境遇的不同随机性地有感而发,这是墨学的第二个特点。因为,按照现代或者说西方文化的观念来看,写文章的目的就是要说清楚一个"理",既然墨家思想用如此好的文章形式表达了一整套思想结构,形成了一个严密的理念系统或者说是观念体系,那它为什么会在两千多年的中国历史中衰微甚至于几近中绝呢?

凭着中国人惯用的直觉智慧,如果允许我们用最武断的方式来简单回答的话,似乎三个字也就够了,那就是:"不合用。"

墨学衰微的原因不是别的,正是它的不合用。这样一个答案看起来简单,而实际上如果想要把它逻辑地展开,不仅不简单,而且是相当复杂的工作。本文当然无能力对此作全面说明。但首先,我们可以简单地发问道:"不合用"的主语是谁?是民众、士大夫还是皇上呢?如果都要负一定的责任,他们各自在哪一个层面上发生对逻辑思维和说理性文章的排拒作用呢?其次,我们还可以问:这里所谓的"用",其内涵是什么?是金岳霖式的"适用"(普适之用)抑或是儒家"日用"式的"实用"(实际的效用)?答案显然是后者。儒家的话语方式排拒逻辑的普适性,因为逻辑普适性本身就反对儒家式的等级制。以法家为思想依据的皇权专制当然更加反对带有强烈平等色彩的逻辑思维方式,如果按照逻辑的普适性来看待这个世界,皇权的特殊性将立即不复存在。但是更让人深感无奈的却是,在法家思想指导下的"齐民"百姓,由于农业对于自然天候的依赖性质,他们对逻辑思维方式也缺乏深刻追问的需要,他们的生存方式导致了他们思维方式的经验主义色彩,而经验主义和逻辑理性在传统中是难得共生的。

追问至此,我们立即可以意识到,是否墨学内在的逻辑"适用"性削弱了它的外在"实用"性呢?是否正是因为这样一种内外之间的不协调,导致了墨学的衰微?

我们的回答当然是肯定的。但是,为什么中国传统文化会有这样一种内外的不协调并以此构成一个迥异于西学的文化形态?国学中以儒道为背景的主干性传统难道是因为走了弯路从而必须放弃的历史包袱吗?如果不是,我们应该如何重塑我们的文化？这里我们当然不准备回答这些问题,而只想对墨学衰微的原因进行一点初步的探讨。

二、内部原因

1.知识和价值的冲突

中国本土文化资源的一脉相承者,无过于孔孟为代表的儒家和老庄为代表的道家。林语堂曾在《吾土吾民》中指出:儒家是中国人的都市哲学,道家是中国人的乡村哲学。儒家思想的核心观念是宗法主义,西晋时代"准五服以制罪"的宗法主义观念"以礼入法"后,儒家的宗法主义实际上成了中国文化秩序性诉求的"宪政"精神;道家思想的核心观念是自然主义,而自然主义在中国传统中的表现形态,简而言之也就是强调对生态环境的"顺任"以及由此而延伸的人际关系的相互宽容和忍耐,落实到民间以后,也就是农业民族必得要"靠天吃饭"的生存背景和在此背景下的"听天由命"哲学,这一点在"纯粹的道家"庄子那里表现得当然更加充分。在这样一种大环境的制约之下,儒家的宗法主义在本质上仍然是一种自然主义,因为人们在认识论上固然是必得要以个体的存在方式为基础,但是,任何一个人——不管他属于哪个种族、哪种文明——同时又都是"父母生的",宗法主义也就建立在这样一个朴实的自然事实之上,儒家所强调的亲子关系的根本原则性,今天看来,不仅不是什么道家所说的"人为"关系,而且正是一种十足的自然关系。道家反对儒家的其实也并不是儒家强调"孝"道的亲子关系,而是把这种血缘关系作为一种政治原则向社会生活的无限制推扩。

耐人寻味的是,在孔、老和庄、孟之间异军突起的墨家学说不仅与儒道两家的思想底蕴均不相同,而且和二者恰成对反。简而言之,虽然"墨学十论"也以强调"治"为号召,推崇社会秩序的崇高价值,并将这"十论"概括为"择务而从事"(《鲁问》)的五个方面,但从《墨子》的整个理论旨趣而言,它却和儒道两家的自然主义形成尖锐的对立,从其出发点到终极旨归的论证过程,都可以说是一种理性主义。

就存在论意义上,理性主义立足于个人主义,理性是个人的一种最为基本的能力。这种理性能力和人的自由性意志存在构成了某种张力。人的自由性存在,用现代的通俗话语来说即:任何一个正常的人,他(或者是她)都天生地具备着一种"胡思乱想"的能力,这可能是自由主义的一个最核心的出发点。但是在前现代社会中,所有的文化形态包括西方文化,都在不同程度上不允许"胡说八道";而我们这个世界,只要人们还有对秩序的需求,也就永远不会允许任何人"胡作非为"。为什么会这样?因为人不仅有自由意志,而且有理性。人的理性自然地规范着人的自由。这大概也就是即使是最为自由的现代国家,尽管在终极意义上它们都认同自由主义,却又同时强调法治的极端重要性,从而使社会生活能够在自由和秩序、民主和法治之间保持一种基本平衡的最为深层的原因。

所以,理性主义的基本内涵实际上意味着,每个人都可以通过自己的所思所想琢磨出一个"理",并通过言说或书写表述为某种理念甚至于某种理论形态。历史地看,不管哪一种文化形态,不管这种文化形态对人各相异的"理念"抱持一种什么样的态度或价值定位,作为一种人的特异存在方式,人们"胡思乱想"的权利是不可能以任何形式被彻底剥夺的。当然,置人于死地者除外,但那时的他或者是她,便已经不再是"人"。我们讨论存在,当然是讨论"活人"的存在。胡塞尔的现象学强调人们的"生活世界",说白了,人"生"下来,"活"着,不管是什么样的"生活",哪怕他是奴隶,哪怕他是死刑犯人,我们都没有办法完全制止他"胡思乱想";在现代社会的自由主义理论指导下,许多现代国家还允许人相当程度的"胡说八道",但是,没有一个国家会允许它的公民胡作非为。这就是自由和秩序、民主和法治的平衡。

这样一种平衡在人的最深层的存在层面上,实际上也就是人的"自由"能力和"理性"能力的平衡。不仅社会生活建立在这样一种平衡之上,任何一个完整健康的人格也都需要这样一种基本的平衡。这样一种平衡,内在的个人心理平衡和外在的社会生活平衡,不管是对于现代还是前现代,实际上都无一例外地存在着。因为,人的这样一种存在方式早在人之所以为人之时,就已经被天然地注定。这一点,不管是取"神创说"的西方文化,还是取"自然说"的中国文化,都无法在任何意义上改变人之所以为人的这样一种基本存在事实。所以,在我们看来,相对于人的这样一种基本存在而言,"文化"是相当表层的东西。人的这样一种存在性特征,决定了现代和前现代、中国和西方在文化形态上的贯通性。我们可以这样来问:难道说前现代社会的人类就没有这样的内在平衡吗？如果有,那么,不管在相对表层的文化上有多么的不同,它们在自由和秩序上的平衡不就都将必然地、由人的内在特质所早已"命中注定"了吗？这样一种内在的平衡虽然由于地缘关系的特质不同而发展为两种很不相同的文化,但每种文化,只要它能够持续性地存在,它就既不可能完全没有自由,也不可能完全没有秩序。

  当然,我们可以在哲学理念上进一步展开来看,虽然前现代的所有文化形态都以某种方式或者说文化形式承认死人在某种意义上的"存在"性,但从现代人的观念来看,那样一种"存在"仍然似乎是通过活着的人的某种观念的"存在"。这大概就是存在主义和物质主义在理论形态上的一个粗略的分野。对于墨学来讲,我们上述的"理"或者"理念"、理性主义,被称为"义"。墨学"贵义",这是强调人在存在意义上的本质特异性,而对于死人的存在,墨学称为"鬼"。《贵义》和《明鬼》两篇可以理解为墨学意义上的人本"存在论"。《七患》篇中墨子指出:"虽有义不能征无义。"这是强调了人的平等性。这种平等性事实上是建立在人的存在性本质特征之上的。"尚贤"的标准是"义","尚同"的必要性是"人异义",正是因为"一人则一义,二人则二义,十人则十义。其人兹众,其所谓义者亦兹众。是以人是其义,以非人之义,故交相非也",所以才要强调"壹同天下之义"(均见《尚同》)。既承认"人异义"的现实,又要求"壹同天下之义",这就是墨子所遇到的内外之"用"的不协调。也就是说,墨子的理论是把自己摆在了既承认人类个体的存在性价值,又要在此基础上建构群类性社会生活秩序这样一个矛盾之上了。所以,当他在理论内部努力进行逻辑论证时,他也就进入了一个"一与多"的逻辑悖论,并且想要用内在无矛盾的逻辑手段去说明内含着矛盾的逻辑体系。用当下国人所熟悉的语言来说,就是想要融严密的逻辑和辩证法于一体,理论上既想克服矛盾,事实上又要包容矛盾,这就是墨学的内在困境。然而我们不要忘了,这一矛盾性问题是直到目前为止,人类尚不能解决的问题,我们又凭什么以这种标准要求两千五百年前的墨家学派呢？

  辩证法和逻辑,事实上是各有各的用处,辩证法可用来"做事",而逻辑主要用来"说理"。"说"清楚的不一定能"做"出来,"做"出来的又难以在逻辑上"说"清楚。这就是人类生活的一个重要的存在事实。总想用逻辑的方法推导出一个"天下"秩序,这是墨学的一种内在努力,也是西方文化的一个重要特点。

墨家学派想要用理想主义的方法建构一个现实的社会秩序,当然"做"不到,但即使是对现在的欧美先进们来说,他们直到现在不是也还没有"做"到吗?"做"到就意味着理论的终结,而理论似乎永远不可能终结。人类在"说"和"做"之间所面临的这样一种局面,只能是为了希望的一个永恒的逼近过程。

回到墨家的处境上来。墨家学派越往后走也就越来越进入了一个死胡同,这究竟是为什么呢?学界都承认《墨经》的晚出,《墨经》晚出既能说明墨家思想前后一贯的逻辑努力,也能说明它在后来衰落的原因。当法家借用了墨家的"尚同"思想("国君唯能壹同国之义""天子唯能壹同天下之义")并建构了皇权专制之时,墨家的社会秩序理想确实可以说是得到了社会层面的落实,但在社会层面得到落实的同时,他们的理论旨趣却也走到了尽头。所以,我们不仅可以说,墨家是在儒道的联合攻击中衰落了,也可以说是在皇权、官权、绅权乃至于民权的联合绞杀中被扼杀了。法家借用墨家的思想落实下来的虽然并非墨家的"普适"性理想,却是墨家的"效用"性理想,这就是墨家在后代的真实处境。

逻辑的最高成果是科学,《墨经》中确实也有着数学、力学甚至光学的伟大成就。但是,科学的逻辑发展需要一个相对稳定的贵族化了的有闲阶层。但在中国,经过法家对墨家思想的现实性改造,中国的贵族有闲阶层就在皇权和民权的联合交逼中日渐消失了。正像李约瑟所指出的那样,中国工商阶层的地位在传统社会结构中的相对低下可能是中国人没有发展出科学的重要原因之一。而随着社会结构的这种二元化的发展(黄仁宇称之为三明治夹心面包)和日渐巩固,人们特别是其中的知识分子的心思全被用在了儒家经典上,全被用在了如何实现"行政安全"的理想之上,而再也顾不上什么"司法正义"之类的形而上学问题了,再也没有也不可能有人会为没有当下的实际效用而只有普适性的"大用"而钻研什么建立在逻辑基础上的科学了。墨家学派特别是其中的《墨经》致思倾向,也就因此失去了它的发展依托。用现代的话语来说,这实际上也就是知识和价值的矛盾,墨学是在这种矛盾中"自杀"了。

2. 义和利的一致和冲突

墨家思想带有很强的功利色彩,这是一个不争的事实。王赞源先生在《墨子》[①]一书中设专节讨论墨子的"理性的功利主义",徐希燕在《墨学研究——墨

---

① 王赞源:《墨子》,台北:东大图书公司,1996年,第254—256页。

子学说的现代诠释》①一书中也辟专章讨论"墨子的经济思想",就都是看到了这样的事实。但是由于墨子的学说体系严整而庞大,对墨子思想的核心观念究竟是什么,也还有多种的说法。从孟子的"兼爱即禽兽"说,到司马迁以后强调的"强本节用"说,事实上都不足以说明墨学在理论上的真正旨趣。倒是崔清田先生认为"义"是墨学思想体系的核心观念,则显得相当深入。

《贵义》篇中墨子强调:"万事莫贵于义。"既然"义"是和"万事"相关联在一起的核心理念,它和墨子思想的平民性又是什么关系呢?《经上》曰:"义,利也。"也就是说,贵义的目的是实现"最大多数人的最大利益"。《墨子》中常将"利害"并称,所谓"是非利害"是墨子思考社会人生问题的基本出发点和归宿。这说明,墨子思想是以人类个体趋利避害的本能为出发点的。从这样一个存在性事实出发,墨家的奋斗目标就是"兴天下之利,除天下之害"。"墨学十论"中除《尚贤》《尚同》《节用》外,其余七论共出现这句话达十二次之多,其中《兼爱》三次,《非攻》一次,《天志》一次,《明鬼》两次,《非命》一次,《非乐》三次,《节葬》一次。梁启超说:"利之一字,实墨子学说全体之纲领。"他又说:"所谓道德者何?兼爱主义是已。所谓幸福者何?实利主义是已。而所以能调和之者,唯恃天志。故吾以此三者为墨学之总纲,而宗教思想又为彼二纲之纲也。"②这里,梁启超不仅突出了墨学的"义利统一"观念,而且将这种观念引申到宗教领域加以统而一之,这诚然是一种有道理的说法。但是,如果我们仔细阅读《墨子》中的《天志》《明鬼》两篇,其中的功利思想仍然是昭然若揭的。在我们看来,墨子的理论旨趣并不在开发出一种由逻辑引申出来的宗教,而只是觉得,由于天子也不一定是靠得住的"圣贤",所以,抬出一个高于天子的更高的存在者以便使身为天子的人能够保持一种警惕戒惧的心态罢了。这和后来的董仲舒抬出"天"来吓唬皇帝的想法是完全一致的。以宽泛的眼光看,说这是一种"宗教"当然也没有错。但这和泛地中海文明的"人神同形同性"基础上逻辑推演出来的上帝崇拜仍然有着巨大的区别。所以,说墨子是一个"义利统一"论者可能更为妥帖。墨家的宗教性以特殊的组织性呈现。

---

① 徐希燕:《墨学研究——墨子学说的现代诠释》,北京:商务印书馆,2001年,第137—150页。
② 梁启超:《子墨子学说》,见《饮冰室合集》卷八,北京:中华书局,1988年,第6页。

"义利之辨"是中国思想史上重大的辩题之一。《孟子》开篇即批评魏惠王"何必曰利"当然是最重要的理论源头,但仍不如孔子"君子喻于义,小人喻于利"的说法来得干脆利落。墨子作为先学习儒家思想,然后又另立新门派的平民思想家,他当然深知避开"利"来讲"义"的空泛和虚伪。就这个意义上讲,墨子更有点像是当代西方学人,或者更像是一个中国式的功利主义者。

　　然而墨子是不得志的,这并不是因为他的理论不好,而是由于他的理论和中国大陆的农耕文明有些"水土不服"。试想,在一个自然依赖性极强的农业社会中,提高生产效率很难甚至是一件不可能的事情。正是因为效率提高的困难,墨子才十分强调一个"节"字,强调对任何浪费性消费的"非"议性批评。在他"义利统一"观中的"义"字中,内涵的也并非当代的"正义"理念,而是人类个体在知识和价值上的存在性,是在"利"和"害"之间把握好一个度。但这仍然具有重大意义。因为直到当今世界,理论前沿对所谓的"正义"仍然有着十分宽容的多种理论层次。

　　比如,罗尔斯在《正义论》中开门见山地指出:"正义是社会体制的第一美德,就像真实是思想体系的第一美德一样。一种理论如果是不真实的,那么无论它多么高雅,多么简单扼要,也必然会遭到人们的拒绝或修正;同样,法律和体制如果是不正义的,那么无论它们多么有效,多么有条不紊,也必然会为人们所改革或废除。每个人都具有一种建立在正义基础上的不可侵犯性,这种不可侵犯性甚至是整个社会的福利都不能凌驾其上的。因此,正义否认某个人失去自由会由于别人享有更大的利益而变得理所当然起来。它不承认强加给少数人的牺牲可以由于许多人享有的更大利益而变得无足轻重。因此,在一个正义的社会里,平等公民的自由权被认为是确然不移的;得到正义保障的权利不受政治交易的支配,也不受制于社会利益的权衡。使我们默认某种有错误的理论的唯一原因,是我们没有一种更好的理论;同样,某种不正义行为之所以能够容忍,也仅仅是因为要避免更大的不正义。作为人类活动的第一美德,真实和正义都是不可调和的。"罗尔斯作为当代政治哲学的翘楚,就是一个"义利统一"论者,但他在下面的论述中,我们仍然能够看到他对各种形态的"正义"理论所持的宽容态度。

　　墨子当然没有能力建构如此严谨的逻辑推演,但他保护平民生存权利的情怀仍然让人感动。他一再强调的"节用"主张,并努力限制上层贵族乃至王权的葬礼浪费和奢华乐队即"节葬""非乐"，就是最好的证明。但在以农立国的中国传统中，墨子不可能建构彻底的民主政体设想，而是用要求贵族、王族们节约的方式来"强本节用"，并附之以"天"和"鬼"的威吓来建立一个通过法家转化为现实的"一人"专制政体来实现自己的理想。但我们并不能简单地说，这样的政体在传统中国毫无"正义"可言。罗尔斯在该书的同一章中这样论证道："我们假定，一个社会就是人们的一个或多或少自给自足的团体，人们在其相互关系中，承认某些行为准则是有约束力的，而且在大多数情况下都是按照这些准则来行动的。进一步假定这些准则明确规定了一种旨在促进参加合作的人的利益的合作制度。这样，尽管社会是一个促进相互利益的合作事业，但它不仅具有共同利益的特征，而且也具有矛盾冲突的特征。由于社会合作有可能使所有的人比任何孤军奋斗的人过上更好的生活，这就有了共同的利益。"难道几千年的专制政体不正是因为大陆农业文明有着共同的抵御西北游牧民族不断骚扰的必要吗？汉武帝"诛郭解"不正是帝国整合墨家侠义精神的致命一击吗？

　　既需要一个准军事化的上层社会组织来抵御侵略，又不能让这个准军事组织过分地干预正常的民众生活，于是，儒家的贤人政治在墨子这里也就仍然是不仅可以接受，而且是要努力推崇的。这就是《尚贤》篇名列"十论"之首的原因吧！罗尔斯如下的妥协性讨论能够证明墨家这样一种设计的相对合理性。他说："只要在分配基本权利和义务时不在人们之间任意制造差别，只要这些准则能够对社会生活中相互对抗的利益要求确立恰当的平衡，那么体制就是正义的。"他又说："尽管正义具有某种优先地位，是体制的最重要的美德，但在其他条件相等时，一种正义观由于产生了更合意、更广泛的效果从而比另一种正义观更为可取，这种说法仍属正确。"贤人政治并不是"任意制造的差别"，它是在皇权专制的准军事组织和民众世俗生活之间为了利益最大化而"确立的恰当平衡"。（儒家以"义"优先于"利"的观念强调圣贤人格，和墨家并不矛盾。而儒家成功的真正原因其实主要是它的宗法主义——自然朴实、简单易行而又无可逃避）如果连当今最为发达的美国学界的翘楚都承认"更合意、更广泛的效果"有可能形成"另一种正义观"，我们有什么资格来责备两千五百年前的墨家"尚同"思想专制就毫无正义可言呢？当然，历史合理性并不排除专制政体的观念非正义。义者，公利也。宋明道学的这种解释差强一说吧！

　　这样，我们就可以进入墨学衰微的外部条件了。

三、外部条件

读中国先秦典籍,一个基本的感受是:虽然同样处在"轴心时代",远东中国的农耕经济和宗法主义与地中海沿岸的古希腊、古罗马的工商业奴隶经济和个人理性的觉醒形成了鲜明的对照。中国先秦的"百家争鸣"虽然也呈现出空前的学术繁荣景象,却相对温和地延续着自己的血缘氏族宗法传统,并没有明显的理性突破;如果勉强说似乎也有一种"人的发现",却也只是道德价值层面的。

与此形成鲜明对比的是,古希腊和古罗马则实实在在地发现了"人",不是整体的社会的而是个体的人。他们更加彻底地开发了人的理性能力,同时也发展着人的自由精神,但却不得不以奴隶制为代价。中国先秦的"人禽之辨"和古希腊"人神同性同形"的致思倾向,能够清晰地说明这一点。究其原因,地理因素很可能在传统的早期塑造中起了举足轻重的作用,因为,如果血缘和地缘是决定人类文化传统的内外两大基础性原因的话,人种学在遗传基因上的差别,即使不是完全没有,也几乎是一个可以忽略不计的要素。

东亚大陆沃野千里,极为宜农,而农业生产又是当时最先进的生产、生活方式;地中海沿岸的地理因素却极为复杂:北非、西亚、南欧的气候、地貌以及与之相关的物产的差异,是十分巨大的。不同的物产分布为商品交换提供了基本的前提,加之地中海上水运便捷,对发展商品生产以及与之相关的手工业特别是近代行会极为有利。须知,商品交换是以"互通有无"为基础性条件的。互通有无的双方也是必须进行清晰的"权利"界定的,这就是契约意识在地中海沿岸高度发展的秘密所在。

于是乎,一个以农人为基础的东方大陆和一个以商人为基础的地中海沿岸,从此在文化传统上分道扬镳:中国成功地依照自上而下的方式滚雪球式地发育出一个大一统中央集权的专制帝国,而欧洲却发展了古希腊为典型的民主体制和古罗马为代表的共和体制。这两种体制在欧洲的地理大发现、科学昌明以及与之相关的工业革命、海外殖民之后,即在世界上占据了统治地位。与此同时,东亚大平原的汉民族却沿着黄仁宇一再强调的 15 英寸降雨线和西北边陲的游牧民族进行着规模空前的同化和整合,直到英国人的"坚船利炮"轰开国门,这一过程似乎并没有完全结束。于是,东西方两大文明体系产生了激烈的碰撞。

"冰冻三尺,非一日之寒。"我们需要从墨子时代东西方发生的历史大事来反观这两大传统的重大分野的渊源流变。

公元前509年,在古希腊和古罗马几乎同时发生了两件大事:古希腊克利斯提尼的"三一区"改革的结果,"以血缘为纽带的氏族部落组织被彻底摧毁,不相毗连的三一区,分化瓦解了贵族势力的基础,使他们无法控制选举、左右政局,选民登记在村社而不在氏族,使雅典公民人数几乎成倍增加,扩大了民主制的基础"。[1] 此后,在伯利克里时代,即墨子的时代,雅典民主制达到了顶峰并在伯罗奔尼撒战争中骤然滑落。

在克利斯提尼"三一区"改革打破血缘关系的统治地位的同时,在古罗马发生了以乌尔图斯为首的贵族集团驱逐塔尔奎尼王族的共和革命,血缘氏族的原始社会政治形态也被戛然画上了句号,成为古罗马由"王政"时代向"共和"时代过渡的分水岭。此后经历了将近五个世纪,直到公元前44年,古罗马的贵族元老院势力依然强大到足以刺杀恺撒,迫使恺撒的继承人屋大维终生不敢称国王,而只能是一个"首席执政官"或"首席公民"。即使到了帝国时代的罗马,罗马皇帝仍然不以血缘继承为其主要的权力继替形式,而是用"选贤举能"的方式选出继承人后,以将其收为"养子"的方式来强化这一继承人的合法性统治地位。

依然是和墨子同时,即公元前451—前450年,古罗马在贵族共和与平民抗争的平衡中,通过"四大保民官"和贵族元老院协商的形式所颁布的、强烈地影响了西方历史发展进程的"十二铜表法",可以说是民主和共和两种政体理性协调的智慧结晶,从而成为罗马法系的奠基之作,并成为近代法、德民法典的直接摹本。

而几乎是与此同时,也就是公元前509年前后,二百多年的春秋霸权迭兴的时代正在进入它悲壮的尾声。历时一百多年的晋、楚南北对峙平衡局面正在被打破,晋国出现了"六卿执国命"的内忧,楚国则在东南兴起的吴、越军事势力的重压之下,逐渐失去昔日的辉煌。42岁的孔子这时可能正在洛阳向老子"问

---

[1] 陈丽君、曾尔恕主编:《外国法律制度史》,北京:中国政法大学出版社,1997年,第57页。

礼":"老聃在世。孔丘随南宫敬叔至周(姑系于本年),问礼于老子。"①正是在这种春秋和战国"方生方死,方死方生"的局面下,中国先秦儒家最大的反对派墨翟,以平民的身份、工匠的巧智,构建着自己宏伟的理论大厦。杨向奎甚至认为:"一部《墨经》,无论在自然科学哪一方面,都超过当时整个希腊。"这种说法未必确切,但有一条是肯定的,墨子的学说确实拥有着一种类似古希腊的逻辑、科学甚至于法律、宗教精神,这确是学术界的共识,也是一个不争的事实。然而就是这样一种思想体系,在经历了不到二百年轰轰烈烈的民众响应之后,却悄然谢幕,似乎在中国历史舞台上永远消失了,如果不是西学刺激的话。

因为这种理论和农业文明的中国不能发生协调关系,所以,《墨子》不得不委屈地被保留在《道藏》之中。在整个两千多年的历史中,《墨子》只是被西晋的鲁胜问津过,直到乾隆年间,很可能是在传教士的刺激之下,才由毕沅、孙星衍、汪中把它从尘封已久的古籍中翻捡出来。目前学术界所流传的《墨子》版本,也是在近代以后,即清末的孙诒让的校本。这就是墨学的命运。

至于如何从墨学出发,借助墨家思想资源再造我们的传统,这已非本文的任务了。但有一条是肯定的,纯粹的经院哲学不能解决这一问题。因为,这实际上并不是一个纯粹的"理论"问题,而是一个需要"实践"、需要"做"出来的问题。

(原载《文化中国》[加拿大]2006年第3期)

---

① 张习孔、田珏主编的《中国历史大事编年》将此事归在公元前510年(辛卯　周敬王十年　鲁昭公三十二年　吴王阖闾五年　晋定公二年)。

金岳霖逻辑思想述论[1]

按金岳霖自己的说法,他直到近30岁时才开始进入逻辑这个领域,既无法像青年人那样受正规的训练,又没有师承,所以,总觉得自己是个门外汉。并且按金晚年的说法,要搞逻辑,不仅数学要好,而且最好还要懂一门自然科学,自己不具备这些条件,这对搞逻辑是很不利的。可金之所以能成为我国现代逻辑学开一代风气的人物,自有其内在的原因和道理。

金从小就有着明显的逻辑意识。中国有句俗话:"金钱如粪土,朋友值千金。"这无非是想说"友谊是值得珍视的,它比财富珍贵"。但是金感到这样说不行。用他后来在《逻辑》中的规则讲就是,如果这比喻是一个逻辑推理,这里"金钱"和"千金"是三段论的一个中词(等质而不同量)。如果把"金钱如粪土"作为大前提,把"朋友值千金"作为小前提,结论正好与这话要表达的意思相反。还有一个例子,当有人把"树在庙前"说成"庙在树后"时,他认为这也不行。因为按照传统的名词表达式逻辑,如果主词和宾词是对称的,它们可以换位;如果不对称,换位就会导致混乱。比如"人是动物"这一个命题,我们就不能颠倒过来说"动物是人"。但更为重要的也许是,他步入逻辑领域后,对逻辑一直具有浓厚的兴趣,这在某种程度上弥补了他的不足。有人问他为什么要搞这枯燥无味的逻辑时,他说:我觉得这东西好玩。

无论如何,就我国逻辑学发展的水平和状况来说,金在逻辑学上是有相当贡献。这贡献一方面当然是由于他的著述。可与金在逻辑学本身的贡献相比较,他在这一领域的社会影响似乎更为突出。比如,他在美国的弟子王浩,是

---

[1] 本篇和下篇《金岳霖罗素哲学分析批判》,基本为北京图书馆出版社1998年出版的《金岳霖学术思想评传》第四、五两章(其他章节由王中江先生撰写),但各自的第一部分当时由于技术原因被压缩。

具有世界一流水准的计算机逻辑学家;他在台湾的弟子殷海光善于宣传逻辑。国内逻辑学界的扛鼎人物如沈有鼎、王宪钧、周礼全等都是他门下的学生。

金正式开始写逻辑学的论文是1927年的4至6月。这一年,他在《哲学评论》1—2期上连续发表了计划中的自己一书的《序》,在此,金第一次系统地讨论了有关逻辑哲学的问题,按他自己的说法:"本文将探讨逻辑与哲学、生活以及对我们所处世界的认识的关系。我们将试图提出逻辑在所有上述领域中所起的作用,并且看一看根据什么标准证明我们对逻辑的依赖是正确的。"①到了1935年,作为清华大学哲学系的教材,他推出了《逻辑》一书,此后不久,该书由清华大学出版部印行。这是金一生唯一一部独立写作的逻辑学著作。不过,此书似乎并不是他1927年拟议中的逻辑哲学的著作,虽说它的第四部分有点类似(金认为它"是一种逻辑哲学的导言")。1936年,《逻辑》一书由商务印书馆正式出版,1937年再版。三联书店于1961年重印《逻辑》一书,作为"逻辑丛刊"的一种。重印时,金把"发表于《哲学研究》的《对旧著〈逻辑〉一书的自我批判》作为代序",放在该书的前面。1978年和1982年,三联书店据1961年版对《逻辑》一书又两次重印。这本在金先生自己看来写得很"糟"的《逻辑》一书,实际上可以说是中国逻辑学领域的经典著作之一。在这部原本是作为教材的书中,金写了四个部分:一、传统的演绎逻辑;二、对于传统逻辑的批评;三、介绍一逻辑系统;四、关于逻辑系统之种种。第三部分介绍的是罗素的 P.M 系统即数学原理,内容完全是数理逻辑的,按金自己的说法,基本上是照抄。在下面的述评中,我们对第三部分只作适当的参酌,并不或者说无能力展开深入的讨论。

此外,在《逻辑》一书刊行前后,金还写出了《同·等与经验》(1927年)、《说变》(1926年)、《思想律与自相矛盾》(1932年)《范围的逻辑》(1933年)以及《释必然》(1933年)、《论不同的逻辑》(1941年)等许多逻辑学方面的论文,从不同角度阐发了自己的逻辑思想。

50年代后,金还写有《论真实性和正确性的统一》(1959年)、《论"所以"》(1960年)、《客观事物的确实性和形式逻辑的头三条基本思维规律》(1962年)等论文,并主编了《形式逻辑》和《形式逻辑通俗读本》。但由于金从对学术理想的追求转向了新的改造社会的理想追求,并没有为我们提供多少新鲜的东

---

① 《金岳霖学术论文选》,北京:中国社会科学出版社,1990年,第437页。

西。因此,我们这里的讨论,仍以20世纪30年代那本《逻辑》为主。

一、对传统逻辑的理解和批评

20世纪30年代,金在出版《逻辑》一书时,在短《序》中说了几句看上去也许是过分谦虚的话:"我从前是学政治的,对于逻辑的兴趣差不多到三十岁才发生。我不仅没有师承,而且没有青年所容易得而中年所不大容易得到的训练;所以兴趣虽有,而对于这门学问,我始终觉得我是一个门外汉。预备这部书的困难也就因这感觉而增加;有时候我觉得我根本就不应该写这样一本书。"①在晚年的回忆中,金说自己写了三本书,《论道》是比较满意的,《知识论》是费劲最大的。说到《逻辑》一书,他认为"写得最糟的是大学《逻辑》"②。这大概是因为金一辈子徘徊于逻辑学领域,他对自己有一个较高的期望,没能搞出一个逻辑"系统",晚年引以为憾。金先生在这本书里,从"演绎系统"这个角度开始了他对传统逻辑的介绍和点评,"系统"在金的整个逻辑思想中,具有突出的地位。③

在现代逻辑学中,逻辑作为一个系统时,它是前提和结论之间的一个工具,一套作为方法、手段的程式和程序。由于它严格遵循"重言式",这样的程序总是演绎的必然。结论的或然率的高低和作为前提的真命题密切相关;真命题的或然率只和存在的事实相关而和逻辑系统无涉。由于内容总是要和具体的学科联系起来,对于逻辑学来讲,也就只剩下两件事:一是考察作为前提的真命题的合法性;二是建构与之相适应的逻辑演绎系统。这样,逻辑就可以定义为完全根据真命题中所含词项的意义研究真命题的一门学科。④ 从这种观念出发来观照金先生对传统逻辑的理解和批评,可以说是有得也有失。就金先生在"传统的演绎逻辑"中只讲"推论"(直接的和间接的)来说,他把握住了现代逻辑的

---

① 金岳霖:《逻辑》,北京:生活·读书·新知三联书店,1961年,第1页。(以下凡引此书,只注书名、页码)
② 《金岳霖文集》第四卷,兰州:甘肃人民出版社,1995年,第755页。
③ 可参见《范围的逻辑》一文,载《金岳霖学术论文选》,第502页。
④ 参见《简明不列颠百科全书》卷5第518页,北京:中国大百科全书出版社,1986年。

要领;但如果从他不仅从命题而且从名词开始这一出发点(原子)来看,却明显是一种对于现代逻辑和传统逻辑的调和与折中。这和20世纪30年代的逻辑学发展水平不能说没有关系,但主要是受制于金先生自己的实在论哲学。

从"名词"出发还是从"命题"(真命题)出发,某种意义上可以说是传统逻辑和现代逻辑的分水岭。由于金未能清晰地意识到这一点,他在第一部分讲"传统的演绎逻辑"时,是从"名词"出发而又迅速转入"命题"的。我们下面的讨论,不单独谈金对传统逻辑的理解问题,而是把它和对传统逻辑的批评放在一起。这是因为,金对传统逻辑的理解中有批评;而他对传统逻辑的批评,事实上也蕴含着对它的理解。

(一)名词、命题

金在后面专门说到逻辑系统的"原子",这其实就是在讨论逻辑的出发点问题。金认为逻辑的"原子"不仅仅是命题,而且应该包括类(名词)、关系以及论域。在金看来,这都是逻辑的出发点或前提。事实上在"传统的演绎逻辑"这里,金正是按传统逻辑的惯例,在开宗明义的"直接推论"部分,先讲"名词"。

在金看来,逻辑上讲名词,包括了"特殊名词""普遍名词""具体名词""抽象名词"等,可金接着即指出:"各种名词与演绎方面的推论——无论旧式与新式——均没有多大关系。"①这里说的"旧式",就是指的传统逻辑。为什么说没关系呢?原因有二:一是从形式逻辑方面讲,从亚里士多德开始就用符号,现代数理逻辑或说符号逻辑,无非是把符号运用得更加充分而已。二是名词在数理逻辑中被当作类词看待,同类的用相同符号表示,不同类的用不同符号表示。所以说没关系,可以不理。传统逻辑说到名词往往又叫概念。说概念就有概念的"内包与外延"问题。现代数理逻辑(主要指罗素、怀特海的系统)不仅把逻辑和数学接通,使之充分符号化,而且把传统注重"内包"的逻辑改造为"外延"的逻辑。这种外延的逻辑也就是以数为类词(类的类)的逻辑。20世纪30年代"仍然有所谓内包逻辑与外延逻辑。主张内包逻辑的人几乎免不了以为外延逻辑根本不是逻辑,而是算学"。但在金看来,主张外延逻辑的罗素 P.M 系统虽然在事实上注重算学,"但他们的系统在形式方面仍是逻辑"②。主张内包逻辑

---

① 《逻辑》,第4页。
② 《逻辑》,第4—5页。

的刘易斯批评罗素的外延逻辑不能算是逻辑,这在"蕴涵"方面确实有很深的意义,可金认为,这"与逻辑哲学的关系深,我们在这里不过提及而已"①。

在名词的定义方面,金也指出了传统逻辑与现代逻辑的区别。在传统逻辑中,给名词下定义就是写出它的内涵。传统定义的规律虽也有许多,可金认为只要指出一条就行了,那就是"定义不要绕圈子"②。在现代逻辑看来,符号的定义完全就是"化复杂为简单",只是运算的方便而已,既"无所谓真假"可言,定义时引用符号也是完全"自由"的。③ 为什么是这样的呢？金说:"从历史方面着想,逻辑最初就与知识论混在一块。"而逻辑和知识论这两个词,在古希腊"本来是由 Logos 变出来的"④。"最大的关键似乎是把逻辑里的命题当作知识论里的判断。……谈名词就谈到官觉,谈命题就谈到判断,愈注重在求知识的实际上的应用,愈不能得抽象的进步,愈注重实质,愈忽略形式;其结果是形式方面的对与不对的问题无形之中变成了真与不真的问题。"⑤在明确区分了逻辑学和知识论上的"真假"后,金先生笔锋一转,就从名词概念的讨论,一跃跨过关于"判断"的讨论,直奔演绎系统的出发点:命题。

在演绎系统的出发点问题上,命题是现代逻辑和传统逻辑的交叉点。但正如金先生所指出的那样:传统逻辑里的命题都是主宾词式的命题。这就是讲传统的演绎系统要从"名词"讲起的内在原因。对此,金批评说:"主宾词的形式既为命题的普遍形式,传统逻辑一方面范围狭,另一方面又混沌。"⑥为什么现代逻辑要把主宾词(类)逻辑的判断改造为命题呢？金认为,这是因为命题逻辑可以包括主宾词逻辑,反之,则不能。"从这一点看来,命题比名词或者更为根本。此处根本两字仅表示由命题推到类或名词,比由类或名词推到命题或者容易一点。"⑦金说:"从范围方面说,表示关系的命题就发生困难。'A 比 B 长,B 比 C 长,所以 A 比 C 长'这样的推论在三段论的推论中就发生问题。此推论是很明显地靠得住,可它不守三段论式法,而其所以不守三段论式法者是因为这个推

---

① 《逻辑》,第 5 页。
② 《逻辑》,第 6 页。
③ 以上均请参见《逻辑》,第 292 页。
④ 《逻辑》,第 2 页。
⑤ 《逻辑》,第 8 页。
⑥ 《逻辑》,第 9 页。
⑦ 《逻辑》,第 139 页。

论中的命题根本就不是主宾词式的命题。即强为解释成主宾词式的命题,它们的推论仍违三段论式的规律。把命题限制到主宾词式,其不遵守此式者传统逻辑无法应付。"①据此金得出结论说:"无论如何,即此两端已经表示逻辑中的命题不能限于主宾词式的命题,而传统逻辑有此限制。"②

(二)系统演绎问题

按金的说法,演绎就是推行,推行就是让逻辑系统"动"起来,可正像"如果一物在动,它是在它所在的地方动呢,还是在它不在的地方动"的悖论问题一样,推行"工具"的问题是很麻烦的。是什么"东西"使前提转化为"结论"?

在金看来,罗素的 P.M 系统从"基本概念""基本定义""基本命题"等原子开始(维特根斯坦之后的逻辑学认为,这是不对的),然后,整个"系统"的生成,就靠"命题的推演"。在这个意义上,传统逻辑和罗素的 P.M 系统一样,也需要自己的"推行的工具"。金说:"一系统中由一命题推到另一命题,由一部分推到另一部分,须有它的推行的工具。"③在金看来,推行的工具不止一种,其中主要的就是"与""或""非""等·同"以及"蕴涵"和"所以",其中"蕴涵"和"所以"最重要。关于"同""等"和"代替",在现代逻辑中,"代替"就是定义;在传统逻辑中,代替经常是指把不同的概念、词项代入到逻辑的"格"和"式"中,特别是"三段论"中。关于"同"和"等",1927 年金有一篇《同·等与经验》的论文,讲得很细,这里可以不说。同和等作为推行工具,简言之,即是一种对称包含,"等的范围小,同的范围大"④,它们和数学上的"="相类。传统逻辑发展成数理逻辑,它们当然就成了推行的工具,写作"≡",读作"等价于"。至于"与""或""非",金在《逻辑》中沿用了数理逻辑的用法,我们这里不再赘述。

最麻烦的是"蕴涵",金在逻辑中把这一麻烦问题和"所以"问题关联起来考虑。关于"蕴涵"和"所以",金于 1959 年在《哲学研究》上发表的《论真实性和正确性的统一》一文中曾有专论。可按高路的说法,"把正确性与真实性的关系问题归结为蕴涵和推论的关系问题,客观地说,是把问题'过于简单化

---

① 《逻辑》,第 9 页。
② 《逻辑》,第 10 页。
③ 《逻辑》,第 261 页。
④ 《金岳霖学术论文选》,第 185 页。

了'"①。在1960年《论"所以"》一文中,金把这一思想进一步加以发挥,可认真研读后不难看出,"蕴涵"和"所以"实际上是演绎和归纳两种思维形式中的不同工具。对于这些,我们在这里只是提出来而已,就金对"传统的演绎逻辑"和"对传统逻辑的批评"两方面,都可以不予考虑。

《逻辑》一书中的"所以",和上面提到的在归纳问题上说的"所以"有所不同。金先生指出:"此处所说的'所以'是演绎方面的所以,不是归纳方面,或普遍言语中的所以。这种'所以'是演绎方面的'Inference',它根据于蕴涵。能说所以的时候总有蕴涵关系。本段所要提出的问题是有蕴涵的时候是否能说'所以'。"②金在举出古希腊阿乞黎和乌龟赛跑的例子后说,这是个很麻烦的事。你不能简单地认为乌龟的理由是"诡辩","它(乌龟)有相当的理由。它表示蕴涵关系可以成为一串链子,不容我们中断,而我们要得结论,那就是说,要使我们对于一命题能冠以'所以'两字,我们非打断那一串蕴涵关系不成"。"如未打断,则'所以'说不通。推论的原则一方面固然是普遍的推论方式,另一方面也可以说是打断蕴涵链子的原则。从前一方面着想,它有积极的用处;从后一方面着想它有消极的用处"。③金的结论虽未明说,可我们不难看出,"所以"不能轻易用,可又不能不用。关键是要看推论的两前提是否真正具有蕴涵关系。

在传统逻辑中,一般只在假言推论时才认为有蕴涵。这就是自然语言中的"如果……则"。可在金看来,一方面"如果……则"有些可以反过来说"除非……不",而这个"除非……不"传统逻辑中没有。另一方面至少传统的全称直言判断似乎可以转化为假言判断,从而说明它们有"蕴涵"关系。对此,金指出:"普遍的'如果……则'的命题是表示充分条件的命题,而寻常的语言中'除非……不'表示必要条件的假言命题。……前一部分是传统逻辑所有的,后一部分是传统逻辑所无的。我们现在虽然还是讨论传统逻辑,我们不妨把后一部分也加入,因为以后我们的讨论推广到传统逻辑之外的时候,这种分别没有多大的意思。"④关于后一方面,金说,传统逻辑中"全称肯定命题可以作一种直言的解释,也可以作一种假言的解释。传统的直言与假言命题究竟应作何解释颇

---

① 《金岳霖学术思想研究》,成都:四川人民出版社,1987年,第320页。
② 《逻辑》,第267页。
③ 以上均请参见《逻辑》,第268页。
④ 《逻辑》,第50页。

不易说,兹假设它们的解释如以上(变全称直言为假言)的解释,这假设也不至于大错。如照此解释,则直言与假言不仅是语言方面的分别"①。这结果,在金那里,至少一部分直言推论变成了假言推论,变成假言推论也就有了蕴涵问题。

关于蕴涵,我们下面还要专门说到。这里的意思是说,如果没有推行的工具,系统就无法"演绎",可在金看来,真正的能"动"的工具就像牛顿的"第一推动"一样,是难以找到的。然而既然已经有了"原子"命题,这难当然还是要作。否则,"出发"就是一句空话。在西方思想史上,关于"原子"(当然不是逻辑原子)怎样"动"起来,一直就是很大的问题,罗素把最基本的逻辑命题叫作"逻辑原子",不能不有类似的"动"的问题发生。金接受了这种观念,当然不能不面对这同样的问题。在金先生看来:"所谓推行的工具即以上所说的'自生'的工具,没有这种工具,一演绎系统的干部就不能'动',那就是说支部'生产'不出来,而系统就不成其为系统。"②在任何逻辑系统中,"动"的最麻烦的工具都是蕴涵。

威廉·涅尔和玛莎·涅尔夫妇在他们合著的《逻辑学的发展》中,最后得出结论认为:"同一理论可以合宜地排斥于逻辑范围之外,我们的逻辑科学最好定义为关于含蕴(蕴涵)的纯理论。"③这和金先生20世纪30年代就汲汲于"蕴涵"问题是非常一致的。

涅尔夫妇虽然得出了明确的结论,该书却比金先生的书晚出了24年。

传统逻辑中最主要的推行工具还有个"是"字。这和传统逻辑局限于主宾词式的命题是直接相关的。这"是"字当然是一个存在论的问题,可在逻辑中它的意义应该有个确定的说法。现代逻辑从"真命题"出发,把这个含混不清的存在论意义上的"是"字即命题的"真假"问题挤出了逻辑的家门。当系统演算涉及"断定"("⊢"符号)问题时,"是"不再被当作单独的逻辑词项,而是把它和后面的宾词联结起来,把它作为"谓词"看待并进行演算。但在传统逻辑中,由于把命题仅仅当作主宾词式看待,就使这类命题模糊不清,"……是……"的问题遂成了一个大问题。金对此说:"'甲是乙'这命题中之'是'字,其意义非常不

---

① 《逻辑》,第133页。
② 《逻辑》,第231页。
③ 威廉·涅尔、玛莎·涅尔:《逻辑学的发展》,北京:商务印书馆,1985年,第913页。

清楚。"①(金把全称命题中的"是"当作假言推论,部分地解决了这一问题)比如,"所有的人都是有死的"这一命题中的"是"字,在金看来,至少有九种以上的意义,所以当我们说这类话时,虽然在特定环境中一般听者也都能明白,可在追求普遍适用性的逻辑上,这类模糊话就不通。现代逻辑把主宾词式命题理解为谓词逻辑时,把"是乙"联结起来看待。这不仅使传统命题获得了新的演算规则,也使传统无法纳入三段论推理的关系命题问题得到解决。比如金常讲的例子"A 比 B 长,B 比 C 长,所以 A 比 C 长",在现代逻辑中就用把"比……"当作一个谓词的方法,使传统无法进行逻辑推论的命题获得了逻辑的合法性。

(三)"推论"的理解和批评

金对传统逻辑的批评集中在对"推论"的批评上。其中又分为两大部分:一是对直接推论中的 A,E,I,O 的解释,即"主词存在"问题的批评;二是对间接推论的批评。在对间接推论的批评中,主要的是对传统逻辑最精华部分的"三段论"的得失的批评;但说的仍是主宾词式限制的问题。关于假言推论的批评,我们前面已经谈及,下面还要专门提出。这一部分,我们仍然颠倒过来从后面向前叙述,即简单谈谈关于"二难推论"和"析取推论"的批评后,介绍一下金关于传统三段论由于"主宾词式限制"的批评;最后着重说关于传统逻辑的 A,E,I,O 中,"主词存在"问题的批评。

"批评"的意思,金有专门的明文的交待:批评就是分析。所以,《逻辑》一书有问题,现代逻辑也有现代逻辑的问题,也是可以进行分析批评的。只是"本书意不在此"罢了。他说:"本书的宗旨在使初学者得批评的训练,使其对于任何逻辑及任何思想,均能运用其批评的能力。"②这是我们在介绍下面内容前想要交代的话,和下面的"批评"以及我们后面偶尔也对金的批评进行一点批评,没有直接的逻辑上的关系,只有价值上取中性态度的认同。

对于二难推论,金分析得十分精到:它指这样一种三段论,"二"个假言命题的大前提,"二"个选择值(二析取)的小前提,得出的结论是一个让人左右为难的"难"题。对这样一种逻辑形式,金的结论是:"'二难'推论不是普遍的形式

---

① 《逻辑》,第 9 页。
② 《逻辑》,第 145 页。

问题,而是一种特殊的辩论工具,在逻辑范围之内似乎根本就用不着讨论。"①这说法似乎是回答了他在前面所提出的问题:逻辑是"一种思想的艺术"呢,还是客观世界"必然的性质"呢?金主张把逻辑当作我们这个世界的某种必然的性质。这样,二难推论在金那里也就成了"辩论的艺术"。在金看来,对二难推论,我们"似乎根本就用不着讨论",因为二难推论"在逻辑上没有任何特殊的地位"。② 可如果讨论二难推论仅仅是为了提高辩论的水平,金为什么还要在《逻辑》一书中专门讨论这属于辩论艺术的二难推论?很可能是在金看来,有几个二难推论的例子,过于能让习于思索的人赏心悦目。这里,我们不妨也仿照金的思路,略举几例,以飨读者。

例一:

如果你聪明,你应该明白你的错误;如果你诚实,你应该承认你的错误。

<u>你或者不明白你的错误,或者不承认你的错误。</u>

所以,你要么不聪明,要么不诚实。

例二:

如果你的话符合真理,用不着说;如果你的话不符合真理,不应该说。

<u>你的话要么符合真理,要么不符合真理。</u>

所以,你要么用不着说,要么不应该说。

例三:

一物体如果在运动,那它要么在它所在的地方动,要么在它不在的地方动。

<u>任何物体既不能在它所在的地方动,也不能在它不在的地方动。</u>

所以,任何物体都不能动。

这里,例一明显的是以"假设辩论对手有错误"为一暗含的前提,破的办法就是揭出这一暗含前提的不真实性。例二的问题是假设有一个绝对的真理,这一神秘的真理似乎可以不通过言辞的显示就能自明,如果认为有这样的真理,当然就是谁也不要说话,或者都去背指定的书。如果认为真理必须在双方的辩谈中才能显现,这一假定当然也是错误的。关于例三,金先生的说法是:"前件不是后件的充分条件,后件不是前件的必要条件。"金认为应该说"在它所动的

---

① 《逻辑》,第 145 页。
② 《逻辑》,第 142 页。

地方动"①。这说法不清楚,科学的"动"字,看到了存在世界的复杂性。因此,逻辑上的二难推论也就绝不仅仅是"辩论的艺术",也是世界的属性之一。如果确实是这样,当代分析哲学的说法与金不同。

所谓析取推论,就是金常说的"或……或……"这类选言推论。析取推论是范围逻辑的概念,它必须确定自己的选择阈并在此阈限之内"穷尽可能",然后才谈得上"必然"的选择。如果范围不定、层次不清,随便拉出两种或两种以上可能的"值"让你选择,这本身肯定就会犯不周延的逻辑错误。这个问题在金那里涉及对逻辑的总认识,我们在"逻辑范畴论"以及"逻辑哲学论"中都还有认真讨论。

这里需要先交代的是,金先生不仅认为凡"所列的可能必须彼此不相容而又彼此穷尽"②,而且认为,析取推论可以转换为假言推论,这样更周延。如:甲是乙或是丙。甲不是乙,所以,甲是丙。若用假言推论表示:如果甲不是乙则甲是丙;若甲不是乙,那么,甲是丙。这样表示后,乙、丙两可能如果穷尽了甲的选择阈,就已经周延;如果没有穷尽,也留下了另外的选择余地。现代逻辑在罗素后有这么个倾向,就是把主词给虚化,把直言命题变为假言命题。这就是著名的罗素"摹状词"理论。到《金岳霖罗素哲学分析批判》一文,我们对此还将详细谈到,这里不再赘述。

传统逻辑的析取推论也有"主宾词式"的限制,金在这里亦一一加以指出,认为应该把它改造为以命题为基元的逻辑形式。这样,也有利于把析取推论置换为三段论式。

三段论是传统逻辑最精华的部分。这是自从亚里士多德开始,经过中世纪直到19世纪末20世纪初,人们在这一领域长达两千多年辛勤研究的结果。三段论一般都由大、中、小三个词项,大前提、小前提和结论三个命题组成。根据大、中、小各词项在三个命题中的排列位置不同,三段论可以排成四种格式,通常就称为"四格"。由于传统三段论的大词和小词就是A,E,I,O中的P和S,人们又把全称肯定(A)、全称否定(E)、特称肯定(I)、特称否定(O)这四种组合的S、P在"四格"中的有效性作了详尽的研究,这就是"各格所有之式"。"四格"

---

① 《逻辑》,第63页。
② 《逻辑》,第58页。

三段论理论上可以变换出64式,也就是4的3次方。减去"普通的三段式规律所不能承认的"①28式就剩下36式。这36式中,还有17式不符合四格中"各格之规律"②,这样就只剩下19式。在这19式中,第一、二、三、四格各剩下4、4、6、5式,可以说是传统逻辑的经典部分。金说:"在中古的经院学者,把以上各式都用特别的名字代表,编为诗歌,把各种更换的方法容纳在内;如果把这诗记清楚,则这一部分的逻辑也就记清楚。"③

在传统逻辑中,人们把三段论看作间接推论。之所以这样,是相对于A,E,I,O的对待关系和换质换位的直接推论而言,三段论需要借助于一个中词"M"。于是,也就被看成为"间接"的了。但金对此有不同理解,他说:"三段论式的推论是两命题用其一以为媒介而推论到第三命题。这是普通的说法。其实两前提合起来即成一命题,由此联合起来的一命题可以推论到一结论。果如此,则所谓间接推论亦即直接推论。我们现在既讨论传统逻辑的推论,最好暂仍旧说。"④

金在说到三段论式的规律时,分析有七条规律,归结起来也就是两句话:其一,关于周延,中词应恰好周延一次,而大、小词在前提和结论中的周延情况应该相同;其二,结论和前提中的否定命题数应该相同。

传统的三段论限于主宾词式的命题仍是金批评的对象,说这限制有"范围太狭的毛病"⑤。但金在这里与在别的地方不同,他以完全同情、理解的方式来解释这种现象。他一方面指出我们"要知道它至少也有坏处",另一方面却同时指出"此种限制不能说没有好处"。⑥ 具体表现在:其一,正因为传统的三段论受限制,传统的逻辑学家才能聚精会神把这个狭义范围之内的三段论弄成这么一个严整的系统。如果一开始就把范围搞得很宽,他们或者想不出这么多的玩意儿来。其二,在以A,E,I,O为主的直接的推论中,无论是对待关系还是换质换位,都是根据"二分法"反过来倒过去地推论。而三段论组成的系统由于可

---

① 《逻辑》,第44页。
② 《逻辑》,第45页。
③ 《逻辑》,第46页。
④ 《逻辑》,第28页。
⑤ 《逻辑》,第131页。
⑥ 《逻辑》,第130页。

以全部转换为假言推论的"如果……则",这就很便于形成一个"链条式的逻辑",形成一种"系统"性的逻辑结构。金说:"三段论的规律,尤其是各格的规律,颇有差不多成一串的'如果……则'的推论。这种推论对于初学者的逻辑方面的训练很有益处。"①

最后,我们要谈到关于传统 A,E,I,O 的主词存在问题的理解和批评。

如上述,所谓 A,E,I,O 也就是全称肯定(A)、全称否定(E)、特称肯定(I)、特称否定(O)的意思。传统逻辑以它们为推"动"词项,以 S 为主词,以 P 为宾词,组成了包容性很强的四个命题:"所有的 S 都是 P""无一 S 是 P""有些 S 是 P""有些 S 不是 P"。不仅三段论围绕它们进行,这四个命题系统本身还有很多名堂,主要的就是研究它们的"对待关系"和"换质换位"。在"对待关系"方面,它们形成了一个著名的"逻辑方阵",或称"对当方阵"。② 所谓"换质",就是把宾词 P 换成"非 P",而通过变换 A,E,I,O,使其逻辑质保持不变。比如"所有的 S 都是 P"就可以等质于"无一 S 是非 P"等,金把它搞成一个"八角图"。③ 所谓"换位",就是把主词 S 和宾词 P 打个颠倒,可"SOP 即有些 S 不是 P"不能换位。因为,S,P 在这里可能不交叉,即也可能是"无一 S 是 P"。若要既换质又换位的话,则"SIP 即有些 S 是 P"不成立。为了达到使学生通过教材得到训练的目的,金对以上内容都作详细推论。虽说他已发现"换质"涉及"能说得通否"的"极大问题",但他还是用"假设换质法说得通"④的方法进行推论和演绎。

但在批评部分,一个最关键的问题就不得不提出。这就是"主词存在"问题。主词存在问题实际是"所有"这类全称命题的问题,之所以通过 A,E,I,O 来批评,是"因为一方面它们最简单,另一方面它们又为稍习逻辑者之所深悉"⑤。全称命题的主词存在问题,某种意义上也就是休谟意义上的"归纳问题",而这一归纳问题实际上又是近代把"时间"引入科学以后的大得不得了的问题。在思想史上,休谟提出这一问题在"逻辑哲学论"中或将提及,这里不拟

---

① 《逻辑》,第 130 页。
② 可参看《辞海》合订本第 1486 页的"逻辑方阵"图;《简明不列颠百科全书》的"对当方阵"条,见卷二,第 725 页。
③ 《逻辑》,第 23 页。
④ 《逻辑》,第 22—23 页。
⑤ 《逻辑》,第 69 页。

赘述。

"主词存在"有什么"问题"呢？金说："所谓主词存在问题不是事实上主词所代表的东西究竟存在与否，而是这些命题对于这些东西的存在与不存在的态度。这个态度就影响到各命题的意义与它们彼此的关系。"①金的结论是，传统的"逻辑方阵"的对待关系是"假设主词存在"，而这在现代科学系统中是不能允许的。因为，一般来说，科学虽然永远也不可能离开"假设"，科学研究的对象却不能假设。科学对象一旦成为"假设"的，它就不可避免地要离开它赖以成立的经验主义的大地。这么简单的一个问题，凭常识就可以得出确切的结论。可逻辑之所以为逻辑，就在于它不能凭"直觉"或"常识"说出问题的结论，而必须通过逻辑的方法"逻辑地"证明这一结论。为此，金先生耗费了大量的笔墨。下面，我们只把金的基本思路作一交代。

传统的 A,E,I,O 中的主词即 S 所代表的东西，究竟存在与否？金认为无非有五种可能的态度：(1)肯定主词不存在；(2)假设主词不存在；(3)不假设主词存在或不存在；(4)假设主词存在；(5)肯定主词存在。金接着议论道："这五个不同的态度之中，头两个可以撇开，我们提出一命题大约不至于肯定主词不存在，或假设主词不存在。第(3)态度是逻辑里通常态度，(4)(5)两态度则日常生活中亦常有之。"②对这后三种态度依次求证的结果，如果"不假设主词存在或不存在"，则原来逻辑方阵图上的"反对"关系变成了"独立"关系；如果"肯定主词存在"，则原来的"下反对"关系变成了"独立"关系。只有"假设主词存在"时，才与传统逻辑的"逻辑方阵图"或"对当方阵图"完全一致。即"AO""EI"是矛盾关系，"AI""EO"是差等关系，"AE"是上反对关系，"IO"是下反对关系。

"假设主词存在"有什么问题呢？这就是"空类"问题。所谓空类，就是没有子类的类。比如：龙、外星人……都可以说是空类。这类事物的概念明显地是有，可至少至今我们无法从"存在"意义上对这类事物说点什么，也就是说它们不是一种客观的存在。全称的 S 是什么意思呢？当我们说"所有的 S"时，我们是指现在存在的 S 还是也包括以前存在的 S 呢？更为主要的是，对未来的 S 我们简直无从谈起。概念的普遍性总是要求它的永真性，可对未来的事物也就

---

① 《逻辑》，第69页。
② 《逻辑》，第69页。

是对尚不存在的事物我们说它"真",却是荒谬的。"假设主词存在"面临的就是这个问题。金说:"这里'假设'的意义颇不易以符号表示。它的意义,一方面似乎是以主词的存在为条件,另一方面似乎主词不存在的可能根本就没有想到,或即想到,而以那种可能用不着讨论或研究。我们或者说从前治逻辑的人要逻辑'适用',而以为实用的逻辑必为适用的逻辑。可是适用者虽均能实用,而事实上实用者不必普遍地'适用'。"①总而言之,在金看来,在传统逻辑中,"空类或无份子的类忽略了"。忽略空类或无份子的类,就会"影响到 A,E,I,O 的对待关系","也影响到换质与换位的直接推论"。② 在对待关系上,空类的问题或许还不觉得什么,可一旦到换质换位的推论,如果我们假设全称命题中主词的存在,换来换去,主词不存在了! 这在逻辑的实际应用中当然是严重的问题。"在换质换位方面既有这样的问题,在对待关系方面就不能不预为之备。""总而言之,主词不存在的可能,不能不顾虑到。"③

怎么办呢? 金进一步指出:"现在许多人的办法,是把 A,E 两命题为不假设主词存在不存在的命题,I,O 两命题为肯定主词存在的命题。那就是说 A 与 E 为 An 与 En,而 I 与 O 为 Ic 与 Oc。"④"全称命题要不假设主词存在,才能无疑地全称;特称命题要肯定主词存在,才能无疑地特称。"⑤

像 A 与 E 这样的全称命题,在逻辑上是很费解的一句话,我们说"所有的人都是有理性的动物",这是什么意思呢? 所有所指的范围到底多大呢? 所有以往的人吗? 如果不仅仅是,而是包括现在的人,那将来的人呢? 仅指已往,无法应付现在的人;仅指已往及现在,你又靠什么来保证将来的人也一定是有理性的呢? 我们当然可以相信……但是相信只是信念。我们的信念也可能并不是错的甚至相当正确,但靠信念支持起来的东西决不是科学的。逻辑作为"科学的结构",或按鲍尔查诺的说法把逻辑看作"科学的科学",虽然没有它作为对象的"客体"(维特根斯坦),却是更为严格的东西。凡科学遇到的问题,它都应该预为之备,也就是说,不能让科学在逻辑问题上落空。一般我们都把这类命题

---

① 《逻辑》,第 96—97 页。
② 《逻辑》,第 97 页。
③ 《逻辑》,第 117 页。
④ 《逻辑》,第 117 页。
⑤ 《逻辑》,第 118 页。

当作由归纳得来的。但是怎么样个得法呢？如果把已往现在及将来的人均包括在所有范围之内，则命题之全称诚全称矣，但它是直言命题吗？把命题应用于将来等于说"如果将来有人，那些人也是有理性的动物"，这就已将直言命题改作了假言的命题。从 A、E 两命题的情况来看，只有这种"假言命题"才说得通。这样，我们的命题也就变成了假言命题。也就是说当我们运用 SAP 或 SEP 两个逻辑式的时候，我们的意思实在是在说：如果 X(A) 是 S，它就是 P；如果 X(E) 是 S，它就不是 P。这样，我们既可以说这命题是在描写已往，也可以用它来范畴将来，也可以说是在表示 S 与 P 两概念的关系。必须这样，A、E 这样的命题才无疑地普遍，这样，A 与 E 就成了 An 与 En。

同时，当我们运用特称命题时，一般地都可以说它肯定地是存在的。说"有些 S 是 P""有些 S 不是 P"，一般不至于这 S 不存在。这样我们的 I 和 O，也就成了 Ic 和 Oc。这样，金就有效地把传统的"对当方阵"改造为下图：

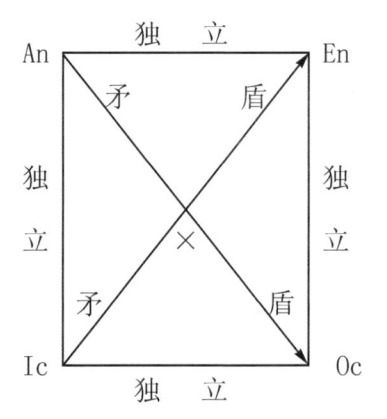

```
       独  立
  An ─────────── En
   │ ╲   矛  盾   ╱ │
   │   ╲       ╱   │
 独 │     ╲  ╱     │ 独
   │      ╳       │
 立 │     ╱  ╲     │ 立
   │   ╱       ╲   │
   │ ╱   矛  盾   ╲ │
  Ic ─────────── Oc
       独  立
```

金对此说："此图表示只有 An 与 Oc，En 与 Ic 有对待关系，其它都是独立的命题。这样对待关系非常之简单，同时以记号表示命题，只要表示矛盾关系就行，所以也非常之便利。"①这是金先生的一项贡献。

最后金对此总结说："以 A，E，I，O 为 An，En，Ic，Oc，则(1) A，E，I，O 主词都有明确规定。Ic 独立于 Oc。(2) 对待关系特别简单。(3) 换质换位虽没有传统的换质换位那样自由，而没有传统推论所有的毛病。"②到此，金不仅指出了传统逻辑中 A，E，I，O 在演绎过程中，"假设主词存在"的"问题"，而且提出了自己

---

① 《逻辑》，第 122 页。
② 《逻辑》，第 125 页。

解决这一问题的方案。

金这样做的结果,就和欧美逻辑学界把"归纳"从逻辑学中请出去的主潮,保持了理论上的一致,从而保持了逻辑学的"必然"性。如前所述,归纳问题实际上就是一个"时间"问题。时间问题是人类最基本最神秘的问题,没有人能为时间下定义。所有科学定律在以往的有效性是一个事实,但在逻辑范围内,我们没有办法证明时间会永远这样,从而也就无法保障科学定律在未来的永真性。牛顿科学时代对这一问题是模糊的,正好像"主词存在问题"在传统逻辑学中的模糊。当代科学对这一问题有全新的阐释,结果就是否定了科学的万能性,使科学不得不对未来保持一种全方位"开放"的姿态。用波普尔的话说就是:"对批判开放(Open to criticism)。"对于未来,我们只有靠"信念"来支撑。金后来在《知识论》中对"归纳问题"的解决其实也是建立在"相信时间会不断地来"的信念基础上。这当然是另外的话。

金的《逻辑》撰写于20世纪30年代,从逻辑学的发展说,金先生写《逻辑》一书时,哥德尔已经证明了罗素P.M系统的不自足。而金在《逻辑》中却依然认为,公理系统的"自足"问题,以前办不到,"现在似乎办到"。这没有什么遗憾的,因为无论如何,金先生是一个哲学家而不是逻辑学家,正如金先生自己所说:"我们不是逻辑学家,这一点几乎是不必指出的。"[1]

二、逻辑范畴思想

逻辑范畴是指逻辑学中最普遍、最重要的概念,金比较集中地讨论的逻辑范畴有蕴涵、同一·排中·矛盾、必然这么三组。特别集中的是讨论"必然"。但"蕴涵"在什么意义上是"必然"的呢?金先生虽然认识到了"蕴涵"这一工具"非常之麻烦"[2],却没有把它和"同一"(涅尔夫妇)或外延逻辑明确区分开来。

(一)蕴涵

蕴涵是命题和命题之间的关系,其中后一命题是前一命题的逻辑结论。粗

---

[1] 《金岳霖学术论文选》,第469页。
[2] 《逻辑》,第149页。

略说来,在日常生活中,我们一般用"如果……那么"的语言形式来表达蕴涵关系。可这不是一句简单的话。因为我们拥有太多的命题,种类是如此庞杂,名目是这样繁多,以至于我们至今无法对之进行归类甚至无法说清它到底是什么东西。金说:"究竟传统逻辑的蕴涵关系是怎样的关系,我们不敢说;究竟事实上我们在辩论中所引用的蕴涵关系是怎样的关系,我们也不敢说。不但我们不敢说,恐怕当代名师也不敢说。同时我们似乎也要注意:究竟是有问题未得解决呢,还是所谓问题者根本就不是问题呢?如果这问题根本就不是问题,我们用不着讨论;如果是问题,究竟是怎样的问题呢?对于后一层我们或者可以把它分作好几个问题。(1)传统的蕴涵究竟有一致的或一定意义吗?(2)如果有以上所表示的,不过是说我们到现在还不知道它一致的或一定的意义如何;如果没有,我们的问题是传统的蕴涵有几种,而各种的不同点又何在呢?(3)各种不同的蕴涵是有共同的意义呢,还是只有最低限度的意义呢?蕴涵的问题太大,牵扯出来的问题太多,本书不必讨论,也不能讨论;现在所要表示的就是传统的蕴涵关系,或者意义不清楚,或者有一致的意义而我们不知其意义之所在。"①

现代逻辑的发展,主要是谓词演算逻辑或叫量词逻辑的发展,其成果是处理了所有"量词"。在金写《逻辑》的那个年代,有人认为这种逻辑简直就是"数学",能不能叫作逻辑还是两回事。现代计算机逻辑的发展证明它确实是一种形式的逻辑,但它却也确实和数学十分接近。金认为,无论如何它在"形式"上是逻辑的而非数学的。这样,"蕴涵"的地盘就越来越小,可蕴涵问题并没有解决,似乎也永远无法解决。也就是说,虽然从亚里士多德开始,人们就开始关注蕴涵问题,却至今也没有找到一种公认的完善的"形式",以便用它来概括"如果……那么"句式中的前件和后件究竟是什么关系,反倒使维特根斯坦索性说:"从一个基本命题不能推论出任何其他的基本命题。"②这确实是一个"乌龟"式的结论,却在涅尔夫妇的意义上取消了逻辑。

话虽这么说,可研究传统逻辑是无法置"蕴涵"于不顾的。金认为,正是"如果……则"这种蕴涵,才使得演绎系统组成了一连串的链锁,这种链锁把命题连接起来,就组成一套逻辑系统。可是它是在什么意义上把命题连接起来的呢?

---

① 《逻辑》,第136—137页。
② 维特根斯坦著,郭英译:《逻辑哲学论》,北京:商务印书馆,1992年,第60页。

凭什么我们就可以得出"则"字后面的结论呢？现代逻辑学一般认为,具备有效性的主要是实质蕴涵和严格蕴涵这两种。在大部分形式逻辑系统中,采用实质蕴涵(金当时叫真值蕴涵)的较为广泛的关系,用符号 A∩B 表示,读作"如果 A,那么 B"。复合命题 A∩B 的真假,并不依赖于这两个命题意义之间的关系,而仅依赖于 A 和 B 的真值:当 A 真 B 假时,A∩B 为假;在所有其他情况下,A∩B 为真,A∩B 通常可以等价地定义为~(A・~B)即"'A 真而 B 假'是假的";也可以定义为~A∨B,即"'~A 或 B'是真的"。由于 B 既可以是 B 也可以是~B,也就是说一个假命题下既可以蕴涵真命题也可以蕴涵假命题,于是就导致了"蕴涵怪论"。就是说,对∩(蕴涵)的这种解释是:A 为真时,B 不能为假;可 A 为假时,B 则或真或假都能成立。于是,像"如果雪是红的则美国总统是魔鬼"之类的怪推论也就是合法的。因为既然"雪是红的"这个假命题合法,而 A 假时所有假命题的结论都合法,在形式上我们就无法排除"美国总统是魔鬼"这类假命题。这种蕴涵关系也就是最早由古希腊的费罗提出,而在 20 世纪初由罗素等充分发展完善的实质蕴涵。金所介绍的"真值蕴涵"也就是这种"实质蕴涵"。

　　金介绍的第二种蕴涵是刘易斯的"严格蕴涵"。刘易斯的严格蕴涵某种意义上是在解决上述实质蕴涵或称真值蕴涵的怪论问题时产生的。在刘易斯看来,需要构造一种与直觉的"如果……那么"更为接近的蕴涵概念;他于 1932 年采用了严格蕴涵的概念。严格蕴涵"A→B"可以被定义为~◇P(A・~B),其中◇P 意指"P 是可能的"或"P 不是自相矛盾的"。翻译为日常生活用语就是"A 真而 B 假是不可能的"。因此,A 严格蕴涵 B。如果 A 和~B 不可能同真,B 就不能仅仅依赖于它的真值函项,而要依赖于命题的意义。金说:"严格蕴涵可以说是意义上的蕴涵,不过它不仅是意义上的蕴涵而已。"[①]比如,按严格蕴涵,"这本书是红的"严格蕴涵"这本书是有颜色的"。可一旦引入意义,引入"可能",逻辑的发展方向就突破了经典的意义。这一点,我们在下面谈到"可能"时或将论及。

　　此外,金还介绍了形式蕴涵和穆尔蕴涵。穆尔蕴涵最接近于我们平常所说的"如果……那么"或"如果……则",这里不必赘述。形式蕴涵实际上是真值

[①] 《逻辑》,第 266 页。

(实质)蕴涵的要求在谓词逻辑中的表现,相对于命题函项,它要求前件以真值的方式蕴涵后件的关系对命题函项中所含的所有变元全域成立。金认为"这种蕴涵可以说是由真值蕴涵归纳得来的,也可以说是无量化的蕴涵关系"①。简单说来,形式蕴涵是把真值蕴涵的 A 和 B 分别理解为由一个谓词 φ(如"所有"或"有些")加一个变元 x(如 S 或 P),从而使形式蕴涵具有更大普适性。金分析了 x 的两重意思,即有限量的和无限量的。如果对 x 作有限量解,它很接近于罗素的真值蕴涵,也会出现同样的"怪论";可如果理解为无限量的,由于前件总假的"总"字没有了限制,金认为像"x 是千角兽"之类的假命题,在未来的情况下,"它也可以是真命题"②。因为无人能对未来作出什么承诺和保证。这和前面的"空类"讨论相呼应。

  一般来讲,两命题之间如果没有蕴涵,我们不能推论,可谁能保证我们推论的时候就一定有蕴涵? 这是蕴涵的最大问题,也是逻辑的最大问题。我们在第一节已经提到,蕴涵中的推论就是能够说"所以"(和归纳方面说"所以"不同)。说"所以"就是对"如果……那么"关系的态度坚定的"卡断",因为"那么……"后面的话并不是一个判断句,而生活中我们需要并且时时在进行判断。就这个意义上讲,蕴涵问题实际上也是判断的基础问题。原则上所有演绎推论都要基于蕴涵,换言之就是,能说"所以"的时候总有蕴涵(这里我们是设定,有蕴涵的时候就可以说"所以")。但问题的另一面是,你怎么知道"它们"有蕴涵? 按金先生在《逻辑》中的话说,我们该怎么样来回答"乌龟"提出的问题? 这话还原为常识语言就是,凡事经不起三个"为什么",孩子提出的问题总是最难办的。鲁迅曾经问过"古人说了就对么? 众人说了就对么?"之类的话,可如果我们发问说:"你说了就对么?"我相信先生会无言以对。当然,价值判断和逻辑判断不同,可生活中的逻辑判断往往又基于价值判断。这问题一方面就是把问题引入到鲁迅和维特根斯坦式的把相对绝对化,也就是,对于两个命题之间的关系,我们最好什么也不说。另一方面就要诉诸常识。对于常识和科学结论,我们不能问"为什么",因为事实上"它"也只是知道"是什么",并不知道这"是"到底是"为什么"。

---

① 《逻辑》,第 262 页。
② 《逻辑》,第 264 页。

金对蕴涵和推论的关系以及蕴涵中的推论的运用,似乎没有明确的结论。他的意思好像是:为了推论,"所以"还是要说,可不能轻易说。结合他在《论"所以"》中的论述,我们可以认为,没有一种必然也就是恒真的蕴涵和推论,只有在严格的经典逻辑真假"二值"的规定意义上,才有蕴涵和推论这样的关系。这就是维特根斯坦为什么要把任何必然命题都看作重言式,看作什么也没说的"空"——当然不同于"空类"的"空"。

为了在有蕴涵时说"所以",金接着提出了推论原则和推论的区别,认为只要在自足的系统中作成文规定,我们就可以在推论的行为中运用推论原则。金认为原则总是普遍的,而具体的推论总是特殊的,它是引用推论原则的活动。这里的推论原则就是我们上面"设定有蕴涵的时候就可以说'所以'"。说"设定",本身就是一句从实在论哲学看来很勉强的话。金指出,推论作为一种工具,它的意义有含糊的地方,但至少可以肯定的是:(1)所有推论出来的部分,所有推论出来的命题,都是演绎干部所能有的部分、所能有的命题。虽然从心理上,或知识论上,推论出来的部分和命题有"新"的成分,但从演绎干部所蕴含的意义上,推论出的部分和命题不新。(2)推论出来的部分和命题都是已证明的部分和命题,就是说在一系统内它们已经得到了证明,因为既然是推论出来的,它当然遵守一系统的标准和推论原则。(3)推论出来的部分或命题,其性质其界说均由干部而定。

(二)同一、排中、矛盾

金所说的同一、排中和矛盾,不是传统逻辑所说的同一律、排中律和矛盾律,而是逻辑系统之所以为逻辑系统所必须具备的内在原则。也就是说,现代逻辑不承认这三个"思想律"的特殊重要性,但作为系统,它却不能违背同一、排中和矛盾原则,而毋宁说,正是因为一个系统遵循了这三个原则,它才可能成其为一个系统。因为按维特根斯坦的说法,思想,也就是事实的逻辑形象。既然人们思考、议论无法违反思想三律,作为以事实为对象的逻辑系统,不管它在系统内部运用了什么样的推行工具,在整体上作为思想形式,逻辑系统必然暗含着同一、排中、矛盾这三原则。思想三律成为系统与系统的界说,只是也只能说明:传统的两个以上判断,如果它是真的,并且包含有足够的词项,就可以把它表现为一个逻辑系统。也正因为逻辑的这种高度发展,才使我们有能力理解金先生对同一、排中、矛盾既是系统三原则又是思想三定律的饶有趣味的说法。

在《逻辑》一书中,金对同一、排中、矛盾的理解是这样的:作为"界说"各种不同的逻辑系统的根据,同一是"可能的可能",矛盾或者说自相矛盾是逻辑"取舍"的唯一的标准,"排中"在金这里,成了逻辑的核心概念。金说:"读者或者要问以上对于'同一'与'矛盾'两原则均讨论'证明'问题,何以对于'排中'没有讨论,也没有提出证明问题。其实 B 段所讨论的必然的性质即为'排中'问题。'排中'原则的证明问题与其他两原则的证明问题稍微有点不同。逻辑系统所要保留的都是,或都要是必然命题,而必然命题都表示'排中'原则。既然如此,每一必然命题的证明都间接地是'排中'原则的证明。所以整个逻辑系统的演进可以视为'排中'原则的证明。"①于是在金看来,所谓的"思想律",在传统逻辑和现代逻辑中就有了两种不同的意思。"一种是逻辑的实质,一种是逻辑系统的工具。习于传统逻辑的人以'思想律'为无上的'根本'思想,而从事于符号逻辑的人又以为,'思想律'与其他思想两相比较孰为'根本'一问题,完全为系统问题。这两说似乎都有理。前一说法似乎是界说方面的说法,后一说法似乎是工具方面的说法。"②这里,金实际上提出了一个严肃的逻辑哲学问题。"实质(界说)"和"工具"是什么意思呢?传统逻辑和数理逻辑在什么意义上是统一的呢?整个逻辑有统一的内在根据吗?

在金的逻辑思想中,由于他把重言式仅仅理解为"或……或",他也就把"排中"理解为"排外",什么叫作排外呢?在经典的二值、外延逻辑中,由于命题只有真、假二值,没有第三种可能,"排中"也就是排"三"。由此推论,如果是三值逻辑,那么排中原则所排的也就是三之外的"四"。他说:"如把可能分为 n 类,则 n 类可能之外没有(n+1)可能;排中原则所排的是(n+1)可能。所以说'排中'实即'排外'。"③这里,"外"字似乎不清楚。如果是真假二值的外,那它就不仅仅越出了传统逻辑,而且越出了现代经典逻辑,因为现代经典逻辑仍然是二值逻辑。谈到三值逻辑就是进入了或然性的领域。问题是,即使是模态逻辑,也只有"三值",排"四"也就够了。如果这"外"说的不是真假二值或模态逻辑的"可能"三值,那是什么呢?是对基本命题的真值函项的态度吗?可不管你

---

① 《逻辑》,第 257—258 页。
② 《逻辑》,第 258 页。
③ 《逻辑》,第 258—259 页。

是多少个基本命题的系统,那个"穷尽可能"后的"必然"态度,事实上总是只有一个,这还需要"穷尽"吗?或者说你怎么来"穷尽"呢?问题实际上正是金先生把真值表中的每一行视为一"态度"(这态度和前面讨论"空类"的"态度"相同),而又把态度当作了"可能",并把这"可能"和"或"然方面的可能混到了一起。把"态度"混进"可能",这"n+1"就不可能再是逻辑系统的,而只能是对"存在"而言。对"存在"说"真假"不是逻辑学,而是知识论。

金认为,同一原则是意义可能的最基本条件,例如父子概念如果不保持其同一性,父可以不是父,子可以不是子,我们无法把它们引用到任何父子关系上去。在金看来,作为保持意义可能条件的同一,必须是绝对的同一、完全的同一,否则它不能承担其应有的功能。与同一原则不同,排中原则是"排外"原则,从正面说,它承认所有可能的命题(意义不清楚);从反面说,它拒绝遗漏的命题。这样,保留了所有可能的命题,对金来说就是必然命题。矛盾原则是"排除"原则,它排除或淘汰所有导致自相矛盾的命题,因为只有这样,才能维护"同一"原则,使正确的思议成为可能。

在金那里,同一、排中和矛盾这三个逻辑系统的"界说"原则,既然不再是思想本身的原则,它就不可能再具有常识的"自明"性。金因此不但要说明其意义功能,还得讨论它们的证明问题。逻辑系统内部不再有"自明"的东西。

如果同一原则不必是一系统的最先的概念和最先的命题,而是在系统中间出现的,这出现过程本身就包含着对它的定义,也是对它的证明。问题是,引用任何命题来证明同一原则,实际上就等于先承认了同一原则,这能说同一原则是最先的吗?金认为那也未必。这要看如何理解先后。通常所说的先后有两种意义,一是时间上的先后,一是逻辑上的先后。逻辑上的先后又分为成文的和不成文的两种。成文的先后是说一系统内以语言文字或符号表示的命题的先后,不成文的先后是一系统内所有命题彼此所能有而未以文字或符号表示的关系。但是,在一系统内只有成文的先后才是所能判定的先后。因为如果一个演绎系统非常严格,从命题的不成文含义看,说了头几个命题,就等于说了上千个命题。如果我们承认不成文的先后,那么反过来可以说上千个命题是在头几个命题之先,因为头几个命题已包含有第一千个命题在内。由此,只有成文的先后才是一系统中的先后。既然这样,同一原则在一系统中的证明就毫无问题。如果它是一系统中的基本概念或命题,这不需要证明;如果它是一系统中推论出来的,那它就已经证明。同一原则虽能证明,但不能证实。理由有二:一是同一原则不能描述具体的事物。因为事物不管是性质还是关系,无时不变,而把同一原则引用到事物上,所得到的总不是普遍的原则。二是把时间限制到时点上,虽可以保持事物自己与自己同一,但这"时点"我们是经验不到的。经验不到,当然无法证实。

关于矛盾原则的证明,情形一样。因为在现代逻辑意义上,我们可以说矛盾原则其实也就是同一原则的反面表述。如果说"同一"在实际生活中只是"符号和对象"之间的那个"是"字,矛盾原则也就是说:"是"不能既是又不是。这就是逻辑甚或知识论上所说的"自相矛盾",自相矛盾在金那里还有另一种表述就是"不可能"。金说:"这情形我们以不可能或'矛盾'一字形容之。"①

说到"不可能"也就说到了"可能"。说到"可能"也就来到了金的逻辑思想的核心——"必然"的面前。金认为,如果根据维特根斯坦的说法,逻辑就是他早年一直心向往之的"闭门造车,出门合辙",就是他一直津津乐道的"如来佛的手掌"。这种情形可以"称为逻辑的必然,或穷尽可能的必然"②。

金在"界说"逻辑系统之种种时,开辟专题论"必然的解释"。所谓必然的解释,也就是"排中"问题。金说:"B段所讨论的必然的性质问题即为'排中'问题。"③金认为"'排中'原则的证明问题与其他两原则的证明问题稍微有点不同"④。照以上说法,逻辑系统所保留的都是必然命题,而必然命题都表示排中原则。既如此,不仅每一必然命题的证明都可以说是间接地对排中原则的证明,而整个系统的演进也可以视为排中原则的证明。

金对排中原则的证明是从真假的"二分法"开始的。他论证说,如果我们有一个命题P,根据二分法,我们可以造出一个最简单的"真值表",即1、P是真的,2、P是假的。对这真假两种判断,我们可以有四种态度:Ⅰ.1是真的或2是真的;Ⅱ.1是真的而2是假的;Ⅲ.1是假的而2是真的;Ⅳ.1是假的2也是假的。对于这四种态度,金认为,Ⅱ和Ⅲ根本就不必提出讨论,因为Ⅱ的真正含义无非是"P是真的",Ⅲ的真正含义无非是"P是假的"。第Ⅳ种态度"对于原来

---

① 《逻辑》,第233页。
② 《逻辑》,第245页。
③ 《逻辑》,第249页。
④ 《逻辑》,第258页。

的两可能均不承认",而原来的两可能实际上根本不可能同假。不能同假而都不承认,这就是自相矛盾。而Ⅰ呢? 它的意思实在是说:"'P是真的'是真的或者'P是假的'是真的。这不过是说'P是真的或者P是假的'。"所以金认为,这个命题是无往而不真的,也就是说它是如来佛的手掌。用"这个东西是桌子或者不是桌子"试试,这句话绝对没错。①

然后,金进一步论证说,如果我们有P和Q两个命题,它的真假函数是16个,有16个真假函数,也就是有16种不同的态度。如果我们把命题扩展为P,Q,R三个的话,我们有8种组合,也就有256个真假函数,也就是有256种不同的态度。在这所有的态度中,我们总会有两个命题比较特别,一是那个不可能的矛盾命题,一是承认所有可能的"必然"命题。这样的"命题对于具体的事实或自然界的情形根本就没有一句肯定的话。这种命题既不限制到一个可能而承认所有的可能,在无论甚么情形之下,它都可以引用。这就是承认所有可能的'必然'命题"②。然后,金引用罗素和怀特海《数学原理》中的例子进一步作了证明。大体上,这也就是金先生对"必然的解释"或者也可以叫作"排中"的证明。

(三) 必然

可是,如果我们仔细阅读上面那一部分,可以发现这里似乎有些让人费解的地方。金说:"凡以上所讨论的必然的命题所推论出来的命题都是必然的命题。"他紧接着又说:"这句话容易说,而不容易表示,更不容易证明。"③在引用了《数学原理》的例子以为证明后,金先生是这样表述的:"照以上的分析,这五个(断定)符号表示的命题不但是真而且都是必然的命题。"④而按罗素的说法,在系统中"恒真"的命题函项是"必然","有时真"的命题函项是"可能",命题函项如果绝不为真,它就是"不可能"。金先生这里说"不但是真而且都是必然"中的"真"究竟是什么意思呢? 若是恒真,那就不用"而且";若是有时真,那就只是可能。事实上,这是一个不可忽视的含糊其词。如果这意味着金把"真"置换为"恒真",而又把"恒真"理解为"必然",那么,就有可能影响到金先生逻辑

---

① 以上均请参见《逻辑》,第247—248页。
② 《逻辑》,第248—249页。
③ 《逻辑》,第249页。
④ 《逻辑》,第252页。

思想的哲学基础,即"必然"的理解问题。

罗素说:"由于没有把命题和命题函项完全分开,哲学也曾使自己陷入无望的混乱之中。……必然概念对于真假概念并没有增益明显的说明。在命题函项的情形下三分法是明显的:如 φX 是某个命题函项的一个尚未规定的值,若函项恒真,它是必然的;若函项有时真,它是可能的;若函项绝不为真,它是不可能的。"①"为了清晰地思想,将命题函项和命题严格地分开这种习惯是极其重要的,过去没有做到这一点对于哲学是一个遗憾。"②

罗素的这种"三分法",我们会感觉似曾相识。事实上前面我们介绍金先生引入真假二分以引出"必然"时说的就是这个东西。三分和二分,所说的差不多是一回事。当金以一命题 P 为例以证"必然"时,所得到的只能是"命题函项",即罗素的 φX。但是,着眼的层面却不一样。金的二分是指"真与假",罗素的三分是指在真值表基础上我们事实上可以得到关于"态度"(金)或"情形"(罗)方面的三类命题函项:其一是自相矛盾的不可能命题函项,也就是否认所有可能的那个函项。其二是承认所有可能的必然函项。其三,也就是除下这两个极端情况的其他所有函项:从一 P 命题出发,它是两个;从 P,Q 两命题出发,它有 14 个;如果从 P,Q,R 三个命题出发,它的数量就猛增到 256 减去上面那个"1+1"而得到 254 个。这三类命题函项就是我们要说的必然、可能、不可能。对于"不可能",金认为,矛盾就是不可能。对此,我们可不必赘述。

对于"可能",金认为:"'可能'二字不易解释,假设我们知道它的意义。每一件事实是一个可能,可是每一个可能不必是一件事实。"③问题可能就从这里开始了。一般来讲,"每一件事实是一个可能"是一句可以理解的话。金经常举的例子"那个东西是桌子或者不是桌子",在事实上就是把"桌子"这个事实当作了一个"可能"。可显然,在这个例子中包含了四个"可能",一是"桌子存在"这个"可能";一是"是或者不是"这种真假二值或"存在不存在"的可能;三是以"这是桌子"这个命题为 P 时,那"四种态度"或"情形"的那四行命题函项的"可能";四是这"四种态度"中除去"必然"和"不可能"后的那两种或然率为 50% 的

---

① 罗素:《数理哲学导论》,第 155 页。
② 罗素:《数理哲学导论》,第 156 页。
③ 《逻辑》,第 232 页。

两种"可能"。问题是,金先生的"穷尽可能的必然"中这个"可能"到底是哪一种可能。一件事实,或表示一大堆事实的自然律或普遍命题。这样金排除了我们上述四种可能中的第一种。正如上述,事实上的"必然"不必然,科学上的必然是"固然"。这都不在逻辑学的范围之内。请看接下来的话:"它所包含的总有一部分是可能的研究,或者总有一方面可以视为可能的研究。有些系统可以视为可能的分类。可能的分类也不限于一可能。最便当的或者是把可能分为两类。但如果我们不怕麻烦,我们也可以把它分为三类或四类。简单地说我们可把它分'n'类。"①这里的"两类"似乎就是从两个命题 P,Q 出发的两个命题。因为,如果是指"真假"逻辑两可能,一般到"三"也就足够,不用多到"n"(但这里似乎是指出发点,我们可以不论)。所以,n 类也就是任何自然数的命题。金接着说道:"把可能分为'n'类之后有两种很重要的性质发生:一为承认所有可能,一为否认所有可能。"②承认所有可能为"必然",否认所有可能为"不可能",这两句话金在下面用了两段话,即 b.和 c.分别论证得出。于此我们可以指出,金先生的"穷尽可能"的"可能",一不是事实存在的"可能",二不是真假二可能,三不是罗素那个命题函项"三分法"的三"可能",而是在一个命题 P 情况下进行真假二分后,对那四个命题函项的"四种态度"或"情形"的"可能"。这样的可能当然还可以是 14,254……以至无穷。

这样意思的"可能",如果按罗素的说法,其实就包括了属于模态逻辑的"必然、可能、不可能"这样三类的命题函项。维特根斯坦称其为"在概率论中所需要的最重要的分度标志"③。这样,如果我们的看法不错,那么,金先生就不可避免地会把由真假二可能所构成的"真值表"中的真假,偶尔混说为知识论上的"真"命题和"假"命题的真假。金常常用"如来佛的手掌"或"闭门造车,出门合辙"来形容逻辑的"必然"性质,可逻辑学的发展告诉我们,当你关上"门"时,"房子"里至少要有两样东西:一是原材料,二是工具。仅凭人类的理性能力无法造出必然之"车",也不存在如来佛及其"手掌"。问题可能在于,金是把"重言式"的"空"转化为实在论的"实"了。

---

① 《逻辑》,第 232 页。
② 《逻辑》,第 232 页。
③ 维特根斯坦:《逻辑哲学论》,第 60 页。

三、逻辑哲学思想

逻辑是什么？现代逻辑学界一般倾向于认为：逻辑可定义为完全根据真命题中所含词项的意义研究真命题的一门学科(参见《简明不列颠百科全书》"逻辑哲学"条)。我们没有找到金的定义，在《逻辑》中金认为"逻辑的实质就是必然"。这种"实质"性的"定义"，也就牵扯到了逻辑哲学问题。

讨论金先生的逻辑哲学，当然就有逻辑和哲学两方面的问题。金先生说逻辑是哲学的本质[①]，可当金先生构建自己的哲学体系时，这意思其实是说，哲学应该合于逻辑并以逻辑为推论工具。我们现在要讨论的，不是金的实在论哲学，而是他的逻辑哲学。逻辑哲学是从哲学的角度看逻辑。从哲学角度看逻辑，就是用哲学的眼光来审视当时的逻辑学前沿的基本范畴。具体到金，他所依据的是罗素和维特根斯坦的逻辑范畴。就金先生的哲学思想来说，我们可以说他是一个新实在论者。什么是实在论呢？按与金大致相同的冯友兰的话说就是，在飞机造出来之前，已经有了关于飞机的"理"，这"理"就是"实在"的。逻辑作为一种"形式化"的"理"，这里也就具有了"实在"的性质。我们下面要讨论的，就是金先生是如何把当时逻辑学前沿的范畴和自己的实在论哲学结合起来的。事实上，这两方面的结合大体上也就是金先生的逻辑哲学。

金先生的哲学理论素以逻辑严密而著称。这当然得力于他的逻辑训练，可这是不是同时意味着金先生的逻辑思想也经得起同样的逻辑拷问呢？这要看从什么角度来把握这个问题。如果仅仅从金先生自己的实在论哲学来看，可以说是这样的。可既然是逻辑哲学，金先生又自称不是"逻辑学家"，那么当他援引罗素和维特根斯坦的逻辑哲学时，就存在一个取舍问题。既有所"取"，他的逻辑哲学当然就包含有他人的逻辑哲学；而既有所"舍"，当然也就不可能全是他人的逻辑哲学。我们要做和能做的其实也就是：金先生在哪些地方用什么方法引入了他人的逻辑思想，而在哪些地方又用什么方法铸造进自己的哲学。这里，我们遇到了一个难题：当金先生的逻辑哲学不合于它逻辑思想的来源而当

[①] 参见《金岳霖学术论文选》，第442页。

代逻辑学的发展又证明那一思想是正确时,我们该怎么办呢? 我们不得不老实承认,逻辑哲学上的金先生和哲学上十分逻辑的金先生,在这里出现了理论上的使人很不愉快又无可奈何的不协调。而这样的不协调虽说在金先生的哲学上是说得过去的,而在逻辑上又是说不过去的。于是我们就不得不遗憾地指出在《逻辑》中出现的逻辑矛盾。这对于金先生来讲,某种意义上是难堪的。而于我们却又是在做虽说很不情愿却又是不得不做的事。晚年的金先生是接受了马克思主义的。在20世纪50年代末60年代初写的《罗素哲学》中,他对逻辑中的"思想三律"也就是同一律、排中律、矛盾律有一个说法:"它们是最直接地反映'客观事物的确实性只有一个'这样一个相当根本的客观规律的。"①在许多论者看来,这可能应该是思想"转向"以后的说法,其实不然。这种通过逻辑把握思想把握"存在(实在)"的逻辑哲学思想,在我们看来,早就包含在金先生的早期逻辑哲学之中了。

(一)逻辑与逻辑系统

逻辑究竟是什么,这使逻辑学家困惑。按维特根斯坦的观点,"正好像没有任何对象与横线、竖线或括号相对应一样。——不存在'逻辑对象'"②。也就是说,逻辑学、数学与物理学、历史学不同,并不存在可以使我们经验得到的"客体"以供我们研究。如果硬说有,按维氏的说法,那也是神秘的、不可说的。

可在金那里,区分逻辑与逻辑学、逻辑与逻辑系统,却成了一个大问题。他为什么会产生这一问题呢? 考察起来,可能是由于在金那个时代,事实上存在着不同的逻辑系统,而这不同的逻辑系统又在进行着激烈的竞争。这使金感到困惑。金发问说:"逻辑比我们的信念更幸运吗? 它是不太难理解的吗? 显然,布拉德利的逻辑与罗素的逻辑不同。而二者的逻辑又与J.S.密尔的逻辑不同。在德国人手里,由于他们学术工具和他们的多音节语言的丰富的可能性,这个课题逐渐被赋予丰富的形式、色彩、光泽和形态。相比之下,甚至现代绘画几乎也不能斗胆言称丰富性和多样性。逻辑不仅在不同的逻辑学家那里是不同的,而且在不同的时期也是不同的。"③有这么多逻辑学,它们是什么关系呢? 金要

---

① 《金岳霖文集》第四卷,第519页。
② 维特根斯坦著,贺绍甲译:《逻辑哲学论》,北京:商务印书馆,1996年,第58页。
③ 《金岳霖学术论文选》序,第442—443页。

回答这一问题。而他的回答却采取了理论与实际脱节的办法。在金看来,这里所指出的不同的逻辑,说到底只是实际上不同的逻辑系统,而不是逻辑本身。因为在理论上只能有一种暗含的逻辑。所谓暗含,在金的意识中,就是在理论上应该只有一种"本来的逻辑"存在。

凭什么说有一种本来的逻辑存在?其根据是什么呢?金没有正面回答。他关心的只是,如果不预设一个暗含的逻辑系统,就没有实际上不相同的逻辑系统进行相互批评和选择的基础。他说:"只要两个逻辑系统竞争让我们选择,就暗含一个逻辑系统,根据它,我们作出取舍。如果没有这个暗含的系统,不仅双方均不能胜过对方,而且也将没有论证的基础。如果各自以自己的逻辑所暗含的推理进行论证,则不仅对自己的对手是不公正的,而且双方借以进行论证的东西从一开始就是对立的。"①金说得很清楚,他是为寻找互相批评、彼此选择的基础这一目的,来预设暗含的逻辑系统的存在。但是,且不说预设能不能成立,就是能成立,它实际上也无法作为共同的基础被使用。因为假如这一暗含的逻辑系统已为双方所把握,那么他们已无批评的需要。假如它为一方所把握,这已暗含的逻辑系统已不是暗含的,另一方就不能把它作为基础。更直接地说,暗含之所以为暗含的,就是在实际上谁也没有把握到。谁也没有把握到的东西又怎么作为双方的基础呢?如果能作为基础,也只是心理上的基础,或谁都可以指靠但都指靠不住的基础。因而没有必要预设一个事实上谁也不知道的东西作为基础。这无益于问题的解决,反而使问题变得混乱。因为在金那里,暗含的逻辑与暗含的逻辑系统是一回事,即指"本来的逻辑"。

如果说金对逻辑与逻辑系统的区分,在此还较为简略的话,那么,1934年金连续发表的两篇论文则把这种区分进一步具体化。说起来这两篇论文都是针对刘易斯的观点而发的。在刘易斯看来,有不相融的逻辑系统。对于这个不相融的逻辑系统,我们要有所选择,而选择的标准在于是否适用。只有在选择中被选中的才是真正的逻辑系统,而落选的系统则不能再被视为逻辑系统。对于刘易斯的这种观点,金从多方面作了批评。其中一点就是认为刘易斯把逻辑与逻辑系统混为一谈,同时还把"不相融"与"不相容"搅在了一起。照金的看法,一系统是否为逻辑系统,根本上是要看它是否表示了逻辑的"义"或"必然",表

---

① 《金岳霖学术论文选》序,第443页。

示了逻辑的"义"或"必然",就是逻辑系统,否则就不是逻辑系统。但是怎么知道一逻辑系统表示了逻辑的"义"或"必然"呢?在金看来,这仍是一个困难的问题。撇此不论,继续往下说,金认为表示逻辑用什么样的方法和工具,则完全是系统的问题,而不是逻辑的问题。概言之,不同的逻辑系统只是不同的系统,而不是不同的逻辑。从这种区分出发,金指出,逻辑系统的相融不相融,最终是要看两个系统在事实上能否兼消,即看一系统的命题能否以另一系统的工具表示之,看一系统所有或所能有的"义"是否能消纳于另一系统范围中。事实上能做到兼消,两个系统就相融。那么在事实上做不到兼消的两系统是否就是真的不相融呢?金说不一定。因为在事实上虽办不到,但在理论上并不是不可能。与"不相融"不一样,"不相容"是说在不同的系统中,只能有一种系统是逻辑系统,或是唯一的逻辑系统。但金认为这是办不到的。因为,如果以自己的系统为工具或方法去证明自己的系统是唯一的逻辑系统,说到底只不过是证明了自己的系统是逻辑系统,而并没有证明它是唯一的逻辑系统。金的结论是说,有不同的逻辑系统的可能,它们的不同,可以作"不相融"解而不能作"不相容"看。也就是说,事实上虽有不同的逻辑系统,但理论上没有不同的逻辑。

此外,金对逻辑的意识,在他1941年批评张东荪的一篇论文中也有表现。他依然是以他对逻辑的这种看法,去批评张的观点。他指出每一门学问都有对象与内容的分别。逻辑学也是如此。它的对象是逻辑,而内容就是它研究对象所得到的理论。说到底,金还是要预设一个本来的逻辑存在。

以上金的讨论,并不十分清楚。金在这里是纯思辨性的,这种思辨性的根本问题是把理论同事实完全二元化。一方面,他要假设一个理论上的东西,以为众多的不同找到一个统一的根据;另一方面,对于众多的不同,他又要把它们归之为事实上的东西,使它们又都不能与理论上的东西过分亲密。这种逻辑思想在《逻辑》一书中有更为具体的表述。在《逻辑》第四部分的第一章,金先生先是区别了演绎系统和逻辑系统,然后又区别了逻辑系统和逻辑。在这里,金先生要说的话带有他自己哲学思想的深刻烙印,也带有他那个时代的明显局限性。所谓局限性,这里具体指他的逻辑哲学思考是以罗素、怀特海的《数学原理》及其哲学意韵为制高点。可罗素不久后出版的《数理哲学导论》中,对一些重要的技术问题以及相关的哲学问题都有明显的补充和完善。而罗素在这本书里所讨论的某些与金先生逻辑哲学相关度很大的问题,在《逻辑》一书乃至他整个的逻辑哲学思想中似乎都没有看到反应。哲学问题我们可以作另外的理解,因为金先生本人是哲学家,他有资格有能力不同意罗素的哲学观点。可在逻辑学、逻辑技术上的一些讨论,金先生按理不应拒绝。比如,哥德尔早在20世纪30年代初即证明罗素的P.M系统是不自足的,而金先生却一直认为,有可能造出一个类似希尔伯特方案那样的公理系统。他说:"自足的逻辑系统可以使我们说如果我们承认它,引用它,我们不必正式地利用那一系统范围之外任何学问,任何科学,任何其它的系统所有的材料。这在从前似乎是不容易办到的事体,而现在似乎办到了。"①这种相信逻辑系统有可能"自足"的思想,大概可以说是金要区分出一个本来的逻辑的信念基础。这方面的问题,我们无法详细讨论。现在,让我们先看看金在这里的抽象思辨过程。

究竟演绎系统和逻辑系统的分别是原子的分别、运算的分别还是关系的分别?"以上所举的一种系统通式可以解释成几何学、类学、命题学,或几何系统、类的系统,或命题的系统。一演绎系统不因其原子为点线等就不是逻辑系统,也不因其原子为类为命题就变成逻辑系统。逻辑系统可以说是没有特殊的原子,它的独有情形不在原子而在它的系统所要保留的'东西'(此处用'东西'二字是因为我们不知道更便当的名词)。"②逻辑系统所要保留的"东西"其实也就是某种意义上"必然"的东西。什么意义上的呢?金接着讨论了"必然之实质与必然之形式"。金说道:"逻辑系统的特点就是'必然',而此'必然'的形式问题是有应特别注意的情形。"他认为,这里的"形式"不是一般意义上的"形式",而是我们"用以表示必然的工具的形式"。这种"形式"我们可以称之为"必然之形式",而不是"必然的形式",而"必然之形式"和"必然的形式"的区别是:"必然之形式是相对的。"③为什么呢?因为作为逻辑系统出发点的"基本概念无所谓必然。基本命题是否是必然的命题?这问题不容易得一答案。但我们可以假设一系统的基本命题也都是那一系统的必然命题,进一步问那一系统的出发点是否也就因此成为必然的出发点。还是不能。出发点的形式不仅靠基本命题,也靠基本概念。而基本概念无所谓必然"④。可见,影响逻辑系统之成为真

---

① 《逻辑》,第238页。
② 《逻辑》,第232页。
③ 以上均请参见《逻辑》,第234页。
④ 《逻辑》,第234—235页。

正的"必然"系统的关键问题就是系统的出发点问题,归根到底,在逻辑学中,"基本概念无所谓必然"。

那么,基本概念到底是系统范围之内的思想,还是系统范围之外的思想呢?如果我们把它当作"解释系统的思想",那它就是系统范围之外的思想。"但我们也可以把它们当作一系统的原质,如果它们是系统的原质,它们也就是系统范围之内的思想。至少从 P.M 的系统看来,后说近似。"结论也就是"必然之形式是相对的"。既然逻辑系统只是形式上的必然,那么"系统的形式不是必然的"。① 系统的形式既不"必然",或者只是"相对的必然",而逻辑所要表示的又非要是真正的必然不可,自然就要引出和"形式"相对的"实质"。

于此,金先生提出了"必然的实质"问题。这个实质既然是相对于形式而言的,而实质又是形式所表现的实质,如果逻辑系统的"必然之形式是相对的",那么就逻辑地要求一个逻辑系统背后的本来的"逻辑"作为逻辑系统的实质。于是,我们能够看到的虽说都是一个个的逻辑系统,而看不到它背后的"逻辑"本身,如果设定一个这样的逻辑本体性东西,它当然就超越了相对的逻辑系统的"必然"而成了绝对的必然。

可我们又怎么样区别逻辑和逻辑系统呢? 金先生建议用"词(token)"与"义(type)"来类比,把"词"类比为"形式","义"可类比为"实质"。他举例说:美金一元是一个实质,而这个实质在我们的经验中至少可以有两个形式:一是钞票的美金一元,一是银元的美金一元。在金先生看来,"利用比方总不免有毛病,但如果利用比方可以间接地使我们领会到此处形式与实质的分别,我们也就不必十分注意到流弊"②。这样,"必然之形式虽不必然,而必然之实质是必然。这命题的后面这一部分就等于表示同一律。同一律既不能否认,从这一方面着想,必然之实质不能不是必然"③。这样,逻辑系统和逻辑的区别就成了形式和实质的区别。

作了这种区别之后,金先生进一步论证道:"无论必然的形式如何,一必然命题总是普遍的。这里的普遍,与自然律及其他真的普遍命题的普遍不同。后

---

① 以上均请参见《逻辑》,第 235 页。
② 《逻辑》,第 235 页。
③ 《逻辑》,第 236 页。

一种命题是可以假而适无往而不真的普遍命题,必然的命题根本就不能假。因其不能假,其所以真者也,与其他命题的真不同。它不形容事实,而范畴事实,事实无论如何的变,总逃不出一必然命题的圈子。"①这是其一。其二,"必然命题,不仅能普遍地引用于任何事实,而且也是推论的普遍公式。这一层似乎是近代逻辑学的发现。此处的推论不是归纳方面由相当证据而得到相当结果的推论,它是由前提而得到结论的推论。这一种推论都有它们的普遍公式,而各种不同的推论公式,在一逻辑系统范围之内,都可以用必然命题表示之。所谓逻辑系统者无非是把各种不同的推论公式条理之,组织之,定其系统方面之先后,而以必然命题表示之。既然如此,一逻辑系统不仅能普遍地引用于事实,而且也是一普遍的对与不对的标准"②。所以,从实质方面讲,"每一逻辑系统都是逻辑之所能有的一种形式,所以每一逻辑系统都代表逻辑,可是逻辑不必为任何一系统所代表。逻辑系统是一种形式,虽然是必然之系统,而本身并不是必然的。逻辑的实质就是必然,必然既不能不必然,逻辑也不能没有它的实质"③。

(二)逻辑的实质与必然

逻辑是什么?不同的哲学流派有不同的答案。金先生作为新实在论哲学家,他对逻辑实质这一问题的回答是:"逻辑的实质就是必然,必然既不能不必然,逻辑也不能没有它的实质。"逻辑的性质可以有许多,可逻辑的实质就是这一个:必然。可在我们看来,逻辑学本身就是思想的"形式",金先生通过在"形式"背后设定"实质"的办法来确立自己的逻辑哲学,就难免引发出一系列的问题。

让我们从金先生最常用的例句说起:"这个东西是桌子或者不是桌子。"这句话中的"这"字,可以还原为"有",而"有"又可以还原为"存在"。而究竟有什么或者存在什么东西,在逻辑学的范围内,是无法进行讨论的。因为它"若是桌子则是桌子,若不是桌子则不是桌子"。虽然不是桌子,由于它是存在的,它仍然可以是"东西"。金在1933年写过一篇《范围的逻辑》。按照其中观点,逻辑

---

① 《逻辑》,第236页。
② 《逻辑》,第236页。
③ 《逻辑》,第237页。

可以有广、狭二义。结合上面的例句,我们可以说,在狭义逻辑的范围内,由于桌子可以是"家具"的属类,那么,如果从狭义来理解这个例句,这个"狭"的范围也就是"家具"。如果从广义来理解,例句中的"不是桌子",极而言之,可以是"这个东西"之外的全宇宙中的任何东西。在这个意义上,金先生所说的"二分法"也就是"这个东西"和"不是这个东西"两部分加起来所形成的整个宇宙。整个宇宙也就是"所有"存在。为了不至于让"所有"落空,金先生在《范围的逻辑》一文中最后说:"我们要记得'所有的范围都无所谓空'这样的命题在范围逻辑里似乎是不能说的话。"①到此为止,我们可以说,金先生已经逻辑周延地形成了自己独具特色的逻辑哲学。下面要说的话,是我们对金先生逻辑哲学的看法。作为后学,我们没有把握说我们的看法能比金先生在他的"逻辑哲学"中那样,做到如此的"周延"。

从现代逻辑学的发展情形看,金先生所说的"桌子"是一个名词。在《逻辑》一书中,金先生也正是从这"名词"开始的。名词可以向两个方向进行十分复杂的理解。从内涵方面说,"桌子"可以是"三或四条腿,一个规则的几何平面,和人的宏观尺度相关而合用的……东西"。从外延方面说,"桌子"就是一个个的,可以包括以前、现在乃至于未来的所有的书桌、餐桌、办公桌乃至于老板台等的桌子。这样,上述"这个东西是桌子或者不是桌子"这个例句,就是一个重言句。由于现代经典逻辑的两个基本属性是"二值"和"外延",我们可把分析先定位在"外延"这个方向上面。但这方面的分析我们在前面金先生批评传统逻辑 A,E,I,O 的"主词存在"问题时已经作过交代。在那里,金先生用"不假设主词存在"来确保"所有"的全称判断不落空。现在,我们再从"二值"方面看。所谓"二值"也就是"真假"二值。由于上述例句是一个重言句,而在重言句中又只是"有些重言句型可以选出"②来作为逻辑的出发点,所以,金的这个例句是否能够"入选"也就是可以分析的。

维特根斯坦的重言式的基本表达是这样的:"如果 P 则 P,如果 Q 则 Q。"③维氏的意思是想指出逻辑的"空",而金的逻辑哲学却是想证明逻辑的"实"。

---

① 《金岳霖学术论文选》,第 510 页。
② 《简明不列颠百科全书》卷 8,第 240 页。
③ 维特根斯坦:《逻辑哲学论》,第 57 页。

在这个基础上,首先,金先生的例句完全可以还原为经典意义上的重言式,即"如果这个东西是桌子,则是桌子;如果不是桌子,则不是桌子"。至于那"不是"的东西是什么,这绝不是逻辑学所要考虑的问题。其次,从现代逻辑的可操作性或称可演算性来看,金先生的这个重言句不能"入选"为"作为公理或作为各类句型符号变换规则的基础"。因为,若作为谓词演算,这个句子没有"量词",以使它进入一阶谓词逻辑;如果作为命题演算,这个句子不是一个"真命题",而是一个"恒真"的必然命题。所谓"恒真",就是这样一种陈述句:如果否定它,我们就会陷入自相矛盾。命题演算必得有"可证的公式"为基础,才能保持命题演算的"一致性"。而由于上述例句本身包含着 P 和非 P,现代命题演算又不存在使得 P 和非(~)P 都可证的公式,如果以它为"真命题",也就无法找到对它进行命题演算的基础。① 这样,若要逻辑哲学成为指导逻辑学发展的思想方法,金的逻辑哲学显然是有问题的。

现在,让我们看看金先生论证"穷尽可能的必然"时的论证过程。

金先生首先列举了一个命题 P,两个命题 P,Q,三个命题 P,Q,R,并正确地指出它们以真假二分"穷尽"组合后,分别为 2,4,8 个可能。但金先生的论证过程却只是从一个命题 P 开始展开论证的。这里,无形中出现了这样的错位:现代命题演算的所有发展进步,只是由于限定于传统逻辑无法彻底判定的"联结词"的"真值"才得以实现,而金先生从一个命题开始,事实上就等于使我们不再需要"联结词"。仅有的一个联结词"~"(非),既然它和命题 P 并列,已如上述,又正好使我们无法为它找到"可证的公式",以作为命题演算的基础。现代命题演算所赖以"动"起来的基础是"真值表"中所列举的常用的四个联结词:"·""∨""∩""~"。它们的语义是"和""或""如果……那么""不"。现代经典逻辑把这四个联结词看作"真值函项",真值函项要在"复合命题"中才可能"有"。② 所以,当金先生只用一个命题"P"进行推论时,这种联结词也就无法出现。结果是,他所列出的"四种真假可能的函数",就不是"真值函项",而成了"四种不同的态度"。③ 与此相关联,由"四种真假可能"而引出的"四种不同的

---

① 以上均请参见《简明不列颠百科全书》卷 6,第 18 页。
② 《简明不列颠百科全书》卷 9,第 400 页。
③ 《逻辑》,第 247 页。

态度"所形成的"四命题"的联结词就必然是模糊不清的。

金先生的论证是这样的:有一命题 P,对 P 来说,P(这个命题)或者是真的或者是假的。我们的四种态度是:(1)"'P 是真的'是真的或('∨')'P 是假的'是真的";(2)"'P 是真的'是真的而('·')'P 是假的'是假的";(3)"'P 是真的'是假的而('·')'P 是假的'是真的";(4)"'P 是真的'是假的'P 是假的'也('·'?)是假的"。括号中的联结词是作者所加,除第(4)句中的"也"或有异议外,把"而"理解为"和"是大致不错的。金先生对这四种态度分析的结果是:(2)和(3)"可以不必提出讨论";(1)"不能不真",(4)"不能不假"。于是,(1)是"无往而不真",(4)是"一矛盾"。接着金先生就举出"这个东西或者是桌子或者不是桌子"来验证。最后,金先生认为,"这就是承认所有可能的'必然'命题"。① 这个问题我们上面其实已经讨论过,那就是金先生其实是逻辑地得出了罗素在《数理哲学导论》中的"必然、可能、不可能"的三类命题函项。

对金先生的上述这一论证过程,我们的看法是:从命题演算的角度看,罗素的说法可以进入实际操作;从逻辑哲学的角度看,金先生的说法使逻辑保持了它原初的无所不包性。正如上述,"这个东西是桌子或者不是桌子"的例句,从广义的范围逻辑看,它可以包罗整个宇宙。金先生作为新实在论哲学家,他用这种方法使"逻辑的实质就是必然"这一判断得以周延。可代价是使他的逻辑哲学远离了科学。这种由对"重言式"的误解导致的哲学结论,其实还是肇端于罗素。在他为维氏《逻辑哲学论》所写"导言"中,说到"重言式"时认为"所有逻辑命题都像'P 或者非 P'那样,是重言式",②并说这就是维氏所"坚持"的观点。中译者贺绍甲指出"维氏对这个导言很不满意,认为文中曲解了他的思想"③。不管还有多少不满意的地方,对维氏"重言式"的误解肯定是最重要的。不管是逻辑学界还是哲学界,"重言式"已经成了某种分水岭式的思想。从罗素就开始误解,这不能不让我们对金先生的逻辑哲学产生某种遗憾和同情。

总之,金的两种"必然"是有内在紧张的,这里我们不再赘述。

(三)逻辑的功能

可是,如果我们回到中国逻辑学的现实状况,我们就不得不说,金先生的

---

① 《逻辑》,第 249 页。
② 维特根斯坦著,贺绍甲译:《逻辑哲学论》,北京:商务印书馆,1996 年,第 12 页。
③ 维特根斯坦著,贺绍甲译:《逻辑哲学论》,北京:商务印书馆,1996 年,第 134 页。

《逻辑》一书仍然是值得肯定的。且不说金先生对我们文化因子中本已陌生的逻辑所作的周密而认真的思考本身所具有的价值，单从金先生对逻辑的功能的思考和吁求中，我们就能窥出他雅人深致的良苦用心。

世界在时间中运动变化，按中国人的说法叫作"生生不息"。把一个静止的、绝对的、必然的"唯一逻辑"悬设起来，按金在《序》中的说法，就是为了"对付经验"。是的，世界在变，而变也在变，如果我们跟着这个世界变，用变来描述变，那么生活就成了一场噩梦，从而成为不可能。换句话来说，人作为符号动物，他之所以不同于世界万物的灵性不在于他的变，而在于他能够从"变"中通过"符号化"来把握"不变"。"不变"是人类无根漂泊之舟的锚，"静止"是人类心灵得以暂时栖居的港湾。

金先生把逻辑比作朱熹的"理"，比作亚里士多德的"形式因"。难道逻辑真的有这么重要吗？现在看来，也未必尽然。因为这些形而上学概念在爱因斯坦和哥德尔之后，再让它们成为意识形态的根据在理论上已经是不可能的了。可金先生却深信世界在逻辑意义上的"必然"性存在。我们可以说金对逻辑的理解带有某种神秘的不可求证性，但它却是真正理性的产物。如果说科学永远也离不开某种"假设"，那么，金先生对逻辑"实质"的这种假设就可能是最好的。事实上，中国人正是由于缺乏这么一个设定，才导致了我们科学的落后和作为结果的"挨打"。

爱因斯坦在1953年给J. E. 斯威策的信中明确地指出：中国之所以没有搞出科学的主要原因就是缺乏"形式逻辑"。[①] 另一个原因是缺乏系统实验，这在本质上是一个意思。因为在科学史上，许多科学家在进行系统实验时，有些结论往往是早已逻辑地得出。不了解科学史的人也可能不大能理解其中的意义。为了说明这一点，我们不妨把近代"科学之父"伽利略关于"两个铁球同时落地"的故事再讲一遍。伽利略的逻辑推理是这样的：亚里士多德的逻辑告诉我们：逻辑就是为了消除自相矛盾，而当他说两个轻重不同的铁球从空中下落的速度不同，从而落地有先后时，他自己就陷入了自相矛盾。因为，如果重铁球真的由于下落快而先落地，那把轻铁球的重量给它加上（也就是把轻的捆在重的上），它应该更快地落地，因为它更重了。但是，如果真的把轻重两个铁球捆在

---

① 《爱因斯坦文集》第一卷，第574页。

一起,就像两条跑得快慢不同的狗被一条绳子拴着,慢狗(轻铁球)要拖着快狗(重铁球),结果虽然是慢狗跑得快了,而快狗(重铁球)只能是比原来的速度更慢。两个铁球捆在一起,就是同一只铁球。同一只铁球下落,只有一个速度。这个速度(按亚氏的逻辑)要么是比原来快,要么是比原来慢,它怎么可能既比原来快又比原来慢呢?既然亚里士多德的逻辑不会错,他关于"重铁球先落地"的结论就一定是错的。要使结论符合逻辑而不自相矛盾,唯一的结论只能是:两个铁球同时落地。所以,许多科学史家考证,伽利略根本就没有也用不着上什么比萨斜塔。金岳霖就属于坚信逻辑而赞成伽利略不上比萨斜塔的那种人。

从纯科学角度来看,伽利略的这个论点经受住了严格的科学实验的检验。在真空中进行这项实验,鹅毛和铁球确实遵循引力加速度的定律:"同时"落地。可如果按照现代的爱因斯坦的科学观念看,亚里士多德的说法却仍然是正确的,实验中的"同时",仅仅是宏观低速条件下的一种可以忽略的近似而已。这与本题无关,我们在这里可以不必细究,只承认伽利略按逻辑推论出来的理论在宏观低速下的正确性即可。即使在现代科学的意义上,金先生关于"逻辑是科学的结构"的观点也并没有错。

在金那里,逻辑在功能方面不仅具有科学结构的性质,它与人的生活也是联系在一起的。谈到逻辑与生活,许多人往往以为逻辑对生活并没有直接的作用,因此至少从先秦的庄子开始,中国人就对逻辑采取怀疑或否定的态度。

不是很清楚吗?中国人不学逻辑,照样可以互相交流、谈话,并自由自在地行动。金于此完全中国式地说道:"正像人们一般认识的那样,生活与逻辑没有关系。生活据说是没有逻辑的,理性很少在生活中起任何作用。我们未经我们的同意而来到世间,我们违反我们的意愿离世而去;我们活着,一方面我们是我们的感情、我们的欲望、我们的希望和我们的恐惧的奴隶,另一方面我们现在并将永远处于自然界,即奥斯本(H. F. Osborn)先生称之为四重原生质环境的神秘力量的统治之下。我们有时由于爱而恨,我们常常由于难过而笑;我们为高兴而落泪,我们随哀乐而起舞;有时痛苦对我们是欢乐,有时欢乐表达我们的精神痛苦;我们为我们知道不可及的东西而努力,我们活着并允许活着,无论我们选择的道路是宽广、容易,还是狭窄、平直,我们都看不清我们的目的地。"[①]但

[①] 《金岳霖学术论文选》,第446—447页。

是金依然很西化(逻辑化)地认为,不管生活多么矛盾、多么复杂,也不管生活究竟是什么意义,逻辑都为它提供便利。很显然,人们在做任何一件事时,他都会面对条件和结果之间的关系。这种关系从事实上说肯定是千差万别的,但在逻辑上都共同遵守"如果……那么"这一蕴含关系。寒冷的冬天,如果我们想在屋子里感到暖和,那么,随便是谁,不管他是贩夫走卒、青楼歌女、达观饱学之士,或者他(她)竟是坊街陋巷的愚妇稚子,他们都会知道:这时,我们最好在屋子里生起火来。所有正常人都懂得:我们如果想要"如此如此"的东西或结果,那么我们就必须做"这般这般"的事情。这,也就是明白"如果……那么"这一逻辑关系。金先生说:"无论如何,这是一种方便我们生活的关系,我们大多数人都能亲身看到。"①

同时照金的说法,如果没有逻辑,生活就会十分沉重,以致几乎是不可能的。如果我们说话要有意义,特别是在交流中能彼此沟通理解,"同一律"就是不能缺少的。没学过逻辑的人可能不知道"同一律"这一名词,但他实际上已在遵守它。不知道名词无关紧要,但不遵守它所含有的逻辑,你便无法向别人传达你说话的意思。特别是,如果没有同一律,我们在实际生活中将会完全地无所适从,因为,虽然一切都在变,而"变"也在变,可无论父亲变得多么苍老或者混蛋,相对于儿子来说,"父亲"必须还是父亲;无论小麦品种进行了什么样的杂交,"小麦"必须还是小麦;无论餐具进步成什么样子,"餐具"还是餐具。这就是逻辑上常讲的同一律。没有这个"同一律",我们怎么样也无法使任何东西具有确定性。所以,不管你学不学逻辑,懂不懂逻辑,尊重不尊重逻辑,"只要我们活着,我们就必须达到某种与这个世界一致的工作安排。如果世界是混乱的,我们就必须制造某种秩序,以此我们可以生活得和谐。如果世界是和谐的,我们就必须发现这种和谐是什么。……我们追求便利,避免障碍。换言之,我们遵循阻力最小的方向……与世界打交道时,无论我们考虑什么,遵循阻力最小的方向只能是遵循自然界或人类思想中蕴含的某种确切的关系,就是说,遵守逻辑"②。

从哲学层面说,逻辑对认识有没有作用,我们很容易看到一些否定性的意

---

① 《金岳霖学术论文选》,第451页。
② 《金岳霖学术论文选》,第446页。

见。概括起来,主要来自以下几种观点:一是来自自然科学的观点。即认为科学的进步主要是实验和观察的结果,它的论据十分复杂,而应用范围有限的三段论不能组织它并使它系统化。这种观点是与把科学看作是认识的最佳途径并且是唯一途径的实证主义联系在一起的。二是来自怀疑论。别的不说,休谟的怀疑论,就引导许多人不停地攻击逻辑。三是来自实用主义和生机论的反理性主义。根据进化的思想,实用主义把逻辑也推到了不断进化的过程中,因为不这样逻辑就无法处理变化着的世界。生机论把逻辑看作是破坏生命整体的元凶,认为任何活生生的东西在逻辑的处理下都成了死的符号。最有力的是黑格尔,他用"辩证法"来反对逻辑。于是为了复活生命,使一切事物都重新流动起来,就得在认识中抑制逻辑。在此,逻辑不仅无助于认识,反而成为认识的负担。

但是在金看来,这些观点都是思想混乱的产物。逻辑绝不仅仅只是三段论。科学的成功主要应归于它的方法论,尽管人们越来越明白,科学的基础不是依靠"必然"的逻辑,而是依靠"或然的"归纳,但科学的归纳,本身就意味着它要遵循严格的程序,而这个程序本身是逻辑的,尽管不只是三段论。科学不只是经验,它还包括证明,暗含着秩序、组织和系统化,而背后支持这一点的就是逻辑。在逻辑大大超出原来范围的情况下,逻辑与科学也愈来愈相互促进。最明显的,科学认识一直离不开数学,而数学与逻辑的结合,已使数学与逻辑之间的界限再也无法严格地作出区分。传统有一种说法:在数学开始的地方,逻辑就结束。罗素经过艰苦的努力后,无可争辩地告诉我们,很难说数学在哪里开始,逻辑在哪里结束,数学和逻辑已经连为一体,数学是逻辑的一部分。爱因斯坦说中国之所以没有发展出科学,主要是因为中国当时没有逻辑和缺乏系统的实验,也从一个方面有力地反证了逻辑和科学的关系。

中国哲学是典型的有机论哲学,西方有机论哲学的代表人物可以追溯到莱布尼茨和晚近的柏格森等。有机论认为逻辑具有静态性质,分割生命,无益于真理的认识,这是不能接受的观点。只就这种说法本身而言,它就暗含着逻辑的"同一律",否则我们无法知道这种观点的意义。说一切都在变化,认识也要随着变,逻辑也要变,这就意味着不管是谁,当他在表达自己的观点时,自己已变,观点已变。于是按中国人所熟悉的方法,在这样的时候,也许我们最好什么也不说。因为时间老人永远无法把"当下"的准确时间告诉我们,因为,当他刚要张口说"当下"时,他就已经进入另一个现在的"当下"了,从而使刚才要报的时间成了过了时的时间。用爱因斯坦相对论的说法,既然光传递信息需要时间,说话当然也就需要时间,所以,我们事实上无法绝对地表述时间。于是,为了使人与人之间能够有效地交流,我们需要一个超越时间的东西,就现在的论题来说,也就是需要逻辑。逻辑之所以能发挥其功能,其中一点就是由于它所具有的静止性。人们需要逻辑,也正是要用它这静止性来应付不断变化的现实生活。如果根据物质世界的不断变化性来要求逻辑作出相应的适应,这就等于是取消了逻辑,可我们无法离开逻辑。这正像我们无法说出终极的绝对的"道",却不能不说一样:"说不可说"(奥特),"道非常道"(老子)。目前为止甚至永远,我们还只能通过逻辑的静止不变性来认识、把握世界,此外,绝不会有别的办法。

总之,逻辑对于认识的作用,金认为:"我们的认识若要对我们的生命是有用的,那么与已知的世界相比,它就必须是更静止的。它的名字、符号或用词必然至少暂时地形成统计概括或严格的概念,它们的关系必然是具有相对持久性质的一般概括,因此它们可以用作进一步的更复杂的推论的数据。如果我们的认识是绝对的和抽象的,则它包含概念和命题系列的关系,如果它是统计的和描述的,则它包含概率计算。无论哪种方式,认识都不能逃避逻辑。它可能包含不同的逻辑种类或不同的逻辑系统,但是没有某种逻辑或某个逻辑系统,认识就不能发展。"[1]

---

[1] 《金岳霖学术论文选》,第459页。

金岳霖罗素哲学分析批判

20世纪50年代末60年代初,金岳霖写了《罗素哲学》一书。这本书写作动机的触发,主要是要和时代精神认同,追求政治进步。周礼全在为此书写的《序》中说:"从50年代末,他开始系统地研究和评述罗素的哲学思想,大约时断时续经过四五年时间,才完成《罗素哲学》的初稿。初稿曾由在北京的部分哲学工作者讨论过。正当他在修改初稿的时候,'文化大革命'的风暴突然席卷全国。十年动乱过后,他本想继续修改他的初稿,但不幸他已进入衰弱多病的晚年,失去了进行艰苦的哲学思考的能力。"① 这部书原名叫《罗素哲学批判》,经周礼全、冯契等人整理后,于1988年由上海人民出版社首次以《罗素哲学》之名出版。按冯契在《跋》中的说法,此书写作期间,我国还处于"封闭状态","极左思潮已成为普遍流行的指导思想",金深受时代精神的影响是在所难免的。② 不过,金岳霖作为当时我国对罗素及其哲学思想了解最深的哲人,他所写的《罗素哲学》,仍有自身的价值。可以这样说,如果删除此书中明显的意识形态语言,它仍不失为介绍罗素哲学思想的最好的书之一。

50年代以前,金先生是一个新实在论哲学家;50年代以后,他开始努力转变为一个马克思主义者。实在论和马克思的唯物主义有某种相通之处,按金在晚年回忆时引列宁的说法,实在论是"害臊"的唯物主义。这就意味着,金在《罗素哲学》中称引唯物主义时,早期的实在论哲学主张会在无意识中起作用。由于这本书是他晚年唯一的一本哲学专门著作,转变前后的思想都会体现出来,对此我们将尽可能客观地指出。金是现当代中国哲学界的大家,罗素更是本世

---

① 金岳霖:《金岳霖文集》第四卷,兰州:甘肃人民出版社,1995年,第454页。(以下凡引此书,只注书名和页码)
② 金岳霖:《金岳霖文集》第四卷,第699—701页。

纪为数不多的大师级人物。如果由于评介而造成了读者的误解,那十足暴露了本文作者的疏陋而与先贤无关。在下面的评述中,我们拟循着《罗素哲学》的框架,从三个方面对这本书进行介绍和评述:一、罗素思想的渊源和分期;二、罗素形式逻辑思想判析;三、罗素感觉材料论判析。

一、罗素思想的渊源和分期

1943 年,在罗素自著的《西方哲学史》中,他称自己的哲学为"分析哲学"。在本世纪发生的哲学语言学转向中,罗素是开创性的人物,他之所以不称自己的哲学为语言哲学而称分析哲学,是因为在他看来,语言哲学彻底放弃形而上学把哲学限制在语义语用之中,多少有点土拨鼠式的狭隘心理。所以,英美学术界一般认为,罗素的哲学思想既深深植根于英美的经验主义传统,又有逻辑实证主义和物理实在主义的明显痕迹,带有过渡性人物的复杂性、丰富性、多样性。

金岳霖对罗素哲学的定位,从辩证唯物主义和历史唯物主义出发,并又时时带有他早年的新实在论色彩。所以,从《罗素哲学》一书中我们看到,罗素哲学作为物理实在主义和逻辑实证主义哲学意蕴不再存在,他对当代物理学的创造性理解,金一般是用"唯心主义"一语带过。这是因为在金看来,既然列宁说实在论和唯物主义比较接近,列宁对马赫的"唯能论"的批判就基本上可以套到罗素头上。既然"唯能论"已被定性为唯心主义,罗素自然也就要么是客观唯心主义(前期),要么是主观唯心主义(后期)。

洛克和休谟,无疑都是英国经验主义哲学的重要代表人物。然而,在把哲学史看作唯物、唯心两大阵营斗争史的思潮下,洛克被认为是唯物主义哲学家,而休谟被认为是唯心主义哲学家。于是,金自然而然地就把罗素哲学的学术源头追溯到休谟。一般说来,金的这种归结是对的。仅从哲学上看,休谟确实比洛克的成就更大些。休谟在哲学史上的影响十分巨大,他提出并论证的"归纳问题",被罗素称为"哲学的家丑"。金在晚年的回忆中,说自己醉心于哲学就肇端于休谟。正是休谟的《人性论》把金岳霖引入了哲学的殿堂。《知识论》中他致力于"归纳问题"并取得一定成效正是对休谟的一种回应。在《罗素哲学》第二章"从休谟、康德到罗素"中,金对罗素带有总体性的批评中,所贯穿的也还是休谟的"归纳问题"。

近代认识论哲学的核心问题是科学知识的基础问题。科学知识不仅在科学实验中一再得到证实,对人类生活的巨大作用和意义似乎也无须多说,可是,科学知识是怎么来的呢？一般来讲,虽然科学史一再显露出大师们直觉能力的神秘踪迹,但演绎和归纳或者换句话说分析和综合,却总是科学技术发展中的两种基本思维方法和手段。从培根到穆勒,已越来越有自己的一套归纳方法,并在实际的科技事业中起作用。但就在牛顿之后不久,休谟却石破天惊地指出：所有由归纳得出的结论,都无法用任何理性的方法来保证它的永真性;我们运用科学知识,所仰赖的也只能是人类的自然信仰。他举例说,太阳在此前的每一天都出来了,我们相信它明天还将从东方升起,可今天太阳的升起并不是明天太阳升起的原因。迄今为止我们所发现的天鹅都是白的,可我们无法保证明天或永远不会出现一只黑天鹅,而只要有一个例外,譬如发现了一只黑天鹅,我们归纳出来的知识就不再是"真"的。

在《人类理智研究》一书中,休谟试图确定人类认识的原则。他先把认识对象划分为两类：要么是"印象",要么是"观念"。印象是感觉的终极材料,观念是对感觉材料进行不同排列组合的结果。据此休谟提出：一个词如果不直接代表印象,比如红、响、香、硬,那么只有当它能提供从印象得出的观念时,才有意义。一句话：人类的知识必须归结为"印象",除了我们的感觉器官,我们没有别的通向外部世界的认识通道。休谟认为：全部认识对象或者是"观念间的关系"或者是"事实"。观念间的关系是反思的结果;而关于事实,他的结论是：任何所谓永真的论证都是不可能的。因为,我们只知道事实是这样的,而不知道事实为什么是这样的。因果关系在时空中的存在当然不是虚妄的,休谟坚信它们存在。可他认为这是人类的心理习惯和信念,我们既不能通过经验观察来证实,又不能通过理性来阐明。这就是被罗素称为"哲学的家丑"的由休谟提出、至今犹然的"休谟问题"。按罗素的说法,此后的一切哲学,如果坚持科学的态度,宣称自己服从理性的约束,便不可能回避"休谟问题"。

金先生在《知识论》中对此已经有过有力的回应,虽然不能说是"问题"的最终解决,却毕竟是用自己的方式对问题提供了一个解答。在《罗素哲学》中,他对这一问题的回应方式与先前的解答方式大不相同,其基本的理论角度是：

休谟的这个观点是让理论脱离了实际。金说:"我们应当注意:在这里,抽象的理论和实际是对立着的。……(罗素)认为数与量的抽象理论是可以证明的,是无可怀疑的。印象或感觉材料方面的红、硬、响、甜,是当前直觉上的现实,是可以直接证实的,也是无可怀疑的。但数与量的抽象理论却都不是直觉的当前的现实。而当前的现实都不是抽象的理论。这已经把理论和当前的现实初步地割裂开来了。"进一步的问题是:"由经验的积累而概括出来的是些什么样的东西呢?有没有一般呢?如果有的话,它是不是具有规律性呢?必然性呢?这是休谟认识论的主要问题。"①罗素承继了休谟的这一问题。金先生认为,休谟或者这里不如说罗素,当他们这样把理论和实际割裂之后,其结果就是:在事实和事实之间,没了"因致果的'致'",有的只是"观念间的关系"。罗素认为,这种关系有"序列关系""逆关系"和与之相关的"关系域"等,但在这所有"关系"的背后,并没有一个普遍适用的"关系者",并用它来构成我们认识世界的根据,也就是没有一个统一的"因"。② 这样,罗素就和休谟一样,认为世界的运动及其规律并没有一个使它们一定这样的"因"的链环,从而必然性的结论就是:由经验事实归纳出来的客观事物的"规律",只具有可以用不同的概率描述的"或然性",而没有那个宿命般的客观的"必然性"。

在金先生看来,正是休谟那石破天惊的结论"使康德从迷梦中惊醒"。康德那富丽堂皇的理论体系虽然庞大,但在回应休谟问题上简单地说就是:在认识对象方面,康德承认有"物自体",这就比休谟模糊地说"印象"由外因引起要好些;认识主体方面,康德认为人的心灵有一种"先验"的能力,这种能力不仅使人的认识成为可能,而且由于时间空间都是人类感觉的先天形式,所以它能像"模子"似的铸造经验。这就是康德的先验综合判断。有了这种先验的综合判断,科学知识的普遍有效性就得到了保障。金先生认为,虽说康德把科学知识的普遍有效性归之于心灵是不足取的唯心主义,而承认科学知识的普遍有效性毕竟又是"合理的","如果这个因素(先验)和综合判断结合起来,其结果就是承认有普遍有效的、有具体内容的、可以提供具体知识的判断"。金接着说:"正确地反映客观规律的判断不正是这样的判断吗?肯定有这样的判断,不正是肯定了

---

① 《金岳霖文集》第四卷,第 472 页。
② 罗素:《数理哲学导论》,第 43—61 页。

客观规律、客观必然性吗？不正是肯定了科学吗？"①

可惜的是，罗素不仅没有从康德的立场上前进，反而倒退了：他重新回到了休谟。这就是金岳霖对罗素的哲学思想进行批判的主要论点。"罗素的论点是：综合的判断不可能是必然的，必然的判断不可能是综合的。"②无论如何，这确实符合罗素的思想。罗素说："一般都承认科学和常识的推论与演绎和数学的推论有一个非常重要的不同，这就是在前提为真、推理正确的情况下，前者所得的结论只具有概然的性质。我们有理由相信太阳明天会升起，大家也都一致认为，在实际生活中，我们可以假定这些理由具有必然性，并照此行事。但是如果我们考察一下这些理由，我们就会发现它们还有让我们怀疑的余地，不管这种怀疑多么微小。"③这里，罗素也谈到了科学和常识的"必然性"，但那是"假定"。事实上，罗素在《人类的知识——其范围与限度》一书中，正是通过著名的"五大公设"④来保障科学知识的正确有效的，而他也确实不认为科学知识具有"普遍"有效性。因为在罗素看来，我们生活于其中的这个世界，大体说来，是一个或然的非决定的世界，而不是一个必然的决定论的世界。我们生活于其中并且可以享受到充分的自由，正是因为世界是并且确实就是这样的，我们并未被命中注定。如果硬要说这个世界上有什么必然的、不可移易的东西，那就只有数学和形式逻辑（包括他自己作出了卓越贡献的数理逻辑）。

有关这方面的评述，我们下面还将进一步展开。说到罗素哲学的渊源，金认为，伍德的"从康德到康德"的结论是不对的⑤，罗素不是从康德出发而又回到康德，而是回到了更加唯心的休谟。在这个世界到底有没有普遍也就是必然的规律方面，罗素从由康德开始论证的、唯物主义者继承的"必然"性世界观倒退了回去。

对于罗素哲学的分期，罗素本人在《我的哲学的发展》中有自己的说法。罗素认为对他思想形成影响最大的因素是皮亚诺技术。罗素接受皮亚诺技术是

---

① 《金岳霖文集》第四卷，第480页。
② 《金岳霖文集》第四卷，第483页。
③ 罗素：《人类的知识——其范围与限度》，北京：商务印书馆，1983年，第400页。（以下凡引此书，只注书名和页码）
④ 参见《人类的知识》，第580—591页。
⑤ 《金岳霖文集》第四卷，第484页。

1900年,此前,他信奉过英国新黑格尔主义者布莱德雷的"内在关系"哲学。1898年,由于穆尔的影响,他从布莱德雷哲学的"迷雾"中逃离了出来。此后不久,正是由于接受了皮亚诺技术,他才找到了一种清新的世界观,这种世界观使自己处在一种随时可以在对象中发现真理的"外在关系"之中。从此之后,罗素的哲学思想就大体定了型,按罗素自己的说法,叫作"叛入多元论"。

罗素"叛入多元论"之后,他的哲学基本上没有再发生过任何重大的变化。此后的学术生涯,虽然有长达13年的数理逻辑方面的攻坚性、开创性工作,有长达半个世纪之久的认识论哲学的艰苦努力,但在罗素自己看来,这都属于他"分析哲学"的有机组成部分,并没有实质的变化。在这漫长的学术生涯中,他汲汲坚持的就是他建立在"外在关系"基础之上的"真理符合说",并始终运用这种学说来反对黑格尔建立在"内在关系"基础之上的"整全真理观"。罗素晚年以有点耿耿于怀的语调说:"虽然自从早期的那些日子以来我已经改变了对于很多事物的见解,可是对于那时和现在都极关重要的一些点却没有变。我仍然坚持外在关系学说和与之相连的多元论。我仍然主张,一个孤立的真理可以是全真的。我仍然主张,分析不是曲解。我仍然主张,如果不是同义语的一个命题是真的,其为真是因为对一事实有关系,并且,一般说来,事实是离经验而独立的。……自从放弃了康德和黑格尔的学说以来,我对于这些事物的见解一直没有变。"[①]

对于罗素哲学的这些基本方面,金先生有着十分清醒而准确的认识和判断。在金看来,"罗素的著作虽然多,然而主要的是两部分,一是关于形式逻辑的理论,另一是认识论"[②]。罗素的所有学术工作都是为了追求他心目中的"永恒的真理",具体说来,是把上述两方面的工作结合起来,建立一个认识论的演绎系统,以便使人类的知识能够具备更加确定的基础。"只有把罗素的整个哲学看成是制造这样一个系统的企图,他的前前后后的论点和他的那么多的大部头的书才能理解。只有这样来看,1912年以前和以后的罗素,才是一个而不是两个哲学家。"[③]这种评说,无疑是准确而深刻的。

[①] 罗素:《我的哲学的发展》,北京:商务印书馆,1982年,第56页。
[②] 《金岳霖文集》第四卷,第603页。
[③] 《金岳霖文集》第四卷,第491页。

但是，金先生还是要把罗素的哲学从1912年断开，分为两个阶段来展开他的批判。之所以这样，假如不错的话，至少有如下几点理由：第一，逻辑学和知识论是两门很不相同的学科。逻辑学所具有的确定性和认识论的不确定性的反差是巨大的。维特根斯坦以来，逻辑学成了一门工具性学科。但终金一生，逻辑在他心中却一直具有某种相当神圣的地位。作为哲学家，他认为"逻辑是哲学的本质"，通过这个重要的判断，他赋予逻辑以某种实在性，从而也就具有了某种在终极意义上的客观必然性；正是在这一点上，他早年的实在论哲学与辩证唯物主义哲学具有某种相通性。即使在晚年，按他回忆中所说，只是共和国允许他继续搞自己偏爱的逻辑，说逻辑"还是有用"后，他才可能有条件和大家一道前进。而认识论就很是不同，它并不是一门工具性学科，特别是在晚年，它简直成了某种世界观性质的"科学"，从而就使这门学问具有了更大的带上"阶级"色彩的可能性，因此，不能把知识论和逻辑学相提并论。第二，在金写作《罗素哲学》的年代，"客观"和"主观"两概念具有不同的价值定位，把罗素在逻辑学和知识论两方面的学术工作区分开来，就有可能对罗素前期在数理逻辑方面的"贡献"，从而也对自己一生钟爱的逻辑作出更多的肯定，使逻辑获得较高的价值定位。第三，也是非常重要的，在哲学思想上，罗素在前期具有明显的新实在论倾向，这种哲学倾向使他把数学和逻辑看作某种客观实在的东西，这就不仅和金早期的实在论哲学相通，而且和辩证唯物主义哲学有某种相通。这样一来，罗素的哲学就不仅和接受了唯物主义的晚年的金相接近，而且和早年主张实在论的金相一致。至于罗素后期的经验主义感觉论哲学，金先生早在《知识论》中就已经与之分道扬镳了。因为即使在《知识论》中，关于知识特别是科学知识，金的"必然性"定位与同年发表的罗素在《人类的知识》中的"或然性"定位也已是南辕北辙、轩轾两分了。

在罗素哲学的前期，也就是1897年至1912年期间，罗素的主要学术工作就是写了两部《数学原理》：一部是用普通文字写的，于1903年出版；另一部是与他的老师怀特海合写的三大卷的《数学原理》，主要是用符号写的，于1910年至1913年分别出版。三大卷的《数学原理》可以说是开创了数理逻辑的新纪元，至今仍是这一领域的经典著作。虽说罗素、怀特海的工作是在布尔代数特别是弗雷格工作的基础上进行的，《数学原理》的逻辑思想在今天看来，也有许多被超越，可罗素作为数理逻辑集大成者的地位从此确立。即使在"左"的思潮甚嚣尘上的年代,金先生于此仍然指出:"应该承认,罗素对于数理逻辑是有贡献的。"①至于说罗素搞数理逻辑是为了满足自己的宗教情感、为了追求并不存在的"永恒的真理"云云,今天看来,一方面它符合罗素的实际情况,另一方面也只能说是特殊时代的产物了。

1912年,罗素出版了他重要的哲学著作《哲学问题》,直到晚年,罗素依然认为,这是能够比较全面地代表他整体哲学思想的一部著作。在这本书中,罗素承认:"客观事物是感觉材料之因,而感觉材料是客观事物之果。"②正如金先生所言,对罗素来讲,这是一个重要的观点。承认外界的客观事物是感觉的原因,这是区别唯物主义和唯心主义的重要分水岭。1914年,罗素在《感觉材料与物理学》一文中,放弃了这种因果论的认识论观点,而代之以他终生坚持的"构造论"。罗素认为:"只要可能,我们就要用逻辑构造来代替推论出来的东西。"③在金看来,这就是罗素从前期的客观唯心主义转向后期的主观唯心主义的主要标志。正是以此为标志,罗素开始进入他的"中立一元论"。尽管罗素出版于1921年的《心的分析》在当时的金岳霖看来,显得"过分地唯物",尽管罗素1948年出版的《人类的知识——其范围与限度》在金看来也"相当唯物主义",但金论证说,直到晚年,即1959年出版《我的哲学的发展》时,罗素仍然坚持自己的"构造论"观点而不是因果论。所以,罗素的哲学是一种"主观唯心主义"哲学。在这后一时期,由于维特根斯坦的影响,罗素甚至放弃了前期的数学和逻辑有客观性的主张。对此,虽然罗素似乎并不情愿,却仍然不得不把数学和逻辑看作某种"人为的美丽"之类的东西,即接受了"约定论",承认数理逻辑并不是客观世界固有的性质,而是人为的约定。所以,就学理上讲,金先生说罗素的认识论哲学属于"唯心主义"虽说并不确切,却也有着一定的根据。把罗素的认识论哲学和前期的数理逻辑看作两个时期的不同思想进行分析评判,即使在今天看来,也有可取之处。

---

① 《金岳霖文集》第四卷,第456页。
② 《金岳霖文集》第四卷,第462页。
③ 转引自《金岳霖文集》第四卷,第639页。

二、罗素形式逻辑思想判析

形式逻辑在罗素这里主要的就是数理逻辑。虽说在《罗素哲学》一书中,金先生不同意用数理逻辑来涵盖形式逻辑,但他似乎并没有说二者是性质不同的东西,而只是说二者的应用领域有所不同,这在当时乃至今天看来,都是可以接受的。形式逻辑作为思维的工具,按理只能是出于发展完善的批评,没有什么可批判的。金岳霖对罗素逻辑思想的批判仍然是从哲学认识论乃至本体论方面展开的。按金的说法,罗素的形式逻辑之所以是应该批判的,是因为罗素"歪曲了形式逻辑导致形而上学"。这里的"形而上学"不是通常的哲学意义,而是和黑格尔辩证法相对应的说法,其实际的意思是:既然这个世界是运动变化发展的,我们对于它的认识也就不能是静止的孤立不变的。但有一点是清楚的,如果我们的语言含义也成了变动不居的东西,我们将无法进行哪怕是最起码最基本的沟通,从而使任何意义上的社会生活都成为不可能。

如前所述,金承认罗素在数理逻辑方面是有贡献的。这些贡献主要有两大方面:类型论和摹状词论。诚如上述,罗素哲学不把世界作为一个整体进行传统形而上学的定性分析,而是坚持自己的"外在关系论"。外在关系论就是承认真理分别存在于个别事物之中,而不能或者说根本无法像黑格尔说的那样,只有在整体中才能认识真理。我们下面的评述,按金先生文中所及,结合罗素对数理逻辑的贡献,从罗素的类型论、罗素的摹状词论、罗素的先验主义、罗素的定义论或逻辑构造论诸方面展开。

(一)罗素的类型论(集合论)

罗素的类型论是在解决"罗素悖论"时由罗素自己提出的一种解决方式。什么是罗素悖论呢?在撰写三卷本或称大《数学原理》的初期,罗素就把正整数理解并解释为逻辑学上的"类的类"。所谓"类的类"在数学上也可以叫作"集合的集合"。之所以要提出这一问题,是因为数学界为了证明非欧几何和欧氏几何以及实数论的相容性,进一步就是证明实数论和集合论的相容性,结果又进一步化归为利用相对相容性来证明集合论的相容性。罗素发现,"由所有不包含自身的集合所组成的集合"是一个集合吗?如果是,原来那个集合就不能说"所有";如果不是,那它是什么?用罗素自己后来的话说:"我问我自己,这一个类是不是它自己的一项。如果它是它自己的一项,它一定具有这个类的分明的特性,这个特性就不是这个类的一项。如果这个类不是它自己的一项,它就一定不具有这个类的分明的特性,所以就一定是它自己的一项。这样说来,二者之中无论哪一个,都走到它相反的方面,于是就有了矛盾。"[①]让我们用通俗的说法把这个话再说一下。这个后来被称为"罗素悖论"的观点其实早在两千多年前就被古希腊人所发现,"一个克利特人说:'克利特人是说谎的。'"进一步和"数"相联系,比如,桌子是一种家具,可"家具"是不是家具中的一个呢?如果是,那么我们就会在所有的具体的家具之外多出一个"家具",这个"家具"不是一个家具;如果不是,那"家具"就是一个家具。这在常识中虽然不成其为问题,可在数学上就是一个大问题,它意味着"数≠数"。在逻辑学中它意味着,如果我们不限定作为变项的谓项的功能,所有逻辑谓项都随时面临着一个基本的逻辑矛盾。这个问题提出之后,作为罗素数理逻辑思想先驱的弗雷格在感情上非常地受不了。用他自己的话说,你辛辛苦苦地盖起了一幢大楼,当它已经基本竣工的时候,忽然发现它的基础部分出现了一个巨大的断裂。你心里是什么滋味?按中国哲人庄周的说法,就是如果"'一'与'言'为二,二与一为三",这样,在出现悖论的情况下,连聪明的天文学家也算不清楚,"巧历不能得,而况其凡乎"?(《庄子·齐物论》)

对于这种问题,如果从"常识"的角度来看,完全可以不必理它。在我们这个常识理智十分健全的文化中,事实上我们也从不认真对待这类问题。可西方文化的特征或核心问题,就是近年被德里达等人"炒"得很热的"逻各斯中心主义"。这种文化有一股"死较真儿"的劲儿。罗素在他1903年出版的、用普通文字写的《数学原理》中说:"上面所说的矛盾不包含特殊的哲学。这种矛盾是直接起源于常识。解决这种矛盾的唯一的办法是放弃某种常识的假定。只有以矛盾为滋养的黑格尔哲学才能不关心,因为它处处遇到与此类似的问题。在任何别的学说里,这样一个正面的挑战都要求你做出一个答复,否则就是自己承

---

① 罗素:《我的哲学的发展》,北京:商务印书馆,1982年,第67页。(以下凡引此书,只注书名和页码)

认没有办法。"①为了在数理逻辑中解决这个悖论或矛盾,罗素认为,必须对三种作为中项的逻辑变项进行限定。一是在一阶纯功能运算中,只能出现个体变项;二是只有在二阶运算中,我们才能引入命题变项;三是可以允许谓项作为变项进入更高层次的运算。也就是说,所有逻辑谓项的功能可分为不同的类型。只要禁止谓项功能和同类或高层次类混合使用,我们就避免了"悖论"。也就是说,罗素的类型论规定,我们不能把桌子、椅子和它们所属的"家具"加在一起。克利特人说的那句话,不能算在它所表述的"克利特人说"这样的一个整体对象中。否则,就要出现悖论性的论证结果。

对于这样一种思想或规定性技术,当然是可以进行批判的。事实上罗素紧接着就进行了自我批判。在上述同一本书的最后,罗素说:"总括起来说,看来第十章的那个特别的矛盾是被类型说解决了。只是,至少有一种很类似的矛盾大概是不能用这种学说解决的。看来所有逻辑的对象或所有命题,全体包含一种基本的逻辑上的困难。这种困难的完满解决是什么,我还没有发现;但是因为它影响推理的基础,我恳切盼望所有治逻辑学的人对它加意研究。"②可金先生对罗素类型论的批判,并不是从这个角度展开的。金认为,罗素的类型论把抽象的"类"概念弄得不"存在"了。"家具"怎么能不存在呢?它不就存在于桌子、椅子……之"中"吗?

如果从罗素的"外在关系论"而不是黑格尔的"内在关系论"出发,把桌子归结到一起,我们就可以得到一个"类",对于这个类,我们就用名词或概念把"它"统称为"桌子"。当我们说"桌子"的时候,"桌子"这概念并不是一个实际的桌子,"它"是"桌子"之外的另一个。作为概念的桌子的所有意义就是它可以指称在它之外而在认识者视野范围之内的那个实际存在的有着许多生活功能的桌子。世界当然并不是由桌子构成的,把桌子、椅子和沙发等加起来,我们将得到另一类——家具。"家具"不是桌子、椅子或沙发中的一个,而是一个叫作"家具"的类。依此类推,所有的自然数在罗素或者说早在弗雷格那里,也就是这类永远看不见摸不着因而也拿不来的关于"类的类"。当我们想要拿来"家具"时,我们只能拿来具体的桌子、椅子等。桌子是家具的属类,而家具又是生

---

① 转引自罗素的《我的哲学的发展》,第69页。
② 转引自罗素的《我的哲学的发展》,第69页。

活用具的属类。这样层层地推上去,"2"是一个所有的偶数的集合所构成的"类"。"0"是一个特殊的类,它是一个不含子类的类,金早年在《逻辑》中把它叫做"空类"。这样做的结果,"类"就是一个层次概念,每一个类都可以归到一个更大的"类"之中,正好像荀子说"物"是"大共名"。金对此批判说,罗素的共相是一排一排地坐着的,最后一排最多,那是一个一个的个体的实物,倒数第二排是把个体归纳起来的初级类,倒数第三排是关于类的类,倒数第四排是关于类的类的类……这样一层层地对概念抽象下去,"扶"起来就像个金字塔。

其实,用罗素的"类型论"观念来解释世界,非常地直观,并没有什么深奥玄秘的地方,但它却能够帮助我们明白不少事理。对罗素的这种早被公认的数理逻辑的理论,当然也是可以批判的。金用两章的篇幅专门批罗素的形式逻辑,说罗素"歪曲了形式逻辑导致形而上学"。金开宗明义地说:"罗素的形而上学特别严重,剑桥学派和逻辑实证主义者情况也类似。"①这里的形而上学,就是和黑格尔式的辩证法相对意义上的形而上学。也就是说,世界本来是物质的、运动的,如果我们不能把这运动着的世界用逻辑的方法统一起来,那就证明逻辑学是没用的,所以,运动着的世界应该是辩证的。罗素的形式逻辑却主张一种静止的观念,用一种静止的观念来解释世界。"类"这样一种静止的东西,是一种在实际中不存在的东西。用这种实际上不存在的东西来框架世界,就是理论脱离实际。具体说是让一般脱离个别,让普遍脱离特殊,让共相脱离殊相。一句话,让不存在的抽象概念来统治存在着的世界。金说:"(罗素)的所谓一般,是一层一层地上升的。如果这样的一般都占据不同的空间的话,那它扶摇而直上者就不止九万里了。按照罗素的说法,个别有类,类也有类,类的类仍然有类。关系同样如此。类和关系都是一般。这种一般的数目比个别的数目大。这是以一般与个别的割裂为前提而得出的一种割裂一般与个别的理论。"②又说:"罗素所谓的一般是既不在时间中,也不在空间中的。罗素喜欢说俏皮话,他曾说过一个人不愿意占据无穷的空间,因为他不愿意那么肥胖,可是,他愿意占无穷的时间,因为他愿意长生不老。俏皮话和哲学思想也不是没有联系的。罗素对他心爱的共相(即这里说的一般)是很关心的。把共相安排在时空中,绝

---

① 《金岳霖文集》第四卷,第499页。
② 《金岳霖文集》第四卷,第515页。

大多数的共相会肥胖不堪,有的还可能会短命。把它们安排在时空之外,它们就无所谓胖瘦,也无所谓生死了。罗素就这样搞出一个永恒的一般或共相的世界来了。……两个世界的关系如何?罗素没有作出什么安排……在第一章里,我们指出罗素是要追求永恒真理的,他实际上是要用永恒真理来代替宗教信仰的,来满足他的宗教上的要求的。"①

很明显,如果说罗素的"类型论"满足了他的什么"宗教"情感,这是一句不能证明也无法否定的话;如果说罗素的"类型论"是罗素在追求"永恒真理"的过程中所发现的一个真理的颗粒,罗素显然会接受。不仅罗素,即使是50年代前的金岳霖,大概也会对此感到愉快。这其实已经不再是什么理论问题。

类型论中除了第一阶的事物名词具有指示存在的性质外,大量的类概念是抽象的结果,也就是休谟的"观念",无法个别地诉诸感觉器官。这些抽象概念虽然也符号性地"存在"着,可如果把"它"所属的事物抽走,它就成了一种无法具体地即一个一个地指称出来的符号性存在。这种普遍的"存在"如果不加限制,在许多情况下,特别是在实证科学和数学、逻辑学情况下,往往导致理论上的混乱。所以,对于层层抽象的名词概念,它们的存在性问题在罗素的逻辑学中就由传统逻辑的全称量词"所有的"改为"任何一个",其结果就避免了笼统地把不同层级的概念并列所导致的混乱。这就是类型论在哲学上的主要内蕴。

在历史上曾经存在过和虽然存在却不在我们身边的事物,作为"文法上和逻辑上的主词",它们没有区别。可由于我们无法直接用"手"指示出来,罗素认为这样的存在物概念应该和直接可以指称的事物区别开来,这些名词概念,也就不再是笼而统之的名词概念,而应该称作摹状词或"等价于一个或一组摹状词"。这就使任何人说话的"根据"都得接受实际的检验和限制,从而避免了话语的神秘性,以及利用话语的神秘性所进行的任何专断。

(二)罗素的摹状词论

说到摹状词,得从穆勒的一个观点说起。穆勒认为,在所有名词中,可以按一个标准把它们分为"通名"和"专名"。通名有内涵,专名只有外延却没有内涵。比如,我们说"人"时,包括罗素和金岳霖,可前者是通名,后者是专名,这专名的外延就是那两个具体的具有某种身量的"人",可他们的内涵是什么?如果

---

① 《金岳霖文集》第四卷,第516页。

我们说他们是《数学原理》和《逻辑》的作者,那么能不能说"……作者"和"罗素""金岳霖"等价呢?显然,在具体的语言环境中,有时是可以的,可如果完全让二者等价起来,这就不行。因为前者是"摹状词"而后者是"专名"。问题在于,根据罗素的"亲知原则"或叫作"亲证原则",罗素和金岳霖现在已经不在人世了,如果我们不能指着他们的骨灰说"这"就是"某某"的话,"罗素"和"金岳霖"还是专名吗?根据罗素的"摹状词"理论,这是不行的。在这种情况下,罗素或者还可以加上弗雷格和维特根斯坦就认为,专名实际上等价于一个(在某种语境中)或一组(在抽象意义上)摹状词。因为虽说曾经见到过他们的人一提到这名字就可以很亲切地感到某两个确实"存在"过的具体的人,可随着时间的流逝,我们在提到他们时总是要和某个或某组"摹状词"联系起来才能使这"专名"有意义。按罗素的说法,这时专名可以通约为通名。把专名通约为通名时,我们就不能再在常识的意义上同意穆勒的说法,认为"专名"有外延而无内涵。也就是说,一旦专名转化为通名,"它"也就转化成了"摹状词"。因为这样的"专名"所指的"对象"已经不能使我们得到"亲证"了。进一步引申,凡是不在我们面前以至可以使我们目能击其"象"、耳能闻其"声"之类事物的专名,在这个意义上都可以说是"摹状词"。这样,除了"这个""那个""你"以及十分特别的总是具有自我中心倾向的"我"之外,我们在语言系统中所处理的、平时所说的"专名",其实都是"摹状词"。

这种理论,在生活中并不总是具有实际的意义,可在罗素的数理逻辑中,却具有十分重要的支柱性的价值和意义。对于罗素的理论包括"摹状词"理论,当然也是可以进行分析批判的。事实上,罗素于1905年的《论指示》一文中提出这种理论后,对其展开有力批判的就有斯特劳森于1950年的《论指称》、1977年克里普克的"讲话者的指称和语义指称"。从理论意义上,正如克里普克所说,罗素的"摹状词"讲的是指示或"语义指称",而斯特劳森所讲的是"讲话者的指称"。二者讲的既然并不是一种意义上的话,罗素和斯特劳森的对话也就是没有意义的。克里普克对罗素的批判涉及"因果论"和极有争议的"可能世界"的问题,与金对罗的批判无关,我们这里不谈。

金先生对罗素的"摹状词"理论是怎么样展开批判的呢?在《罗素哲学》中,金的批判主要是一种哲学立场的批判。他认为这导致了对象物的"不存在"。我们怎么能说譬如"《离骚》的作者"不存在呢?金先生对罗素的"摹状词"理论揶揄说,用几十页的篇幅来分析"这""那"两个字是否有点"过分"？如果这还"可以理解"的话,金接着说:"可是,说'这个'或'那个'事物不存在,问题就不同了。不存在的东西怎么有'这个'或'那个'的分别呢？如果我们用手指的话,我们能够指出'这个'或'那个'不存在的东西吗？这是不可能的。"①仅就这句话来讲,金完全是无的放矢。他的真实意思是说,罗素把"意义"和"指示"混到一起了。通过这种办法,罗素通过否认"指示"物当下的存在而否认了"意义"的存在,也就是通过否认"曾经存在"而否认了"存在"。在金看来,虽然屈原已死,我们现在无法指示出《离骚》的作者",可这个"词"是有意义的,既然它有"意义",它就一定是"存在"的。不仅如此,即使像"龙""上帝""鬼""独角兽"等"空类"概念在语词的"意义"上也是存在的。这样,金就走进了他和罗素在哲学立场上分歧的深处。为了弄清楚这一点,我们得从罗素的两个例子开始。

按金在《罗素哲学》中的方法,我们这里也把罗素的例子翻译为中国人所熟悉的。例一,"蒋介石想知道施耐庵是不是《水浒传》的作者"。《水浒传》的作者确实就是施耐庵(关于《水浒传》作者的争议我们这里不管),我们的这个看法事实上并不错。可如果我们坚持"施耐庵"这个词和"《水浒传》的作者"这个词在逻辑学上是等价的,即"施耐庵=《水浒传》的作者",我们的例句就成了"蒋介石想知道施耐庵是不是施耐庵"。罗素认为,不管是谁,是"英王乔治四世"还是"蒋介石",大概都不会有这种对"同一律"的兴趣。也就是说,"《水浒传》的作者"是摹状词而不是名称,摹状词和名称是不同的。例二,"当今的中国皇帝是瞎子"。我们都知道,1911年溥仪退位后,中国不再有皇帝了,可我们这个例句确实是一个命题,按罗素经验论的哲学立场,他"一向主张一个原则,就是,如果我们能够了解一句话的意思,构成这句话的字必须完全是指示我们所亲证的事物或是用这种字来做界说的字"②。这样的"亲证原则"加上罗素对逻辑的确信,就会导致被金视为如来佛的手掌的"排中律"的失效,这是金先生根本无法接受的一种结果。罗素的推论过程是,"皇帝"是中国的一个"人",可如果我们把现在的中国人按"瞎"和"不瞎"分为两类,按排中律,"皇帝"要么在"瞎子"类

---

① 《金岳霖文集》第四卷,第543页。
② 《金岳霖文集》第四卷,第153页。

要么在"不瞎"类。可谁都知道,这时我们其实在两群人中都找不到皇帝,溥仪死了。所以像"法国的国王"和"中国的皇帝"之类的短语,也只能是摹状词。

意义的指示论者认为,名称的意义和名称所指的对象是一回事儿。可按"摹状词"理论,当你说"施耐庵"和"溥仪"时,我和你所理解的可能并不是一回事儿。因为,对于这两个人我们都没有"见"("亲证")过。所以,你的意思是说"施耐庵是《水浒传》的作者",而当我听到你说"施耐庵"时,可能会想到那个曾被朱元璋收过监的人等。而当你说"中国的最后一位皇帝"时,我也可能想到袁世凯。于是在罗素那里,专名就在大多数语言文字所组成的知识(至少是逻辑)系统中成了改头换面的摹状词。专名不同于一般摹状词的地方在于:如果不是空类,专名至少需要一个或一组摹状词来描述,否则专名就没有意义。专名只有在命题中才有符号意义,而摹状词这时成了"命题函项"。为此,罗素把例如"施耐庵是《水浒传》的作者"这句话逻辑化为如下形式:"有 X,Y 作了《水浒传》,而且 X 是施耐庵,如果 Y 作了《水浒传》,Y 就是 X。"这样罗素就把专名和摹状词分别理解为命题主词和命题函项并且一律虚位以待(X 或 Y)。通过这样的努力,概念上的混淆在逻辑学中被消除。对此,金先生说他是"赞成"的。①

为了使逻辑命题保持内在的一致,罗素把传统的命题逻辑比如"S 是 P"改造为:有 X,如果 X 是 S,那么 S 是 P。用罗素的话说就是,我们最好先有"X 是瞎子"这一命题,然后再把"中国现在的皇帝"这一摹状词代入 X,虽然事实上没有我们指称的事物,但由于在这个句子中,摹状词不是逻辑主词从而降到了次要的地位,命题可以为真。这就把"事实"和"理论"问题区别开来了。不让类似的"事实"问题介入"理论",就可能保持科学理论的逻辑周延,从而使"实事求是"真正落到"实"处,而不至于引起事实上常常发生的混乱。因此,他主张把"X"这一变元引进所有的命题逻辑,让它作为一个语法至少是逻辑上的主词或主目,然后用"有"加以限定。这样,我们就可以随时把双方所争论的问题诉诸事实,看你所说的"X"到底有没有。如果"有 X"在事实上无法得到证明,如果有兴趣,我们当然可以打一场"诗"性的嘴皮子大仗;如果没兴趣,大可以各说各的话,而不必为一个子虚乌有的问题争论不休。至少,在罗素看来,科学不允许这类争论的发生。

---

① 《金岳霖文集》第四卷,第 549 页。

按金早年在《逻辑》中的说法,这个问题其实是,用一个"X"来代表语法或至少是逻辑上的主词,这样表面上看来好像不"实用",实际上就会更"适用",因为逻辑本来就是为了"适用"而不是为了"实用"。这一改造不仅适用于摹状词,而且适用于所有的指示词,乃至所有的命题逻辑中的主词。结果是,逻辑在形式上保持了它的完整和周延,而"X"成了一个不具体代表任何个体,但它却抽象地代表所有事物的共相或一般的可能世界。由 X 所表征的可能的世界在现实中,它随时可以诉诸"这""那"的"有"("Ex")的实证。在语言学世界中,大可以各随己便,不致发生为一句话"打破头"的专断和强制。所以我们可以说,由"X"所组成的世界既存在又不存在。说它存在,是就语言符号上说的,何止存在,它简直可以说就是对整个世界现实存在物个体的抽象;说它不存在,是说我们无法在我们生活的这个物质世界上,脱离具体的事物,找到一个谁都知道却谁也拿不出手的"X"。比如说,如果我们把"这是桌子"改造为"有 X, X 是桌子"在日常生活中虽然太过啰唆,可在科学知识的发展中,说"有 X",就是一个限定。如果你再说"中国现在的皇帝"之类的话,这个限定就使你的废话只能停留在"话语"的领域,从而不至于让这类废话把我们的思路给搅乱,并由此生出诸多的悲剧和不平。罗素的意思是,运用逻辑手段推演了半天,如果它是个子虚乌有的东西,那又有什么意思呢?一个"有"字,避免了任何命题的放空。不是"有"的事物,压根就可以不去管它。在这个意义上,我们应该而且可以说,罗素是真正的唯物主义的。罗素在他的《西方哲学史》的最后,极力称颂"科学的实事求是"态度,他说:"我所说的科学的实事求是,是指把我们的信念建立在人所可能做到的不带个人色彩、免除地域性及气质性偏见的观察和推论之上的习惯。"[①]

金早年在他的《逻辑》中就持这种观点。金指出,我们常说"所有的人都是有理性的","这"所有"二字是什么意思呢? 如果包括未来的人,就违背了归纳原则,从而把这个判断的主词在相当人的程度上放空了。为了避免这个"空类"的问题,金认为我们不能像传统逻辑那样,"糊里糊涂假设主词存在"[②]。虽然金在这里没有直接采用罗素的表述,思路却是相通的。可在《罗素哲学》一书中,

---

[①] 罗素:《西方哲学史》下册,第397页。
[②] 《逻辑》,第117页。

金却说:"如果罗素能够把存在的重点,客观事物的直接存在,目能见、耳能听、手能摸……的存在,转移到真命题之所肯定这一标准上去,唯心主义的捏造就方便得多。罗素所实行的正是这个办法。"①这里,所谓"真命题之所肯定"的正是上述虚位以待的字母符号("X")。金先生的意思是说,一旦所有名词都被这样处理后,不管什么名词包括"上帝"等名词就都可以代进这个"X"里面去,这不是"唯心主义"是什么?因为至少在当时的金岳霖看来,罗素"不赞成把占时空位置看作存在的标志或标准"②,这似乎也符合罗素的思想。但问题在于,罗素也没有把"X"作为"存在"的标准。对于"存在",罗素认为它是没有意义的。因为我们不能说"溥仪存在"或"施耐庵存在",而只能说历史上曾经"有一个"叫作"溥仪"或者"施耐庵"的人,而当我们说"有"这样一个人时,我们应该说清楚我们的意思究竟是什么。可金先生又说,罗素"有让'有'吞并存在的趋势"。让"有"吞并"存在"有什么不好呢?金认为,在罗素那里,个别事物"的存在和脱离了时空的所谓一般的存在一样"③。这就是问题的关键。

在罗素那里,由于他认为"存在"是没有意义的,所以我们确实可以把任何名词概念包括实存的专名和子虚乌有的专名同样地代进上面那个"X",然后让"有"来限定这命题的意义。金认为这不行,因为只有"物质"存在。对于历史上曾经存在过的譬如"施耐庵"和"溥仪",金先生认为他们也是"物质"的存在。这些曾经存在过的人物和从来就不存在的"龙""上帝"不同,罗素没有区分这二者的不同,这是不对的。到此为止,金先生是深刻而独到的。可由此出发,金批判罗素说:"他的整个想法是错误的。我们已经肯定,客观事物是存在的,它们的存在是以占时空位置为标志的;而在官感世界里和我们对于该世界的官感经验里,客观事物的存在或它们的占有时空位置是以看得见、摸得着等等为标准的。"④这样,金就从批评罗素的错误而进入了另一个错误。我们可以反问,如果一切都以"看得见、摸得着"为标准,我们对现在事实上已经"看不见、摸不着"的"施耐庵""溥仪"还能够开展讨论吗?如果讨论,金有比罗素更好的避免"唯心论"的办法吗?

---

① 《金岳霖文集》第四卷,第 538 页。
② 《金岳霖文集》第四卷,第 538 页。
③ 《金岳霖文集》第四卷,第 539 页。
④ 《金岳霖文集》第四卷,第 539 页。

在经验论哲学家们看来,当下的存在、曾经或可能的存在、无法证明也无法否证其存在还是不存在,这三者的区别是一个大问题。金把罗素的观点当作唯心论进行批判,可如果我们根本不区分"当下可证的存在"和"曾经、可能的存在",那就随时可能陷入新的唯心主义。且不说唯心主义的功过是非,用唯心主义批判唯心主义,这似乎不应该是金的初衷。可金批判罗素的理由总是如此,既然X是一个脱离了个别的一般、脱离了殊相的共相,它就不可能占时空。不占时空也就无法使人耳闻目见,而研究不能耳闻目见的东西就是唯心论。唯心论就是……这最后一句话金没有太明白地直接说出,可在整个《罗素哲学》中,那种批判显然是"敌意"的语言,是先作价值判定再把这判定强加于人的"大批判"。

(三)罗素的先验主义

对于"罗素的先验主义",金先生说罗素有"两种先验概念"①,可对照前后文我们数了一数,他讲的是三种。关于第一种,金说:"从前有所谓天生观念论,那是相当古老的笨拙的理论。经洛克一打,它就粉碎了。"②第二种是"康德搞出了一个超验的心灵,以别于张三李四的具体的实在的心灵"③。对第三种,金说:"现在的约定论,就是适应现代唯心主义的要求的先验论。"④罗素的先验论是哪两种呢?金未明说,据我们所知并根据上下文判断,是前两种。因为第三种也就是约定论那种先验论,虽说开始时是罗素搞出来的,可当维特根斯坦真的把它明确指出时,罗素又很不情愿承认它。他觉得他受不了这种人类知识的无根的漂泊,而需要一个绝对真理作为心灵的支撑。这就像爱因斯坦对他自己一手弄出来的当代科学的相对论结论的"真理性"将信将疑一样。

金先生认为,罗素的先验概念,是逻辑和数学定理那样的原理原则。之所以称之为先验,是因为它们的正确性既不为经验所证明,也不为经验所推翻。它们有点像是如来佛的手掌。"手掌"并不要"孙猴子"来符合,而孙猴子却无论如何跳不出"如来佛的手掌"。所以在金先生看来,罗素并"不是普遍地反对先验论,而是不同意先验论的某种说法"⑤。很清楚,说罗素有前两种先验论是

---

① 《金岳霖文集》第四卷,第518页。
② 《金岳霖文集》第四卷,第517页。
③ 《金岳霖文集》第四卷,第518页。
④ 《金岳霖文集》第四卷,第518页。
⑤ 《金岳霖文集》第四卷,第518页。

一种想当然,因为金自己就说罗素对此"没有明确地说什么话",而他所相信的先验论就是数理逻辑的那种既不能被证明也不能被推翻的先验性。让罗素相信前两种先验论,他会觉得没味道,相信数理逻辑是某种约定的东西,他又不情愿。所以,罗素在这个问题上含糊其词,这就让金先生抓住了机会和把柄。

既然说罗素相信的是数理逻辑的先验论,当然就得对它批两句。金接着就谈了"关于普通逻辑的三条基本规律",并有了一句学术界至今觉得很有价值的话,同一、排中和矛盾这三条规律,"是最直接地反映'客观事物的确实性只有一个'这样一条相当根本的客观规律"。这就暴露了金先生的"恋旧"情结。因为,他早年搞的就是这一套,"如来佛的手掌"根本不是罗素的名堂,而是金自己的名堂。在这里,他和罗素一模一样,一方面"不否认这三条基本的思维规律是有重言式的形式结构的",另一方面又不情愿相信什么"约定论"。既然金和罗素在这个问题上其实是一样的,那也就是说,金先生在这里不是在批罗,而是在怀旧。

对于罗素的先验主义,金当然还是要批。金先生指出:"按照罗素的看法,心灵是会变的,思维也是会变的,思维的规律不能够是永恒的。罗素把逻辑和数学定理看作永恒不变的真理。这样的真理,对罗素来说,代替了他年轻时已经不相信了的上帝:对这样的真理,对这样的所谓永恒真理,罗素是寄有宗教式的情感的。罗素一直在宣传,要哲学家不要在哲学范围内满足他们的情感。但是,在逻辑和数学定理这一问题上,他自己正是从自己的情感出发来立论的。"[①]应该说,抛开对宗教的价值判断不说,这里的批判是极为中肯的。

可接下去,金先生这位搞逻辑出身的人就开始言不由衷了,使我们无法弄清楚他到底是反对还是赞成"约定论"。金说:"维特根斯坦把逻辑和数学定理了解为重言式或同语反复式的命题。这个理解看来没有什么不正确的地方。(!)(叹号为引者所加,意在引起读者注意。下同)现在好些逻辑工作者都同意这一理解。问题不在于这一理解本身,而在于由这一理解一跳就跳到一种哲学主张的跳跃。有些唯心主义者就从这一理解一跳就跳到一种哲学主张:逻辑和数学定理不是什么共相与共相之间的真理,而是语言上约定俗成的章程。这一看法连同它所带来的哲学主张是流行得很快而又很广泛的。罗素也就接受了

[①] 《金岳霖文集》第四卷,第520页。

这一看法。照他的语气来看,他是不太愿意的。因为这一看法上的改变使得罗素非放弃他的客观唯心论不可。罗素的客观唯心论,就是建立在对逻辑和数学的某种看法上的。他一直认为:逻辑和数学的真理就是共相与共相之间的真理;而共相又是脱离了具体的个别的东西的,它们是像一尊一尊的罗汉似的一排一排地'坐'在什么地方的(不是占空间)。现在把逻辑和数学定理理解为语言上约定俗成的章程,一排一排的共相当然也就倒塌下来了。从这时候起,罗素就完全成为主观唯心论者了。这是罗素哲学中很大的变化。可是,这一变化的痕迹是不太显露的。时间也很难确定。"①我们反复阅读,也无法真正弄清金先生对这个"约定"的先验论究竟是什么态度。可我们应注意,他这里说了重言式也就是约定论的核心概念"没有什么不正确的地方"。既然没有什么不正确的地方,罗素"接受了这一看法"当然也就谈不上什么"不正确"。

然而,不管罗素这个唯心论者隐蔽得多么深,对于已经是"金猴奋起千钧棒"的金先生来说,佛菩萨的"手掌"已经是不在话下了。金指出:"放弃客观唯心论是不是也放弃了先验论呢?上面已经指出先验论在不同时期是有不同的形式的。早期的先验论是以天生的观念那一形式出现的。以后就是康德类型的。在现代条件下,先验论的形式不可能不有所改变。约定论就是现代的先验论。(!)约定论比起旧的先验论更唯心主义得多。旧的先验论虽然是唯心的,然而它没有一种任意的性质,没有一种随随便便的味道。约定论就不同了。按照它的说法,逻辑和数学方面的研究就好像这一方面的工作者在那里拟定什么章程似的。果然是辩证唯物主义地拟定章程,那章程是有客观基础的。约定论不是那样地拟定章程。它把逻辑和数学的定理看作好像是象棋的规则似的。这样一来,逻辑和数学就成为非理性的了。"②

如果仔细琢磨一下这里的批判,我们就会发现这样一个小小的问题。金先生是批先验论的,既然"约定论就是现代的先验论",那当然就该是批判的对象。可什么是约定论呢?当然就是把逻辑"了解为重言式或同语反复式"。可金先生明明在前面说"维特根斯坦把逻辑和数学定理了解为重言式或同语反复式的命题。这个理解看来没有什么不正确的地方"。这样,在金先生对罗素批判的

---

① 《金岳霖文集》第四卷,第 521 页。
② 《金岳霖文集》第四卷,第 522 页。

过程中,就言不由衷地出现了自相矛盾的判断,由此构成了两个自相矛盾的命题。我们可以用金先生所喜欢的逻辑方式构造出这样两个三段论式,有兴趣的读者不妨琢磨一下对错。

先验论是资产阶级唯心论,　　　　约定论把数理逻辑理解为重言式,
<u>约定论就是现代的先验论,</u>　　　　<u>重言式没有什么不正确的地方,</u>
约定论是资产阶级唯心论。　　　　约定论没有什么不正确的地方。

哪个三段论正确呢?至少在《罗素哲学》一书中我们找不到答案。按金在书中的逻辑,如果约定论"没有什么不正确的地方",那它不该是"资产阶级唯心论";如果说"约定论就是资产阶级唯心论",那它就不应该是"没有什么不正确"的理论。问题的正确答案似乎应该到金先生早年所持的新实在论中去寻找,到实在论和唯物主义的关系中去寻找。可这已超出了本论题的范围。

(四)罗素的定义论或逻辑构造论

关于"罗素的定义论"和"罗素的逻辑构造论",按金自己的说法,实际上是一个问题。它们在罗素那里的意思是说,如果我们的话语涉及对象,不管它在什么意义上存在,是物质的还是非物质的,对于人类的认识来讲都是一样的,关键不在于把它定性为什么,而在于我们指称的"对象"在话语环境中究竟是什么意思。也就是说,对于一个命题,我们要尽可能有效地判定它的真或假。为此,需要定义或构造概念的内涵。因为如果对象是科学的对象而非什么神秘的东西,那它就不应该仅仅取决于一个神秘的存在性性质以作为"本质",从而限制着我们的讨论。那个神秘的所谓存在着的本质性的"因",在罗素看来,只能也只应该是一种"公设",一种我们共同同意的设定,而不是一种先定的"存在",不管把它看作"本质"还是看作统摄一切的"因"。在罗素看来,科学话语之所以不同于任何权威性话语,就在于它的话语总是开放的,是对任何人都一律平等地开放的。所以,话语的定义如果是科学的,它首先就应该是所有愿意参与讨论这一问题的人所能够理解和同意的。如果对象的意义由于信仰的介入而在说话人之间没有通约,讨论也就没有焦点。如果讨论了半天根本就没有焦点,那么这样的讨论又有什么意义呢?只有语言所能指称并且有公认含义的语词才可能避免话语神秘化倾向,从而避免话语专断。名词概念的"定义"或"构造"之所以重要,其所有的哲学意蕴就在于避免理解的歧义从而使讨论的过程

成为"知识的积累"过程。科学不是艺术,也不是宗教,哲学应该尽量地使用科学话语而不是艺术和宗教话语,为此,罗素到处挥舞他的"奥卡姆剃刀",即"如无必要,勿增实体"。

这里,我们把"定义"和"逻辑构造论"这两个问题放在一起来说。因为按金的说法,"在罗素的系统里,定义也可以说是构造"①,既然定义就是构造,在罗素那里,定义论也就是构造论。金又说"这里要批评的是逻辑构造论,不是逻辑构造"②本身。也就是说,作为方法或工具,罗素的定义或构造没有什么问题,可虽然这方法没问题,一旦放在罗素的哲学里,也就是说一旦变成"论",就有了毛病。所以要批的实际上也就是罗素的"论"。正如金说:"构造虽然是一个可用的工具,然而罗素的构造论是要不得的。"③

如上所说,把所有的命题主词都由具体的概念或符号换成 X,这就留下了一个重要问题,有没有可能对这个 X 有所发言呢？这就是定义问题,也是关于演绎逻辑的出发点或前提问题。这里的发言,当然是对 X 说的,也就是说虽然 X 本身没内容,但作为概念或更准确点说符号,当我们运用它们时,应该有规则性的限定。对罗素的定义,金说:"罗素的定义说法,主要见于他那本 1910 年出版的用符号写的《数学原理》。这个说法可以概括为三点:(一)定义是符号或语词的定义;(二)定义是无所谓真假的;(三)定义是自愿的、自由的,或任意的。"④早年的金岳霖说的就是这一路话,也就是说,早年的金同意罗素的这种说法。可现在他要批罗,说法当然要变。金说:"定义不是客观事物的定义,虽然它的正确性是要看它是否正确地反映了客观对象的本质属性来定的。概念总涉及语词,然而定义不只是(!)语词的定义,而主要地是(!)该语词所表达的概念的定义。这里所谈的就是形式逻辑教科书里所说的真实定义。坚持真实定义的存在是唯物主义的主张,而坚持这一主张又是贯彻唯物主义的工具。有些唯心主义者否认真实定义的存在。罗素就是其中的一个。"⑤这里要注意的是我们所加的两个"(!)"的地方:不只是,主要地是。这也就是说,虽说定义不

---

① 《金岳霖文集》第四卷,第 557 页。
② 《金岳霖文集》第四卷,第 557 页。
③ 《金岳霖文集》第四卷,第 567 页。
④ 《金岳霖文集》第四卷,第 523 页。
⑤ 《金岳霖文集》第四卷,第 522 页。

是"对象"的定义,可这并不意味着被定义的对象"可以脱离认识对象的本质属性"①。语言本身作为符号,是没有意义的,所以"定义不只是语词的定义",而是对语言背后的什么进行定义。在当时的金看来,"字典或词典的存在,就表明语词定义的存在"②。定义既不是对象的定义,也不只是语词的定义,在"语词"和"对象"之间,金选择了一个中项。金开宗明义地说:"定义是给概念下的。"③这就从他早年的定义论倒退了回去。

有关定义,西方哲学史上曾经有过三种说法。柏拉图、亚里士多德、斯宾诺莎等主张给"事物本质"下定义,康德、黑格尔主张给"概念下定义",洛克、密尔、罗素、维特根斯坦、卡尔纳普都主张给语词也就是符号下定义。定义理论的三种说法,实际上标志着三个不同的认识阶段,这三个阶段是和哲学发展的三个历史时期相一致的:在存在论哲学阶段,人们凭信念认为,事物本身隐藏着某种有待我们进一步认识的"本质";在康德、黑格尔为代表的哲学认识论阶段,他们相信事物的本质就在自己所揭示的"概念"之中;而由于科学的进一步发展,靠信念来"认识"事物的观点就越来越没有吸引力。在这一可称哲学的语言论阶段,一种神秘的关于事物的"本质"的理解和把握,被彻底交还给宗教。因为当代科学宣称:即使是被长期实践所证明、证实过的科学理论,比如牛顿的理论,也不是什么关于世界、事物的本质的理论,而仅仅是一种有效的假说,因而也是要被超越的。著名的波普尔的"对批判开放"(Open to criticism),就是这一历史阶段科学发展的哲学结晶。

按照波普尔的说法,我们事实上不像历史上的科学、哲学大师们所认为的那样,只拥有"物质""心灵"两个世界,我们实际上还拥有一个对我们人类来说更为重要的第三世界,也就是"客观知识"所构成的世界,"世界3"。早期阶段的人们,只能是让自己的"感觉"和外部世界直接打交道,而随着科学技术的发展,直接和世界或事物打交道日益成为不可能,我们必须通过测量仪器和复杂的设备,才能和事物打交道。仪器和设备"中转"给我们的,就是一些只具有象征意义的符号,没有人见过当代科学前沿所研究的对象,如粒子等。于是,人在

---

① 《金岳霖文集》第四卷,第523页。
② 《金岳霖文集》第四卷,第523页。
③ 《金岳霖文集》第四卷,第522页。

卡西尔那里理所当然地被定义为"符号动物"。波普尔指出,关于世界"本质"的认识只能在"猜想"的自由组合中进行。这一方面截断了传统的奢望,另一方面却开拓出一片更为广阔的认识世界的前景。而这一切都依赖于对批判的开放。也就是说,当我们面对自古以来所谓圣哲巨匠的哲学、科学结论时,我们不必再抱着一种生怕触动某种"神圣"的谨慎,而可以在一个广阔的可能的世界,"世界3"亦即"客观知识"的宝库中自由驰骋。与此同时,我们关于把握世界"本质"的奢望却也成为不可能的了。理想的彼岸是我们所无法达到的。早年的金岳霖在《逻辑》一书中也持这种观点。究竟哪个对,当然可以讨论。我们同意这最后一种说法。这当然也就是同意早期的金而反对晚年的金。

对此,李先昆在《论金岳霖的定义理论》一文中说:"概念从来不是一种形式,人们也揭示不出所谓概念的形式。它的形式就是语词(符号)。现代符号学创始人之一的索绪尔将语词符号和概念比之为一张纸的两面。概念隐藏在这些语词(符号)之后,它就是这些语词符号的内涵。这些语词符号由于具有这些内涵,从而具有代表某个事物的功能,这些事物就是该语词符号的外延。概念(内涵)是使符号与那个对象(外延)得以联系起来的东西。用现代语义学的术语说,内涵就是使某个符号在众多的可能世界中准确地与某个对象相联系的函项,或者简单一点说,内涵就是从可能世界到外延世界的函项。因此说定义涉及概念,这是正确的,但说给概念下定义,就存在问题,它等于说'给某个内涵下定义',这里实际上混淆了概念与语词符号。"[①]为什么早年的金岳霖未曾混淆而后来就混淆了呢？我们不同意简单地把它归结为是由于意识形态的强制。在我们看来,包括当时意识形态在内的金的晚年的理论观念的错误,有着更加深刻的科学观念背景。而具体到金,它和金先生早年的哲学观念也有十分紧密的关系。

从金自己的哲学思考历程来看,正当他需要在世纪初的科技革命基础上来重新思考自己早期哲学体系中的"必然"信念时,一个强大的意识形态氛围把他推进到一个更加深厚广阔的"必然"领域。到此,我们似乎把握到了金在晚年之所以转变得那么快那么好的一个极为重要的奥秘。也就是说,即便在金岳霖早期的哲学思想中,亦已经隐含着和马克思主义非常合拍的东西——寻求必然。

---

① 《哲学研究》1995年增刊,第125页。

这不是一个人和一批人的错误,而是一个科学的发展所导致的时代性超越。

我们可以看看金的一些话是怎么说的:"定义中的中心问题,是思想确定与否的问题。这也就是说,定义的中心问题是概念确定与否的问题。"①"定义不是对象的定义。这当然不是说,定义是可以脱离认识对象的本质属性的。"②金在前期的思想中,就把逻辑的"必然"理解为"二重言式"而不是维特根斯坦的"重言式",亦即理解为"或……或……"即"穷尽可能的必然"而不是"如果……则"的必然。根据这种论证方式,他相信世界有一个绝对的"本质"。这本质可以用"穷尽可能"的方式来把握,一旦把握住之后,本质就可以在"基本概念"中通过逻辑的方式确定下来,这样,概念就在某种意义上反映了"必然性"的"本质"。这必然性的本质是客观的。所以,当他说到罗素的逻辑构造论时,就一如既往地强烈自信,他说:"要点在于保存与淘汰的标准是客观的,没有什么选择问题。"③"标准是客观的",这并不是一句随便说出的话,而是一个有信念的人才能说出的话。我们很难反驳这句话,它实在是说:没有一个公认的标准,让我们怎么样对付经验并得以正常生活呢?

逻辑学,作为"约定"的必然方式,我们很难说它是主观的。关于"必然性"世界观的讨论,我们在下一节进行。这里,我们只想指出:在当代科学那里"客观"并不存在:秤是客观的,可关于质量的计量标准是人定的;钟表是客观的,可关于钟表的理想刻度是人定的。对此,金在《对旧著〈逻辑〉一书的自我批判》一文中明确说过,当我们说"几点钟"时,那只是一个等于"0"的理想状态。事实上它只是从两个方向趋近于"0"的"极限"。他说:"恰如其分的不迟不早的正午12点钟是极限也是标准,它不存在,在具体条件下比较接近这个标准的12点钟是存在的。"④既然说这个标准"不存在",它怎么一下子就变成客观的并进而断然地不允许"选择"了呢?凭什么呢?在上引一段话紧接着的下面,金先生是这样说的:"你的表和我的表哪一个接近这个标准些是非常具体的问题。"⑤这是什么意思呢?能不能说具体的"标准"不存在而同时又认为"标准是客观

---

① 《金岳霖文集》第四卷,第524页。
② 《金岳霖文集》第四卷,第523页。
③ 《金岳霖文集》第四卷,第566页。
④ 《金岳霖文集》第四卷,第269页。
⑤ 《金岳霖文集》第四卷,第269—270页。

的",这是信仰还是科学?是唯物主义还是唯心主义?

可无论如何,在这种信念的支撑下,金变得更加相信"必然"。他说:"所谓自由的定义只是引用符号的自由吗?显然不是。"为什么呢?因为如果这样,那"符号在定义之前和在定义之后都是飘飘然的"①。而"人们普通的情感"②不允许我们这么"飘飘然"。情感一旦介入,金岳霖就不可能比罗素更客观,从而他所说的标准也就只是在一厢情愿的基础上主观的标准。而金先生的"表"之所以不比罗素的"表"准,按相对论的观点来说,那就是他们处于不同的"引力场"中和经纬度上。最后,当金岳霖回到"一分为二"的立场上时,他就会说出一些莫名其妙的话来。"我们认为,文法上的主词不是一律地可以转化为逻辑的宾词的,也不是一律地不可以转化为宾词的。"③

事实上,金自以为在讨论世界本质的时候,他干的事实际上正是在"玩儿"符号,用他早年的话说就是在小阁楼上做"游戏"。游戏的规则是约定的,虽说两个人的表谁更准一点的问题太"具体",金先生现在已不屑一顾,可舍此似乎没有别的办法来确保公正。"玩儿"符号的人必得遵循逻辑规则,即使它不像从前那么"逻各斯"似的能管住世界,却可以管住在这个领域说胡话的人。干事的人可以搞一点直觉或辩证法,但他们必得在大家公认的标准"约定"之下有限制地使用自己的直觉,否则就一定会有人乱来。

金对罗素逻辑思想的批判,还有"罗素的逻辑分析主义""罗素的一般和个别论""关于文法上和逻辑上的主词""罗素的存在论"四个方面。但问题集中在对"一般和个别"孰重孰轻的认定上。在科学昌明的几百年中,科学理论是否就是物质对象中所存在的"一般""普遍"和"共相"等,历来有两种态度。英美经验主义哲学家从唯名论立场认为,"一般""普遍""共相"或罗素的"类",是语言的基本特性。如果除此之外还有某种普遍一般的东西,那我们应该通过语言系统的开放性来保证所有参与科学进步的人们进行平等讨论的参与权,根本不需要通过"信念"来保证一个神秘的"存在"。《罗素哲学》中,金持相反的唯理(实)论哲学立场。所以,金与罗素的真正分歧也就成了哲学信念的分歧。正是

---

① 《金岳霖文集》第四卷,第528页。
② 《金岳霖文集》第四卷,第563页。
③ 《金岳霖文集》第四卷,第533页。

基于对世界"必然性"的信念,金对罗素的"或然性"世界观展开了激烈的批判。这在下面的讨论中将显得更为突出。

三、罗素感觉材料论判析

罗素的思想有两大方面,一是他的数理逻辑思想,一是他的认识论哲学。按金先生的说法,感觉或感觉材料论是罗素的认识论的核心。金在后面把罗素的哲学归结为"中立一元论",但他指出:"罗素的中立一元论是本体论,也是认识论;但是,就它的最本质的特点说,它只是复杂化了的感觉材料论。"①所以,《罗素哲学》一书对罗素的哲学思想的批判,就集中在对"感觉材料"的批判上。

(一)两种世界观光照之下的"感觉材料"

罗素的哲学总体来说,是英国以休谟为代表的经验主义哲学。这种哲学认识论的根本,是以人的"印象"(休谟)或"感觉"(罗素)作为自己的出发点。可罗素的认识论却有许多不同于以往哲学家认识论的地方。这是因为,罗素所处的时代是人类历史上少有的科学革命的时代,这就使他的认识论哲学带有明显的回应科学发展的新要求的特征。这一科学革命时代的主要特点,是相对论和量子力学为标志的科学。根据1927年出版的罗素的《物的分析》,罗素是这个时代为数不多的对这一科学革命有准确深刻把握的哲学家。这样,对罗素哲学的批判就有着双重的困难:一是经验主义哲学本身具有的怀疑主义特征使人无法在逻辑上彻底否定它;二是如果不懂科学,仅从哲学上立论,会给人一种隔靴搔痒的感觉。关于第一点,对于金先生的《罗素哲学》一书来说,并不构成实质的困难,因为金先生是基于某种"立场"的批判,基于某种立场也就是先有了自己的价值定位,这实际上是一种行为选择而不是真理的探索。对于第二点,金先生采取了回避的方式,他承认自己"不清楚",所以"可以忽略"②。对于第一点,我们这里不想说什么。而对于第二点,我们得指出,金在回避当代科学问题的同时,实际上采取了牛顿式的科学观。两种不同的科学观导致两种不同的世

---

① 《金岳霖文集》第四卷,第603页。
② 《金岳霖文集》第四卷,第689页。

界观。这样,在两种世界观光照之下的"感觉材料",就不能不具有不同的色调和光泽。世界观问题是一个整全的问题,它永远可以进行平等的讨论和对话。可如果涉及科学观,我们就不得不预先指出,金的许多立论由于科学观的落后,事实上是不能成立的。

金先生正确地指出,1912年罗素《哲学问题》的出版是他认识论哲学的起点。这本书的基本论点金大体上是给予肯定的。因为罗素在那里承认,客观存在的外物是感觉材料的外部原因,在金看来,这接近唯物主义观点,无疑是正确的。可到了1914年,罗素在《感觉材料与物理学》中部分放弃了自己两年前的观点。就1912年至1914年间的罗素说,他承认外物是感觉材料的"因",当人们要把关于直接认识的感觉材料转化为间接的知识时,只要通过推论,就可以由"果"推"因",得到关于外部世界的间接知识。可1914年以后,罗素不太清楚明白地承认客观物质对象是感觉材料的"因"了,所以在金看来,如果罗素还想通过由果到因的推论来达到知识,就是行不通的。罗素当然明白这一点,所以他指出,仅靠推论来达到知识是远远不够的。所以在罗素那里,确实发生了一次认识论方法的大转换,即与其推论出知识,不如用感觉材料来构造知识。罗素说,凡是能用逻辑构造出来的,就用构造来代替推论。这句话的实际意思是,如果我们的知识是由感觉材料和数理逻辑两大部分构成的,对于哲学的知识体系来说,并不需要推论。"逻辑构造"正是罗素把他的数理逻辑和认识论两大研究领域相接轨的一个主要概念,也是他的主要方法。在此后长达60年的岁月中,罗素基本上一直坚持这个观点,坚持使用这个方法。关于"推论"和"构造",我们下节再谈。这里,我们先看金岳霖和罗素认识论的一个共同出发点——感觉。

当代科学界特别是物理学界一般把人类的认识领域分为宏观和微观、宇观。日常生活中的人们生活在宏观世界中,我们认识外部世界,是通过我们的眼、耳、鼻、舌、身的感觉器官。我们的眼睛所能看到的只是"可见光",而在一百多年前,麦克斯韦的研究表明,电磁波和可见光是完全相同的东西,可见光仅仅是广阔电磁波频谱中一个窄窄的领域。可见光谱分为红、橙、黄、绿、青、蓝、紫,而在这可见的光谱之外,高频端还有紫外线、X射线、宇宙线和γ射线等;低频端还有红外线和谱系广阔的电磁波等。我们的听觉器官是耳朵,它所能听到的声音在物理世界中也是一个窄窄的领域,频率很高的超声和频率很低的次声,都是人的耳朵所听不到的。其余的感官可以类推,且更为狭窄。我们怎么认识感官所及的宏观世界之外的微观、宇观世界呢？当代物理学的实验事实告诉我们,要认识感觉器官以外的更为广阔的外部世界,一般要通过复杂的观察设备和仪器。按金先生早年的说法,叫作运用一套"手术"或工具主义。

在这些基本方面,金岳霖和罗素并没有任何实质性分歧。正如上述,他们的分歧在世界观上。撇开意识形态和哲学流派上的种种标签和说法,简单说来,罗素是一种"或然性"的世界观,而金岳霖毫无疑问的是一种"必然性"的世界观。这一点似乎和他前后期的"转向"没有关系,即使在早年,他对"休谟问题"的严重关切和解决方法,似乎也能说明他倾向于决定论的理论旨趣。金先生对罗素感觉材料论的"批判"就是从此引发开来的。金的基本观点是:辩证唯物主义认为世界是物质的,这个世界是运动变化的,物质世界的运动变化是有"必然"规律的。罗素不承认或者不能全部无保留地承认这一点,就违背了辩证唯物主义的基本原理。因为这个原理是正确的,所以罗素的理论是不正确的。

金岳霖认为,认识一般都是"由宏观而及于微观"的,仅从这一点说,金无疑是对的。因为不管任何关于微观、宇观的知识,如果不通过某种观察设备把它转化为宏观世界中人的感觉器官可以辨识的对象,我们就根本无从认识它们。事实上,对于人类的认识能力来说,任何超感觉的所谓认识对象,一般来说总是神秘的。在这一点上,金与罗二人也没有任何实质性的分歧。1921 年,罗素发表其重要著作《心的分析》,金谈到当他 20 年代读到这本书时,甚至感到罗素是"过分地唯物"了。1927 年,罗素出版了大部头的《物的分析》一书。这本书可以说是对现代科学前沿的哲学认识论的理解和回应。金认为这本书把好多不懂科学的哲学家都"吓"住了,自己不懂科学,对此也只能"忽略"而不论。对于 1948 年罗素出版的《人类的知识——其范围与限度》,金也并无太大的异议,甚至说似乎是"相当唯物主义"。

问题的分歧点依然发生在 1912 年到 1914 年之间。在金看来,在《哲学问题》这本书中,由于罗素承认了感觉材料的外部原因是作为认识对象的事物,虽然不够彻底,却基本上更加接近于唯物主义。在《感觉材料与物理学》中,罗素不再承认"蓝本因"并把"感觉材料"作为中立一元论的"元"来看待,这就和把"物质"看作世界的基元的唯物主义格格不入了。现在,我们把分析的视野收回到宏观的感觉世界,看一看分歧究竟何在。

近代哲学认识论问题,一般来说是主体和客体的关系问题,作为主体的人,或者说人的心灵是怎么可能或者说用什么办法过渡到作为客体的物质对象的呢?借助物理学革命的新成果,罗素思考和提出问题的方式是,如果心灵和物质确实是两种截然不同的东西,那么它们之间的过渡或者用认识论术语说,主体与客体之间的认识关系就必然是神秘的。如果说心灵和物质之间、主体和客体之间有同一性,这种同一的"东西"是什么呢?既然唯物主义和唯心主义的争论至今未果,为什么不可以有折中答案呢?如果第三种答案是可能的,那它就一定是介于"物质"和"心灵"之间的某种对人来说并不陌生的东西,至于它是什么,罗素的基本结论是"感觉材料"。

罗素的感觉材料,金岳霖在《罗素哲学》中叫作"映象"或"正确的映象",这种说法既可以说是唯物主义的,也和他早年在《知识论》中的"正觉"相接通。在罗素看来,我们眼所能见、耳所能听的直接对象,其实并不是传统所说的作为客体的外在物,而只是"可见光"和"空气的波动"。我们说看到了"桌子",其实只是我们叫作"桌子"的那个东西所反射的"光"和我们的视网膜发生了物质的相互作用;我听到了《春江花月夜》或是《命运交响曲》,其实只是洞箫、古筝和管弦(通过录音所放的音乐另说)所引起的空气振动和我的耳膜发生了相互作用。如果按照物理学前沿普遍接受的德布罗意的"物质波"理论,当我们"看到"或"听到"时,只不过是我们的眼睛和耳朵与"光波"和"声波"发生了"共振"。就这个意义上讲,感觉材料只是"感(共振)",并没有"觉",最基本意义上的"感觉材料"正是这类东西(这里我们不知道有什么词语可以更好地表达这"东西")。眼睛如此,耳朵如此,鼻、舌、身各感觉器官莫不类似、莫不如此。在罗素看来,我们的认识活动正是以此为出发点的。

金岳霖为什么认为《哲学问题》一书的观点就相对好些,而《感觉材料与物理学》一文中的观点就不成样子呢?如果我们的看法不错,他们二人说的其实根本就不是一路话。金岳霖"盯"着的是"物质",是由物质材料构成的客观存在的作为认识对象的外在事物或世界;罗素"盯"着的只是人类的认识是怎么样达到"知识"的,或者说"知识"作为这个世界上最难于思议的"物质"形态,它究竟意味着什么。按罗素的话说,金和罗素的这种分歧就是,前者讲的是物理学,要尽量客观;后者讲的是心理学,只能偏重于主观。① 在《哲学问题》中,罗素承认他的感觉材料有"外在事物"的"因",在金看来,这就像洛克一样,是把物质当作了第一性,而把"映象"或按罗素说的"感觉材料"当作了第二性,持有这种观点,是唯物主义认识论的基础和前提。而后文不承认或不明确承认这个"原因",这就是本末倒置,把物质当作了第二性,这就成了唯心主义。罗素坚持他的主观"构造"说,放弃或不再强调认识和外物之间的"因果"关系,这就是主观唯心主义在认识论中的表现。

于是,问题集中在了"因果"上。关于"因果"的说法,和"本质"问题有关,和这个世界究竟是"或然"的还是"必然"的有关。至少是1914年以后,罗素确实不乐意承认一个传统意义上的"因果说"。正如金岳霖所说,罗素是不承认"蓝本因"的。

在哲学史上,简单说来,至少从唯名论和唯实论的分野开始,英国哲学家们认为,只有在概念中才有"一般",而唯实论哲学家却坚持认为,在我们所能直接感受到的现象世界背后,还有一个本质性的东西。而这个本质性的东西作为哲学"一般",也就是世界的"原因"。如果再往前追溯,关于本质和一般的说法,来源于柏拉图的"共相"或"理念世界",黑格尔时,这个东西就成了绝对的"客观精神"。英国的经验主义哲学传统,至少从休谟开始,恪守"经验"或认识的"感觉"基础,对无法用科学方法加以证明也无法否证的所谓的"因",或者说什么"共相""一般""本质"等类似的东西,既不明确地说它有,也不明确地说它无。康德认为"物自体"不可知,人类只是通过心灵的"先验"观念认识现象,这其实是把这问题用自己的方式悬置起来了。

说到罗素,如果我们翻一下他1920年至1921年在中国的"五大演讲"的第一讲,即以《哲学问题》一书为讲稿的那一讲,不难发现,他基本上用了一半的篇幅来讲这个"因果"问题。一句话:不承认世界上有什么决定性的因果关系并由它来支配这个世界。罗素的论证逻辑大体是:如果说有这么一个普遍的"因"在决定着我们这个世界,从而导致所有现象的"果",那么因和果是一个连续的整

---

① 罗素在《人类的知识》中说:"如果我们问的问题不是'我们居住的是什么样的世界',而是'我们是怎样得到我们关于世界的知识的',那么主观性就有了它应有的地位。"见该书"引论",第4页。

体还是可以分开来因是因果是果呢？如果是连续为"一"体的，那我们就无法分出因和果；如果是可以分离的，那么在因和果之间就有可能发生别的事情，因而也就不能保证一个因"必然"地决定一个果。说来说去，罗素其实并不是笼统地反对任何意义上的"因果"，而是反对牛顿以来的线性"因果决定论"，也就是反对"必然"的或者说是命定论的世界观。在哲学史上，这并不是什么新鲜问题，早在莱布尼茨那里，他总结关于"原子"论世界观的千年以上的讨论，认为这是一个"连续性-点积性"问题，它和道德上的"善恶"问题的争论共同构成了两个"迷宫"。罗素不在一对一意义上承认因果律，其实也就是试图走出莱布尼茨"迷宫"的一种努力。经过近20年的思索，罗素在《人类的知识》这本书中，把"因果"作为"五大公设"之一提出，叫作"彼此可以分开的因果线的公设"①。所谓"彼此可以分开"，说穿了还是说"因"不能绝对地决定性地导出一个唯一的"果"，作为现象的"果"也并不是简单地决定于一个唯一的"因"。绕来绕去，就是不承认"必然性"的世界观而主张"或然性"的世界观。

但在《罗素哲学》一书中，金岳霖却是一个绝对主义者、一个决定论者，持一种坚决的"必然性"的世界观。在晚年的《回忆录》中，他依然津津乐道地谈到，搞哲学的人就应该认识到"有事实上的必然，有心理上的必然，有理论上的必然"②。从《罗素哲学》中我们发现，凡是谈到这类问题，他就认为罗素是"割裂"；所有的"割裂"又都是"因"和"果"的割裂。具体到认识论上，他认为罗素把"感觉材料"和外在事物"割裂"了。罗素不承认外在事物是感觉材料的"蓝本因"，也就得不到关于认识的"复制果"。不承认"蓝本因"，在罗素看来，只是不承认因果的线性决定论；而在金看来，就是不承认外部物质世界的客观必然性，这就是唯心主义，因此也就是"不正确""错误""荒谬"。这种断语在《罗素哲学》中比比皆是，认真读一两页，大抵总可以发现这三个断语中的一个。举凡对罗素的批判，大多和这一由"割裂"导致的唯心主义有关，与不承认世界的必然性有关。

但是，在我们看来，这里的"割裂"说是过于简单化了，甚至根本就不能成立。就罗素和金岳霖都承认的"常识"来说，如果我们承认"光波"和"声波"是

---

① 罗素：《人类的知识》，第582页。
② 《金岳霖文集》第四卷，第740页。

眼睛和耳朵在"看""听"时所能接触到的唯一的"物质",那罗素就没有"割裂"。金岳霖到处重复"割裂"说,事实上正是近代科学把"物质"理解为牛顿式原子性"质点"的哲学翻版;而当金岳霖强调"蓝本因"时,事实上也就是牛顿把"力"作为这个世界运动变化的"因"的哲学翻版。可是,"质点"和"力"这两个概念在当代科学前沿,无可置疑地已经过时了。

近代科学和现代科学对世界的解释确实有很大不同,我们这里不详细评说。不过有一点应该指出,那就是在以牛顿为代表的近代科学时代,大多数科学家和哲学家都持决定论必然性的世界观;在以爱因斯坦和玻尔为代表的现代科学时代,大多数科学家和哲学家开始接受非决定性的、或然性的世界观。这里,我们当然也无法一一列举。问题的复杂性在于,现代科学的"始作俑者"爱因斯坦却一直不大乐意接受这种或然性世界观。为此,他在1934年的索耳未会议上虽被自己的一群学生所难倒,亦至死不悔,声称海森堡和玻尔的哲学观念是"绥靖哲学"。可他倾40年心血想要完成的"大统一理论"①却未取得任何有价值的成果。近年来,许多物理学家循着爱因斯坦的思路,继续为这个世界寻找"统一"的原因,除了在"弱作用力"和"电磁力"的统一方面略有进展外,并没有出现任何有可能解决这一巨大问题的希望和迹象。我们并不排除未来解决爱因斯坦"大统一理论"问题的可能性,但如果现在有人利用物理学前沿的量子力学(或称波动力学)和相对论理论来解释世界,不仅无可厚非,而且是必然的唯一现实的途径。罗素就是做这种努力的为数不多的人之一。罗素本人不仅是爱因斯坦最好的朋友之一,而且在许多哲学特别是社会问题上的观点,也常和爱因斯坦相一致,其重要的表现就是:他不情愿接受由他自己肇端的关于数理逻辑的"约定论"观点。为了不至于扯得太远,我们还是回到我们的主题:罗素的认识论哲学观点以及金岳霖对其的批判。

罗素是个诚实的人,在学术观点上,他像梁启超,以"今日之我与昨日之我战"。对许多人来说,他的观点是有点多变。金以其坚实的逻辑和哲学功力,能发现罗素在变中的不变,仅此而论,如果罗素在世时能看到金的《罗素哲学》,除

---

① 即试图对引力、电磁力、强作用力、弱作用力这四种力,用一套数学模型表达出来。潜在的哲学背景就是要把自己推翻了的牛顿的"力",也就是决定世界运动变化的"因"进行新的综合重建。他无法接受一个没有统一原因的世界,不相信上帝会和人类"掷骰子"。

却意识形态语言,对金的许多分析批评也一定会有几分赞许的。所谓"变",在我们这里所讨论的"感觉材料"问题上,就可以清晰地看出。他1914年就想把"感觉材料"改称为"知觉"。1921年,罗素从《心的分析》开始,已经不再坚持"感觉材料"的单一说法,认为应该更笼统地叫作"感觉"。在1927年出版的《物的分析》中,他把在金看来和"感觉材料"极为类似的东西称为"事素"。到了1948年,他在《人类的知识》中,常说的又是"知觉结果",而把世界解释为某种"结构"了。《我的哲学的发展》发表于1959年,于此他说"人的思想是在人的头脑里",而他自己清楚地知道,"这种主张是会使所有别的哲学家们吃惊的"①。在这种多变的说法中,金岳霖能十分准确地看到罗素的万变不离其宗,即其出发点仍是"感觉材料"论,这表现了金先生对罗素哲学理解的深入。

人有着自己天然的限定,不能走出自己的皮肤,无法啃到自己的鼻子,人的思想或者说"感觉材料"事实上也只能在人的头脑里。可人的头脑里的东西怎么可以那么巧妙地和外部世界一致起来呢?金岳霖一贯相信人可以得到一种"正确的感觉映象"(《知识论》中叫"正觉"),一贯相信根据这种"正觉"我们可以得到关于外部物质世界的"必然"规律。仅此一点,至少可以说金先生是坚定而清晰的。不过,我们也发现,罗素一系列不同的说法,存在于不同的语境中,所要论证的侧重点也不同。有时虽然是几个概念同时用,而又各有各的用处,如果不带偏见地阅读,并不致引起什么混乱和误解。只是因为金先生要集中地批判罗素的感觉材料论,感觉材料在罗素思想中又确实有它特殊的重要性,这才使批判和被批判的双方有可能找到某种未能沟通的"共识"。为此,我们对于"感觉材料",还是要多说几句。

"感觉材料",严格说来就是相对于耳、目、鼻、舌、身"五官"而言的颜色、声音、气味、软硬等。当然,颜色、声音、气味乃至软硬都可以有千变万化的复杂,而在罗素看来(至少在《感觉材料与物理学》中),我们认识、把握世界的所有知识要么直接来源于此(在休谟那里,"观念"来源于"印象"),要么间接地由此推出或逻辑地构造出来。这,就是我们认识世界的基本成果形式——知识。既然传统认识论所说的主体-客体之间,也就是人和外部世界之间始终找不到可公认的结论,既然人们一直在二者的过渡上艰难推进而成果不丰,既然唯物-唯心

---

① 罗素:《我的哲学的发展》,北京:商务印书馆,1982年,第19页。

的争论、经验-唯理的分野如此地相互指责而又相互渗透,难道罗素就不可以另辟他途吗?

在罗素这里,他除了利用物理学前沿的成果外,还着重利用当时生理-心理学前沿的成果。具体说来,就是利用了沃森(金先生译为"华特生")的行为主义心理学的成果。罗素把物理学家关心的对象叫作哲学认识论上的"所在点",把心理学家关心的对象叫作"所从点"。他从詹姆斯那里借来的中立一元论也就是要在这两点之间找出一个折中点——感觉材料。罗素论证说,我们的神经系统可以分作"上行"的感觉神经系统和"下行"的运动神经系统,我们所说的感觉材料其实就发生在外物和感官即感觉神经系统末端的那一接触面上。那些可以叫作"红""响""香""硬"的东西既不在"上行"和"下行"两大神经系统之间的心灵"所从点"上,也不发生在外在对象的"所在点"上,它位于我们感官的生理位置上。所以,我们的感觉材料就可以说既不是心理的,也不是物理的,而是发生在二者中间的"生理事件"。这个既非物理也非心理的事件作为某种"结构"性的东西,与其说它是"心"的,不如说它是"物"的。就此而论,罗素更喜欢或者说更偏向于把自己的哲学侧重在作为科学对象的"物"的一边。因此之故,罗素甚至曾经在列宁和马赫之间进行调和。他声言道:"我本人并不认为唯物主义能够被证实;但是列宁说现代物理学并没有证伪唯物主义,这并没有错。"[①]又说:"我认为唯物主义的反对者们一直受到两种主要的欲望的驱动:首先证明心灵是永恒的,第二证明宇宙中最终的力量来自心灵而不是肉体。就这两个方面而言,我认为唯物主义是正确的。"[②]

可金岳霖为什么一定要把罗素的认识论哲学指斥为唯心主义呢?在《罗素哲学》一书中,他引用的唯一马列主义经典著作就是列宁的《唯物主义和经验批判主义》,这可说是列宁批判马赫"唯能论"的专文。金于20世纪50年代前在其成名作《论道》中,把"道"定义为"式-能",按周礼全的说法,金的"能"有点神秘不可确解,明显地有马赫主义的味道,马赫的物理学的"唯能论"是"唯心主义",这在当时已经是被定了案的公论。早在1952年知识分子思想改造运动

[①] 《自由与组织》,转引自冯崇义《罗素与中国》,北京:生活·读书·新知三联书店,1994年,第48页。
[②] 《何谓心灵》,见罗素《悠闲颂》,北京:中国工人出版社,1993年,第150页。

中,金已经和诸多教授一起开始了激烈的自我批判;在此后的十余年间,金把自己前期的所有著作挨着批了个遍。从这个意义上讲,《罗素哲学》既可以说是对罗素哲学的批判,同时也是金岳霖自我批判的继续,并试图通过这种对罗素哲学的批判来整合自己晚年的思想。在《罗素哲学》中他说:"我在《论道》那本书中所谈的'能',就是从这个问题(指割裂事物的'体'和'属性'——引者注)来的。这是一个假问题,是把感觉从实践割裂开来而单纯地从感觉出发所产生的问题。"①至此我们慢慢地可以明白,一种坚定"立场"基础上的思想反思基本上不是思想的澄明,而只能是一次行为的选择。在这种情况下,对真理的追求已经退居第二位,居于第一位的是表明对某种局面的态度。对此,金在他1939年用英文写的一篇《论政治思想》中有精辟的说法,拿来观照他的自我批判,可以使我们明白许多难解的思想纠葛。他说:"一个依附于任何一种流行的'主义'的人就像戴上了有色眼镜,他可以如别人一样看到很多东西,但是总是在一种特定的光线中看到的。凡是实际上为自己的需要而进行的任何思考,他都容许。从价值角度看,某一时代的时代精神就反映于该时代人民在纷纭复杂的生活中的行为方式上。"②《罗素哲学》中大量的极左思潮下的意识形态词语,正是这样一副"有色眼镜",通过它,罗素的"唯物主义"方面的言论被有意无意地忽略,而许多含有合理成分的论点被"割裂"出来,放在一种特定的光线中加以分解,然后再贴上某种本来根本套不上的标签。

在上述的评述中,我们想尽可能地指出罗素认识论哲学的合理之处,同时说明金先生在那个特定的时代对罗素思想进行的批判基本上是一种在特定历史时期所特有的"大批判"。可这并不意味着金先生对罗素哲学没有深入的理解和把握,并不意味着金先生对罗素的批判只是"大批判"而没有学术深度。同时我们也应该明确指出:罗素哲学并不就是真理的代名词,毋宁说,罗素哲学仍然带有他那个时代所特有的局限,他的认识论哲学如果有某些合理因素的话,至多也只能是人类认识长河中的几个颗粒。罗素哲学不仅是可以进行分析批判的,而且只有通过批判才能使学术得以推动。在这个意义上,金先生自己的哲学亦然,不管是后期的还是前期的。从"感觉材料"这一主题说,金对罗的以

---

① 《金岳霖文集》第四卷,第688页。
② 《金岳霖学术论文选》,第150页。

下几点批评是很有价值并引人深思的。(1)罗素的感觉材料论无法区分感觉和错觉、梦觉、幻觉,金先生指出并批评了这一点,是有分析有见地的。(2)经验主义的哲学认识论虽有其"知之为知之,不知为不知"的谦虚、开放性的优点,但不承认"蓝本因"会导致两个问题:逻辑上不够清通,体系上封闭混沌。所以我们毫不怀疑地说,《罗素哲学》仍是推动中西哲学沟通、开展哲学反思的一个很有力的支点,是一扇走进罗素哲学大厦的"门"、一座通向罗素哲学思想的"桥"。正是通过这扇"门"走过这座"桥",我们才有了自己的理解和分析。

(二)罗素的知识:"推论"和"构造"

无论如何,有了感觉材料,对罗素来说也就有了直接认识。金岳霖所正确地指出的罗素一生想要建立的认识论演绎系统,就有了出发的前提。至于演绎的工具,就是罗素准备了十余年之久的以数理逻辑为主要形式的形式逻辑。为了更完备地建立这座认识论演绎系统的大厦,罗素勇敢地放弃了具体的"推论",开始了他的"逻辑构造"。至于金先生对"逻辑构造论"的批判,也不乏认真的分析。

1912年至1914年间的罗素,尚且基本承认"因果"性,还想把人类的知识大厦给"推论"出来。按照罗素的逻辑原子主义,一个原子命题就对应于一个原子事实。如果我们根据感觉材料构成了关于事物的名称、性质和关系,再加上逻辑联结词,我们就可以得到原子命题。用这种原子命题作为对于事物的假想性的知识进行推论,如果能够在实际中证实,这就是我们所要得到的知识。具体来说,原子命题如果符合原子事实,命题为"真";如果不符合,命题为"假"。对此,金先生认为:"罗素的真假学说变动不大,他一直是坚持符合说的。单就这一点说,他好像无可指责。他既批判了杜威和其他实用主义者的有用说或有效说,也批判了英国黑格尔派的一贯说;这些也似乎是正确的。"[1]但是,金先生为什么还要用整整一章的篇幅来论证罗素由感觉材料的直接认识推论不出客观事物的间接知识呢?问题依然是罗素"割裂"了感觉材料和客观物质事物之间的关系。也就是说,如果原子命题不是从客观物质事物那里反映到大脑里来的,而是由所谓的感觉材料堆砌的,这就是本末倒置了。结果就是:"事实其实

---

[1] 《金岳霖文集》第四卷,第605页。

成为命题的反映,事实的分类反映了命题的分类。"①一旦罗素推论出了他的间接知识,按金先生所说,这是罗素偷用了"常识",因为按照罗素的理论,他是不可能推论出来的。因为:第一,罗素把感觉和错觉、梦觉、幻觉搞到了一起,按他的理论无法分辨清楚;第二,罗素的感觉是和社会实践脱离的;第三,罗素不承认"蓝本因",也就把感觉材料封闭起来了;第四,如果感觉材料只存在于人的生理的感觉神经中,按罗素的说法,它就是"私有的",私有的感觉材料怎么可以推论出公共的客观知识呢?而如果不是客观公共性的知识,怎么可以进行理解和沟通呢?

1914年以后,由于罗素已经不再乐意承认"因果律",认识主体和客观事物之间的"门"拆了,"桥"断了。这样,罗素就更推论不出间接知识了。即使在罗素承认因果性的情况下,由于他承认的不是"蓝本因",他的感觉材料不是"正确的感觉映象",而是一大堆乱七八糟的感觉材料,虽然罗素从感觉出发来构建认识论系统的出发点并没有错,"门"和"桥"似乎也有,可他是"门虽设而常关,桥虽有而常断",所以推论不出。

罗素的认识论哲学有两个基本要素:一是逻辑。可逻辑是有着必然性的空架子,并没有客观事物的内容。二是感觉材料。感觉材料没有必然性,但它有实际的内容。按金的说法,罗素的感觉材料可说是唯物主义者所说的"实际",罗素的逻辑可说是唯物主义者的"理论"。如果能够理论联系实际,就应该可以通过感性认识而达到理性认识。但在罗素那里,"理论有必然性,可是没有具体的实际内容;实际有具体的内容,可是没有必然性"②。罗素"割裂"理论和实际的关系,无法搞出自己梦寐以求的认识论演绎系统。"如果这个演绎系统搞了出来的话,感觉或感觉材料就它本身说虽然没有必然性,然而把感觉或感觉材料组织了进去的演绎系统有必然性;形式逻辑作为形式逻辑仍然没有内容,然而用形式逻辑把感觉或感觉材料组织了进去的演绎系统有内容。"③"割裂"理论和实际使他失去了好机会,罗素一手拿了"奥卡姆剃刀",要剃掉非必需的"实体";一手拿了构造论,要把自己的认识论演绎系统"构造"出来。据说罗素搞出

---

① 《金岳霖文集》第四卷,第606页。
② 《金岳霖文集》第四卷,第485页。
③ 《金岳霖文集》第四卷,第491页。

了二十多个"构造",可结果在金看来仍然没有搞出他的"系统"。事实上,罗素确实没有搞出一个如此森然有序的"演绎系统",于是不得不在《人类的知识》一书的最后,得出了令人沮丧的结论:"全部人类知识都是不确定的、不精确的和不全面的。"①

但是,这是否就意味着罗素的"逻辑构造"法就是"瞎子点灯白费蜡"呢?为此,我们应该看看罗素究竟怎样构造和构造出了什么。金先生在《罗素哲学》中提及的罗素的"构造"有四个:"公共空间"的构造,"事物"的构造,心灵的构造,物质的构造。所谓"逻辑构造",在罗素哲学中是一个很大很重要的概念。它既是罗素知识论的基础,又是罗素认识论的方法。作为知识论的基础,其意义在于,通过"逻辑构造",各门科学知识都可以还原为符合罗素"亲知原则"的感觉材料性的原始观念。作为认识论的方法,通过"逻辑构造",我们可以把各门科学知识尽可能地简化,并在此基础上构筑认识论演绎系统。就名词或类称来说,"构造"相当于"定义"。对此,金先生认为,罗素的逻辑构造"没有什么毛病"②。有毛病的是"论"。在金看来,如果把逻辑构造的方法泛化并从而形成某种不同于唯物主义的哲学,这就是唯心主义的结论。所以,金先生"要批判的是罗素的构造论"③,而不是"逻辑构造"。

罗素的"构造"也叫"结构",实际上是把一个名词"动词"化的结果。在《人类的知识》中罗素就只讲"结构"而不说"构造"。作为知识论基础的"构造",在《人类的知识》一书中,罗素称之为"最小量用语"。对罗素来讲,最重要的"构造"大概要数他从皮亚诺那里学到的对于数学的构造。这个构造把所有算术还原为三个原始概念:0,数,后继。这三个概念是算术这门学科的"最小量用语"。所谓最小量用语,就是不能定义然而却具有自明性的概念。有了这些概念,我们可以"约定"出这门学科的基本命题。有了这些命题,如果不嫌麻烦,我们不需要任何定义就能推导出这门科学的所有知识。之所以需要定义,仅仅是因为从技术上来讲,我们不想把"式子"或"命题"写得太长。罗素在晚年《我的哲学的发展》中,仍然津津乐道地讲皮亚诺技术对他的影响,具体说来就是指,正是

---

① 《金岳霖文集》第四卷,第606页。
② 《金岳霖文集》第四卷,第638页。
③ 《金岳霖文集》第四卷,第639页。

这种方法不仅使他"构造"了三大册的数理逻辑领域的拓荒性巨著《数学原理》，而且在他的认识论演绎系统中起着基础性的举足轻重的作用。运用这个技术，"正式的天文学就只需要两个专有名称，'太阳'和（例如）'天狼星'"。有了这两个天体做坐标，再加上一个"大座钟"的概念，"举例说，我们就可以把'月亮'定义为'在某某日期具有某某坐标的天体'"①。利用这个技术，我们也能把地理学的"最小量用语"缩为三个：格林威治，北极，在西边。利用这三个专有名称，我们就可以把地球上所有的地方标识出来。如此等等。罗素的二十多个"结构"大体上就是这样"构造"出来的。

在罗素看来，知识的基本形态是"符号"或"语词"，它们像建筑物的"砖"。这种"砖"又可以分为三类：一是事物名词，二是表示性质或关系的词，三是逻辑用词。各门经验科学的"最小量用语"就是压缩到极限的前两类词。为了把任一门学科的此类"用语"压缩到"最小"，罗素运用他喜欢的"奥卡姆剃刀"。而一旦得到某一学科的"最小量用语"，我们就可以运用第三类的逻辑用词把这门科学的所有知识全部演绎出来。罗素认为，在所有的科学中，物理学是基础性学科。物理学作为一门实验科学，它"所用的每个非数学名词都是从我们的感觉经验中得来的"②。连物理学的构造都行得通，任何学科的知识都可以照此办理。一旦我们把各门经验科学都用这方法进行还原，得到一组组为我们的感觉经验所"亲知"的概念名词，我们的知识大厦就好像有了建筑物的"框架结构"，有了框架结构，剩下来的事就是"填充、装修"这些简单劳动了。一旦我们能够把它们如此这般地"构造"起来，我们就有了自己的知识大厦。

金先生不反对罗素的这种"逻辑构造"，他说："关于构造论，我们曾经指出，作为工具或方法，构造似乎是无可批判的。在数学方面，在数理逻辑方面，它可能是很好的工具。"③金之所以要批判罗素的"逻辑构造论"，有两个原因：(1)如果是数学和逻辑那样的学科，由于不涉及或不直接涉及"物质"的存在性问题，当然是越简单越好；如果涉及经验科学，还想拿着"奥卡姆剃刀"乱"剃"一气，在金看来，这就是把这门科学的"物质"性实体剃掉了。金说："名义上罗素保存

---

① 《人类的知识》，第293页。
② 《人类的知识》，第297页。
③ 《金岳霖文集》第四卷，第638页。

了许多东西,事实上要紧的东西都剃掉了。实体或事物的体就是一个例子。"①(2)剃掉了"事物的体",所剩下的当然就成了一种"结构"或叫"构造",问题是,难道世界是"构造"性的?这一点,金先生确实抓住了罗素的要害。因为在罗素看来,世界是不是一种"结构"是另一回事儿,可我们的"知识"大厦确实就是一种结构。在《人类的知识——其范围与限度》中,罗素在《科学概念》部分辟三章专门讲《最小量用语》《结构》及其关系,讲的都是"构造"和如何构造。

  罗素认为,我们追求确定的知识,但那是个无限的过程。在相对于某一个时代的认识者来讲,我们只能遵循"相对简单"原则。在罗素看来,无须假定一种关于这个世界的某种绝对简单的东西的存在,比如说"心"或"物"。我们认识事物事实上也并不以认识整体真理为前提。只要我们的命题和存在着的事物是"符合"的,这命题就可以是"真理",不必把它放在某种永远把握不住的整体中才是真理。所以,当我们认识比如一座大楼时,我们了解到它的"结构"和"材料"也就够了。至于每一块"砖"的化学元素是什么,如果承认了我们认识的有限性,它至少并非最重要的。他举例说,以前我们只知道"铜"是有色金属,后来我们知道它是一种化学元素,现在,我们进一步理解了原子的结构,可以说得更精确:"铜"是"原子序号为29的元素"。循着这种思路,可"把我们不知道是复合结构的东西定义为'相对简单'的东西。如果以后发现了复合结构,通过应用'相对简单'这个概念得到的结果将仍然是正确的,只要我们不对绝对简单做出任何肯定"②。于此,罗素能够正确地指出,任一门经验科学,发展得越充分,关于这门学科的知识性"结构"就会越简单。

(三)罗素的中立一元论

  世界是什么?这是一个太大的问题。可如果把哲学作为关于世界观的学问,那它就是要回答这类永远不可能有绝对正确答案的问题。我们上面的讨论基本上是讲罗素的知识论以及金岳霖的评价,金说罗素一手拿着"奥卡姆剃刀",一手拿着构造论,剃掉实体把世界构造出来,说的也是这个意思。如果仅仅从知识论领域来讨论这个问题,似乎也就无须再说什么。可如果提到我们这里关于"世界是什么"之类的问题,这话就还得接着往下说。

---

① 《金岳霖文集》第四卷,第650页。
② 《人类的知识》,第309页。

其实,金先生在立论之初已经预设了这一问题的答案。因为即使按照金自己说的,罗素的"感觉材料"到了《心的分析》一书中就已改说法了,那就是只说"感觉"而不再提"材料"的事。到了《物的分析》中,这"感觉材料"更不说了,类似或相通的说法是"事素"。斯特斯认为罗素的《物的分析》一书已经放弃了"中立一元论",金说不仅他自己不同意,罗素也不同意。其根据是在1930年的《哲学》一书中罗素自己说"事素就是感觉"。事素就是感觉,感觉就是感觉材料,感觉材料就是介于"心"和"物"之间的某种"中立"的东西。在金看来,至少在《罗素哲学》一书的总体立意看来,如果要向罗素提出"世界是什么"的问题,金所得的答案就是"感觉材料",就是既非唯物主义又非唯心主义的"中立一元论"。但至少在写作《罗素哲学》的当时,金认为这个结论还不到位,需要再往前推一步:如果中立一元论不是唯物主义,那它就必定是唯心主义。正是在这个意义上,罗素哲学构成了金岳霖的批判对象。

寻找世界的基本元素可能不仅仅是哲学家的癖好,可它肯定是哲学家们所通具的重要的癖好。哲学界发生语言学转向后,这一派哲学家们把所有形而上学一概贬为"玄学"(依金的说法可作两译,在西语中实际上是一个词),可他们却说"语言就是存在的家"之类的话。这话隐含的意思是很怪的,好像以前的哲学家们可以不通过语言而用别的方法把握"存在"似的。其实这是一个古老的不可回避的问题,如果"回避"也是一种解决办法的话。"原子"观,地、水、火、风的"四大"观,中国传统的"五行"观都是对同一问题的不同回答。说语言是存在的家,实际上是说,如果不通过语言,我们该怎么样来把握存在呢?可是语言能够把握存在吗?通过语言把握的存在还是全人类自古以来一直都在汲汲探讨的存在吗?

在罗素那里,这问题其实已经转化为一个"科学"问题。他不止在一处说到物理学前沿出现"波粒二象性"理论之后,哲学上的单一答案已经成为不可能。如果说牛顿以来的科学曾经是对古希腊"原子"论的科学回答的话,量子力学的出现事实上就使这一问题陷入了双重的窘境:一是原来的世界由"不可分不可入"的微小颗粒所构成的结论宣告破灭。原子是一个复杂的"结构",整个当代物理学都建立在对这个结构的理论假说之上。二、所谓"微小颗粒"组成世界的"质点"说破灭,包括光子、电子、质子、中子等数十种基本粒子在内的所谓构造世界的基本"物质"在著名的"双缝实验"中都呈现神秘的"波动"性。我们现在常说的"量子力学"事实上根据两个等价的方程式——由德布罗意提出假说、薛定谔做出的波动力学方程和由海森堡提出假说、玻恩等人做出的矩阵力学方程——其中任何一个方程式,量子力学都可以等价地同样推导出来。由于它们是等价的,薛定谔的波动力学方程却又更为简洁,因而通常也就被物理学家所经常运用。也就是说,现在通行的量子力学方程解是波动力学方程。把世界理解为一种德布罗意式的波动,这是以往任何哲学都未曾面对过的尴尬局面。物理学家布拉格用无奈的调侃话说:"我们在星期一、三、五认为光是波,而在二、四、六认为它们是粒子。"①纯从物理学意义上可以这样说,不仅光子,包括电子在内的所有基本粒子,它们在作用时像粒子,而在运动时像波。如果世界的存在是"波粒二象"的,按物理学界公认的海森堡的结论,整个世界的基本存在就是"测不准"的,于是按罗素的话说,哲学认识论就不得不满足于"相对简单"原则。

按照传统的唯物主义,世界上没有不运动的物质,也没有无物质的运动。据此,运动着的物质和物质的运动不应该是两种不同的东西,可是现在,它们确实不同,是两种性质完全不同的存在方式且不可分解地交织在一起。唯一走出这一困境的办法就是承认"波"也是一种物质,可物理学解释的"波",无论如何,它们是一种能量形式。粒子可以在能量场中湮灭,而波却是永恒的运动。所以,现在人们一般都根据爱因斯坦的质能关系式把世界解释为是由"能"构成的。这也就是列宁所批评的马赫的"唯能论"。具体到罗素,他当然同意"唯能论"的某些说法,但他仍然在列宁和马赫之间打圆场。像爱因斯坦不愿意放弃决定论世界观一样,罗素不大情愿放弃形而上学。可不管是罗素还是爱因斯坦,都不得不接受波函数的概率解释。这方面罗素做得比较彻底。很难说罗素"或然"性的世界观就一定是对的,可金岳霖在《罗素哲学》中,基本上依据牛顿式的宏观科学观念和"常识",到处批判罗素不承认科学规律的"必然"性却肯定是没有说服力的。事实上金早年也称科学知识的"必然"为"固然"。

罗素的哲学不大讲本体论或称存在论。但他又不像维也纳学派的逻辑经验主义者们那样,对形而上学不予理睬。所以他不仅是经验主义者,同时又是物理实在主义者和逻辑实证主义者。用"唯心主义"一顶帽子是远不能使罗素

---

① G.夏皮罗:《无数学的物理》,潘愚译,北京:知识出版社,1983年,第236页。

就范的。从本体论或存在论的角度讲，诚如金岳霖所说，罗素喜欢称自己是"逻辑原子主义者"。逻辑原子主义在罗素那里不是"一元论"而是"多元论"。在晚年的《我的哲学的发展》中，罗素直呼自己和穆尔背叛了新黑格尔主义者布莱德雷后"叛入多元论"，从本体论或存在论意义上讲，金先生说罗素是"中立一元论"肯定是不够准确和全面的。

列宁的《唯物主义和经验批判主义》，是金岳霖对罗素哲学进行批判的基本甚至是唯一的根据。据此，金称自己《知识论》中有"唯能论"倾向是"错误"的，是马赫式"唯心主义"。罗素也有这种倾向。根据现代物理学前沿的定论，列宁对马赫的批评不正确。罗素同时是科学家，他的《物的分析》正是在物理学的新理论确立之后出版的。正是在这种意义上，金先生对罗素的批判是过于简单化的、不成立的。

论主体-客体与主观-客观①

主体-客体；主观-客观。仅从形式上即符号意义上对这两对范畴进行简单的排列组合，也不难发现二者的某些差异与同一。差异：一个是讲什么什么"体"，一个是讲什么什么"观"。同一：它们都包含着形式相同的主-客关系。不过，在这里我们并不需要做排列组合的数学游戏，我们通过这种纯粹形式化的对比，将发现隐藏在形式后面的内容和本质。就像"20 码麻布＝1 件上衣"这种价值形式一样，"一切价值形式的秘密都隐藏在这个简单的价值形式中"②。

一、人与外部世界的三重关系

主体是指具有社会本质的、从事着实践和认识活动的人；主观是人的意识、精神。客体与客观则与之相对。它们共同构成人与外部世界的关系结构的两极：一极是主体、主观；另一极是客体、客观。所谓共同，这里是指：（1）离开人的意识和离开思想意识的人都同样是不可思议的。也就是说，主体和主观都不可能离开对方孤立地存在，它们相互渗透、相互包含。（2）主-客双方相对而言，离开一方另一方就失去了它应有的意义。当然，没有天文学和万有引力的发现，行星仍然沿着它们的轨道绕恒星运行。但是一旦万有引力作为规律被人类所认识，它就不再仅仅是一种自然存在，而且是一种社会存在，是一种社会化了的

---

① 这篇文章是本人在哲学领域的处女作，发表在《攀登》杂志 1987 年第 3 期。为了明志，当时用了一个笔名曰鲁洋，鲁是鲁国之鲁，洋是西洋之洋，比较中西而思之而已。此文是我在马克思主义哲学领域发表的唯一一篇论文。回想当时情怀，现在以中国哲学为阵地，参与东西方文明对话，并非一时心血来潮，而是源于一直以来对中华民族近现代落后的耿耿于怀！

② 马克思：《资本论》第一卷，北京：人民出版社，1975 年，第 62 页。

属人的主观存在了。

所谓客观,就是指客观存在的整个物质世界及其运动变化的一切现象,它不但包含自然、社会,而且包括人的思维。客体则是指当无限、普遍化的客观世界,作为人的现实的、具体的、个别的对象时,即构成客体。但是这绝不是说客体仅仅是有限、个别和相对的东西,它也是绝对与相对、有限与无限、一般与个别、特殊与普遍的对立统一。这是因为:(1)任何具体的现实的对象,总是在有限中包含着无限,在个别中包含着一般,而无限的客观世界也只有以具体的形式呈现在人们面前,才构成人的现实对象,即构成客体。(2)随着人类历史在时间上的无限延续和发展,客观世界将逐步地由"自在"的客观存在变为现实的客体。(3)从主观思维把握客观世界的本性来讲,它总是在有限中把握无限,在个别中把握一般。"事实上,一切真实的详尽无遗的认识都只在于:我们在思想中把个别性提高到特殊性,然后,再从特殊性提高到普遍性;我们从有限中找到无限,从暂时中找到永久,并且使之确定起来。"因此,思维"是把许多有限的东西综合为无限的东西"[①]。

辩证唯物主义认为,整个世界是按自身规律运动着的物质,它先于人类而存在。在人类尚未通过劳动将自己从自然界中分化出来以前,物质世界既不分主体和客体,也不分主观和客观。主客体和主客观及其关系只有在人类产生以后,在人和自然、社会以及思维的对立统一关系中,才有科学的意义。因此,由主体-客体、主观-客观共同构成的主-客结构,只能是也只是标定人与外部世界关系的哲学认识论范畴,而非本体论问题。

人与外部世界的关系是十分丰富复杂的,但归结起来,不外乎实践关系、认识关系和价值关系。由于价值关系只是渗透在实践、认识关系中,参与和调节人的认识、实践活动,使人的活动带上明确的目的性、能动性,所以,我们可以将人与外部世界的关系归结为实践关系和认识关系。客观存在的物质世界是无限的、普遍的,但是,它又总是以有限、具体的方式呈现在主体面前。因此,主体不仅以有限具体的方式和对象发生作用与反作用的实践关系,而且以抽象一般的方式和对象发生反映与被反映的认识关系。人的认识来源于实践,而每次具体的实践又要靠认识来指导。离开认识指导的实践是盲目的实践,或者说,那

[①] 恩格斯:《自然辩证法》,北京:人民出版社,1971年,第212页。

只是动物的本能活动;离开实践基础的认识则是神秘的,因而是不可能认识的。实践和认识的相互依赖性进一步说明了主客体和主客观的相互依赖性。

人的认识总是抽象一般的,而人的实践则总是具体个别的。通过反复的实践,人的观念在有限中发现了无限,在个别中发现了一般,这样,对象内化为观念,客观的外部世界就变为人的"内部世界"。所以,人的认识不仅是"观念的东西",而且"是移入人的头脑并在人的头脑中改造过的物质的东西"①。作为认识的内容,它是主客观的统一,是主体和客体之间相互作用的人的实践的结果,是历史的和凝结积淀了的人类的实践活动。

二、人的对象化和对象的人化

通过实践这个活的机制,主-客结构中充满着人与外部世界对立统一的矛盾运动。这种运动按其方向分为内外两种形式:(1)外向的人的对象化;(2)内向的对象的人化。

我们先来看第一种形式:人的对象化。所谓对象化,就是指主体在实践过程中把自己外化为对象,并在对象中直观、确证自己,使对象与自己处于一个不可分割的主-客结构之中。在劳动过程中,"劳动物化了,而对象被加工了",原来属人的东西经过劳动"消失在产品中"②,人就转化为"物",转化为对象。不仅如此,人的特殊的主观能动性在于,他在把自己外化为对象之前,已经观念地把握了对象。观念作为对象的主观表象,在具体的社会实践中,它总是逻辑在先的东西。"最蹩脚的建筑师从一开始就比最灵巧的蜜蜂高明的地方,是他在用蜂蜡建筑蜂房以前,已经在自己的头脑中把它建成了。劳动过程结束时得到的结果,在这个过程开始时就已经在劳动者的表象中存在着,即已经观念地存在着。"③因此,没有主观性就不成其为主体,也就没有对象性。但是,主观却不能独立地自我转化为对象,它必须通过人的实践、通过主客体之间的相互作用

---

① 马克思:《资本论》第一卷,北京:人民出版社,1975年,第24页。
② 马克思:《资本论》第一卷,北京:人民出版社,1975年,第205页。
③ 马克思:《资本论》第一卷,北京:人民出版社,1975年,第202页。

才能使自己转化为对象。精神不能自己变为物质,只有在人的有目的、有意识的活动中,才能把自己对象化在物中,使"主观见之于客观"①。这样,人的意识、观念和目的性就作为物的属性在人与物的"关系中表现出来"②。

在实践过程中,主体作用于客体的过程,同时也就是"主观见之于客观"的过程,这两个过程的有机统一,就是人的对象化过程。通过这个过程,自然界被同化了,变成了"人的无机的身体"③。"观念的东西转化为实在的东西"④,属人的东西转化为属物的东西。劳动"一小时终了时,纺纱运动就表现为一定量的棉纱,于是一定量的劳动,即一个劳动小时,物化在棉花中"⑤。于是,对象由"自在"状态转化为对主体来说的"为我"状态,体现人的目的,满足人的需要,展现外化出人的本质力量。这样,人就在必然中获得了自由,在有限中实现了永恒。所以,"无论从理论方面来说,还是从实践方面来说,人的本质的对象化都是必要的"⑥。

第二种形式即对象的人化,是第一种形式的反向运动。人不像太阳,把无限的光和热无偿地赐给人类。因此,人与外部世界的矛盾运动从来就不是单方向的,人的对象化需要以对象的人化作为基础和前提。人的对象化是人在一定的主观目的支配下,通过四肢的运动向外输出脑力和体力,创造出一个日益丰富的对象世界;对象的人化则是在确定的外部条件下,人通过实践日益创造出自身的丰富性。人类学的研究证明,几千年的文明史对人的生物结构改变甚微,而人的文化心理结构却是空前地丰富发展了。⑦ 正是由于外在的文化(广义地说,文化是人类创造的物质财富和精神财富的总和)和内在的文化心理结构具有同样的丰富性和异质的同构性,马克思才把对象世界理解为"感性地摆在我们面前的、人的心理学"⑧。

---

① 毛泽东:《毛泽东选集》(一卷本),北京:人民出版社,1964年,第445页。
② 马克思:《资本论》第一卷,北京:人民出版社,1975年,第72页。
③ 马克思:《1844年经济学—哲学手稿》,北京:人民出版社,1979年,第49页。
④ 《列宁全集》第38卷,北京:人民出版社,1986年,第117页。
⑤ 马克思:《资本论》第一卷,北京:人民出版社,1975年,第214页。
⑥ 马克思:《1844年经济学—哲学手稿》,北京:人民出版社,1979年,第80页。
⑦ 现代人和北京人相比,北京人"脑容量小,平均只有1075毫升,而现代人的脑容量平均为1400毫升",但北京人的"四肢就和现代人差别不大"。(翦伯赞:《中国史纲要》第一册,第1—2页)
⑧ 马克思:《1844年经济学—哲学手稿》,北京:人民出版社,1979年,第80页。

所以,对象的人化就是客观世界通过主客体之间的实践向主观的转化。"每个人都千百次地看到过'自在之物',向现象、'为我之物'的简单明白的转化。这种转化也就是认识。"①客观世界不会自动直接转化为人的认识,它也必须通过实践这个活的机制,才能实现这种转化。这样,对象的人化就表现为实践向认识的转化,表现为主体活动向主观认识的转化。关于这个转化,列宁曾经精辟地指出:"人的实践活动必须亿万次地使人的意识去重复各种不同的逻辑的格,以便这些格能够获得公理的意义。"②当代认知心理学派的发生认识论(皮亚杰)进一步充实丰富了列宁的论述,证明人的逻辑运算能力和抽象思维能力的形成,正是从人的动作(实践活动的基本元素)亿万次重复中形成"动作一般",然后再转化为思维一般的。他们把这种转化过程称为"完形"(格式塔)。所谓完形,就是首先把认识对象看作一个整体,从整体的角度来把握对象的完整表象。所以,"完形"的过程实质上也就是对象人化的过程。

人的对象化和对象的人化走着同一条路。"生产不仅为主体生产对象,而且也为对象生产主体。"③所以,我们不但可以说"劳动是一切财富的源泉",而且可以说"劳动创造了人本身"④。

三、实践的动态性和认识的静态性

人的对象化和对象的人化是主-客结构内部方向相反的矛盾运动的过程,它们绝不是一朵常开不凋的无果之花。在主-客双方通过实践相互生成的运动中,外在的文化积累和内在的心理积淀是同一运动的两种结果。作为结果,和产生它的运动过程比较,它总是相对稳定和静止的东西。所以,从人类认识过程的发展来说,我们把主客体和主客观的区别相对归结为实践的动态趋势(量变)、认识的静态结构(质变)的区别。

我们认为,主体和客体主要用来描述人与外部世界作用与反作用的实践过

---

① 列宁:《列宁选集》第二卷,北京:人民出版社,1972年,第118页。
② 列宁:《列宁全集》第38卷,北京:人民出版社,1986年,第203页。
③ 马克思:《马克思恩格斯选集》第二卷,北京:人民出版社,1972年,第95页。
④ 恩格斯:《自然辩证法》,北京:人民出版社,1971年,第149页。

程的动态性质,而主观和客观则主要用来描述人与外部世界反映与被反映的认识结构的静态性质。前者说明,人的认识是"对客体的永远的、没有止境的接近"①过程,是一种量变的绝对趋势;后者说明,产生认识的实践在一定认识水平的制约下,经过无数次成功、失败的尝试和重复,必将酝酿出人类认识史上一次次的跳跃性质变。当然,感性认识的产生和实践活动是直接同一的过程,感知不过是实践客体对主体的反馈而已。但是,分析综合、归纳演绎、数理运算等抽象的理性思维,却是相对独立的。认识的这种相对独立性,使我们有可能把主客体之间的实践关系,和主客观之间的认识关系暂时区别开来。

首先,主体作用的对象总是具体的、个别的,因此,人作为主体的实践活动受严格的时空限制。这就决定主客体发生实践关系时,总是具有动态性②;与此不同,人的思维观念即主观把握的对象则总是具体中的抽象、个别中的一般。观念一旦形成,就是无广延、无时空的纯粹精神性的东西。作为对物质运动规律的抽象,它是相对稳定静止的。认识是内化了的客观规律,但客观事物的运动和人脑思维的运动绝不是规律本身的运动;作为规律,对外部世界来说,它是不动的抽象原则,对人的思维来说,它是凝结内化了的实践的结果;这二者的统一,具有自我不动性的特征。当认识表现为运动时,规律就不成其为规律,而是规律自身的不断自我否定的过程。如宇宙天体遵循万有引力的规律在相互作用中运动不息,然而,万有引力公式 $F = G\dfrac{M_1 M_2}{r^2}$③,绝不会随着天体的运动而变化,毋宁说,正是天体的运动证明了万有引力规律(公式)的自我不动性和相对静止性。人们建立公理系统的努力(如希尔伯特)并不是形而上学,只有把公理系统绝对化才是形而上学。

第二,如前所述,主-客双方通过实践这个活的机制,总是一方面创造出日

---

① 列宁:《列宁全集》第38卷,北京:人民出版社,1986年,第208页。
② 牛顿的绝对时空观认为,时间"自动均匀地流逝着",而空间"永远是相同的和不动的"大框架。它们可以和物质的运动无关。爱因斯坦的相对论扬弃了这种时空观,认为时空统一在物质运动的四维时空连续区内,时空与物质运动密不可分。因此,受时空限制的实践活动具有绝对的动态性。
③ 这是万有引力的数学表达式,即万有引力 F 与两物体的质量 $M_1 M_2$ 的乘积成正比,与它们距离的平方 r^2 成反比,G 是引力常数。广义相对论认为牛顿万有引力是低速宏观领域的近似,但在这个领域中,它永远具有巨大的适用性和简洁性。因而万有引力公式本身是永恒不变的东西。

益丰富的对象世界,另一方面创造出人类自身的丰富性。"在劳动过程中,劳动不断由动的形式转化为存在形式,由运动形式转化为物质形式"①,"在劳动者方面曾以动的形式表现出来的东西,现在在产品方面作为静的属性,以存在的形式表现出来"②。如制图的劳动不但创造了图纸,而且也创造了工程师。没有工程师固然不会有图纸,没有图纸便也无法确证他究竟是不是工程师。劳动过程总是一方面创造着确定的外在对象,另一方面也创造着关于对象的内在观念。既然图纸"作为静的属性,以存在的形式表现出来",那么,与图纸具有同构关系的,关于图纸的观念也就相应地有了"静的属性"。

第三,在人类认识的历史长河中,已知总是一个定量而未知则是一个无限的量。在已知和未知之间,实践是一团不熄的生命之火,它燃烧已知来照亮未知(卡尔·波普尔),推动认识发展,不断地积累增加着已知的量。已知在确定时刻在量上的确定性,规定了认识的静态结构性。

第四,实践是检验真理的唯一标准。人的观念一旦形成就是相对稳定的东西,然而,这观念是否真实正确地反映了对象,则是需要实践检验的。实践检验认识,也就是人依照一定的观念作指导作用于客体,并观察客体是否发生了预期的变化。在这个过程中,主观性的东西向主体活动的转化,是"静"向"动"的转化。人将他相对静止的观念转化为现实的躯体运动,并在运动中实现自己的目的,满足自己的需要,从而完成认识和实践、静和动的辩证转化过程,并把主客观和主客体统一在运动过程中。

最后,从人类认识的发展历程看,每一科学体系的形成,都显示了人类认识的质变飞跃,有力地指导着实践。然而随着实践的继续发展,它又会变成束缚人们手脚的教条。这时,认识的静的属性和实践主体不断追求某种目的的绝对运动性,就会发生剧烈的矛盾冲突,出现所谓的危机阶段。危机是革命的前夜,新思想在矛盾中孕育产生。我们说主客观统一的认识具有相对静止的属性,正是指这种跳跃性质变的运动方式,而当它处在量变阶段时,却主要表现为认识的实践性和运动性。人类的实践无时无刻不把它运动的结果积淀保留下来,作为食之不尽的认识成果,永恒地馈赠给后代,这是人类认识活动的唯物论和辩

---

① 马克思:《资本论》第一卷,北京:人民出版社,1975 年,第 214 页。
② 马克思:《资本论》第一卷,北京:人民出版社,1975 年,第 205 页。

证法。

四、对非人本误读的批评

主-客结构作为人与外部世界关系的哲学概括,是随着文艺复兴运动的兴起逐步提出来的。近代资产阶级哲学家强调人性,否定神性,极力宣扬人在世界中的主体地位,以对抗中世纪经院神学——这是一个巨大的历史进步。然而在马克思主义以前,主客体和主客观及其关系问题,一直没有得到正确的解决。

主观唯心主义者总是将主体等同于主观,并借此进一步否定世界的客观存在性。旧唯物主义者则否认人脑思维的超时空抽象能力,把认识完全归之于感性,把人的心灵同其他物质等同起来,这在实质上是以主体淹没了主观,将人物化了。因此,对于他们来说,基本上不存在主客体、主客观的关系问题。黑格尔的主体是绝对理念,人有主体性只是由于绝对理念作为主观性在主体中的现实存在。针对黑格尔的神秘思辨,马克思一针见血地指出:"主观性是主体的规定","而主体又必须是经验的个人"①。主客观之间的对立的解决,"只有通过实践的途径,只有借助于人的实践的力量,才是可能的"②。这样,马克思就破天荒第一次走出了哲学迷宫,征服了靠谜语嗜血的斯芬克司,为主客体和主客观找到了共同的实践中介,科学规定了主体和主观之间的关系,为我们论证主客体、主客观的关系打下了坚实的基础。

在当前主客体、主客观及其关系问题的讨论中,有些同志不考察这两对范畴在哲学认识论中的地位、作用和它们各自担负的不同职能,却把它们和物质第一性、精神第二性的哲学基本问题即本体论问题简单混为一谈,这就给讨论带来了混乱。如"哲学基本问题即主体和客体、精神和物质的关系问题""'客体'之为'体',本来就有本体之义"。很明显,把主体等同于精神,主观作为人的精神就成了主体绝对精神的属概念。由于主体和主观被暗换为种属概念,主客体、主客观的关系就成了"主体包含着主观,客体包含着客观"的"包含"关

---

① 马克思、恩格斯:《马克思恩格斯全集》第一卷,北京:人民出版社,1972年,第272页。
② 马克思:《1844年经济学—哲学手稿》,北京:人民出版社,1979年,第80页。

系,这是很难成立的。还有一种观点认为:主客体、主客观的关系"也就是主体、客体和精神物质的关系",因为据说"客观的,就是物质的;主观的,就是精神的"①。这也是简单化误解。首先,个人主体之外的别人的精神现象对主体来说,是不依主体的意志为转移的客观性的东西,这种具有客观性的东西并不是物质的;其次,主观作为人的精神并不是绝对精神,精神和人的精神作为种属概念是有区别的。物质第一性、精神第二性的唯物论命题,不只是对主观唯心主义的否定,同时也是对客观唯心主义、宗教神学和上帝创世说的否定。把主观等同于精神,就把辩证唯物论的概念外延缩小为仅仅是主观唯心主义的对立物,而不是所有唯心主义(包括客观唯心主义)的对立物了。"花外春来路,芳草不曾遮。"②每个人都不妨沿着自己面前的路往前走一走,看看它究竟会把你引到哪里。

---

① 以上两种观点应是指张尚仁和袁贵仁二先生在《光明日报》上短文的观点。编辑部在没有征求作者意见的情况下,发表时题目被改为《主体-客体与主观-客观之相互关系》,现在重新改正过来。引文的注释不知道编辑出于什么原因删掉了,只能凭记忆作此说明了!

② 此诗句当时是从高尔泰与蒋孔阳先生的商榷文章中学来,现在知道它是清代张惠言《水调歌头》中的佳句,且展示《中庸》"道并行而不相悖"的"复数本体"(宋志明评冯友兰语)观念,特此注明。

中华文明起源的地缘反思

从地缘的角度来反思中华文明的起源,中国历史的大一统是一个漫长而艰难的整合过程,是随着战国统一趋势的逐渐明朗和秦汉的实际统一,才得以形成并将神话和传说合并到历史中去。"五服观"被整合成为一种历史性的大一统观念。从《中庸》的记载到王国维的黄河、长江南儒北道两河地缘论,均贯穿着对中华文明起源的地缘思考。

中华文明不仅是四大古文明之一,而且是唯一保持着自己的历史连续性的文明,即所谓"周虽旧邦,其命维新"(《诗·大雅·文王》)。从哲学意义上说,中华文明和地中海文明,构成了两种性质的文明形态,简单地用先进和落后来描述东西方文明显然不再永远正确。如果说人类的基因在血缘上是基本一样的,该如何解释这样两种形态迥异的文明形态呢?

一、"大一统"现象及其整合

《史记·五帝本纪》所载的传说年代,在我们这块远东大陆上可能曾经生存着成千上万个氏族、部落、方国、诸侯国。最近几十年来的考古发现进一步证明,我国文明版图的多元一体性可能比原来的传说和记载更加丰富多彩,内涵更加多元。国的原意是一座城及其附近的村落、田野。城墙的意义无非就是为了安全、防卫,最初也可能只是防野兽,只是到了后来,它才用来战争防御。所以,最初的"国",你尽可以想象为一个土墙围起来的大寨子。直到明、清特别是明代还是到处"猪(朱)打圈",修城墙,加固万里长城,这说明我们的国家政权,由于毗邻着一个强大的381毫米降雨线外的游牧民族,在他们经常不断的袭扰中,安全意识一直很差而且不可能不差。城墙之国在发展前、后期的不同在于,越是到了后来越不是为了防野兽,而是为了战争防御。

秦始皇的统一主要是军事暴力的统一,这同秦国先征服了周边的戎、狄之国,大大提高了军事战斗能力有极大关系。事实上,百里奚和蹇叔为秦穆公制定的战略方针也正是如此。秦皇、汉武之后,长城开始完全以这条降雨线为地理性决定基础,中原农耕民族和西北山林民族武力对抗关系越来越成为一种有规律的常态。所谓"国之大事,唯祀与戎"(《左传·成公十三年》)是先秦的事。到了秦汉之后,"祭祀"成了皇帝们的垄断性特权,而"戎"即军事战争问题和国家的警察性暴力——刑出于兵、兵刑同源,便成了统治合法性的主要根据被沿袭下来。即使晋代之后"以礼入法",大的外部问题并没有什么改观。直到清代,仍然在扩大了的幅面上以包容的姿态,继续推广着那似乎是无尽的边陲。"边庭流血成海水,武皇开边意未已。"在西北游牧民族的武力威胁下,"开边"之意又岂是武皇的主观意愿所能决定的呢?

《诗经·小雅·北山》中说:"溥天之下,莫非王土;率土之滨,莫非王臣。"这说明一种模糊的"天下""王土"的法权观念在西周时代就已经根深蒂固了。但在那个时代,这样一种观念根源必然要求一种模糊的"天神"信仰,这种天神信仰所赖以建立的观念基础就是以时间的一维性、自因性为基础的一元论哲学意识。天体在时间中循环的宇宙观念对于一个农业民族来讲是如此的根深蒂固,以至于我们很早就完成了一种循环轮回的春、夏、秋、冬四季历法。律、历相通的观念意识,代表的是一种典型的时间循环观念,我们的古圣先贤因此而整合出一种东亚大陆所特有的天人一体世界秩序观念体系。董仲舒的宇宙图式是渊源有自的,司马迁在《史记·律书第三》中所谓"王者制事立法,物度轨则,壹禀于六律,六律为万事根本焉",就是农耕民族时间循环观念的最好证明。音乐在时间中绵延循环和天候循环完全同构,而我们民族的文明形态之科学基础就是音乐频率这样一种物理基础,所谓"黄钟原理"。从音乐频率到度量衡的制定统一,到和各种天象物候的比附对应,这种整合到董仲舒那里就成了结合"阴阳五行"之学,以四季之春夏秋冬比拟人之喜怒哀乐、东南西北等的天-人宇宙模型。人被理解为一个小宇宙。因此,宇宙论而不是本体论才是我们民族文化的自明性真理。道家之"道"不仅是一种抽象,更是一种具象,戴震的"道犹行也"清楚地表述了道的这样一种精神内涵和现象自证。

与循环性时间观念相一致的宇宙模式相对应的国家观念是"天下一家"。

从最初的千千万万个大村小寨到一个统一的文化军事统一帝国,我们的先民用了近两千年的时间,在艰难磨合着。春秋之后的统一过程,由于史料的相对丰富,总体清楚。对于春秋之前的整合大势,顾祖禹在《读史方舆纪要》中称:"传称禹会诸侯于涂山,执玉帛者万国。成汤受命,其存者三千余国。武王观兵,有千八百国。东迁之初,尚存千二百国。迄获麟之末,二百四十二年,诸侯更相吞灭,其见于《春秋》经传者凡百有余国。而会盟征伐,章章可纪者,约十四君:鲁、卫、齐、晋、宋、郑、陈、蔡、曹、许、秦、楚、吴、越。其子男附庸之属,则悉索币赋,以供大国之命者也:邾、杞、茅、滕、薛、莒、向、纪、夷、邿、鄫、遂、谭、偪阳、鄀、铸、邗、鄅、宿、任、须句、颛臾、郯、州、于余邱、牟、鄣、郳、鄎、极、根牟、阳、介、莱、虞、虢、祭、共、南燕、凡、苏、原、周、召、毛、甘、单、成、雍、樊、尹、刘、巩、芮、魏、荀、梁、贾、耿、霍、冀、崇、黎、邓、申、滑、息、黄、江、弦、道、栢、沈、顿、项、郜、胡、随、唐、房、戴、葛、萧、徐、六、蓼、宗、巢、英氏、桐、舒、舒鸠、舒庸、钟吾、穀、轸、郧、绞、罗、赖、权、厉、庸、麇、夔、巴、邢、北燕、焦、扬、韩、不羹。又有九州夷裔,则参错于列国间者也:戎蛮、陆浑、鲜虞、无终、潞氏、廧咎如、白狄、骊戎、犬戎、山戎、茅戎、卢戎、鄋瞒、北狄、淮夷、肥、鼓、戎、濮。"大并小,强吞弱。我们的统一过程基本遵循的是弱肉强食、适者生存的进化模式,既不像儒家想象的那么井然有序,更不像道家理想的那么诗情画意,毋宁说这个统一的过程是血腥的,它始终伴随着刀光剑影的无情杀戮和无休止的征战。

顾祖禹根据《左传》和其他的传说性记载的统计固然不必为确数,可是他对基本的发展趋势所做出的判断却是不会错的。按照这种估计,夏代之初,大禹会诸侯于涂山,执玉帛与会者有上万个文明的国家。这里能"执玉帛"参与诸侯之会者,都应该是当时的文明国家。漫长的石器时代,玉乃万石之王,玉器也就代表着文明。帛则是服饰文明礼仪的象征。到了商代,这上万个国家在民族大融合中大部分被整合掉,也就剩下了"三千余国"。斗转星移,到了周代,武王观兵时,也还有千八百国。而两周之际,平王东迁之时,也还有千二百国。可见,此前的商周时代,相对于此后的春秋战国来说,兼并的速度并不算太快。经过春秋242年的霸权迭兴时代,到了春秋晚期,载于史册的也就只剩下一百多个国家。"会盟征伐,章章可纪者,约十四君",此外的文明(文明程度或有不同)国家还有113个,而文明化程度还非常低的周边氏族部落,还有19个。总数为146个。也就是说,春秋的二百多年,原来的部落、方国,一下子有90%以上在东亚大陆上消失了。此后的兼并历程更加迅速,呈加速趋势;战争更加残酷,动辄"杀人盈城""杀人盈野",血流漂杵,坑杀无数,动辄数十万。军事和外交的悲喜剧上演了二百多年后,终于通过"秦王扫六合"的战争方式风卷残云般地、历史性地形成了建立在中央集权郡县制基础上的政治军事统一帝国。从"万国"到"一统",这是一个滚雪球的过程,一个渐进的过程。这样的统一过程是最大限度地尊重各氏族、部落、方国、诸侯国文明成果的累积过程。这样的统一过程所裹挟着的文化成就怎么样估计都不会过分。

郡县制所高度发展了的科层化文官制度,对于19世纪的欧洲人来讲,还是相当进步的行政管理模式而要向中国学习的内容。如果不是社会生活有一种潜在的合力,加之诸子百家的共同努力,要达成这样一种统一的社会生活秩序是不可思议的。在那样一个时代,似乎没有人认真反对过大一统的价值认同。孔夫子的"兴灭国"和老子道家的"小国寡民"在这样一种历史的大势中,确乎是一个不和谐的音符。从这个意义上讲,中国历史上的大一统现象,是一个漫长而艰难的历史整合过程。就像滚雪球一样,起初是无数个小的雪球,到后来,就成了几个大雪球,经过复杂的历史过程,纵横捭阖,折冲樽俎,终于在东亚大陆首先实现了农耕民族的大一统。以盛唐为转捩点,一个农耕民族消化吸收西北山林游牧民族的过程在加快同化的同时,在军事上出现了反同化现象。游牧民族在接受汉文化的前提下,反过来在军事上却可以处于优势。汉、满、蒙古、回、藏等民族,被统一在一个巨大的政治实体之中,成为人类历史上绝无仅有的政治怪兽"利维坦"(霍布斯)。迄至清代,游牧民族在军事上统一了东亚大陆的同时,文化上也被农耕民族基本同化。两大生产生活系统从此融合为一个松散的文化帝国。这样的大一统历史过程,和董仲舒在观念上确认的大一统并不是一个概念,三代的大一统是一种血腥的历史事实,而董仲舒的"《春秋》大一统"则仅仅是一个在观念上对历史现实的认同而已。宋明理学的哲学整合,无非是对这样一个历史过程的系统化理念梳理和哲学提升。

近几十年的考古学发现已经证明了中国古史的"多元"局面,山东的"大汶口文化"、浙江的"河姆渡文化"乃至"良渚古国"、甘肃的"喇家文明"、四川的"三星堆文化",都在诉说古史的多元性质。但地处中原的华夏文明无疑是当时最为先进最为发达的文化形态。这样一种文化形态在道家式"地缘"和儒家式"血缘"关系的双重裹挟混溶中,形成了中华民族的基本文化形态。一种文化形态一旦形成，它就成为一种传统、一种惯性，广袤无垠的东亚大平原上的农耕民族，在和西北少数民族的长期冲撞中不仅没有像地中海文明那样不断地转移和重塑，而且以其相对的文明优势顽强地保存并传承着，直到消化掉北方的游牧民族为止。与此同时，欧美海洋文明携带着传教士的祈祷、商人的利欲和军人的枪炮，以一种全新的态势铺天盖地，呼啸而至，于是我们就身不由己、跌跌撞撞地进入这一百多年的近代化历史过程。

近现代中国的文明转换携带着五千年的历史惯性，步履蹒跚，怀着对田园牧歌的无限怀念之情，一步三回头地前进着。这就是一百多年来中国人的宿命。这宿命中包含着太多的传统因素，它以一种物理学式的惯性，像一头发疯的雄狮，在受伤后跌撞着向前冲击着，艰难地前行着。

二、历史和"书写的历史"

对于这个滚雪球、漩涡式的早期统一过程，早有人进行过深入的研究。顾颉刚在《古史中地域的扩张》一文中从历史地理学的角度考论甚详。根据顾颉刚的观点，大禹是一个神话人物，因此也不可能存在"会诸侯于涂山"的大一统局面。真正的夏王朝，实际上是以伊洛河、济水、汾河和嵩山为中心的中心国家，它的周围还有许多虽比它落后，不归它管辖却向它朝贡的方国。龙山时代的夏王朝作为一个霸主、盟主性的国家，它位于"河南省的北部和山西省的南部，带着一点河北省的南端"[①]。因此，《史记·吴起列传》中的如下记载是准确的，即"夏桀之居，左河济，右泰华，伊阙在其南，羊肠在其北"，即古河内加上现在的洛阳一带。他们的敌国和"与国"主要在山东，如穷、寒、鬲、仍、斟寻、斟灌等。考古学的发现也能证明政治版图上的这种一个中心、多元发展的态势。比如在河南的登封王城岗和偃师的二里头发现的龙山文化遗址，据考古学家们的推断就是夏都所在地，它是一个"双城记"式的二元模式，还是另有他因，我们现在已经难以确知。郑州商城和洛阳的商城也是一个完全一样的格局。基本上同时并存的两个"双城记"背后，应该隐藏着类似的历史故事。

[①] 顾颉刚：《顾颉刚选集》，天津：天津人民出版社，1982年，第304页。

商王朝是东来的民族,商灭夏,似有点螳螂捕蝉,黄雀在后的味道。不是夏位于山东一带的敌国,而是这些敌国背后沿渤海湾地区的一个有商业传统的部落战胜了它。根据傅斯年《东北史纲》的考证,殷墟发掘出来有咸水贝之类沿海特产,可见他们早年曾经濒海而居,而箕子退保朝鲜,也说明东北是他们的老家。也就是说,商代除了向东北方向扩张了一些土地外,并无太大的版图。商代在西边多出了氐、羌,"而羌与姜实为一字,所以与其说是商的势力西展至姜,毋宁说是姜的势力东展至商"①。因为,姜(羌)就是后来被封在齐国的姜姓,姜姓和周王朝的姬姓以族群对偶婚制的方式世代通婚。商最终被周人所灭,其间姜尚居功甚伟。姜尚即《封神演义》中被神化了的姜子牙,齐国开国之君。

　　商代将灭之时,为了缓和两国紧张的外交关系,曾连续与周人和亲。"王季之妃太任是由殷商娶来的,她是文王的母亲。"②而根据顾颉刚的考证,到了文王时,殷纣王的父亲帝乙进一步把王室的女子嫁给文王为妃,而且不是元妃,只是继配。可见殷人当时对周人是何等的畏惧和无奈。周人为了这件事而兴奋不已,作《诗·大雅·大明》篇以记其事:"文王初载,天作之合……大邦有子,俔天之妹。"这里的"俔天之妹"就是《泰》卦和《归妹》卦辞两个"六五爻辞"中提到的"帝乙归妹"③。

　　然而殷商的"和亲""缓兵"之计并没有得逞,终于还是让作为外甥的武王把舅舅逼上了鹿台的大火之中,所谓"酒池肉林"之会,所谓荒淫无度,其实都是周人胜利后的托词之一,以证明周的有道和殷商的无道而已。周人入主中原后,疆域得到了一定的拓宽。《左传》昭公九年周景王说:"我自夏以后稷、魏、骀、芮、岐、毕,吾西土也。及武王克商,蒲姑、商、奄,吾东土也。巴、濮、楚、邓,吾南土也。肃慎、燕、亳,吾北土也。"然而,由于"昭王南征而不复"等原因,周人在南方的统治实际上只是在申、吕、许这些地方,江汉流域并未成为周人的有效控制区。无论如何,河南、山东、陕西以及河北、山西南部,安徽、湖北、江苏的北部,即整个北方的黄淮海平原地区及与之毗邻的西部山地、关中平原都算作了周王朝的版图,实现了进一步的领土扩张和统一。而这也不过千里之地而已。

---

① 顾颉刚:《顾颉刚选集》,天津:天津人民出版社,1982年,第304页。
② 顾颉刚:《顾颉刚选集》,天津:天津人民出版社,1982年,第201页。
③ 顾颉刚:《顾颉刚选集》,天津:天津人民出版社,1982年,第209—211页。

这个历史事实,连孟子都知道,即"夏后、殷、周之盛,地未有过千里者也"(《孟子·公孙丑上》)。荀子在《强国篇》中亦云:"古者百王之一天下,臣诸侯也,未有过封内千里者也。"

这一艰难而漫长的地缘整合过程说明,所谓的"自从盘古开天地,三皇五帝到于今",华夏文明"上下五千年",纵横上万里,并非一夜之间便神迹般地降临神州大地。人们观念中的大一统并不是观念在先的存在,而是随着战国统一趋势的逐渐明朗和秦汉的实际统一,才在人们的观念中形成并把神话和传说合并到历史中去的。这是一个典型的从实践到理论的过程。而我们现在考察的这个历史时代,它事实上还只有一种相当模糊的"王土"的观念,所谓的孔子春秋大一统观念,也是董仲舒他们附会上去的,与作为思想家的孔子只有一些观念渊源上的关系。我们很熟悉的孔子"兴灭国,继绝世,举逸民"(《论语·尧曰》)所说明的,并不是他老人家的"大一统"观念,而恰恰是一种尽量保留各方国祖先祭祀模式的邦国林立的多元观念;他的"吾其为东周"(《论语·阳货》)也不是要大一统,而是要让各诸侯国在聘礼问对的贵族式多元格局中保留一点儒雅的贵族共和文明。如果连老子、孔子的时代都没有大一统观念,而只有一种潜伏着的历史统一趋势的话,商、周时代也就更谈不上什么大一统了。但历史的潜存势能总是比任何观念的努力和说教强大一百倍,这就是历史的真相。

在董仲舒时代,至少在春秋之前,大一统观念虽然并不清晰,事实上的逐步整合、扩张,趋向统一却又是脉络分明的。这是一个自然而然的过程,是一个多种力量无意识间共同发生作用的过程。这个过程正是道家所看到并加以阐释的自然历史过程,而并非后世儒家所说的"春秋大一统"观念教化的过程。如果从经济、政治、文化(狭义的)三大要素发挥作用的历史状况来看,它们确实有一个先后问题:先有经济的需要,次有政治的整合,最后才是文化的融合。根据传说,先是燧人氏发明了火,并应用于人们的生活,使人们得以熟食,这是第一缕文明的天光;然后是有巢氏使人们摆脱了穴居野处的生活状态,学会了"避寒暑";神农氏发展了农业,使人们摆脱了远古时代的游猎和采集生活……然而,这一切并不是一个人的创造,而是世代积累起来的成就。只是到了战国时代,文字得到普遍应用,这些创造性的成果也就"各有其主"地被记载了下来。顾颉刚所说的"层累""叠加"历史并不虚妄,证据确凿,这个发现使我们能够剥去附加在各种典籍身上的神圣光环,还历史以本来之面目。《史记》的《五帝本纪》

其实是对层累叠加后的历史所进行的系统性的文字集成,并非就是历史的真实记载。历史的真相很可能和时间一样一去不复返,消失、流逝于历史的洪流之中了,我们记录下来的历史永远是这历史长河中泛起来的一点泡沫。"逝者如斯"(《论语·子罕》),令人兴叹!

晋代"以礼入法""准五服以制罪"。这为隋代的《开皇律》及后来的《唐律疏议》《宋刑统》《大明律》《大清律例》开了先河。中国法制史和法律思想史的研究认为,这对中国保持大一统的政治局面,从而导致中华帝国的一再复兴、崛起,起到了不可估量的作用。儒家的宗法主义秩序和道家自然主义自由的社会历史平衡,形成了一种合力,这合力也为中国社会中后期的政治-伦理秩序和自由之间的动态平衡,奠定了基础和基本范式。

三、五服观:血缘、地缘、等差制

空间和时间是人类生存环境的基本形式。地缘关系是一种空间关系,血缘关系是一种世代继替的时间关系。把血缘性的亲缘关系提升为政治制度的基本原则,是殷、周鼎革最重大的制度创新之一。这种观念被后世儒家抽象为一套五服观念。

从地缘关系上讲,我们可以把这种五服制度称为以京畿为中心的五服天下观。京畿是国都所在的城邦及其周围地区,以此为中心,我们把世界划为以五百里为半径递次向外展延的一个个同心圆。紧挨着京畿的一圈叫"甸服",其次叫"侯服",依次为"绥服""要服""荒服"。这样的五服天下观显然隐含着一种四方辐辏、八荒来朝的中心聚合型文化观念。服,是服侍天子,通过这种五服观,一种地理上的同心圆象形转化成了由于文化的先进性而得以和神意沟通的政教合一的政治观念,并与太阳系宇宙模型对接,政治统治的合法性由此而得到天象神意的保障。这种观念最早被记录于《尚书·禹贡》:

> 九州攸同,四隩既宅,九山刊旅,九川涤源,九泽既陂,四海会同。六府孔修,庶土交正,厎慎财赋,咸则三壤,成赋中邦。锡土姓,祗台德先,不距朕行。五百里甸服:百里赋纳总,二百里纳铚,三百里纳秸服,四百里粟,五百里米。五百里侯服:百里采,二百里男邦,三百里诸侯。

五百里绥服:三百里揆文教,二百里奋武卫。五百里要服:三百里夷,二百里蔡。五百里荒服:三百里蛮,二百里流。东渐于海,西被于流沙,朔南暨声教,讫于四海。禹锡玄圭,告厥成功。

这当然是后人的理想化观念,但作为一种空间秩序的规划,可以是我们分析的理想模型。

从政治等级上讲,"五服"是指以天子为至尊的政治等级服装制。这种制度把天子领导下的郡县首长负责制在服饰上做了具体规定,就像现代的军衔。不仅周天子的服式冠冕有严格的规定,公、卿、大夫、士也都有很具体的规定。《尚书·皋陶谟》"天命有德,五服五章哉"注云:"五服:天子、诸侯、卿、大夫、士之服也;尊卑彩章各异,所以命有德。"①说的就是这个道理。《周礼·春官小宗伯·注》中对此有具体的规定:"五服:王及公、卿、大夫、士之服。……以其丧服自天子达于士,唯一而已。"②这里的"一"可以是动词性的。也就是说,制定这样的等差性五种服装制度,目的是统一天下,实现有秩序的和谐。

"丧服"制度是一种血缘界分的观念,直到现在仍是族谱制度中流传下来的一个亲属界限。一个老人过世了,他(她)的直系亲属自然是要服丧的。但他(她)的旁系亲属要不要服丧?怎么服丧?这就是"五服"制要解决的社会学问题。而这也正是政治上的"五服"制度最坚实的社会学凝聚性基础。周代以来,周王通过分封,把血缘关系原则凌驾于地缘政治之上,这是中国历史上一次最为重大的制度革新。这种把血缘亲属关系建构在地缘政治关系上的重大特色,就是以血缘关系为基础的宗法制度。宗法制度从而一跃而成了一种中国特色的传统政治制度。孔、孟儒家之所以可以被称为宗法主义思想体系,正是因为儒家把"孝……为仁之本"(《论语·学而》)的观念核心,直接植根于这样一种血缘制度之中。具体体现在"丧服"制度中,以亲疏为差等,丧服有斩衰、齐衰、大功、小功、缌麻五种,总称五服。《礼记·学记》中说:"师无当于五服,五服弗得不亲。"这是说亲人之间要团结。

宗族以祖宗为中心团结起来,社会以天子为中心团结起来,天下以京畿为中心团结起来,这大概就是这三种"五服"制所体现出来的向中心聚合的文化内

---

① 阮元校刻:《十三经注疏》,北京:中华书局,1980年,第139页。
② 阮元校刻:《十三经注疏》,北京:中华书局,1980年,第766页。

涵。这三层含义所构成的文化观念,可以称为"自我中心主义的层级文化观"。费孝通在《乡土中国》一书中把它称为"礼制秩序"和"差序格局"。郝大维、安乐哲在《汉哲学思维的文化探源》一书中称之为"区域—焦点"理论。①

五服观从空间性的地理因素向世代继替的时间性历史因素的转化,或者反过来,先有了血缘上的五服观念然后再提升为一种地缘统治和政治层级的操控原则,是在战国和秦汉逐步完成的,这一过程极大地影响了中国哲学的理论形态,即把空间地缘性的利益碰撞格局,转化为我们共有一个祖先的历史亲情性、时间-历史性整合过程,地缘的利益冲突通过世代继替的亲情,整合成为一种历史性的大一统观念。

道家并非一个纯理论追求的学派。道家虽有玄妙的形而上学思考,由于"道"的本性具有强烈的实践性指归,理论性的道体观念就被一起含融于实践性"道犹行也"(戴震)的生活向度之中了。这种将世界的空间性按年表的方式排列在时间性历史长河中的致思倾向,就在"阴"与"阳"两种力量互为动力、互为因果中形成了中国传统独特的文化观念,成就了一元、自因、时间性的哲学形态。道家只是以曲折的、抽象的方式记载了这个事实。

四、从《中庸》到王国维的两河儒道地缘论

就儒道两家的渊源问题而言,我们注意到一种从古至今常谈不衰的观念,即颇有似于地理决定论的说法。从《中庸》到王国维一仍其旧。

任何文化的起源,都可以在与之相关的地理因素和血缘因素中寻找。这当然只是另一种还原主义的思路,难以建立确切的逻辑联系,可作为一种文化解释向度,它至少可以在某种意义上给人一种启迪,一种似乎可能是不得不如此甚至只能如此的感觉。这种解释的过度化会导致庸俗化,最典型的如魏特夫的东方专制主义地理因素决定论。许多中西比较研究论者都强调东方大陆文明和沿地中海文明丛的区别,在我们看来,地理因素在人类早期的意义可能确实

---

① 郝大维、安乐哲:《汉哲学思维的文化探源》,施连忠译,南京:江苏人民出版社,1999年,第44页。

是一个实实在在的生存问题,而不是什么文化问题。事实上,如果人类的基因是大致相同的——当代科学确实已经得出了这样的结论——从血缘上的解释也就不再成立。比如白人的"上帝选民说"至少在今天看来,就有点偏执性的狂妄与傲慢。与血缘决定论不同,如果我们不执着于某种决定论的观念系统,地理因素对文化传统,特别是对文化形成早期的重要作用则确实有一定的解释力度。就本论题而言,王国维就给出过一种缘于中国地理因素的南道北儒解释,而这种解释甚至可以上溯到《中庸·子路问强》篇。王国维在《屈子文学之精神》中这样写道:

> 我国春秋以前,道德政治上之思想,可分之为二派:一帝王派,一非帝王派。前者称道尧、舜、禹、汤、文、武,后者则称其学出于上古之隐君子,(如庄周所称广成子之类。)或托之于上古之帝王。前者近古学派,后者远古学派也。前者贵族派,后者平民派也。前者入世派,后者遁世派也。(非真遁世派,知其主义之终不能行于世,而遁焉者也)……前者大成于孔子、墨子,而后者大成于老子。……故前者北方派,后者南方派也。此二派者,其主义常相反对,而不能相调和。观孔子与接舆、长沮、桀溺、荷蓧丈人之关系,可知之矣。战国后之诸学派,无不直接出于此二派,或出于混合此二派。故虽谓吾国固有之思想,不外此二者,可也。①

这里,王国维明确提出"北方派"和"南方派"的思想,是一种典型的以地域划分学派的思路。北方派就是儒家和法家,南方派就是道家和墨家,归结起来,其实也就是儒道两家。北方派和南方派一谓"帝王派"、一谓"非帝王派"的思路,也有确凿的历史根据,比如,林语堂在《吾土吾民》中就谈过,儒家是中国人的都市哲学,道家是中国人的乡村哲学。如果以北方陇海铁路上的某一点为圆心画圆,中国的皇帝基本可以被全部囊括其间。所谓"远古学派"和"近古学派"的区别是一种史料上的根据,与儒家祖述尧舜、宪章文武不同,道家确实追溯到更加遥远的上古时代。比如庄子就追溯到所谓的"浑沌之帝"。在《庄子·应帝王》中,庄子讲了一个颇类似于《圣经·创世记》人吃了智慧果也就犯下了伊甸园被逐的永恒之"原罪"的故事。庄子认为,人生或人类社会生活的种种问

---

① 王国维:《王国维文集》第一卷,北京:中国文史出版社,1997年,第30页。

题,都渊源于南海之帝和北海之帝为中央之帝"凿七窍",所谓"日凿一窍,七日而浑沌死"。"七窍"就是我们的感觉器官,有了感觉器官,人才能认识并思考我们生存于其间的这个世界,这也就是有了知识和智慧。有了智慧,人类也就进入了万劫不复的"赎罪"过程。所以要"出世"。所谓"入世派"就是儒家的进、显或仕途经济;所谓出世派,就是道家的退隐、清高和不与统治者合作。所谓贵族派和平民派的区别,实际上是对现行社会秩序的肯定、否定态度的区别。贵族们是既得利益阶层,当然持肯定态度;平民受压迫、被剥削,当然也就会形成对现实社会秩序的批判态度。不管是武器的批判还是批判的武器,手段虽然不同,对现行社会秩序的批判态度却是一致的。至于王国维引汪容甫之见说孔老先后的问题,我们不能同意,但这里也不必展开论说。王国维又说:

> 北方派之理想,置于当日之社会中;南方派之理想,则树于当日之社会外。易言以明之,北方派之理想,在改作旧社会;南方派之理想,在创造新社会。然改作与创作,皆当日之社会之所不许也。南方之人,以长于思辨,而短于实行,故知实践之不可能,而即于其理想中,求其安慰之地,故有遁世无闷,嚣然自得以没齿者矣。若北方之人,则往往以坚忍之志,强毅之气,恃其改作之理想,以与当日之社会争;而社会之仇视之也,亦与其仇视南方学者无异,或有甚焉。故彼之视社会也,一时以为寇,一时以为亲,如此循环,而遂生欧穆亚(Hamour)之人生观。①

王国维这里指出了一个值得重视的历史问题,即儒家和道家分别意在"改作旧社会"和"创造新社会",从而都被现实社会所不容、"所不许"。南方派由于"长于思辨"而自"知实践之不可能",所以就在自己的"理想中,求其安慰之地";北方派则由于他们的"坚忍之志,强毅之气,恃其改作之理想,以与当日之社会争"。这是确有见地的精当之论。当代新儒家所极力强化的孟子"民贵君轻"有民主抗争思想等也正是这个意思。事实上也确实常有一部分入仕的儒者,如方孝孺、海瑞之类,在亲身躬行着儒家的这样一种理想。但也正由于他们的这种抗争精神,"而社会之仇视之也,亦与其仇视南方学者无异,或有甚焉"。儒道互补的道统与以法家为主要设计者的政统之间,确实有类似的矛盾。极而

---

① 王国维:《王国维文集》第一卷,北京:中国文史出版社,1997年,第31页。

言之,在传统社会中,真正代表秩序和自由、群体和个体的并不是儒家和道家,而是法家和道家。儒家正是在法家和道家之间走了一个真正的"中道",或可称为"中庸之道"。他们既有自己的社会理想,又不愿意像道家那样决绝,一隐了之,拒不合作;既要实现自己的理想,又要以入世的态度和行为来维护现行的社会秩序。儒家的这样一种行为方式或说为人处世的方式,必然会导致执政者对他们的矛盾态度:"一时以为寇,一时以为亲,如此循环。"两千年来,儒家不正是一直在和皇帝领导下的郡县型科层专制体制进行着这种老鼠戏猫的游戏吗?

问题在于,那六道轮回、兴衰更替的历史悲剧是如何得以上演的呢?关于这个问题的答案可能是极其复杂而多维的,就我们所讨论的范围而言,道家到底在其中起着什么样的作用呢?如果不进入具体的历史情景之中,而纯就理论形态而言,我们可以说,道家并不是一群蓄意造反的沉思谋国之人。同时我们也应该看到,不仅东汉末年的黄巾起义确实是直接发端于以道家为旨归的道教,而老子也确实有"君人南面之术"(《汉书·艺文志》)的思想维度。但我们同时还应该承认,老子的"君人南面之术"虽然通过黄老道家直接进入法家系统而起着具体的社会历史作用,孔子关于礼的规范秩序的思想,也是事实确凿地通过荀子进入了法家。正是在这样一个意义上,内圣外王之道中的外王理想,正是一个儒道互补结构所开发出来的法家思想。以历史事实而论,外王观念既不是儒家的理想(儒家从来不想当皇帝),也不是道家的理想,他们的小国寡民社区自治观念压根儿就是反对大一统庞大社会结构的。

吊诡的是,一旦儒道的外王理想进入现实层面,就都变成了法家思想,我们还能继续说它是儒道思想吗?学术界一再讨论的学术和政治之间的关系(比如徐复观和德国的韦伯,以及吴晗和费孝通等),在中国历史上,至少从韩愈甚至董仲舒开始就变成了中国式的道统和政统的关系,这种政统和道统的关系正是政治和学术的关系,在吴晗和费孝通那里,被称为"皇权和绅权"的关系。对于现实的中国历史过程来讲,我们都承认中国传统是政教一体化的传统,与欧美式的政教分离传统迥异其趣,这是另外的话。就我们所讨论的论题而言,我们关心的是,儒道两家在道统意义上是一个什么样的理论结构,以至于使得中国知识分子从来不曾像欧洲的同行那样,曾经把自己的话语权凌驾于政治权之上长达上千年之久。

就王国维所关注到的儒道两家思想而论,他还有进一步的申论。在《孔子

之学说·叙论》中,王国维说:

> 周末时之二大思潮,可分为南北二派。北派气局雄大,意志强健,不偏于理论而专为实行。南派反之,气象幽玄,理想高超,不涉于实践而专为思辨。是盖地理之影响使然也。今吾人欲求其例,则于楚人有老子,思辨之代表也;于鲁人有孔子,实践之代表也。孔子之思想,社会的也;老子之思想,非社会的也。老子离现实而论自然之大道,彼之"道"超于相对之域而绝对不变,虽存于客观,然无得而名之。老子以此"道"为宇宙一切万象之根本原理。故其思辨也,使一切之现象界皆为于相对的矛盾的之物而反转之……故孔子者北方之雄健之意志家也,老子者南方幽玄之理想家也。①

这里,王国维明确地把孔、老二人分别派定为"实践家"和"理想家"。就中国历史乃至文化而论,孔子当然是影响中华第一人,可如果立足于当代的社会分工和学术空间的扩张而言,我们又不得不承认,在一个科学昌明的时代,老子的"气象幽玄,理想高超"和作为"思辨之代表",孔子的"气局雄大,意志强健"和作为"实践之代表",在现代专业分工中的地位是不同的。"老子离现实而论自然之大道,彼之'道'超于相对之域而绝对不变,虽存于客观,然无得而名之。老子以此'道'为宇宙一切万象之根本原理。故其思辨也,使一切之现象界皆为于相对的矛盾的之物而反转之。"依照这一理解,以老子为代表的道家思想,当然也就是地道的哲学思想,因为它是"宇宙一切万象之根本原理"。

王国维的南北二派之分确实有事实上的根据。儒道两家的孔孟、老庄,确实分别生活于不同的南北地域之中,虽然就目前的版图来看,他们的生活区域实际上仍然可以说是广义的中原地区,但就当时的情况来看,孔孟所生活的鲁东南和老庄所生活的豫东皖北地区确实是一南一北,遥遥相对。

不知道王国维的思想是否受了《中庸》思想的影响,但《中庸》中借孔子之口所表述的确实也正是王国维的上述思想。《中庸·子路问强》篇云:

> 子路问强。子曰:"南方之强与,北方之强与,抑而强与?宽柔以教,不报无道,南方之强也。君子居之。衽金革,死而不厌,北方之强也。而强者居之。"

---

① 王国维:《王国维文集》第三卷,北京:中国文史出版社,1997年,第108页。

这里不管是"衽金革,死而不厌"的北方,还是"宽柔以教,不报无道"的南方,都被称为"强"。也就是说,在《中庸》的作者看来,理论和实践的关系是二强并立的关系。联系后来的历史发展情况来看,当英国人用坚船利炮打开中国的国门之时,确实可以说是一种"北方之强",然而从"五四"所提出的学习西方的科学和民主,乃至现如今时兴的自由、人权等意义来说,西方人似乎也可以说是一种"南方之强"。进一步,在科学和民主的背后,欧美其实还有一种文化因素,那就是与希腊对峙的希伯来文明要素的"强"。因为一个文明背后如果没有一种精神文化的支撑,就像"只识弯弓射大雕"的蒙元帝国那样,虽说他们曾经通过"衽金革,死而不厌"的勇猛使欧亚大陆震惊一时,却在人类历史的长河中如划破长空的流星,转瞬即逝。

如果说中国文化确实是一种落后于欧美的同类型文化的早期阶段,我们能做的一切也就是赶英超美式的追与学,如果说中国文化有不同于西方文明的深层优越成分,那它又是什么呢?已经有不少人在高呼中国文化将要拯救21世纪的人类了,我们不想加入这样一个游行队伍以壮其声威,我们所能做的最多只能是,通过我们的猜想性探索,来争取提纯到中国文化要素中某种不同于欧美的特点。这特点究竟是优点还是劣迹,那是一个价值判断的问题。价值判断是一件最为省力的事情,我们不想做那个萧伯纳笔下的公子斯蒂芬,除了在价值判断上会明辨是非之外,在科学、法律和艺术方面一无所能、一无所知。在中西文化的对比方面,我们也不想学习王国维或者是《中庸》作者的方法,把中西文化的不同简单归结为地理因素的不同,一"决"而了事,因为我们已经深刻地感受到,我们和欧美人已经是同处一个地球村的村民了。在地球村的意义上,我们的"地理环境"没有区别。

如果血缘和地缘都不能作为我们思考哲学问题的最后还原之地,我们剩下的唯一选择也就是一个传统的反思问题。

说到传统,当然也就是历史上存在过的各种各样的事实,但哲学传统并无法直接触及"事实",自然事实当然是交给科学家来处理,真正的历史事实也只能交给历史学家去探问乃至猜测。作为哲学,它所能够反思的主要是通过不同方式、不同渠道所幸存保留下来的被文字记载的"事实",这种事实可能接近于某种历史事实,也可能不仅不接近甚至相反。通过记载加工的人类思想,有可能遮蔽了事实的真相,或者说它本来就是言不达意的。虽说我们所面对的资料可能是假的——不管是符合与否的科学知识之假还是逻辑真值意义上的"假"——作为思想史的研究对象,我们却无法超越它。当我们不得不满足于我们的文字符号对象时,我们所面对的对象仍然可以是客观的。这里的客观,当然就是波普尔意义上的"世界3"或称之为"客观世界"。于是我们从学术史所提供的资料开始,来回答我们何以要提出这样一个学术问题。

(原载《焦作高等师范专科学校学报》2009年第1期)

关于阴阳观念的几点思考

当我们把阴阳观念作为一种思想方法时，它对中国文化的影响是无比巨大的。当我们把这种思想方法抽象为一种可以称为最简关系式的关系逻辑形式时，它的威力还将继续影响我们并会发扬光大。全面论证这一问题这里无法胜任，仅提出五点想法以就教于方家。

一、溯本追源话阴阳

"阴阳八卦""阴阳五行"，凡认识汉字的人，大都会对它们既感亲切又感陌生。战国时代的阴阳家们之所以能以此成名、以此取悦于诸侯，使其成为一时之显学，正是因为他们抓住了中国文化的基本特点，并进而做出了从政治到人事，上接天文、下喻万物的语言解释，形成了一个庞大的知识系统。

阴阳、五行、八卦，它们在孔老或老孔之前，原本属于不同的知识系统。五行是以金、木、水、火、土概括关联出万物的性状，八卦源于《周易》的卜筮系统，直到西周晚期即《易传·说卦》的出现方才以天、地、风、雷、水、火、山、泽来作为卦名乾、坤、巽、震、坎、离、艮、兑的指称物。五行和八卦两个系统中都有水与火，这正好说明它们是互不统属的。阴阳最初的意思是阳光的隐显关系，用来描述气，所谓阴阳二气。随着用来解释《易经》的《易传》的产生以及宗法血缘五服观和地缘五服观被人全面理解和接受，阴阳家就把这三个系统中的知识通过想象关联，组织在一个庞大的知识系统之中，以象比类，纵横解释。由于阴阳家的知识系统内在的逻辑理性不够，后来衰落失传，但它所提供的中国文化的背景性影响却从来都十分巨大。这就是人们对它既感亲切又感陌生的原因。

这三个知识系统都大量沉淀了早期人类的命运关怀和科学认知，它们组合的内在有机性和逻辑性当然都远远不够,但这些关怀和认知既然是人类永恒的命运问题,它当然也就总能以种种不同的方式流传下来并将继续以新的方式流传下去。

二、命运关怀的古老形态

命运关怀是一个古老的话题,也是一个常说常新的永恒性话题。就像一条河流,它虽随着地形地貌的不同显示出不同的河床和水流形态,但直到它进入大海,它一直会以自己的不同方式表现它的存在。命运关怀以轴心时代和当代为界分,可以划分为三种方式:被动求问,道德自律,价值追求。

所谓被动求问,是说随着人们的自我意识出现,他就意识到了人的渺小、被动和世界的巨大、主动,为了寻求抉择判断的可靠性,夏商周三代甚至更早的华夏古人类,就发明了种种卜筮方式和制度,出现了专业性的巫祝人士,他们可以用任何让人信赖的方式,发明出种种类似法器的象征物,并通过一定的程序向神灵求问,让神灵帮助自己作出决定或判断。流传下来的最后综合性法器大概要数六十四卦了。孔老特别是秦汉之后的象数派易学喜欢用从阴阳到八卦、从八卦到六十四卦的演绎模式来思考六十四卦,这实际上是用逻辑取代了历史。在历史的源头处,我们的祖先还不可能登上如此高大的理性山峰。古史中的"家为巫史"是说每家每户甚至每个人都在用自己的方式向命运之神求问,而紧接着出现的"重黎制度"实际上是一种卜筮制度的专业性垄断,正是这种专业性保证了巫文化的理性成长,为后来的轴心时代打下了理性的基础。诸子百家并不是从天上掉下来的!

真实的历史很可能是这样的:大陆性季风气候条件下的农耕民族,人们喜欢向方位神求问。因为人们大的行为决断,首先是一个行动方向的问题,即将付诸行动的事情是成功还是失败?是利还是害?是吉还是凶?是福还是祸?这即使在口语时代甚至更早的时代,都是先祖们可能有的直觉,这甚至也是动物的直觉,但动物不会求问神灵。《周易》卦爻辞多次出现"涉大川"三字,可能就含有方位神的意义,河川的走向如何?你在川的什么方位?我这次的渡河行动能不能达到预期的目的?这就需要向相对的方位神进行求问。在经历了一定的占筮程序向神灵求问后,他们可能通过最简差异的二者择一,得到一个他们相信的结果。他们通过原始的信仰达到了自信,有了信心,成功率提高了,这就是占筮术的功能,不管他通过什么样的程序结构,类似的境遇都可以用类似的方法得到回答,要么肯定,要么否定,结果只能是这样的二者择一。否定也是一种帮助,否定使他避免了一次凶险、一次祸害,这使他们的心灵得到了一定的逻辑性整合,即"与"(—)或"非"(- -)。

要么前进要么后退,要么向左要么向右,要么向上要么向下,这就是行为选择。空间是三维的,人的行动选择正是也只能是在这三维空间中的选择,选择的结果最多也就是六个,六个选择结果正好也就满足了人们在空间方位感上的所有要求。以人的身体为坐标,自然会出现上下前后左右的六种感觉性选择结果,三种行动方向,既不会多也不会少。于是,六画卦爻在先祖们的长期摸索之后,终于被整合为一个统一的通神性符箓,这符箓所指向的表面上看是神灵,实际上却是他的意向性。不管是阴阳卦符还是数字卦符(考古学发现了千例以上的数字卦符),它们都被人们恰当地看成一位至尊至贵、全知全能的统一大神。六方神在六画卦爻的符箓中被固定下来,这恰是人类逻辑理性的辉煌成就。这正是吴前衡先生在《〈传〉前易学》中所提出的假说。这一假说也得到了来自甲骨龟卜的证实。

东土受年,吉。南土受年,吉。西土受年,吉。北土受年,吉。(郭沫若:《殷契粹编》九〇七)

其自东来雨,其自西来雨,其自南来雨,其自北来雨。(郭沫若:《卜辞通纂》三七五)

夏商周三代人们多称邦国为"方",甲骨卜辞中有"鬼方""羌方""土方""虎方"之类的记录,也说明了这一点。清代顾祖禹在《读史方舆纪要》中指出,夏禹时代"执玉帛以与会"的文明方国有上万个,商汤时还有3000个,周武王时有1800个,平王东迁时还有1200个,春秋记载的文明大国14个,和小国加野鄙之国共146个,说明我们这个文明在源头上走的是滚雪球式的整合之路,这条文明之路像是横向摊大饼,越摊越大。若以中岳嵩山为圆心画半径为500公里的圆,你能很直观地发现我们这个民族地理分布的审美特征,她确实是有中心有边际的,不是胡乱地滚动。

所以,不管是《周易》还是失传的《连山》《归藏》,包括八千年以降出土的数字卦,都是六个一组。这正是庄子所说的"六合之内""六合之外"。有六合六方,就有六画卦,而六画卦的所指正是六方,"– –""—"符号正是二者择一的形象化表述,它表示一种选择性的矛盾关系。不需要二进制数学的概念,只要你按命运关怀的直觉将选择的结果不断地摆成黑白石子、长短筮草或任何可作最简区别的形象,你的遍历数就正好是 64 也只能是 64。这就是先民的命运关怀方式在形象化之后的必然结果,一种如此巨大且如此独特的文明形态,不可能没有自己的知识论基础,或者说不可能没有科学,不管这种科学的形态是什么样的。

这正是六十四卦的魅力所在。六十四卦是原生的,而不是由阴阳和八卦相重得来的,阴阳和八卦相重只是后来的理论升华,这种理论升华将历史的结果变成自己的逻辑起点,使其具有了更好的简洁性,如此而已。先民们既不懂"道生一,一生二,二生三,三生万物。万物负阴而抱阳,冲气以为和",也不懂"太极生两仪,两仪生四象,四象生八卦。八八六十四卦",他们只知道关怀自己的命运,这就是历史的真相。

三、天象物宜的生态认知

"六"是一个大数,这是没有问题的,在中国传统文化中尤其没有问题。空间的六方六合于人体,决定了它的确定性甚至神圣性。后来的《周礼》天地春夏秋冬六官一直延伸到后来的"三省六部制",最后被简化为"吏户礼兵刑工六部制"就是一个最重要的体制性的大证据,历代皇帝绝不仅仅是为了所谓的"六六大顺",它有更深广的思想背景。我们甚至可以说中华民族是一个崇拜"六"的民族,中华文化是一种"六的文化",因为"六"神奇地演绎出 64 这么一个"天数",一个不仅关乎空间而且关乎时间的神秘之数。

我们知道,地球绕太阳公转一周为一年,一年的时间长度是 365 天 5 小时 48 分 46 秒,元代科学家郭守敬早于罗马教皇格里高利 301 年把这个数字精确到365.2425天,这一成就现在仍赫然摆在嵩山脚下的登封告成,它就是现被当作旅游景点的观星台。我们把这个时间数称为太阳历每年的天数,可是中国传统的综合性思想方法从来不单取太阳历,而是一定要加上另一显眼天体月亮所标识出来的太阴历。太阴历中的朔望月每月的天数是29天12小时44分3秒,约等于29.5天!中国人很早就精确测定了这一时间长度并将它应用在我们的农历之中,农历是太阳历和太阴历的综合,现在仍附在所有的公历系统中。《周髀算经·日月历法》中出现了383又940分之847这个数据,折算下来是383.9,约等于384。这个数据不正好就是六十四卦的爻数吗? 6×64=384。太阳历舍弃了月相,将一年分为12个整月,我们的先祖为了把月相整合进来,农历自古就是置闰的,所以,《周易·系辞》中有"五年再闰"之说,后来,这个数据精确到19年7闰。于是我们惊奇地发现,闰年13个月的总天数正是384这个爻数,而闰年的整数循环周期数19加上太阳历的正整数365也恰好是384这个爻数。时空在这里如此神奇地关联起来,这确实是有些神秘的,因为科学只能描述它而绝不可能有效地解释它。一切能满足终极信仰的话语解释最终都是神秘的,各种宗教皆然。正缘于此,中国人也就没有宗教,它以神秘数字的知识确定性来满足人们的终极关怀,却同时利用这一组数据满足农耕民族的初级关怀和基本关怀。这不仅可以解释先秦阴阳家何以能成显学而盛极一时,而且能够解释它的替代形式,即董仲舒"人副天数"的宇宙图式说。在此基础上,关于《周易》的种种象数解和义理解,也都不免带上神秘色彩。道家在宋明理学中被哲理性地整合后,一方面出现了阳明心学的道家化分化,一方面把原始的各种方术留在了道教这样一个文化收容所中,所以才会有上世纪文化大家鲁迅的中国文化的"根柢全在道教"说和陈寅恪"道教之真精神"的说法,因为道家被佛教逼得不得不采取宗教形式之后,他们真正关心的仍然不是宗教而是文化,而这种文化的根基竟有五千年之久之深厚。新文化运动以来,知识界精英以孔老或老孔为界把五千年一刀截断为二,但二十年以来的新道家却试图用"科学易"的新方法重新继此绝学,也就不足为怪了。这可以说是一种阴阳互补吧!

阴阳观念不仅进入八卦系统,也进入五行系统。阴阳观念进入五行系统,可以说是对老庄道家"万物"观念的新诠释,这可以理解为万物归类范式的思想方法革命。天有五星,地即应有五行,人有五官、五指,也就希望将万物一律归类为"五",于是,就有几乎是无数多的关于"五"的分类,比如儒家的"五伦关系",仁义礼智信"五常"等也掺和进来。如果有兴趣的话,你可以在一个圆周内五角星的交点上,置入水→木→火→土→金,并沿着圆周做无限循环,这叫作"比相生"关系,而沿着五角星方向形成水克火、火克金、金克木、木克土、土克水的关系,这叫"间相胜"。相生与相胜关系也就是五行的内在阴阳关联性,每一"行"都可以通过相生与相胜两种关系和另外四"行"关联起来,这就是五行数的内在逻辑,即把一切都以象比类地关联起来的相像关联逻辑。这种美学性质的关联当然还不曾得到欧美科学的承认,但中医是有效的、有用的,也就是说,五行理论在中医的阴阳辨证中显现出了它无可争辩的功能性,有确定功能的事物一定有它的内在结构,科学早晚会对它作出适当的解释,这一点是可以确信的。其他如人格类型的,京剧脸谱分为生旦净末丑等,许多审美性的想象关联虽然看起来很荒唐,却不乏启人心智的价值。

农业生产随四季作出安排,农作物和各种植物也随季节有规律地循环,人的作息时间也就不得不顺应这种自然的节奏。我们常挂在嘴上的"天人合一"实际上不过是阴阳互补的一种特殊形式而已,互补思维永远是功能性的。我们的文化从来都随着自然的节奏律动,这是最大也是最基本的生态环境意识。因为正如刘明武先生所说:"天文学是天下第一学,历法是天下第一法。"在农耕时代,掌握了天文和历法也就获得了最广泛意义上的生态自由,实现了天下秩序和生态自由的最高层次平衡性互补。这就是我们文化的最大特色,甚至是所谓"超稳定系统结构说"(金观涛)的一个最基本诠释。

四、思想方法的整合特点

与欧美因果追问的形式逻辑思想方法不同,中国人的思想方法特点是阴阳互补的综合,综合不仅表现为一种对环境刺激的反应,表现为一种统揽全局的整合能力,而且还表现为在极其复杂的情况下,善于通过直觉一下子抓住问题的关键,即抓住主要矛盾的主要方面从而迅速解决棘手问题的思想方法。这种思想方法的来源,可以说正是阴阳互补的观念。根据吴前衡先生的研究,如果说《易经》出自西周早期的史官之手,以《易传·说卦》的出现为标志,重卦说则出现于西周晚期。因为对《左传》《国语》中 20 多个筮案的逻辑分析能明确地证实这一点。把重卦说套上阴阳外衣的正是《老子》的"负阴而抱阳"和孔子的"《易》之义唯阴与阳"(《帛书·易之义》),然后才有了《文言》和《系辞》的理论总结。吴先生将这种思想方法称为"最简关系式",与欧美人尊崇为金科玉律的

"同一律"相对应。同一律的逻辑符号表述是"A=A",最简关系式的逻辑符号表述是"– –/—"。陈炎先生也早就论证过因果思维和阴阳思维的对立互补。同一律纵深穿接进来就是因果决定论,最简关系式横向关联起来就是对偶两分——阴阳互补类型的想象关联。

  对偶两分和与之相关联的想象关联的思想方法的最大成就是汉字的构字方式。甲骨文基本上全是象形字,周宣王命"籀史"作"籀变"后的字就成了以笔画为基础的形声字。形旁表义,声旁标声,这大不同于印欧语系的拼音字符串。字符串不能指向任何物体,只有定义后才能描述物体并从而获得相应的意义系统。形声字却不同,它先天地指向原初的同形同类之物,从而获得先天的意象性功能。这一文化载体之所以能以这种方式获得,全是因为有了阴阳互补的最简关系式。而这一切不仅来自于人体上下前后左右的对称性,它还得到了天文历法的数据支撑,来源于人分男女、数分奇偶等。《老子》的"有无相生,难易相成,长短相形,高下相倾,音声相和,前后相随"等数十对范畴,孔子以君臣、父子、夫妇为基础的"仁"学结构以及与之相关联的"中庸"之道,都和这种思想方法若合符契,并大大扩张解释了这一思想空间。这一思想空间又为战国的诸子百家准备了所有前提条件,也铸就了两千多年大一统的天下制度体系的思想基础。中国人总是在"和而不同"中把对方和自己关联起来,就得益于"一阴一阳之谓道"(《易传·系辞》)的思想方法。"一阴一阳"是我们的思想方法,"道"是我们民族的形而上的世界观,二者共同构成了我们民族强大且久盛不衰的精神脊梁。

五、说不完道不尽的阴与阳

  既然阴阳观念如此重要,它当然就是永远说不完、道不尽的。我们正是在前人文化的基础上进行不断的解释,才得以成为我们今天的这个样子。当中国人说"我这……"这种句式的时候,他是一种知行合一的"此在",是一种做人做事的境界,从而也就不同于海德格尔式的Dasine,这就是我们之所以不可能说完道尽的阴阳的生活生命方式,我们的内在情感,我们的中国心。我们无法完全按"A=A"的方法而只能按"– –/—"的方法思考,这就是我们之所以为我们的基本特征。

　　大约一千年前,邵雍将阴阳卦爻无意中排序成了二进制数学的模样,六百年后,莱布尼茨在欧洲传教士手中发现了它,于是才有了二进制数学。这就是不同文化所造成的"前理解"(伽德默尔)不同。

　　二进制到了今天,不仅成就了电脑和网络,而且成就了一个信息时代。上世纪与爱因斯坦比肩的哥本哈根学派领袖玻尔发现了邵雍的太极图,就用它作为自己爵士勋章的图案,以此纪念他们发现的基本粒子波粒二象性的"互补原理"。这一原理大大改变了欧美人的思想方法和世界观,这就是"科学易"起步的科学性前提条件。

　　根据马佩先生的辩证逻辑研究,辩证逻辑并不违背形式逻辑,也就是说,"--/—"并不违背"A=A",阴阳互补观只是因果决定论的现实扩张形式,这种形式将会把我们文化的大饼继续摊下去,能因果决定性地确定下来更好,不能确定也没有关系,聚散成毁、分化组合、喜怒哀乐、生死轮回等一系列人无法更改的自然、社会、心理现象,它们本来就是这样的。我们无法改变世界,却能在世界的阴阳隐显中生活并不得不继续生活下去。

(原载《寻根》2009年第8期)

易学最简关系式与希望哲学[①]
——"前衡猜想":6×64 的原生性

谨以此文献给英年早逝的吴前衡先生。

——作者题记

易在代道立象,易道是境遇中与时俱进之情境串环,境遇是一系列生活问题,不易、简易、交易、变易是用来解决生活问题的种种变通和决断。易道历史展开,人类共生需要权力,权力要求秩序,权利需要自由,二者互补统一。本文试图对传统易学进行一次全新的解读,旨在确立易学最简关系式——阴/阳(- -/—)——作为一种思想方法所蕴含着的模塑中华文化形态的重大意义。

一、《周易》版本新诠

(一)传统《易》学及其误区

不管秦始皇"焚书坑儒"的规模多大、波及多深,法家"尊后王""一断于法""以吏为师"等学派特质,决定他们对传统典籍的轻视却是毋庸置疑的。但据《汉书·艺文志》,《易》书竟然得以幸免于"秦火",即所谓:

> 及秦燔书,而《易》为筮卜之事,传者不绝。

这说明在法家现实主义者的眼中,《周易》虽不是"以法为教"的内容,但也绝不源于儒家"法先王"的典籍,它无害于政治稳定且可满足民众精神生活。

司马迁从儒道互补和道家哲学高度,"厥协六经异传,整齐百家杂语","正《易传》,继《春秋》"(《史记·太史公自序》),把《易传》抬到了前所未有的高

[①] 本文系国家社科基金项目"秩序与自由:儒道功能互补的历史形态及其当代向度"(08BZX041)的阶段成果。

度。于是,两千年来的易学史即以"伏羲作卦""文王重卦作卦爻辞""孔子序《易传》"的"圣人作易"谱系,相信所谓"人更三圣,世历三古",从而使《易传》而非《易经》,成为影响文化形态最大的基本信念。孔颖达之后即有人对"圣人作《易》"提出过疑问,但迄至"五四"顾颉刚、余永梁证据确凿地提出"《周易》卦爻辞非文王所作"[1],易学界对"圣人作《易》"的总体学术倾向却至今仍然没有发生大的、根本性的改变。

朱伯崑先生指出:"从汉朝开始,由于儒家经学的确立和发展,《周易》列为五经之首,人们对它的研究,成了一种专门的学问,即易学。"《易》作为专门学问得以成立,"从汉代以来,无论是义理派还是象数派,其解易都是经传不分,以传解经,并且将经文部分逐渐哲理化"。传统《易》学一直以来,是一条"以传解经"的思想路线且逐渐哲理化,这应该是不错的。但汉代以前呢?朱先生补充说:"易学有自己的历史,如果从春秋时期的易说算起,已经有两千多年。"[2]汉代以后是"易学",此前只有"易说",这是朱先生给出的说法。但易学和易说是什么关系,朱先生没有说,学术界也没有人对这一重大问题作出认真的回应和对待。廖名春等认为:"这里所说的'易说',指除《易传》外散见于先秦各书和各种出土材料上的关于《周易》的说解。这些说解主要集中在先秦史书和诸子著作中。"[3]这种说法显然也不清不楚。董光璧退一步说:"虽然关于《周易》的研究在宋代才称为'易学',实质上自《易传》起,'易学'就已存在。"[4]这似乎是把"易学"的名分后推了一千多年,但仍然没有涉及真正的《易》文本,即《易传》《易经》和上千例出土数字卦的关系问题,更没有涉及传统易学"象数"和"义理"间这一重大的学术问题。

(二)传统易学的儒道互补品格

对此,余敦康先生有很好的说解,他说:"王弼的《周易略例》是一部划时代的著作,易学史上义理派与象数派的明显的分野就是以这部著作的出现为标志

---

[1] 参见顾颉刚:《周易卦爻辞中的故事》、余永梁:《商周变革与〈易经〉卦爻辞的形成》二文的有关论证,均载于《古史辨》第三册,上海:上海古籍出版社,1982年,第1—44页、第143—170页。
[2] 朱伯崑:《易学哲学史》第二卷,北京:华夏出版社,1995年,第1、425、1页。
[3] 廖名春等著:《周易研究史》,长沙:湖南人民出版社,1991年,第33页。
[4] 董光璧:《易学科学史纲》,武汉:武汉出版社,1992年,第3页。

的。"①对于《经》和《传》的关系,余先生的见解非常精彩,他说:"表面上看来,在《周易》的结构形式中,传是解经之作,依附于经而存在,应该是经为主体而传为从属;但是就思想实质以及所体现的文化意义而言,经却是依附于传而存在的,正好颠倒过来,传为主体而经为从属。自从《易传》按照以传解经、牵经合传的原则对《易经》进行了全面解释之后,《易经》原来所具有的那种宗教巫术的思想内容和文化意义便完全改变了,其卦爻符号和卦爻辞只是作为一种思想资料依附于传而存在,被《易传》创造性地转化成为具有人文理性特征的思想内容和文化意义。"②余先生认定《易传》为儒道互补之作,蕴涵着中国思想传统所特有的世界观,他说:"论证《易传》围绕着'一阴一阳之谓道'所展开的思想体系,是自然主义与人文主义的结合。就其思想渊源而言,它的自然主义的思想是继承了道家,人文主义的思想是继承了儒家,因而总体上体现了儒道互补的特征。"③就《易》文本的解释学意义上说,后人"牵经合传"是因为《易经》的"宗教巫术的思想"既不合于道家的自然主义,也不合于儒家的人文主义。所以,文本解释学无穷后退的情况发生了,解经的《传》反客为主,成了主体,《经》隐身在对它的解释之中,这是后人有意识遮蔽经义的解释学需要。解释者被再解释,文本一步步改变了它的原初内涵。

儒道两家的学派争讼都是从孔、老所处的春秋晚期发生的,此时只有《易经》而没有完整意义上的《易传》。准确地说,《易传》的发生刚刚真正开始,因为孔子和老子正是《易经》向《易传》创造性转换的关键性人物。也就是说,儒道两家都是在《易经》向《易传》的创造性转换过程中,同步发生并双向展开的,如果儒道两家根源于《易经》的宗教巫术并在此土壤中萌生发展,宗教巫术也就是儒道互补的思想渊源。所以从源头处查清儒道互补的发生学问题,就需要追问《易经》的来龙去脉,这既是历史学问题,也是民族文化甚至涉及文明形态的重大学术问题。如果《易经》确曾为儒道两家提供了思想方法,《易》文本特别是《易经》卦画的发生学问题,在当今这个以文明对话/冲突为主调的时代,就涉

---

① 余敦康:《内圣外王的贯通》,北京:学林出版社,1997年,第490页。
② 余敦康:《〈周易〉的思想精髓与价值思想——一个儒道互补的新型的世界观》,《道家文化研究》第一辑,北京:生活·读书·新知三联书店,1992年,引文见第122—123页。
③ 余敦康:《〈周易〉的思想精髓与价值思想——一个儒道互补的新型的世界观》,《道家文化研究》第一辑,北京:生活·读书·新知三联书店,1992年,引文见第122页的"内容提要"。

及一个十分重要的中、西方文化在思想方法上的比较学问题,而思想方法的变革往往就是解释学叙事结构的根本改变。①

这样,"圣人作《易》"的传统易学解释是否为真,易学的文本发生学究竟如何,就成了不得不面对的带有根本性质的学术问题。因为,它不仅是思想传统的问题,更是现代化进程中的中国需要文化"寻根"的现代性问题。

二、"前衡猜想":逻辑与历史相统一的《易》文本

吴前衡先生在其遗著《〈传〉前易学》中,提出了这样一个理论假设,如果张政烺的《易》画阴阳与出土数字卦奇偶相通约论证不错,六十四卦的卦画就不是"两仪生四象,四象生八卦"之类的传统易学逻辑演算的结果,而是整个易学的前提。也就是说,六十四卦的出现是最早的、原生性的。这样,六十四卦作为巫源性的法器符号,就既是科学的又是信仰的。它提供的阴/阳最简关系式作为一种思想方法,既能满足人们的命运关怀,作为关系性形式系统,又可以为作为现代物理学基础的物质世界的波粒二象性提供一种思想范式,走出西方人对形式逻辑的迷信。阴/阳作为思想方法,- -/— 符号严格区别于逻辑重言式 A = A 的因果追问方式,自成关系性、系统性的形而上学。

(一)什么是"前衡猜想"?

我所谓的"前衡猜想",是根据吴前衡先生近八十万字的遗著《〈传〉前易学》②,根据卡西尔符号学、伽德默尔解释学、波普尔的"世界3"及其科学发现的逻辑、来自科学家的"问题→猜想→反驳→问题2→……"如此循环等理论,对

---

① 参见陈炎:《阴阳:中国传统的思维结构》(《孔子研究》1996 年第 4 期);《〈易经〉:作为儒、道两家美学思想萌芽的卜筮观念》(《复旦学报》2004 年第 6 期);《〈易经〉的世界观和方法论》(《中国文化研究》1994 年夏之卷);《卜筮与哲学》(《中文自学指导》2003 年第 5 期)等论文中的论述。

② 吴前衡(1945—2003)生前所著《〈传〉前易学》一书,根据武汉大学胡治洪教授推荐、唐明邦先生作《序》,已经由湖北人民出版社于 2008 年出版。这是一本极有原创性的著作,本文有关易学方面的许多论述都得益于此书,对我所谓的"前衡猜想"论之甚详,逻辑严谨,运用资料特别是反证性易学资料相当充分。由于是吴先生的遗著,有些理念性的表述前后略有重复且存在一些技术处理上的问题,故下引此书恕不详注。

以《周易》为最后符号集成的易学起源问题所作的独创性研究。"前衡猜想"可作如下表述:

>吴前衡先生以"为什么出土千例数字卦多为六个一组"为问题意识,猜想易象六十四卦之原生性何以可能的推理过程:每个人都有一个空间性的身体,以身体为坐标进行最简差异式二者择一的六次空间定位性选择,必得六十四卦的符号系统,即 $\left(\frac{1}{2}\right)^6=\frac{1}{64}$。

在吴先生看来,自从张政烺《试释周初青铜器铭文中的易卦》于1980年的《考古学报》发表以来,面对上千例基本上全是六个一组的数字卦考古实物存在,易学界囿于几千年的传统易学成见,除韩仲民外,几乎是一片漠视不理的态度,没有任何人给出过任何理论上的说明。所以至今为止,"伏羲作卦、文王重卦作卦爻辞、孔子序《易传》"的"圣人作《易》"说,仍是易学界的潜在预设。这种易学的文本发生学的误区,可以用这样一个公式来表述:"阴阳→八卦→六十四卦",它是由简单到复杂的逻辑集成,正好也就是圣人作《易》的历史过程;用二进制数学形式表述,即"$2→2^3→2^6$"的升幂历史过程。

简单的常识是:圣人也是人,人生下来的第一声啼哭,不可能是一首好诗。这种从简单出发,逻辑地构造出复杂系统即从抽象到具象的情况怎么可能历史性地具体发生呢?如果有如此精彩的文明源头,哪来的文明初期的"宗教巫术"?最早的数字卦是江苏海安青墩遗址出土的铭刻在鹿骨上的八组数字卦,其碳测年代距今5300—4400年,比甲骨文的出现至少早一千年,既然在没有文字的情况下人们已经大量运用了数字卦符号的形式来表达自己的命运关怀,那个年代人们的主导性意识形态就只能是卜筮性的巫术。怎么对这种卜筮巫源性进行解释呢?这种"巫源性解释"后来又是怎么样转化为"自源性解释"的呢?[1]

(二)神灵崇拜:命运关怀的古老形态

占卜的本体是宗教巫术,巫术的本体是先民对命运神灵的崇拜。所以,在

---

[1] 吴前衡先生关于"巫源性解释"和"自源性解释"的大意是:巫源性解释仰赖于巫史背后的神灵,需要通过一整套仪式才能完成占筮过程;自源性解释即专业史官根据卦爻辞的文字符号所透显出来的汉字信息,给当事人某种不需要复杂仪式的直接解释。由于是人对自身所创造的文字进行解释,故称自源。简单地说,文化形态的根据是人还是神,不仅是个易学起源的发生学问题,也是中西文化传统的根本区别问题。

吴先生看来,占筮易学的出发点只能是先民的命运关怀。据此,他给出了这样一个公式:

占筮易=命运崇拜+筮仪+筮法+《易》文本+占断解释①

他对占筮易学所需要的这五个要素及过程进行了一一展开和证明。对命运崇拜,他说:"人总是面向未来生活,但'未来'的生存状况,'现在'从来都不够明朗。人明确地知道有'未来',但不知道'未来'怎么样,世界的变幻莫测和人对生活的价值期望,反反复复在'未来'上面闪烁交织,把人紧紧地缠绕,人永远无法摆脱。而且,情况随时都在变化更新,人们面向未来生存,就得随时随地谋划'未来',为'未来'烦劳和烦恼。这就是人作为人的现实生活,是生活本身不可脱离的主题。只是在不同的历史时期,这个主题活跃在不同的旋律里。"②"初民告别了原始的蒙昧,即开始了命运的苏醒,急切地关怀自己的命运。这是文化的重要进步,命运关怀的表现为,对某物某事之后果的计较和思虑,计较和思虑的中心点是命运的好坏。去狩猎,是多获还是少获?迁徙涉川,是有险还是无险?去作战,是俘还是被俘?去作田,是好年还是凶年?如此等等,都是对命运苏醒的关怀。命运的苏醒,意味着人对自己的未来有了意识,意识到了未来的捉摸不定,意识到这种捉摸不定直接关联着自己的命运,意识到置身于变幻莫测的世界中命运的飘忽不定;于是就产生了对命运有所谋划的要求,以求在变幻的世界中能够趋吉避凶,获得美好的命运。"③

但是,有这种命运关怀是一回事儿,怎样进行命运谋划或通过什么样的占筮或龟卜方法来了解和把握命运是另外一回事儿。结合早期数字卦基本上全是六个一组的考古学依据,吴先生给出的猜想("理论假设")是:向方位神求问,有六"方"必先有六次"二者择一"的求问。经长期积累,"方位神灵不再是崇拜的对象,但方位神灵崇拜时的标志物,'六个一组的二者择一的选择标记'却作为传统保留下来,因为它拥有通达神灵而安抚命运的价值,各个方向的神灵崇拜整合为统一的崇拜"。"神灵对象变了,但通神之法却仍然是有用的,人神交通的观念仍是牢固的,它就是当时之人所掌握的文化。这时,'六个一组的

---

① 请参吴前衡:《〈传〉前易学》,武汉:湖北人民出版社,2008 年,第 122 页。
② 《〈传〉前易学》,第 129 页。
③ 《〈传〉前易学》,第 122 页。

二者择一的选择标记',不再是六位神灵分别指示的逐步汇集,而直接就是一个整体,成为统一神表达意志的固定模式。这时,'六个一组的二者择一'标记图形,已经不再是每次祈祷的临时摆弄,它直接就是现成的整体,即作为整体的六十四卦图形。这图形可以采取实物的形式,也可用符号表达,作为人造的崇敬物。""至此,六十四卦正式地登上了历史舞台。易学的源头就在这里。"①

这样,"64"就具有了原生性,六位一组的上千例数字卦而不是"八卦"和"阴阳",才是易学的真正源头。通过这一直面问题的"猜想",吴氏给出了一个可供"反驳"的说法。圣人作《易》的公式就由逻辑和历史的反演方式成了这样一个分解式:六十四卦→八卦→阴阳,即 $2^6 \rightarrow 2^3 \rightarrow 2$。这是一个降幂的过程而不是一个升幂的过程,这才是真正的历史真实,不需要文字,不需要逻辑,甚至也不需要数字,至少不需要数字的计算,用黑白石子或长短粗细的草棍也都行,用任意两种具有最简差异的物体或符号,都能满足初民的命运关怀和求问。《国语·楚语下》中观射父从"家为巫史"到"重"和"黎""绝地天通"的解释,在这里成了专业性分工和占筮的垄断,这在《仪礼》中大量出现的"筮者"和"卦者"都是两个人联合进行的占筮过程也可以得到进一步的证明。这就是我们的巫史传统,它实际上是一种类似专业分工性的历史过程的证据。甲骨文中关于人体坐标和"方"以及后来的"六合""六方",关于吉凶"二者择一"和"正反对贞"的关键证据都很丰富,这一系列的证据正是我们所谓"前衡猜想"的关于"易学起源的基因鉴定"②。于是乎,绝大多数连文字都没有的六个一组的数字卦考古事实于此得到说明,逻辑和历史在前衡猜想中得到了科学性很强的空前统一。占筮之前进行的隆重"筮仪",亦通过"64"获得神圣性。

(三)易学三阶段和三个《易》文本

这样,传统易学的义理派和象数派,就都可以归之于《传》"后"易学即易学第三阶段,没有文字的数字卦阶段是"《经》前易学"③即易学第一阶段,处于此两者之间的是"西周时代的易学"即易学第二阶段。④ 在该书第二章的第八节和第九节,吴先生对"筮书《周易》文本"和"筮书《周易》的卦爻辞"分别进行了

---

① 《〈传〉前易学》,第 144 页。
② 参见《〈传〉前易学》,第 144—148 页。
③ 参见《〈传〉前易学》,第 148—159 页。
④ 参见《〈传〉前易学》,第 160—177 页。

易学最简关系式与希望哲学

大量的考证。① 恕不一一阐述。

没有文字的数字卦或卦画→有了卦爻辞但没有"卦德"(八卦取象)和"爻称"(九、六及初、二、三、四、五、上)的《易经》→经传合一的传世本传统易学,这就是对应于易学发生三阶段的三个《易》文本:

1.西周早期以前没有卦爻辞串入的数字卦或卦符号文本。

2.西周早期有了卦爻辞而没有《易传》的《周易》文本。

3.经春秋战国到汉武帝之后形成的《经》《传》合一且日益"牵经合传"哲理化解释的传世《易》文本。

可见,我们所谓的"前衡猜想"是个波普尔式的真问题猜想,这个猜想从远古洪荒中走来,在《传》前易学中由于初民的命运关怀在"未来"反复闪现,把无数次生命经验向符号文化学的汇聚,经历了漫长的历史过程。传统易学的"象"与"数",既像个通向命运神灵的法器,又因其系统严整从未消失并将永远存在。对于这一原生性的六十四卦符号的理解,牵涉当代数理逻辑和科学革命的诸多问题,传统易学无法发现它的原生性,一直以为它是逻辑展开而非历史派生的,把由繁到简的分解降幂抽象过程颠倒为由简到繁,从逻辑前提出发的组合升幂具象化过程。

由此可见,把具有整体性六十四卦符号作为"统一神"象征的身份,从而复合了大量的初民神圣奥秘,便是易学的发生学。卦爻辞的"串"入本来是要解释卦画而编纂进来的历史故事和古歌②,而一旦巫史专家们将卦爻辞像羊肉串一样穿在卦画符号上,意想不到的后果就必然发生:其一是解释者被解释,而卦符号本来所要呈现的命运神灵的开放性和希望品格却被卦爻辞的文字解释所限制;其二,占筮过程中严整的唯一确定性形式系统品格,在人们对卦爻辞的再解释过程中,不可避免地被忽略或过滤掉了。

吴前衡先生以自述性的口吻说:"我是在高亨先生'《周易》古经,殆无爻称'的启发下,为回答'无爻称如何变卦'之问题,才发现了'《A》之《B》'具有唯一定爻功能的。后来在排比揲蓍过程时,又发现了'六、七、八、九'的概率分布。这个概率分布对'《A》之《B》'的唯一性提供了确凿不疑的概率支持,使成卦之

---

① 参见《〈传〉前易学》,第 177—216 页。
② 参见黄玉顺:《易经古歌考释》,成都:巴蜀书社,1995 年。

法成为变卦之法可靠的概率背景。两者的结合,使筮法成为'离散条件下高概率地实现其唯一性'的形式系统。至此,我的灵魂被深深地震撼,在公元前一千年的古代,我们的祖先居然实现了如此辉煌的形式系统,不能不是古代世界的奇迹,不能不令人叹为观止。我曾反复检视所做的工作,看看什么地方出了差错,结果是没有。"他说:"在讨论《易传》发生时,我看到一幅像思维节节胜利而筮法被层层剥蚀的历史画卷,既为哲理易学降生中华而额手称庆,又为形式理性系统做了占筮的殉葬品而从此一蹶不振,感到无限惋惜。中国逻辑和数学的发展,和中国文明古国和文明大国的地位不相匹配,这可能是一个重要原因,在中国理性文化奠立的过程中,形式系统被当作巫学糟粕殉葬了。"①这里的关键词有三个:确定性、唯一性和概率性。这就涉及《周易》的筮法问题。由于这个问题涉及的资料相当复杂,我们当另文进行阐释。只要我们明白命运关怀确实是人类不得不面对的关乎"未来"的无解的问题,尽可能对民间此类行为采取宽容态度,学术上的考察是可以在历史的发展中逐步展开的。

三、科学、命运与开放神学

(一)科学信仰与信仰科学

就易符号是一个严格的二进制数理逻辑系统的意义上说,它所能包含的科学思想似乎可以是无量的,正如维特根斯坦所谓"逻辑形式是无限的"②。所以,科学易的出现也就绝不意外。这问题我们手头上能看到的,譬如:美国科学家卡普拉著、灌耕编译的《现代物理学与东方神秘主义》(四川人民出版社1983年版),董光璧的《当代新道家》(华夏出版社1991年版)以及1989年在安阳召开的"《周易》与现代自然科学"研讨会论文集(李树菁、段长山、徐道一主编,中国社会科学出版社1990年版)等,由于牵涉问题过多,这里不予引述。

开放神学是一个新提法。金岳霖对"阴阳"二字颇有问题的感慨③无非说

---

① 《〈传〉前易学》,第167—168页。
② 维特根斯坦著,贺绍甲译:《逻辑哲学论》,北京:商务印书馆,1996年,第54页。
③ 金岳霖说:"阴阳二字颇有问题,中国哲学里常用此两字,意义非常之外;至少我自己弄不清楚。"《论道》,北京:商务印书馆,1987年,第38页。

明,由于阴阳二字的含糊性似乎可以装入一切内容却又事实上无法确定地说清楚任何内容。但科学前沿的事实证明:人靠了自己的理性通过各种符号,对世界已经有了惊人的发现和在科学发现基础上的技术性利用,但基本粒子乃至整个的物质世界的波粒二象性,确实迫使 N.玻尔提出了他的"互补原理"。互补原理是一种功能性的解释,简单说来,这种功能性的解释是非逻辑的,它的本质是反"A=A"这一西方式因果追问思想方法的。

爱因斯坦在《科学的宗教精神》一文中曾说:科学家总是"一心一意相信普遍的因果关系"。所以,他在《宗教和科学》中说:"我认为宇宙宗教感情是科学研究的最强有力、最高尚的动机。只有那些作了巨大努力,尤其是表现出热忱献身——要是没有这种热忱,就不能在理论科学的开辟性工作中取得成就——的人,才会理解这样一种感情的力量,唯有这种力量才能作出那种确实是远离直接现实生活的工作。为了清理出天体力学的原理,开普勒和牛顿花费了多年寂寞的劳动,他们对宇宙合理性——而它只不过是那个显示在这世界上的理性的一点微弱反映——的信念该是多么深挚,他们要了解它的愿望又该是多么热切!……只有献身于同样目的的人,才能深切地体会到究竟是什么在鼓舞着这些人,并且给他们以力量,使他们不顾无尽的挫折而坚定不移地忠诚于他们的志向。给人以这种力量的,就是宇宙宗教感情。有一位当代的人说得不错,他说,在我们这个唯物论的时代,只有严肃的科学工作者才是深信宗教的人。"[①]

依西方人的思想方法,人对哲学的思考来自对世界的好奇,正是这种对世界的好奇推动着人们对世界的认识以及与之相关的知识的积累,而知识的积累又推动着社会的进步,虽然这并不排除有许多知识来自生产、生活实践。"人们总想以最适当的方式来画出一幅简化的和易领悟的世界图像;于是他就试图用他的这种世界体系来代替经验的世界,并来征服它。这就是画家、诗人、思辨哲学家和自然科学家所做的。他们都按自己的方式去做。各人都把世界体系及其构成作为他的感情生活的支点,以便由此找到他在个人经验的狭小范围里所

[①] 《爱因斯坦文集》第一卷,北京:商务印书馆,1976 年,第 283、282 页。

不能找到的宁静和安定。"①

《易》符号如果确实是从六十四卦开始,且如果这种"人体坐标""二者择一"的前衡猜想经得住科学的反驳被认定为真理,占筮作为初民命运关怀中宗教情感的满足方式就应该被认定为是一个值得信任的历史事实。所有的生命经验告诉我们:命运往往就是些客观外在的、人们无法改变却又满意或者并不满意的条件。但在知识论上,人们把握命运的渴望总是如此地强烈,以至于如果没有一神的教堂,便肯定会饥不择食甚至是慌乱地走向任何能满足这种精神需求的种种地方和满足方式——正像中国道教和形形色色的民间信仰一样。在所有这一切的民间信仰中,对《易经》的信仰既十分古老又十分强大而稳定。这种颇具泛神色彩的中国民间信仰,我们不妨将其称为开放神学。

是的,儒家信仰的是人伦日用的"家"以及与之相关的祖先崇拜,所以,不管是后来的"道士"还是佛教的"和尚",都称自己是"出家人"。事实上也只有出家人,才称得上是真正的相对于占主流地位的儒家"关系人"的"个体人"。作为儒道两家的理论起点,"关系人/个体人"与"阴/阳"或"- -/—"符号一样,都遵循"关系"乃至于系统性的整全思想方法。这种思想方法的重大特征在于认为人人具有神圣性,从而重视人与人之间的横向超越性联系,即不诉诸神灵而直接"爱人"这样一种社会性道德。

开放神学是希望哲学的另一种表述方式。由于人生在世的自我的有限性和世界的无限性之间有着巨大的、人的心灵难以承受的张力,对于任一个体人而言,神圣,不管是"上帝"的神圣还是孟子式"圣而不可知之之谓神"(《孟子·尽心下》)的神圣,都可以在有限人生与无限的世界之间,为人类提供缓解张力的精神滋养。

既然中国的圣贤——不管是孔孟还是老庄——承诺人人可以得道,可以为尧舜,事实上也就等于宣称:我们在"天命"面前是人人平等的。如果我们在亲

---

① 《爱因斯坦文集》第一卷,北京:商务印书馆,1976年,第101页。关于光的波粒二象性哥本哈根的解释不符合逻辑同一律的 A = A 原则,爱因斯坦极为不满。他坚信"上帝不会和人掷骰子"。但他在1934年的索耳未会议上提出的反驳性"理想实验图",却被以玻尔为首的他的学生辈们在逻辑上推翻。但爱因斯坦在情感上终生不承认量子的波粒二象性解释,尽管他也未能在引力、电磁力(包括光)、强作用力、弱作用力这四大作用力的"统一"上前进半步。让人感慨的是,玻尔直到1962年逝世的前一天晚上,仍然将爱因斯坦三十年前的"理想实验图"画在自己床前的黑板上,说明他对物理世界的波粒二象性亦终生耿耿于怀,心有不甘。但很无奈,世界确实如此。

情和责任担当上感受到了整体性存在的神圣性并为之献身,就已经体验到了这种神圣。易学未能开出理论科学之花并不减弱它在以人为本的价值选择问题意义上的科学性;易学能阻止一神信仰则是因为其符号系统本身已有了开放的神圣性。

(二)易→儒-道命运关切与希望哲学

儒道两家在终极意义上都承认世界的不可知性本身,他们宣告这个存在世界的有秩序的和谐本身即显示出它的神圣,并任由人们根据自己的方式进行命运选择从而负起自己的人生责任,在伟大的责任承担中沟通神圣。牟钟鉴、卢国龙等道教学者和葛兆光的研究证明:中国的信仰方式,特别是民间的信仰方式,从来都是自由的。张世英先生说:

> 一个人的命运是什么呢?我把它理解为个人所属的,同时又参与了的世界。因此,命运就不是按一般人所理解的那样,是一种异己的力量,是个人完全无能为力的外在领域。形成我的命运的因素,既有自然方面的,包括地理环境、先天的禀赋等,也有人类的历史的方面,还有我个人的方面。……我个人参与了我的命运的塑造,我在命运面前不完全是被动的,不完全是无能为力的。①

命运是与每一个生活个体具体关联的,所以,虽然哲学家可以抽象地探讨命运,命运却并不因此而变得抽象。当西方人走出教堂而进入心理诊所或星座命相室,当集市乡村、旅游景点和城市背街上的"路边人"在招徕顾客时,投出蔑视甚或鄙夷的眼光,以示自己的境界高远和理性清高者,余实难许以高明。谚曰:不怕你不信神,就怕你家中有病人。大凡人去算命,皆是于百无聊赖不得已之时谋划自己命运的办法之一。很可能的情况是,他自己都知道这是没有办法的办法,是一种自我宽解!

在确立信念的终极向度上,"中国式一元、自因、时间性一重化生活世界哲学理念,可以为人类的理想、信仰提供最后根据。'易→儒-道'时间哲学的信仰方式,表现为总有希望,且把未来的希望落实为当下的'做'法而非仅是说法。

---

① 张世英:《新哲学讲演录》,桂林:广西师范大学出版社,2004年,第576页。张先生"余论:希望哲学"以其"人生在世"之经验告诉我们:一、以希望哲学代替猫头鹰哲学;二、希望就是虚拟;三、希望就是战(奋)斗;四、希望与命运;五、希望与失望;六、希望与无限。上引为"希望与命运"中的文字。

希望是时间哲学的终极关怀。希望的信仰方式既可以避免知识和信仰的两难,也可以舒解人的生存困惑"①。

算命是民间文化。就传统意义而论,精英文化和民间文化还意味着城市和乡村、官府和农民的区分。但是,中国文化在比较文化学意义上的最大特点,正因其朴实而不够高远;这一特点使得在大传统和小传统之间,从来都有极为通畅的沟通渠道。正因为这一特点,中华民族才成就了大一统文化帝国的连续性历史而独步天下。在与西方思想传统相比较的意义上,这种小传统(the little tradition)可称为中国思想传统的信仰自由(freedom of faith)。对中国民众而言,神圣天国总以他们希望的方式对他们开放着:当圣人说不知道、可能有神灵时,他们是理性的存疑;当我们说"希望有"时是希望哲学;当民间说"宁可信其有,不可信其无"时,就是开放神学。指责民间的"封建迷信"很容易,但他们那无所谓的态度却能触动哲学的良知。当我们认真地思考爱因斯坦式的"宇宙宗教情感"时,难道你不曾触摸到科学与信仰的深处那并无鸿沟的心灵吗?

凭什么改变自己的命运呢?张世英说:"希望总是意味着作出某种抉择。我可以希望这,可以希望那,可以作出这种抉择,也可以作出另一种抉择,我是有选择、有抉择的自由的。当然不可否认,这种自由不是无限制的。希望的自由有一个基地,这就是命运,其中包括我过去已经作过了的抉择。……即使在已有的命运的基础上,或者通常说的命定的基础上,仍然可以继续希望这、希望那,继续作不同的抉择。我甚至可以把这个基础、把命运本身拿来考虑一下、反思一下,特别是把过去已经作过的抉择、希望拿来总结一下,反思一下,以便作出新的、更富生命力的抉择与希望。作为命运的现实不过是自由希望的条件,条件当然是不可否认的,但希望是主动的,条件、命运是被动的。是希望照亮着现实,指引着现实,希望塑造着命运,改变着命运。"

既然有"命运"这种可感的"东西",我们便不必讳言"算命"。我们可以因"善《易》"而"不占",但我们难道不是经常能够听到某达官贵人或富商大亨到某某寺庙求签算命的街谈巷议吗?人的理性是有限的,当陈子昂在"前不见古人,后不见来者;念天地之悠悠,独怆然而涕下"的语境中"怆然涕下"之时,也就

---

① 见拙著:《秩序与自由:儒道互补初论·前言》,北京:社会科学文献出版社,2010年,第8—9页。

是意识到了人的有限。于是当有人走向古老的《易经》,不管以什么方式为自己谋划未来、寻找心理支撑时,我们应有的态度就不仅是宽容,而应是一种深深的同情和"哲学的自恨":既然我们从来没有勇气像传教士那样宣称"我们是上帝奥秘的保有者",也就应该承认哲学理性的有限性。

(三)信仰自由与开放神学

希望当然可以超越无限,但人并不总有希望,往往也不免有所失望。"人的一生总是在现实与希望的统一中,以现实为基础,以希望为动力,在人生的道路上向着未来奋勇前进。但未来是无限的,是无穷无尽的,有限的个人面对无限的未来,总会有些事可以如愿以偿,达到自己所希望的目的,因而感到幸福;有些事却不能如愿以偿,因而引起不快、叹息。人们可以通过谋划、预测,尽可能争取实现希望,获得幸福,减少失望和叹息,但在漫长的、荆棘纵横的人生道路上,失望、叹息总是不可避免的。希望不可能绝对地、完全地逃避失望,幸福不可能与叹息绝缘,这是人的有限性所决定的。"①

希望哲学是有限的人和无限的世界之间寻求平衡的一种心理状态。这种状态把世界的无限性虚拟为某种神圣性。于是,人的心灵就往往从向往神圣而简化为对"神"的信仰。此即所谓"心神之间"。哲学界的休谟问题建立在绝对经验论之上,这种论点认为,既然对"未来"不可能有经验,我们就只能靠"信念"支撑。但这一哲学史事实并不意味着哲学是"算命"。按西方占优势地位的哲学传统,哲学的依据是人的"理性"。如果哲学发现了那亘古不变的理性法则,未来等于过去,也等于今天,所以也就不需要对未来有什么担心和忧虑。问题在于人之所以为人,他本身的最大特点是自己的自由意志,自由意志本身并不保证人自身在情感、思虑和行为上总是可以做到充分的理性。存在主义者的最大特点就是发现了人的这一特性并为之忧心忡忡:人是无所依凭的,假如上帝不存在的话(陀思妥耶夫斯基)。既然上帝存在的问题是既不可证明也不可否证的(波普尔),我们面对未来的唯一确定性便是"向死而生"(海德格尔)。于是,中国思想传统的历史发展可因其"乐感"而非"罪感"性,被有根据地称为"希望哲学",《易经》的卦爻辞也为我们提供了这样的"希望品格"②。

---

① 张世英:《新哲学讲演录》,桂林:广西师范大学出版社,2004年,第576、577页。
② 参见赵玉强:《〈周易〉的希望品格及其文化价值》,载《周易研究》2009年第4期。

人心的最大选择困境就在心/神之间。在一重化生活世界中仍然有许许多多的生活上的问题,有些问题居然使得我们在某种情况下显得有些"心神不定"起来。人会心神不定,即需开放神学,当此之时,我们在逻辑上只有两条路可走:一是靠内在的理性,正像陆王心学指示我们的那样;二是靠外在的理性,在非常粗略的意义上,这有点像程朱理学告诉我们的那样。"天理"虽然保障了秩序的合法性基础,却并不为人的具体问题提供外在支撑,这样,我们就常常在内在之"心"和外在之"神"之间产生某种焦虑。他希望有一种神圣的外在力量帮助自己,尽管他也知道自己的感情渴望及其努力事实上很可能靠不住。正是在这种意义上,初民们那强烈的命运关怀才是可以理解的。人往往因迷而信,易学的学术任务不是简单地否定"迷信",而是要承担起自己的思想责任,发掘《易》画中的形式系统思想元素,提升民族的逻辑思维能力,以便滋养中华民族的美好未来。

(原载《中州学刊》2014 年第 12 期)

人类起源问题的逻辑究问：问题的提出[①]

要使用"所有的人"这一全称量词，就无法绕开人类起源问题。但"第一个人"如何面对其与"所有的人是子"的逻辑矛盾？"所有的人是子"等价于"所有的人是父母生的"，这一当然经验事实又迫使我们用二进制理论模型寻找"第一对夫妇"，却发现"祖先"数量"无限大"的荒诞。问题的解决可能要求在一定的代际内、在婚姻半径有限边界内以及此地域资源的人口承载量这样三个限定下，承认谱系性泛称的"兄妹为婚"。在理论与事实之间的这种协调，将问题阈从人类起源问题转换到宇宙起源问题：亚当/夏娃神创说和伏羲/女娲自然说的二者择一信念选择以及与之相关的文化形态问题。所以人类起源问题可能比下文的宇宙起源问题的逻辑两分更加具有挑战性。在只认父系祖先的意义上，自然数全称判断是矛盾的；如果把母系先祖也算进来，用二进制推算的结论是荒诞的。故人类起源问题与宇宙起源问题一样，可能是信念选择与文化形态的最后问题。

一、问题的提出

十多年来，我从秩序/自由的视角研究儒道互补。"互补"出自20世纪与爱

[①] 本文是在国家社科基金项目"秩序与自由：儒道功能互补的历史形态及其当代向度"（08BZX041）的研究中写出来的文稿，成稿后只是发给了赵汀阳，请他赐教。因为在即将成文的过程中，我与赵讨论过，他认为很有意思，但想不出好的说法给我，让我请教数学家和人口学家。我请教了郑州大学的数学教授蒋逢海，请教了复旦大学的人口学教授任远，对我的两个预设—— 一、所有的人是父母生的；二、如果母系祖先一起计算，先祖的数量严格遵循二进制。但二者结合为什么会有那么多先祖呢？——他们都觉得有趣，却未能给出有说服力的答案，所以刊出此文只是"提出问题"，不知道它是否会成为"解决问题的一半"！

因斯坦齐名的物理学家尼尔斯·玻尔。1927年,他为了解决关于光甚至整个物理世界的粒子性和波动性不能归约的尴尬问题,提出了"互补原理"的物理学基底性解释。意谓:设有一对象T,关于这一对象的解释有两种等价的理论——D1与D2。D1与D2是矛盾的,但其中任何一种理论都不能包罗罄尽地解释T,这样,D1与D2就形成了关于T的互补性理论诠释U,U作为对T的理论诠释就是互补原理。从西方人的思想方法传统看,既然D1、D2有矛盾,它就是非逻辑的,非逻辑的理论诠释怎么可能成为物理学理论呢?① 这种爱因斯坦式的反对是没有意义的,因为事实如此。故当玻尔要选择他的诺贝尔奖勋章的图案时,不得不放弃西方人顽强坚持了几千年的逻辑思维方法,选择了中国的阴/阳太极图。

中国的阴/阳思维方法真的能够成为解释世界的最后依据吗?至少陈炎先生是这样看的②,吴前衡的易学阴/阳最简关系式在基底部分提供了论证③,据此我们对《易经》的起源问题给出了一个具有科学性质的"前衡猜想"④。根据这一猜想,中国人古老的- -/—最简关系式实即关系逻辑。"逻辑形式是无限的","'逻辑的初始命题'的数目是任意的"⑤。根据- -/—最简关系式,儒道互补研究可有关于人的双重性的一对概念范畴:关系人/个体人。进一步推论,可以有两个主宾词互逆的全称肯定判断基础命题:所有的人是子/所有的子是人。人是一个"类词"即人类,从科学意义上,类词是可以指称的;"子"从语法上讲是通名,逻辑上是摹状词,社会学叫角色,它们一般不用来直接指称对象,而是摹状对象即描述对象的某一个侧面而非唯一性的对象指称。"子"是摹状词而

---

① 对于科学前沿的这种状况,夏皮罗曾引布拉格的话自嘲调侃道:"我们在星期一、三、五认为光是波,而在二、四、六认为光是粒子。""简单地讲,光的运动像波,而光的作用像粒子。"[美]夏皮罗著、潘愚译:《无数学的物理》,北京:知识出版社,1983年,第236页。
② 参见陈炎:《阴阳:中国传统的思维结构》(《孔子研究》1996年第4期);《〈易经〉:作为儒、道两家美学思想萌芽的卜筮观念》(《复旦学报》2004年第6期);《〈易经〉的世界观和方法论》(《中国文化研究》1994年夏之卷)等论文中的论述。
③ 参见吴前衡:《〈传〉前易学》,武汉:湖北人民出版社,2008年。
④ "前衡猜想"的规范表述是:吴前衡先生以"为什么出土千例数字卦多为六个一组"为问题意识,猜想易象六十四卦之原生性何以可能的推理过程:每个人都有一个空间性的身体,以身体为坐标进行最简差异式二者择一的六次空间定位性选择,必得六十四卦的符号系统,即 $\left(\frac{1}{2}\right)^6 = \frac{1}{64}$。故6×64是原生的。
⑤ 维特根斯坦著、贺绍甲译:《逻辑哲学论》,北京:商务印书馆,1996年,第54、94页。

非人这样的名词,但作为一个人人不可逃的普遍性"角色",对它的规范即儒家所正之"名"。道家逆命题的实际语义在于:当宋明理学家把问题推向极端说"父要子亡子不得不亡"时,能够反驳的唯一真命题只能是"所有的子是人"。

当我们把关系人或人的关系性构造成一个 AEIO 系统中的全称肯定判断 A 即命题"所有的人是子"时,根据罗素摹状词理论,仅指称"现在活着的所有的人"而非追问人类起源问题。但既然人都是父母生的,祖宗崇拜又是儒家乃至于中华文明的基本特色之一,如果"所有的"这一全称量词被如此这般地使用,我们该怎样面对人类起源的问题呢?如果它经不住逻辑和经验事实的考验,我们的出路又在哪里呢?

二、儒道互补基础命题和人类起源问题

在"所有的"这一全称量词中,注重祖先崇拜的儒家必须面对"第一个人"或"第一对夫妇"的人类起源问题。所有的人是子/所有的子是人,这两个互逆的- -/——最简关系式儒道互补命题,表现出"光是波/光是粒子"(可以符号化为"~/·")的互补形式。玻尔的"光是什么"和我们的"人是什么"在逻辑形式和思想方法上是一致和同构的,都可以用太极图来喻象。"/"符号作为一般关系的符号,运用在关系人/个体人以及"所有的人是子/所有的子是人"上,可以展现人在生活世界中的亲在/缘在性。具体表述如下:

R=所有的人是子,孔子儒家强调"子"的关系性,也就是强调关系人。

O=所有的子是人,老子道家强调"人"的个体性,也就是强调个体人。

表面上看,命题 R 陈述一个自明的自然事实:人不能自生只能被生。在生理遗传经验事实的意义上,R 即等价于"所有的人是被生者"或"所有的人是父母生的"。据此,人作为"被生者"(P),在理论上即可构造以"人"为元素的外延

性集合(S)。① 对于任一时刻活着的人,这当然是没有问题的,但一旦推展到人类起源问题,就成了真正的逻辑问题:

设任一个体人为x,对于被生性质P,存在一人之集合S,x属于S,当且仅当x具有P。用符号表示即$(\forall x)(x \in S \leftrightarrow Px)$。

这恰好与罗素悖论的通俗表述即理发师悖论形式一致。② 经验事实上,所有的人是被生者。但是,"第一个人是否被生?"对这一问题的回答,一定出现自相矛盾的不可能判断。当然,按金岳霖的意思,"'式'是析取地无所不包的可能,可能是逻辑上可以有'能',而不是事实上有'能'的东西;它根本就没有时空底问题,也没有任何具体的东西所有的事实上的问题。它似乎是很显而易见地无所谓生灭……但是因为我们在日常生活中留心具体的东西的时候多,留心抽象的概念的时候少,我们免不了注重前者,忽略后者。我们很容易因为甲是乙底父亲,乙是甲底儿子,甲比乙老,遂以为'父亲'一概念比'儿子'这一概念'老',因为甲在乙之前,乙在甲之后,遂以为'在前'这一关系在'在后'这一关系之前。这些话只要提醒一下我们就知道它们是没有意义的话"。他说:"无矛盾的概念就表示可能,可能可以是无矛盾的概念之所表示;概念没有具体的东西在事实方面所有的问题,可能当然也没有。可能没有这些问题,'式'当然也没有。"③ 即逻辑的"式"是所有的"可能"而不必有"能",世界的矛盾性在逻辑上是"不可能",却在事实上有"能"。逻辑和事实的不符对我们意味着什么呢?

以性质P为集合S,意味着P可穷尽x,即集合S包括所有的x(人)。但同样根据P,S中必至少有一人(x)不是"被生者",即非P。因"被生者"相对"生者"而言,必先有"生者"而后才有"被生者"。这样,由于有$x \in S \leftrightarrow Px$,若有x非P,则$x \notin S$。于是对于这一个"人"(假如允许我们称其为"人"的话),则有:

---

① 在弗雷格开创、罗素完成的数理逻辑中,所有逻辑项只有数量化的外延,人为设定的符号没有内涵。这与传统逻辑有重大区别,据此,数理逻辑系统将传统逻辑中的判断称为命题,传统逻辑中的概念称为类词,数学是"类"的"类"。根据弗雷格"不包括自身的空概念"这一对"0"的定义,根据安继民《宇宙起源问题的逻辑考察》一文对中西方文化关于"起源"问题的逻辑判断,则有"若非被生,即是被创造"。
② 1902年罗素向弗雷格提出悖论问题,是数学科学史上的重大事件。30年后即1932年,罗素将这一悖论表述为通俗的理发师悖论,即:萨摩尔村的理发师贴出告示说:我为所有不为自己理发的人理发。有人问道:那么,你的头发由谁来理?
③ 金岳霖:《论道》,北京:商务印书馆,1987年,第28页。

x∈S,当且仅当 x∉S。设 x∈S 为 A,x∉S 就是¬A,则根据上述推论就会出现矛盾等价式:A∧¬A,即 A 且非 A。此即人类起源问题的逻辑不可能性。

但 A∧¬A 却可以是任一关系逻辑中两个合取的元素,特别是以人与社会为对象的人文社会科学的对象即人,他们往往不顾逻辑的矛盾性,为了生活而组织起来并在社会中如此这般地共生着。对"所有的"进行限定或划界,使逻辑为生活世界服务,这在理论的逻辑演绎和生活的经验事实上,都是一个关涉每个人的切身性的真正的问题。维特根斯坦晚年反复咀嚼逻辑不可能和生活竟然可能的问题,简言之,只有承认不可言说的东西的妙不可言,并在这神圣奥妙与日常信仰、日常生活的张力结构中才能理解生活。相对于中国文化形态的一重化生活世界特征而言,这正是我们的圣贤早已洞悟到的。既然生活世界妙不可言,就应以宁静的乐观心态面对它,承认本体和生活世界之间的这种张力,通过自我修身的功夫(to do),在日用伦常中兑现出来。

于是,如果我们一定要追问人类起源问题,就需要借助二进制或易学阴阳最简关系式的思想方法。① 在人类社会生活中,无论哪个文化形态,泛称"男/女关系"总是一个忌讳,因为它"不伦",男女两性显然又不是两个类,所以"不类",不伦不类的话,总是不好说。弗雷格为我们提供的算术哲学概念只有三个:自然数,0,0 的后继。"子"确实是"父"或"父母"的"后继",正像"1"是"0"的后继。所以,人类确实可以追问关于"第一个人"或"第一对夫妇"的人类起源问题。关于"第一个人"的逻辑追问,可能确实会让我们"上"自然数的"当",诚如上述,它似乎是不可能的。不错,任何人都是"一个人",一个"个体人",当且仅当在"活着的人"的意义上,"人"是可以按照科学方法一个一个按自然数"数"出来的。设任何自然数为 n,数 m 是数 n 的后继,数 n 是数 m 的前驱,可得出一个最为基本的结论:0<m。把 0 定义为"不包含自身的空概念"(弗雷格),所有自然数即均可经由有限的"后继"定义。P(m)是任何等势于自然数的自然物,"号物之数谓之万,而人处一焉"(《庄子·秋水》)。人既然可以"数"出来,"数"出来的数 m,就是人作为 P 类的 m 即被生者的"人"数,而生 m 的必是 n。

---

① 自然数计算往往导致全称肯定判断出现悖论,这已经是逻辑学史上的常识。人类起源问题"第一个人"的问题可能是一普遍的文化误区:因为经验的常识是"人是父母生的",这意味着只有借助借二当一、逢二进一的二进制借位、进位规则,才能进入这一问题的正确思考。而二进制是一最简关系式。

我们的已故先祖虽然事实上不再能"数"出来,但我和"第一个人"或"第一对夫妇"之间的生生不息的"链条"是不可能一环或缺的,他们作为"我"的第N代先祖,一定是我第M代先祖的"父母"。这就允许我们在理论上构造"他(她)们"的数量。若十进制自然数必然导致逻辑矛盾,我们不妨用二进制尝试一下:

设"三十年"为"一世",若将我们有文字的历史上推到3000年前,我们就在理论上有"100代"的祖先。当且仅当,我们祭祖仅祭100代,这就遇到了一个非常尴尬的问题:"现在活着的所有的人"理论上是有确数的,根据自然数,任何人的直系祖先在有限代际内理论上也该是一个确数,100代直系祖先是多少人呢?人们可以脱口而出地说:男性直系祖先100人,若加他们的配偶100人,共200人。

问题就出在这里,人类文化如果不作依父系为血缘嫡系祖先这样的强制性人为归约,母亲的父母亲也是我们的祖先,"我"的外祖父、外祖母和"我"的祖父、祖母,在血缘上与"我"同样亲近,就像母亲和父亲和"我"同样亲近一样,如果我们定要在此"男女平等"的话。这样,"我"的祖先就不再遵循自然数的计数规律,而是遵循二进制的计数规律。如此上推,"我"是P(1)即"一个人或'子'",父母是P(2),祖辈就是P(4),高祖辈是P(8),曾祖辈是P(16),曾曾祖辈是P(32),曾曾曾祖辈是P(64)……这样推到第六代,"我"事实上已经有了累计62位祖先(这里二进制位序上的数值要减2:自己和配偶),累计7代祖先即126位,8代254位、9代510位、10代1022位、11代2046位、12代4094位……依此类推,认真推算的结果(一小时内任何正常人都可以完成),"我"100代的累计先祖位数,便一定是30位自然数这样一个天文数字:

795338111687928071209566138326

当我算出来这个数时,惊讶之情是可想而知的。尽管在理论上它绝不会错,但和历史常识、和人们的直觉都相去甚远。但二进制和邵雍的《周易》推证正是这样计数的,即邵雍所谓的"加一倍法"。二进制的计数规律是任何一个位序上都有确定的数,令位序数为自然数的0至m,二进制的位序数减去"我"和"我的妇"即"2",就严格等于同代双亲先祖的数目,即如果我是$m1=2^0$,我的父母就是二进制第二位序上的$m2=2^1$,祖辈是$m3=2^2$,依此类推,"父母"2人生了"我",爷爷奶奶生了父亲,外公外婆生了母亲,用二进制表达即$m3=2^2=4$,$m4=2^3=8$,$m5=2^4=16$,$m6=2^5=32$,$m7=2^6=64$……不管理论上还是事实上,"我"的第 12 代先祖数是 4096-2=4094 人,这是易学象数学上常常提及的数字,也与传统生活方式的经验基本一致。但到了第 17 代,这个数字已过 10 万,第 20 代过百万,第 23 代过千万,第 26 代已经过亿,第 29 代即已经达到近 20 亿,达到了十位自然数。而这个数字的指称对象一定是曾经存在并生活过的先祖们,他(她)们应在一千年之内的北宋时代。

黄帝早于殷商,伏羲/女娲更早,难以确知。但汉、唐、明的人口官方统计,基本上是五六千万的样子,殷周之际的人口应该不超过这个数,据说实际上不过千万。即便考虑到雍正"摊丁入亩"后人口数量陡增,1900 年我们亦无非只有四万万同胞,9 位自然数。现在中国 13 亿,全球 70 亿,都是 10 位自然数,一个越来越大的金字塔形。为什么三千年前"我"的"先祖"竟可能多达 30 位自然数呢?

中国人不仅有父系祖宗崇拜的儒家传统,也有道家、道教泛神崇拜的传统,在敬灶王爷时,你能看到灶王奶奶与灶王爷比肩而坐,玉皇大帝的旁边也往往有王母娘娘。鲁迅称"中国的根柢全在道教",陈寅恪所谓"道教之真精神",与这类民间小传统应该相关。近代以来由于有三亡(亡国、亡教、亡种)之危,特别突出"炎黄子孙"的种族特征。这说法最早出现于《国语·晋语》①中,当司马迁在《史记·五帝本纪》开篇"黄帝者"云云时,其实已经是单系的种族祖宗崇拜了。久之便自然而然,习以为常,儿女随父姓虽无法律强制②,但绝大多数人仍然随父姓,这就是文化的力量。

按照人类的经验,没有"第一个人",只有"第一对夫妇",这似乎迫使我们在思考与人类相关的许多问题时,都必得放弃十进制自然数而选择二进制数。但二进制的计算结果却导致"人类起源于第一对夫妇"这样的文化预设,出现了数字的荒诞性嘲弄结果:我竟有那么多祖先吗?中西方在文化预设时似乎已经校正了这个致命的、与经验事实相违背的"错误",但问题的荒诞感依旧。自然数靠不住,二进制靠不住,如果数学都如此靠不住,我们的思想之锚在这无底的大海中将抛向何处?

---

① 《国语·晋语》:"昔少典娶于有蟜氏,生黄帝、炎帝。黄帝以姬水成,炎帝以姜水成。成而异德,故黄帝为姬,炎帝为姜,二帝用师以相济也,异德之故也。"
② 据郭健鹏先生讲,民国时期在创制《六法全书》的过程中,曾一度有过法律规定"妻冠夫姓",但后来很快就撤销了。这一动议并非中国传统,而是从西方模仿来的。

中华文明虽从西周起就严格遵循"同姓不婚"原则,以宋代所编《百家姓》为例,共收单姓、复姓总计504个①,由于婚姻只能在这个范围内选择,由于我们是父母双亲一起算,就会有大量的泛义"兄妹为婚"如远近不同的姑表、姨表婚的实际发生或竟"一表三千里"。极端而论,所有的婚姻都是这一实际统计范围内的"兄妹为婚"。这就会使这一理论上趋向无限大的天文数字自然回复到它的实际状态。婚姻关系是个在组织结构上天然开放的系统,比如,如果没有"昭君出塞"、文成公主西藏通婚这类"和亲"性质的"秦晋之好"美谈,中华民族也就不是现在这个样子了,这种婚姻关系的开放性对历史形成的中华民族最大的大一统价值共识的实际贡献到底有多大,那当然尚待深入研究。

但人类的文化预设和经验事实之间出现了两个方向相反的三角模型,所以,我们必须在理论上给予校正。最为严格的校正就是把"兄妹为婚"的伏羲/女娲情况在理论上进行理想化、绝对化,这样,三千年男系先祖100人加上其配偶的女性先祖100人,总共200位先祖的绝对设定就是在理论上对上述30位自然数的最严厉校正。根据张光直《商王庙号考》对商王婚姻状况的研究,商代的"乙丁制"正是一种双系姑表兄妹婚。② 尽管这样会涉嫌触犯禁忌甚至是儒家的尊严和信仰。至于马尔萨斯人口论所谓天灾、瘟疫和战争的人口限制,只与实际的历史人口数有关而与这里的推论无关。因为不管"我"的先祖是否在这些灾难中罹难,都只与他或她的实际寿命有关,即使他或她确实因祸罹难,那也一定是N代先祖在M代先祖出生以后的事情,不影响他或她确实曾是我们的先祖的历史事实。至于实际的人口数量和历史平均寿命问题,那就是历史学家和人口学家们的事情了。但人类起源问题仍然是个有趣而严肃的切身待解问题:人从哪里来?

---

① 张新斌注解:《百家姓》,郑州:中州古籍出版社,2004年,2006年第2次印刷。
② 张光直:《中国青铜时代》,北京:生活·读书·新知三联书店,1983年,见第135—171页。亦可参拙文《从乙丁制到昭穆制:儒道互补的历史渊源》,《中州学刊》2009年第3期。此文作为第六章载入拙著《秩序与自由:儒道互补初论》(文字稍有调整),北京:社会科学文献出版社,2010年,第135—146页。

三、相关的文化形态比较学问题

面对终极问题的思考是哲学的劫数,但我们深深地感到:人类的文化预设也好,我们的经验事实也好,一旦想要上升到整全性解释的理论高度,真的是"谈"何容易!于是,我们似乎需要回到宇宙起源的逻辑考察上来,即要么是西方他因的亚当/夏娃神创论,要么是中国自因的伏羲/女娲自然说。① 当然,从人本主义的意义上,一旦走出书斋,打开心扉抬望眼,面对日月星空、江海大地那因壮丽而崇高、因崇高而神圣的世界,以宁静乐观的文化心态面对我们身处于其中的这个妙不可言的世界,一重化世界中的"我们"本身不已足够地好吗?所以,这问题本身即可能是西方式因果追问思想方法引起的理论的虚构。易言之,中华文明的一重化生活世界本身,根本就不需要它,我们这样的思考和追问无非证明自己不过是新时代忧天的杞人而已!

不过,在中西文化形态比较学意义上,我们仍然可以提出四点看法:(1)伏羲、女娲兄妹平等意味着男女的平等,亚当、夏娃是整体和部分的关系。所以,在中国就可能不会有女权主义问题。(2)兄妹定律和网状定律结合,可以解释两个方向相反的三角形何以如此荒诞的问题,而整体与部分的关系则不能解决这个问题。(3)倡人权的文化形态出现女权问题,等于把人权打了五折。西方文化的两希互补形态,未曾吸纳女性情熵高的直觉智慧。(4)如果包括政治在内的管理学需要一种领导的艺术,而这种艺术又需要情熵和直觉,西方人对政治的理解虽然很逻辑亦很根本,但却过分简单了。

关于人类起源问题或最早的祖先,不管中国人说"黄帝""伏羲、女娲",还是基督徒说"亚当、夏娃"或"上帝",均非科学的回答。"上帝"显然是"神"不是"人",正像老子所谓的"天下万物生于有,有生于无"(《老子》第40章),这里的"无",不就是自然数的"0"或二进制的"2^0"吗?哲学讨论到神学时,就成了维特根斯坦"不可说的东西",对于不可言说的东西"必须保持沉默"。② 但人类起

---

① 参见拙文:《宇宙起源问题的逻辑考察》,原载《社会科学战线》2009年第6期。
② 维特根斯坦著、贺绍甲译:《逻辑哲学论》,北京:商务印书馆,1996年,第105页。

源问题是个事关每个人的真问题。

爱因斯坦在《科学的宗教精神》一文中曾说:科学家总是"一心一意相信普遍的因果关系",所以,他在《宗教和科学》中说:"我认为宇宙宗教感情是科学研究的最强有力、最高尚的动机。只有那些作了巨大努力,尤其是表现出热忱献身——要是没有这种热忱,就不能在理论科学的开辟性工作中取得成就——的人,才会理解这样一种感情的力量,唯有这种力量才能作出那种确实是远离直接现实生活的工作。为了清理出天体力学的原理,开普勒和牛顿花费了多年寂寞的劳动,他们对宇宙合理性——而它只不过是那个显示在这世界上的理性的一点微弱反映——的信念该是多么深挚,他们要了解它的愿望又该是多么热切!……只有献身于同样目的的人,才能深切地体会到究竟是什么在鼓舞着这些人,并且给他们以力量,使他们不顾无尽的挫折而坚定不移地忠诚于他们的志向。给人以这种力量的,就是宇宙宗教感情。有一位当代的人说得不错,他说,在我们这个唯物论的时代,只有严肃的科学工作者才是深信宗教的人。"[1]依西方人的思想方法,人对哲学的思考来自对世界的好奇,正是这种对世界的好奇推动着人们对世界的认识和知识的积累,而知识的积累又推动着社会的进步,虽然这并不排除有许多知识来自生产、生活实践。"人们总想以最适当的方式来画出一幅简化的和易领悟的世界图像;于是他就试图用他的这种世界体系来代替经验的世界,并来征服它。这就是画家、诗人、思辨哲学家和自然科学家所做的。他们都按自己的方式去做。各人都把世界体系及其构成作为他的感情生活的支点,以便由此找到他在个人经验的狭小范围里所不能找到的宁静和安定。"[2]

进行这样一番考察之后,我们发现,现实并不像鲁迅所谓"走的人多了,也便成了路",毋宁说只是进行了一番爱因斯坦式的努力,出路在哪里的问题仍然一片茫然,但既然迈动了双脚,脚尖的方向便是路。

(原载《中原文化研究》2015 年第 2 期)

---

[1] 《爱因斯坦文集》第一卷,北京:商务印书馆,1976 年,第 283、282 页。
[2] 《爱因斯坦文集》第一卷,北京:商务印书馆,1976 年,第 101 页。

宇宙起源问题的逻辑考察：神创论和自然论

宇宙起源问题在所有人类文化形态中，都是一个永恒的难解之谜。儒道互补的中国哲学，作为农业民族的智慧结晶，主要关心的是天文历法，并不十分关注所谓宇宙起源的问题。即便在欧美文化中，无论逻辑学如何发达，也仍然面临着同样的逻辑困难。这种逻辑上的困难，用《庄子》中的话说就是：宇宙究竟是"莫为"的，还是"或使"的呢？我们这里以冯友兰以及马克思的一些论述为例，试图指出这一问题的人类困境或悖论：神创论和自然论的两难选择。①

一、宇宙起源问题的逻辑困难

在宇宙起源问题上，科学家、哲学家和神学家乃至山村野巷中老奶奶见解的区别，远不像人们想象的那么大。按分析哲学家的说法：宇宙起源问题是个假问题，或者说是一个没有意义的问题。"四方上下为宇，古往来今为宙"。对于描述空-时整体的"宇宙"一词，除了"无限""永恒"以外，似乎说不出更多的内容，就像我们无法写出那个无穷大的"数"一样，我们也无法进一步说清楚"无限""永恒"的意义。

可人类的心智有一种认识把握"一切"并把这一切还原为"一"的特性。

---

① 当代科学的宇宙大爆炸说，并非对这个问题的解决，而只是把这个问题推向了一个更加宽广的大宇宙领域。据华裔加拿大著名学者梁燕城所说，西方科学家认为，在宇宙大爆炸的约四十分之一秒时，上帝把一个数学性的模型放进了我们这个宇宙。这个说法，其实已经不再是科学，而只能是爱因斯坦意义上的"宇宙宗教情感"。参见《爱因斯坦文集》第一卷，北京：商务印书馆，1976年。其中多次提到这个问题，并提出了自己的宗教观：宗教分为三个阶段，一是恐惧宗教，二是道德宗教，三是宇宙宗教情感。

宇宙起源问题与人类起源问题不同。人类起源问题可以用进化论来解释，人类在进化之初毕竟有宇宙"存在"，它"有"。虽不能说进化论已经说明了一切，但用它解释人类起源问题，毕竟没有逻辑上的矛盾。在存在中"进化"出人，不仅是达尔文派的现实，而且在理论上是可能的，也就是说，这是可思可议的。但宇宙起源问题则不同。

"宇宙起源"这一问题本身是不可思议的，也就是说，它是自相矛盾的。既然常识告诉我们，宇宙是"永恒、无限"的，它就不应该有"起源"问题；有起源问题你就得回答哪儿起哪儿源。有起就有落，有源就有尽。所以，这个问题不能提出不能追问，一旦坚持追问，必定是"先有鸡还是先有蛋"问题的翻版。要回避这一无解的问题，唯一的办法就是神秘主义的方法：不要问，不要说，也不要想，用庄子的说法叫"忘"。人类之所以问了、说了、想了，是因为人类的所有经验都在提示这个问题。我们生活中的一切具体事物，无不有起有落，有始有终，有源头也有尽头，为什么作为这所有事物的总体就可以无起源、无根据呢？可不管你拈出何种起源说，这"起源说"本身还是要面对一如既往的追问。一俟答案变成了自我循环，它也就把追问和回答合并为一，结果便回到了追问本身。有鉴于此，庄子慨叹说："以有涯随无涯，殆矣！"（《庄子·养生主》）

在逻辑上，我们只有两种选择：要么选择神创论，要么选择自然论。

在事实上，东西方民族确实也作出了这样两种不同的选择。西方人选择了神创论，东方人选择了自然论。

神创论是自相矛盾的：你说世界是上帝创造的，那"上帝"又是谁创造的呢？如果你回答上帝是不需要创造的，是"自有永有"（《圣经》）的，那就是说"上帝"是"自然而然"的。上帝的自然而然和宇宙的自然而然，在逻辑上并没有区别，有区别的只是"符号"的不同。马克思说唯一能和创世说构成对立的是"自然发生说"[1]，这其实还是有西方文化的痕迹在里面。因为"自然"和"发生"二词，它

---

[1] 马克思：《1844年经济学哲学手稿》，北京：人民出版社，1985年，第86页。马克思在这里讨论宇宙的起源问题时说："任何一个存在物只有当它用自己的双脚站立的时候，才认为自己是独立的，而且只有当它依靠自己而存在的时候，它才是用自己的双脚站立的……如果我的生活不是我自己的创造，那么，我的生活就必定在我之外有这样一个根源。所以，创世是一个很难从人民意识中排除的观念。自然界和人的通过自身的存在，对人民意识来说是不能理解的，因为这种存在是同实际生活中的一切明摆着的事实相矛盾的。"

们本身就是自相矛盾的。说"发生"就不再是"自然"的,而说"自然"也就不再有"发生"的问题。但是,人类无法回避这自相矛盾,假如你承认人是"符号"动物的话。这就是东西方在不同文化区域发现的一个很大的文化悖论问题:作为人类,我们不得不"说不可说",不得不"道非常道"(《老子》第1章)。

二、中国传统中宇宙起源问题的追问

庄子作为最有资格和西方哲人对话的中国哲学家,他和孔子儒家的"不语怪力乱神"(《论语·述而》)与"未知生,焉知死"(《论语·先进》)不同,他没有回避宇宙起源问题。正是在这种意义上,道家哲学主干说才获得了它坚实的宇宙论基础,在这类问题上,我们只能说中国哲学是陈鼓应所论证的哲学上以儒补道,而不是相反。

冯友兰写哲学史当然不能回避欧美人极为关心的宇宙起源问题。他关于宇宙起源问题的思考,也正是通过道家的《庄子》展开的。这里,我们通过冯友兰的《中国哲学史》《中国哲学简史》《中国哲学史新编》对宇宙起源问题的庄子式思想的阐释,来看看冯友兰哲学的历史变化,以证明冯友兰晚年的更加西化,来说明上世纪中国历史的思想走势。[①] 对冯友兰"三史"中的宇宙起源问题进行考察,我们发现,由于时代的变迁、意识形态的制约,冯友兰对《庄子》宇宙论的理解也有明显的变化,这里我们只说其中的宇宙起源问题。

《庄子·天运》篇追问道:天是运动的吗?地是静止的吗?太阳、月亮是在一个位置上调换来调换去的吗?如果是这样,那是谁在主持?谁在管理?是谁没事干了而来推动吗?它是机械地被决定的呢,还是它运动起来就停不下来了呢?是云变成雨还是雨变成云呢?风在天空吹来吹去,有谁吹它动吗?是谁没事来扇风吗?请问:这一切的一切都有一个原因吗?如果有,它是什么?在《庄子·则阳》篇,庄子有一个更加直接、更加根本的追问:宇宙间的一切都是怎样产生出来的呢?"四方之内,六合之里,万物之所生,恶起?"这就是庄子关于宇

[①] 冯友兰晚年的西方化和马克思早年的东方化是一个非常有趣的问题,但我们这里不可能展开讨论。

宙起源的追问。

类似这样的追问,当然还有屈原的《天问》,而正面的回答除他们自问自答外,唐代柳宗元有《天对》。在中国哲学史上,虽然也有复杂的回答方式和观点演变,但和西方人关于上帝创世的阿奎那式的证明不同,它往往是和不可言说的自然之道联系起来。从庄子的"坐忘"到禅宗不可说的绝对沉默,都显示出东方神秘主义的典型性格。当神秘主义的哲思转换为艺术化的移情,就是所谓"此中有真意,欲辩已忘言"(陶渊明)。于是,"不著一字,尽得风流"(禅宗)、不落言筌成了中国文化人体验这个世界的最高境界。

然而艺术的移情代替不了哲学的逻辑思考,诗并不等同于思。

冯友兰是当代中国哲学的开山人物之一,他"三史论今古,六书记贞元",如果说他的贞元六书成就了一个哲学家,那么他的"三史"也就成就了一个哲学史家。在他早年的2卷本《中国哲学史》和晚年的7卷本《中国哲学史新编》中,他对以庄子为首的中国哲学气一元论宇宙起源思想做了两种完全相反的阐释。用《庄子》中的话说,就是"莫为"与"或使"的两种不同结论。我们认为,中国哲学和西方哲学在宇宙起源问题上正好对应于这样两种结论。中国传统选择了关于宇宙起源的自然而然说,西方文明则选择了神创论。用我们的语言来说就是:中国哲学是时间性、自因性的一元论哲学,是"莫为"的;西方哲学则可以说是空间性、他因性、二元论的哲学,是"或使"的。冯友兰的这样一种思想变化轨迹是相当耐人寻味的,他晚年对中国哲学的西化解释,可以说是受了在本质上属于西学的马恩哲学的影响,结果就得出一个西方式的宇宙起源结论。

冯友兰在20世纪30年代对这个问题的答案是:道即"天地万物所以生之总原理"。可这总原理是怎么样地和天地万物联系起来的呢?冯友兰的办法是把"道""德"和"天"联系起来,拟定出一个"道、德、天"的标题并把这三个概念展开为一个内在的逻辑结构。这个结构的逻辑行程大体是:德和道的关系是个别和一般的关系,是一与多的关系。德作为个别事物的内在根据,它通过命和道联系起来。他说:"物之将生,由无形至有形者,谓之命。"[1]按他后来的说法,好像德从道那里得到了一个命令。具体事物在道那里得到命令而成形后,其内涵的德就是性。而道,又是源出于天的,冯友兰引庄子《天地》中的话说:"德兼

---

[1] 冯友兰:《三松堂全集》第2卷,郑州:河南人民出版社,2000年,第453页。

于道,道兼于天。"可什么是天呢?"无为为之之谓天。"通过这个天的概念,冯友兰把庄子的道和老子的道对接起来。冯友兰论证说,这里的"道兼于天"就是《老子》中所说的"道法自然"。魏晋时郭象注《庄子》对天的解释也是如此:"自然而然,谓之天然。"在冯友兰看来,《庄子》中的"夫固将自化"(《庄子·秋水》)以及"咸其自取"(《庄子·齐物论》)等,都与"无为为之"同义,与《老子》的"道法自然"互相佐证。这样,一种完整的"自然而然说"已经和盘托出。

为此,他进一步引证《庄子》说:"泰初有'无',无有无名。一之所起,有一而未形。物得以生谓之德。未形者有分,且然无间谓之命。留动而生物,物成生理谓之形。形体保神,各有仪则,谓之性。"(《庄子·天地》)这里,冯友兰一方面以庄证庄,把上述总原理的论证贯通起来;另一方面也把宇宙起源这一不可思议的问题提了出来。最后的结论就是:"道即表现于万物之中,故万物之自生自长,自毁自灭,一方面可谓系道所为,而一方面亦可谓系万物之自为也。"①这里,说"万物之自为","自生自长,自毁自灭",当然是"自然而然说"。可既为自然而然,怎么可以同时又是"系道所为"呢?因为在冯友兰看来,"道"作为"无",已经破掉了名言,是一种逻辑性的预设,即使有那么一个"常道",也只是作为总原理在背后起作用,并不足以构成创生天地万物的根据。这就在回应逻辑二难的同时,坚持了中国式的也可以说就是庄子式的宇宙起源论的自然而然说。

这里,冯友兰虽然没有明确提到《庄子》中介绍季真和接子二人观点的两难逻辑选择,即宇宙起源问题要么是创生的,要么是自然的"或使"与"莫为"问题,却已显现出对这一问题的思维结果。冯先生之所以没有把这一问题显化出来,那是因为中国哲学从来都是只讲辩证法而不认真地进入逻辑领域。当顾准把"辩证法"归结为狄慈根式的"神学"时②,问题已经十分清楚了。这当然是另外一个问题,我们这里不论。

---

① 冯友兰:《三松堂全集》第2卷,郑州:河南人民出版社,2000年,第452页。
② 参见《顾准文集》,贵阳:贵州人民出版社1994年版,第407—426页。顾准的意思是说,马克思看到狄慈根把辩证法当神学看待的文章后,没有进行任何的反驳,这其实就是一种默认。

三、"莫为"抑或"或使"

在宇宙起源问题上的这种逻辑上的二难,在《庄子》的杂篇《则阳》中以介绍评述的方式一笔带过。因为在庄子或其弟子看来,"季真之莫为,接子之或使"之类的问题是不能提出的,即"或之使,莫之为,未免于物而终以为过",结果只能是"言而愈疏"。也就是说,讨论这类问题,不仅不能解决人类的困境,反而会越讲离问题越远,越讲过错越大。所以,在宇宙起源问题上最彻底的办法只能是庄子所津津乐道的"忘"。按维特根斯坦的说法就是:沉默。在这个意义上,中国式的宇宙起源说总的来讲只能算是"自然而然"论,而不是马克思所说的"自然发生说"。用当今存在主义者的话说,"在就是在"。这其实就是维特根斯坦在《逻辑哲学论》中所说的"重言式":如果宇宙是这个样子,那么它就是这个样子。重言式其实就是循环论证。循环论证就是理论上的自相关。

如果说中国文化选择了"莫为"式的宇宙自然而然说,那么,西方以基督教为主体的文化就是选择了"或使"式的神创论。20世纪40年代,冯友兰在《中国哲学简史》中,虽然没有专门讲到这一宇宙起源问题,但在"更高的观点"一节中讲"照之于天",这实际上就是坚持了30年代的"道法自然""无为为之"的观点。这样,庄子的宇宙论就依然可以归结为自然而然说。20世纪50年代后,马列主义成为中国大陆的意识形态。这样,50年代后冯友兰又终有生之年于有力焉的《中国哲学史新编》(以下简称《新编》),就无形中受到这种意识形态的影响。正是在这种观念思潮的影响下,冯友兰在论及庄子宇宙论哲学时的哲学意蕴发生了西方化的转向。

在《新编》中,正是由于这种转向,宇宙论问题不再体现在"道、德、天"这样一个早期的逻辑结构中,而体现在"道、有、无"的逻辑行程中。冯友兰为适应当时的时代精神,为了把庄子的宇宙论置入唯物-唯心的对立二分选择阈中,才重新拈出这个新的小标题。这种"道、有、无"的逻辑,内含着一种以"有-无"为二元对立的张力。这种张力依归于道之后,按冯友兰的说法,道就成了"一个逻辑的虚构的'道'"。这个逻辑虚构的道,"是第一性的",因而它可以"无中生有"。"天下万物生于有,有生于无"(《老子》第40章)。

虽说冯友兰仍然着重论述了"自然界中的变化不是由于有意识的主宰"①而是由于它背后的总原理,以此来承接三四十年代对庄子宇宙起源论的自然而然的评价,但是,"有-无"的张力性却被明确显化。前述"系道所为"的一面在这里进入一个主导的核心的论域。因为,"道、有、无"的内在张力有一种迫使人进入逻辑、展开推论的力量。

天地万物是"以形相生"的,而"形本生于精"(《庄子·知北游》)。他论证道:"《刻意》又说:'精神四达并流,无所不极,上际于天,下蟠于地,化育万物,不可为象,其名为同帝。''同帝'就是说有与宗教所说的上帝相同的功用。"②这种解释意向,在这里被冯友兰一语道破,和基督教文化中的上帝直接沟通起来。然而,学术界一般倾向于把精气解释为"精细的物质"③。于是,按庄子的"形本生于精"解释,庄子就又成了唯物主义。但在当时的冯友兰看来,将庄子判定为唯物主义显然是不行的。

冯友兰论证说,既然庄子认为"物物者非物"(创造天地万物的一定不是物)(《庄子·知北游》),"不物故能物物"(非物的某种东西才能创造万物)(《庄子·在宥》),从这两句出发,冯友兰说:"精或气也是一种物,因此它就不能是'物物者'。"只有道才可能是"物物者",但那又怎么解释"形生于精"呢?既然道才是创造天地万物的"物物者","道不能就是精或气"。所以,冯友兰说:"如果精或气是无形无名,道就是无有。如果精或气也可以称为无,道就是无无。《知北游》说:'予能有无矣,而未能无无也。'这就是说,比'无'更根本的还有个'无无'……精、气是从不但'无有'而且'无无'的道生出来的。"④通过把精气判为"无形"或"无有",而把"道"判为"无无",冯先生终于把"道"和前面《刻意》中的"精神"即上帝创世说逻辑地联结了起来。

通过这种把概念分层比高的逻辑化过程,庄子哲学就被归结为唯心主义了。这里的逻辑却是"精神"或逻辑虚构的"道"先于或高于物质的存在。它们不仅成了物质世界的逻辑"因",而且成了产生物质的"本体"。这样,经过大量引证《庄子》中创造性的"生",冯友兰终于把庄子哲学逻辑地引进了西方哲学

---

① 冯友兰:《三松堂全集》第8卷,郑州:河南人民出版社,2000年,第364页。
② 冯友兰:《三松堂全集》第8卷,郑州:河南人民出版社,2000年,第361页。
③ 张岱年在《中国哲学大纲》、李存山在《中国气论探源与发微》中都有此说。
④ 冯友兰:《三松堂全集》第8卷,郑州:河南人民出版社,2000年,第362页。

的核心。庄子哲学于是在《新编》中,特别是在宇宙论上就表现了明显的西化也就是神创论化的理论色彩。庄子的宇宙起源论慢慢地脱离、游离出产生它的文化背景,成了一种宇宙创生的西方学说。

通过以上论说我们可以确认,宇宙起源问题上,中国哲学的自然而然说和一神教的上帝创世说形成了一个清晰的逻辑选择二值阈。这也是中国一元、自因、时间性哲学的一个基本的且十分重要的论据。

四、自然论还是神创论

《庄子》中一系列的"自化"表述逻辑地导出了他的宇宙起源的自然发生说。马克思说:"自然发生说是对创世说的唯一实际的反驳。"[1]可见庄子之学具有反宗教的禀赋。创世说是任何世俗宗教对终极问题的总回答,武断但却永远正确,正确得使你根本无法证伪(卡尔·波普尔)。基督教的"上帝创世说"和中国道家的自然而然说一样,都是不可证伪的。因此,凡是接受了道家思想的地方,一神论宗教就较为难以传播,这将进一步被历史所证明。

道家和道教的关系是哲学和宗教的关系。蔡元培先生在民国初年提倡"以美育代宗教",冯友兰1948年在美国演讲时说中国人没有宗教,而是以哲学代替了宗教,这都不错。问题是道教毕竟是依托于道家理论以行世的,鲁迅也说过不了解道教就无法理解中国文化的话,可见不管是"美育"还是"哲学",它们代替宗教的前提条件是有足够高深的文化素养。传统中平民百姓没有学习文化的条件,就不得不在道家哲学的基础上衍化出一个道教。

道教和佛教相近而不同。佛教讲"十二缘起""一念三千",却并不曾有任何关于创世的说法。赖永海在《佛道诗禅》中开场就说:"世界上有不少学者,甚至有许多佛教徒自身不承认佛教是一种宗教,而认为佛教是一种伦理学或哲学……这种理论的逻辑发展,不但否定了创世主,而且否定了一切具有超自然实体性的神灵,因此,佛教被相当一部分人视为无神论。"[2]道教则不然,它有着

---

[1] 马克思:《1844年经济学哲学手稿》,北京:人民出版社,1985年,第86页。
[2] 赖永海:《佛道诗禅——中国佛教文化论》,北京:中国青年出版社,1990年,第1页。

一整套非常复杂的"神谱"。① 葛兆光在《道教与中国文化》中对此有数万字的详细研析。② 道教的重要理论家葛洪在《枕中书》中就编排出了一个开天辟地的"盘古真人",又称"元始真人"。老聃和庄周都曾被认真地排进了繁复、丰富却又显得有些零乱的道教神谱,所谓"元始天尊""南华真人"等不一而足。《老子》和《庄子》这两部实际上很纯正的哲学著作,也因此而变成了道教的《道德经》和《南华真经》。

世俗生活需要"超道德"(冯友兰)的精神寄托和终极关怀,这就是宗教至今还以各种形式大量存在于各个国家和民族生活现实中的重要原因。正是在这样的背景和意义上,马克思说:"创世是一个很难从人民意识中排除的观念。自然界和人的通过自身的存在,对人民意识来说是不能理解的,因为这种存在是同实际生活中的一切明摆着的事实相矛盾的。"③

其实,中国大多数的平民百姓,正是以道教为主要精神依托的,和士大夫们主要以炼精化气、炼气化神、炼神还虚的气功养生术不同,民间宗教更像是庄子道的"无所不在"(《庄子·知北游》)所导致的万物有灵泛神论。面对一个万物有灵的世界,研究科学事实上成了不可能的事。因为,科学主要以有形的物质世界为对象,如果物质世界的一草一木、一墙一路、一山一水、一鸟一兽等,都是有灵性的,像佛教那样"一沙一世界,一花一天国",对它们的研究便时刻冒着亵渎神灵的危险。鲁迅说中国人搬动一张桌子都要流血,大概就是这个意思。这一点和基督教从物质世界升华出一个有人格的上帝不同,由于物质世界和神灵世界被分离,研究物质世界不仅不是对神圣的亵渎,而且正是对上帝的一种接近、一种亲和、一种追求终极关怀的方法。荷兰科学史家霍伊卡在《宗教与现代

---

① 赖永海的"佛教无神论说"应该是停留在高层士大夫的群体内,在民间,佛教与道教一样,像阿罗汉、菩萨、佛等也都具有神圣的人格性。
② 参见葛兆光:《道教与中国文化》,上海:上海人民出版社,1987年,第55—77页。
③ 马克思:《1844年经济学哲学手稿》,北京:人民出版社,1985年,第86页。

科学的兴起》①一书中,对此有丰富而详细的论说。这大概也可以作为破解李约瑟难题的一解吧。

我们十几年来都在讲儒道互补,实际上,欧洲的"两希"(希腊、希伯来)文明也是一种互补,是科学理性和神学精神的互补。互补不仅是物理世界的一种基本解释,也是人类文化和社会历史现实的一种精神内涵。互补就是一种多元并存的局面在功能上的简化描述。在神学和科学之间建立某种神秘的关联,是庄学的最深层神韵之所在。按罗素的说法,庄子的学说其实正是游走在科学和神学的无人之域,是一种真正的哲学。所以,如果哲学真能代替宗教,在我们看来,庄学必将是后现代人类的重大精神资源之一。

(原载《社会科学战线》2009年第6期)

---

① R. 霍伊卡:《宗教与现代科学的兴起》,邱促辉等译,成都:四川人民出版社,1991年。该书中 R. 霍伊卡以"上帝与自然""理性与经验""自然与技艺""科学与宗教"等对立二元项,将这一问题显化得像具有"阴阳"最简关系式的模样。关于宇宙起源,人类似乎永远也不可能搞清楚。原因在于,任何对世界的追问都是一种知识论性质的问题,而知识论的任何回答都可能导致进一步追问的无穷倒退。这一点,不仅可以通过"科玄之战"来理解,而且可以通过张志刚《理性的彷徨》(北京:东方出版社,1997年)一书所提示的西方理性的悖论性来理解。而按照黄辖骥的研究,东方无悖论。赵汀阳所谓的"'我知道'和'我信仰'"似乎提示着,将来的人类社会,可以没有教派冲突,但某种意义上的"神"学可能会永远存在。因为正是人类的理性要求着某种"最后的"保障,而这保障可能正是一个子虚乌有,一个只有靠"相信"而不是"理解"才能解决的问题。这是西方文化的一个自我设限。好在,中国文化通过"做"(或实践)来化解,而不是试图"理解"。对中国人来说,理解的极限是知"道"。也就是说,人的理性说不出,并不意味着人在实践上做不出。在实践哲学中,它根本就不是一个现实的问题。西方传统社会之所以需要神学,是为了保障任何可能的秩序——特别是商业秩序,得以稳定地持续。如果人都能"随心所欲不逾矩"(孔子),神也就不再是人的现实需要,而只是某种心灵的想象和生命的最后安慰。

附 录

《八家讲坛》[①]总序

在物欲横流的今天,技术性充斥每个人的私人生活和公共空间。科学变成了技术,机器制造出产品,产品转化成终极消费,人们的物质生活从来没有如此丰裕。

灯红酒绿、酒足饭饱的物欲满足中,难道我们比古人生活得更明智?更宁静?更温情或者更幸福、甜美?

先秦诸子百家在我们的生活中,到底能有一些什么样的现实启迪呢?

诸子百家的思想光芒一旦走进我们的生活,文明古国将不再是一个流行的词汇,而是一种根深蒂固的自发生长。人不是穿着衣裳会吃饭的猴子,人心需要思想光芒的照亮,有情趣的思想表达是一种更具生命力的思想。大千世界的神秘不会屈从于任何科学家的公式和什么哲学体系,有生命力贯注其中的思想从来也不会被体系所掩埋。"一旦除去体系的虚饰,它们反以更加纯粹的面貌出现在天空之下,显示出它们与阳光、土地、生命的坚实联系,在我们心中唤起亲切的回响。"(周国平)

对于每一个炎黄子孙来说,寻根是一项祈盼,一种回望,一种情结。

无根之木不长,无源之水不流。没有中国传统文化的现代化只能是翻版西化。

古圣先贤的思考从来都以无形的方式体现在我们的感情、理性和行为方式之中,流淌在我们的血液之中,既是我们生活的价值参照,也是我们的生活本

[①] 2011年1月湖北人民出版社出版这一套八册丛书时,名为《品读诸子百家》。这里改为"八家讲坛"更切原意,特此说明。

身。它是我们精神的灵魂、心灵的故乡,在一片桑梓之根部,它纵横交错盘结滋养着的是一派郁郁葱葱的绿色。

寻根就是祭祖,祭祖不若数典。数典的简洁方式是说"家"。

在"百花齐放,百家争鸣"的诸子时代,不管是司马谈的"六家",还是班固的"十家九流",都标定着民族灵魂深处那骚动而睿智的创造精神。我们这里选定的八家,正是那文明源头的思想灵光。那灵光曾经、正在并将永远照亮我们的生活、我们的中国心。

酒酣耳热之际,你可能和亲朋好友倾诉衷肠,也可能与谈判对手斗智斗勇。即使你身无系于国事负累,心无滞于工商利润,若非不得已,你也当有家室之事。扶老携幼,面对或温柔体贴或伶俐可爱的妻子儿女,你得负起人生的责任,有所担当,再苦再累,情愿心甘。当此之时,你是儒家。

或清茶一杯,或独酌对月;或忙里偷闲,或静享清福。心事浩茫连广宇,笑看人生无事忙。你厌倦了乱哄哄你方唱罢我登场的喧闹,看破了人情冷暖,世态炎凉,身退心隐,恬淡寡欲,面对大千世界,反省匆促人生,淡然一笑,气定神闲,生前身后事,流光促此生。于此之际,你是道家。

守信仰,讲操守,以一种宗教般的献身热情,义无反顾地投身于现实的生活潮流。无私行天下,慷慨助他人,行侠仗义,侠肝义胆。悲天悯人,自苦为极;胸怀天下,不遑启居。救民于水火,止国于攻伐。千夫诺诺,不如一士谔谔;路见不平一声吼,该出手时就出手。于此你是墨家。

相信实力,巧用资源,运筹帷幄,操控全局。富其国,强其兵,创名牌,抢市场,以斗争、竞争为乐趣,以权势、财富为追求。你叱咤风云,高高在上。你深其机,济其欲,为了养尊处优,你冷峻面对;无情地除掉所有可能的威胁;狮子般的雄心,狐狸般的狡猾。若能如此,你是法家。

审时度势,信勇果敢,仰观天时,俯察地利,运筹于帷幄之中,决胜于千里之外。既知己,又知彼,上兵伐谋,不战而屈人之兵。在当今这个商战烽烟铺天盖地的时代,商场如战场。商战虽不是你死我活,却是输赢盈亏,存于一念之间。若是动能有成,当因其难能而可贵。此时,你是兵家。

你可能以酒会友正在杯盘交错,你可能代表公司正在谈判桌上,当然,你也可能承担着国务活动,正在办外交。人生在世,与人交往不可免,趋利避害是本能。为了达成目的,你思虑再三,夜不成寐,纵横捭阖,分化组合。唇枪舌剑,雄辩滔滔,避重就轻,神出鬼没,然后一锤定音。当此之时,你是纵横家。

负阴而抱阳,金木水火土。日月潜行,昼夜交错。东西南北中,空间四方上下;年年月月春春夏夏,时间大化流行。人在天中,天在心中,自然生存,随序运化。或喜怒,或哀乐,人有悲欢离合,月有阴晴圆缺,年有春秋冬夏,天有风雨阴晴,冬棉夏单,合四时之序,春花秋月,赏天地之德。调饮食,谨动行,这是阴阳家。

说话算数,言词谨严,抽象思辨,以理服人。名学作为中国古代的逻辑学,亦以化天下为己任,后世虽未能得到持续发展,"白马非马"等非常可怪之论,从今天的逻辑学看来,亦大有可观之处。此学淹没,导致中国科学落后,此为大憾。亡羊补牢,此正其时!

"周虽旧邦,其命维新。"目前,中华民族生机盎然,日化年更,大船掉头,蓄势勃发。"问渠那得清如许,为有源头活水来。"八家讲坛,襄赞盛举,总而言之曰:

儒家以亲感人,语重心长,用宗法秩序奠定了礼法的基础。
道家以美惠人,美妙玄思,用自由创造滋养着子孙的智慧。
墨家以爱砺人,慷慨高歌,用博大的胸怀践履着殉道的事业。
法家以力治人,舍身殉道,用强硬的双肩捍卫着文明的尊严。
兵家以智屈人,正气凛然,以审时度势的理性坚守着和平的防线。
纵横家以利动人,巧舌如簧,以趋利避害的智慧维护着人类的生存。
阴阳家以喻醉人,出神入化,以海阔天空的想象抚驱着生命之信仰。
名家以理服人,义正词严,以周详严谨的言辞勾勒出科技之网。

共同的历史、文化就是共同的生活情趣,追寻历史、文化的源头就是祈福共同的愿景。嘤其鸣矣,求其友声,和风化俗,俟河之清。"行到水穷处,坐看云起时。"我们的起点,也是我们的归愿。此为序。

《秩序与自由：儒道互补初论》前言

哲学虽往往自以为在研究世界、社会、人生，哲学家却往往只是记录了自己的心路历程。所以就有晚年维特根斯坦的哲学挠痒说。人生有一种痒，即对自己生存背景及生命本身都"想"有一种确定性的理解，这"想"的过程其实也就是心理发痒痒的过程，为了止住这人心的痒，于是就有了哲学这种痒痒挠。

我们这一代人小时候不能读书，但对世界的好奇心和对世界人生的痒并非从读书而来。正像金岳霖说的那样，世界上有各种各样的人，其中有一种人可以叫作"哲学动物"，你把他关进监狱，他还是要思考哲学。我大概就是这动物世界中的一员吧！

上世纪末北京大学哲学系主办的冯学会上，中午和余敦康先生同桌就餐，中江先生依然是一副轻松可爱的斗鸡相，瞪着眼挑余先生的话茬。余先生突然发话说：你们知道怎么做冯先生的好学生吗？我把他送进棺材时他说：要想当我的好学生就要超过我，你敢吗，王中江？然后环视着对我们说：你们都要成为敢做自己的哲学家，这才是冯先生的好学生。回郑的路上我和秀昌先生讲：其实余先生说得非常简单，每个人都是自己的哲学家，随性所至地写下去，死而后已罢了。此后我就来了一个大而无当的灵感：用"秩序与自由"解读"儒道互补"。

这个想法两个月后得到崔大华先生的肯定，随后又得到方克立先生的极大赞赏和鼓励。国家课题立项后，就此"大胆的假设"开始"小心地求证"，其过程之艰难远远超出我的想象。可国家课题是有期限的，延期了一年，第二年又只剩下一季度，国家规划办在网上催，我院有关领导也当面催，我不得不硬着头皮，把自己颇喜欢的一些散金碎玉像当今的礼品一样包装，努力弄成七级楼阁，让它如题所言，至少表面看起来像是一个"理论结构"并且有"现代价值"。年底呈上去，谢天谢地，评审专家们不知被我的文字拨动了哪根心弦，大多打了高分，顺利过关了。一天，《中国社会科学院院报》的塔西雅娜女士打来电话说：你能不能给我提供些资料，以我的名义写份报道？我说五位专家评委的评审意见都匿名反馈给了我，我抄给你你看着办可以吗？她说：OK！过了一段时间，收到三份 2007 年 12 月 18 日的"院报",第四版上有塔西雅娜女士的手笔,报道我这个课题结项了。我很高兴专家们不管是赞美还是指正,都是很负责很认真地说着学术话,没有什么大而空的官腔,塔西雅娜女士简练地概括了专家们的评价,字数不多,不妨抄录于下:

  本报讯(记者塔西雅娜)　《儒道互补的理论结构及其现代价值》一书,是河南省社科院安继民承担的国家社科基金课题的结项成果。该课题 2007 年 8 月结项。儒道互补是中国传统文化及传统哲学的基本格局,对这一问题的研究,不仅可以深化人们对中国文化及中国哲学的理解,而且对于我国的社会主义现代化建设乃至对于全人类的生活走向都具有十分重要的意义。该成果紧紧抓住儒道哲学在"秩序"与"自由"的"两端"保持社会结构平衡和历史动态平衡,借助西方哲学的参照系,运用现代科学的方法论,对儒道互补展开了立体的、交叉的、动态的研究,从而将其提升到一个较高的层面,具有较大的创新性与学术价值。

  课题鉴定专家指出,该课题站在时代和该领域研究的前沿,在打通古今和中西思想文化上做出了巨大的努力,取得了可喜的成绩。其中对相关哲学概念的界定、对儒道互补理论的把握,尤其是在儒道理论起点的逻辑分析上有较重要的理论突破和创新。该课题将儒道互补概括为秩序和自由的互补,具体为宗法主义和自然主义、角色主义和自由主义的互补,并作出了精辟独到的论证和分析,是目前儒道互补理论的最新成果。该成果阐发的一系列观念对促进中国特色的社会主义政治文明和民主法制建设也有助益。

  该课题从儒道互补的心灵结构分析入手,揭示出儒道互补在现世的价值层面不同的关怀趋向,以此论证中国哲学"一干两翼"之特色。该成果分别考察了儒、道哲学的共性与个性,认为中国式一元性、自因性、时间性,构成了儒道哲学的一致性和共性。而儒家的宗法主义与角色主义、道家的自然主义和自由主义,则使儒道哲学各有区别。因此,儒道必须也能够互补,其结果是导致以秩序和自由对社会结构平衡和历史动态平衡功能的协调,从而对中国传统及现代化事业的价值做出重大贡献。

该课题以黄河和长江两河流域为背景，挖掘与展示了儒道哲学所构成的东方两河文明对峙而互补的文化魅力，进而揭示出中国哲学时间性、自因性、一元性的品格而有别于西方哲学。这种横贯东西、纵贯古今的论述，不仅坚持了哲学的普适性与特殊性辩证统一的立场，而且置儒道互补于传统中国社会的各个层面，乃至东西文化交流的宏大背景中予以研究，其"秩序"与"自由"的动态平衡理想的建构，在宏观立论上有较大的突破和创新。

一是具有一定的理论深度。与其说该课题是考察儒道互补的理论结构及其现代价值，毋宁说是在将儒家总结为宗法主义秩序和将道家概括为自然主义自由的结论基础上的一种立论建构，通过对中国传统哲学深层的考察和作者睿智的洞见哲思，揭示儒道互补的中国哲学何以可能和怎样可能，以及这样的哲学理论结构或者思维方式至今仍有其深刻的学术理论价值和恒久的判据。课题成果中所说的每一个问题，都具有相当理论深度。

二是具有突出的原创性。该课题在总体上以"秩序和自由"判论儒道，这一结论是很有创见的。该课题还从中西哲学比较的视角总结出"中国哲学一元、自因和时间性的特征，与欧美人的二元、他因和空间性哲学相区别，儒道两家都守护着中国特色的一元、自因、时间性哲学"，"文化上以道补儒，哲学上以儒补道"；对儒道思想的历史和社会渊源进行考察，挖掘出乙丁制和昭穆制、女性情结和父权崇拜等，认为"道家思想的政制历史源头在殷商，儒家思想的政制历史源头在西周"。上述观点，以及作者关于儒道两家"子"和"人"（自然的意义上）理论起点的逻辑分析，关于庄子自然哲学对于以儒道互补理论为主体的中国哲学的贡献和对西方"李约瑟难题"的消解等理论阐述，均为发人所未发，具有突出的原创特色。

三是具有宽广活跃的思维空间。该课题既纵论古今，又互释中西；既阐发哲学，又渗入科学、历史、政治、学术等。成果中每一个问题，都是在很好占有材料和大量精读文献基础上的潜心研究、深刻思考所得。其关于"秩序和自由"的儒道互补为主体的中国哲学理论结构及其详尽诠释，具有较高的学术理论价值和思维启迪意义。

我在博客上说人家把我"夸得一朵花儿似的"！居然脸不红，说明我脸皮厚得可以。

时下人们对溢美之词叫忽悠，人大概是喜欢被忽悠的。但我不能这样说我至今不知其名的专家评委是忽悠我，因为他们没有必要这样做。我感到他们挠到了我的痒处，很舒服。我也并没有被专家评委们的鼓励香熏陶醉到忘乎所以。我把一件事情的终点看作我人生旅程中的新起点。从用"秩序与自由解读儒道互补"这个视角，我又重新起程，进行更深层的探索。今年的国家课题论证我特别起劲，也如愿获得了嘉奖性立项赞助。论证活页三千多字，我也抄在下面，算是对读者诸君关于我近况的汇报吧！

课题名称：秩序与自由：儒道功能互补的历史形态及其当代向度

一、本课题国内外研究现状述评及研究意义

儒道互补是中国传统文化的基本格局，易道是儒道两家共同的思想背景和理论预设。中国式哲学精神既可安身立命，更是实践智慧，重点讲求"做"(to do)而非"是"(to be)。中国文化缘此经受住了佛学的冲击，还能在西学的冲击中坚守自己的文化个性吗？对西学的回应性研究，可分为三个阶段四类成果：(1)新儒家都兼采道家元典，必然内蕴着儒道互补结构，其主旨是德性主体开出知性主体(冯友兰、牟宗三等)。(2)李约瑟、卡普拉等海外新道家的出现，刺激了上世纪80年代末陈鼓应提出道家哲学主干说，儒道及其与易学的关系备受关注，新道家的主旨是合取德性主体和知性主体开出自由主体。(3)随着郭店楚简中儒道融通性文献的发现，90年代以来的儒道互补研究，在微观层面：从孔老互补到魏晋玄学以儒补道，宋明理学以道补儒；从历史人物和典籍中的儒道互补，到易传的儒道归属、张其成提出两全性的易为主干儒道两翼之说。(4)宏观方面：一是吴重庆从人为与自然、内圣与外王、形上与形下三个方面的统一概括儒道互补；二是牟钟鉴从进步与复归、阴与阳、虚与实、群体与个体四个方面界定儒道互补；三是安继民在此基础上提出，儒道在秩序与自由上互补，形成一元、自因、时间性中国哲学，并以此与西方二元、他因、空间性哲学相对而立。一元是指天人合一不分主、客体；宇宙和人类起源乃由自然而非神创；自因是起源问题的自然而然说；时间哲学和空间哲学在爱因斯坦时-空连续区中,通过人本性语音-语形(索绪尔)中西比较分析,可以通贯。沈清松指出:道参与全球对话,要阐扬终极性的"慷慨精神"。另外,海外汉学界从韦伯的《儒教与道教》,经葛瑞汉、于连等人,到郝大维、安乐哲《汉哲学思维的文化探源》等,都肯定中国哲学的儒道互补结构特点及其当代价值。这既是中西文化交流的不断深化,也是研究的重要思想参照。

基于以上成果:①时间性易道辩证哲学能和空间性逻各斯主义功能互补。道并行而不相悖。②金岳霖道综式-能形上体系,是中国自由秩序原理秩序优先原则的理论基础。③易道本原儒道两翼的中国实践哲学,已经积淀为中国人做人、做事、做学问的能力及其能动组合方式。对中国哲学秩序自由观念的历史形态及其演进脉络,进行深入、全面、系统性的研究,一可作为中国哲学返本开新的重要向度,二可助益法治和民主平衡发展,构建和谐社会,既具理论价值,又有现实意义。

二、研究的主要内容、基本思路和方法、重点难点、主要观点及创新之处

主要内容:以秩序与自由理念为预设的中国哲学形态,如何结胎、成形、发展、反思和重构。立足当代反思历史,开显中国哲学的当代可能形态及其发展向度。历史已经并将继续证明:易儒道哲学在社会结构平衡和历史动态平衡中具有强大功能,也蕴涵极大的现实价值潜力。

基本思路:通过对易道基本观念在儒道两家不同秩序自由观之表现形态及其功能互补的历史研究,揭示中国哲学史的一个重要侧面,显示出中国哲学精神在当代向度中的生动气韵。

主要内容沿基本思路具体展开,可结构为如下形态、演进方式及其当代向度。

1.儒道互补的文化源头和孔、老的同根分途

诸子百家共承五经:易书诗礼乐的政治哲学元逻辑。易在代道立象,易道是境遇中与时俱进之情境串环,境遇是一系列生活问题;变易、不易、简易是用来解决生活问题的种种变通和决断。易道历史展

开,人类共生需要权力,权力要求秩序,权利要求自由,二者辩证统一。书经是自上而下的全局掌控,追求秩序的权力运作;诗经以风为主是自下而上的民声反馈,追求自由的情感表达。礼经和乐(记)分别代表外在秩序和内在自由之间的具体协调过程,表现出种种生活情境的程式、程序。五经的内在结构是诸子百家共同求治的元逻辑。

道家和儒家,均非无秩序的自由或无自由的秩序。自由与秩序,总是相互涵摄、交叉杂糅在中国哲学精神的基质里。这是人性情欲冲动和理性自约之自解、自和性,理想处即可从心所欲不逾矩。从易道到孔老儒道互补是一个逻辑起点,易道通过春夏秋冬天道循环、地道东南西北空间对位和人道的喜怒哀乐等,进行以象比类。孔老从群体和个体、内和外两个向度对此进行各自的哲理展开。"德"字从金文始加"心"符,"道"与"德"在行走和观望上字根同体,儒道两家于此同根而分途。《春秋》是易道历史哲学的秩序表达;《道德经》赤子之心开出存在性自由主体,赋予文化以恒久的动力与活力。儒道两家各有自己的内圣外王之道,展开为孟、荀儒家和庄子、黄老道家。儒家孝道追求本然的真情实感;道家玄道观照宇宙人生的本根之地。《论语》通过让人将秩序内化,先成己,后能成人。成人者识人,成他人可推至成天下。

2.儒道互补的历史形态及其同时共进、历史规律递进

形态一的自由理论形态:庄子自主性自由和孟子参与性自由。庄孟分别展开人类心灵的内外两个向度,行为表现即进退出处。庄子内向求自主,是消极自由或拒绝权;孟子外向要参与,是积极自由或选择权。人进退出处的选择,是这一轴线上不同程度、方式的取舍并各自安身立命。这种心灵自由向度的内、外两种选择,既是生活世界中做人、成人、识人的充要条件,又是人人与生俱来的存在性自由。人人心中有自由,从心学向度说,庄、孟均为内圣学而非外王学。

形态一的秩序理论形态:荀子礼法秩序和黄老道家术势秩序。荀学和黄老学作为外王学是讲社会秩序的正当性、有效性。礼法秩序是政体有效运作的硬件设置、操作程序之臣道。权力是人类共生的必要信息导向,术势秩序是君道,南面术关键在借势。庄子论个体,从人本

说,生存总是最大道理。农工商军官学,有所能者为能人,哲学上可谓之能性主体。农民为生存而起义,道家墨家认为合乎天道,是替天行道。孟子革命只是共和要求的极端说法。法家以人的功利性预设(经济人)为基础,综合荀、黄,成就出中国的大一统。

秩序自由相对平衡形态及其当代新问题:儒道思想在两汉的表现形态是准神学和准宗教性的哲学。汉武帝独尊董式儒学出现在文景黄老之治后并能一统到底,是因为凭借这新的儒学,三纲五常得以确立,君权通过神授得以合法,春秋经的秩序解从此保障着大一统。两汉经学的今古文之争,实际是权力和利益的争夺。今古经引发之谶纬神学,虽缘发于天人感应说,却成为文人投机技巧。这当然会引发民间的反拨,道教神学缘此成型。对这种儒道功能互补的准宗教神学形态进行深入研究,是当代的新问题,也是哲学界的神圣使命。

形态二的自由理想冲突:正名是为了确定伦理政治性位分伦序,定分止争,维护生活世界的名教秩序。但过分的角色教化必然导致秩序的僵化。东汉末,民间反拨,自由冲动;魏晋玄学在回应佛学的同时,以道追问人类文化之根,解构名教,是自由解放的诉求。越名教任自然是个体性的文人狂放,以道反儒,以反求真。援名教入自然用道家存在自由哲学软化僵化秩序,是学术性努力。秩序解体和理论建构总是并生,即所谓"国家不幸诗(哲学)家幸",连续而循环。

形态二的秩序理性建构:魏晋玄学刺激儒家学人从西晋始,通过"八议""官当",重建封建特权;通过"重罪十条"("十恶")强调确认君权、长老权,其中最主要的谋反、谋大逆、谋叛等接受老子君道;以礼入法的主体成果"准五服以制罪",精确核定笞、杖、徒、流、死等刑罚。这些理念融贯进《唐律疏议》,成就"以刑为主,诸法合体"的"不得为"、否定型中华法系的天下秩序,并一直延续到清末。

形态三的儒道形态合流和两难及其当代问题承续:宋明道学吸纳佛学,其价值形态是儒学,哲理上主要是道家。格物致知开启知性主体新向度,却终未走出德性主体的限制,这就把问题留给了当代新儒家。牟宗三通过"良知自我坎陷"开出的知性主体,正是刘宗周、黄宗羲师徒想解决却未能解决的基本问题。这问题的症结是"格物致知"

附录

和"良知良能"的两难。知(智)性总解构信仰的两难,古希腊哲学亦同,中西各走一偏却可功能互补。阳明心学是儒道合流的哲学形态,但知性主体在中国依然难产,这正可在学理上解释李约瑟难题。存天理是让人用理性内化秩序。

形态三的政治秩序形态理性质疑和启引:高层皇权专制,民间一盘散沙。黄宗羲《明夷待访录》对皇权专制提出质疑,借此反思两周共主;顾炎武《天下郡国利病书》对郡县制提出质疑,据此反思封邦建国共和体制。这一政制反省,虽出于哲学两难,却内蕴君主、共和乃至民主体制重构理想混合政体的大问题。因传统政制唐代成熟后,已达至其包容盛点。程朱理学加强了传统秩序却挤压了自由。辛亥、五四以降,我们正通过共和体制开出科学、民主新外王(新儒家)。

3.儒道互补的当代向度

中国传统的总体特点是以民(人)为本。新时期以来,以人为本的理念正支撑着和谐社会的构建。儒道为主体的传统文化形态是秩序优先,并且与自由形成了稳定的张力结构。立足于这一结构和当代实际,学理上可有三个向度:①回归生活的基本向度。生活就是做人做事,做事要有能力,做人要有境界。儒道两家既提升人的境界,也培养人的能力,注重德才和贤能。随时随地在秩序与自由之间保持动态平衡,追求从心所欲不逾矩,是为新的中庸之道。②和谐润德的现实向度。对现实生活中的腐败现象、道德沦丧和各种新的人性迷失现象,要保持住良知和独立自主性;人人都能在知行合一传统理念基础上,事中求理,成为实践主体,即可贤能匡正,让理论为现实服务。③确立信念的终极向度。一元自因时间性的一重化生活世界哲学理念,可以为人类的理想、信仰提供最后根据。"易→儒-道"时间哲学的信仰方式,表现为总有希望,且把未来的希望落实为当下的"做"法而非仅是说法。希望是时间哲学的终极关怀。希望的信仰方式既可避免知识和信仰的两难,也可以纾解人的生存困惑。

方法:实践,认识,再实践的事中求理方法。比较、结构方法。历史和逻辑辩证统一的方法。张岱年、方克立的综合创新方法。

创新之处:①系统梳理秩序与自由思想传统的历史流变,对其中丰厚的文化资源有贯通性。②全面建构秩序与自由互补的各种理论形态模型,并能置入道根情感性新逻辑。③深刻揭示出秩序与自由互补在当代的三个功能向度,具备有效的应用性。

现在这本书确切说可名为《秩序与自由:儒道互补初论》,事实上也是一项巨大工程的开端。今年立项的课题实际是"秩序与自由:儒道互补史论"。如果可能,再下一步拉上墨家和法家想写真正具有自己内在逻辑结构的书,或可斗胆称之为《传统中国的自由秩序原理》。此其愿矣,虽不能至,心向往之!

人活着总要做点什么不是?

哪怕你只是挠个痒痒也罢!

我想,用世俗的眼光看,基础研究似乎都是在挠痒,它区别于以解决现实问题为旨归的"止疼"。但社会之疼又岂是仅靠"研究"所能遏止的?

这样说来,所有的研究也就都是在挠痒。

这痒,大概是人性深处不同层面的隐忧吧!不管它有没有终极。

安继民
2008年12月1日于一方楼

《秩序与自由:儒道互补初论》后记

除非你为了东拼西凑评职称,搞研究不是一件轻松的事。生出来孩子固然让母亲欣喜,可那怀胎的艰辛和分娩的痛苦是不可与局外人道的。更为糟糕的是,当这本书将要付梓时,正如我在前言中所说,它是制度化剖腹产的结果,并非自然的降生。这未免让人在些许欣喜的同时触摸到隐隐的惆怅。

无论如何,学者能出书总是一件好事。我得说出为它打上种种胎记的记忆,这既是义务,也是良知的呼唤和要求。

上世纪 90 年代初,我终于如愿来到了本该在八年前就来的哲学所。当时崔大华先生的《庄学研究——中国哲学一个观念渊源的历史考察》正在排印出版,我正好可以借帮崔老师校对的机会先睹为快。90 年代是我们哲学所的黄金岁月,我们几个人自然而然地常常凑在一起辩论我们共同关心的学术问题。一向不苟言笑的崔老师戏称我和王中江、刘怀玉、高秀昌像个"四人帮",有时候我们甚至会试着对号入座一下,以资谈笑。因为我们确实是体制性学术团体中一个更为志趣相投的学术圈子。与他们三位不同的是,我不曾受过严格的哲学专业训练,自以为年龄最大,学问最小。但能聊添末后,这是我的荣幸和福分、我的学术蜜月。后来我们索性和我院文学所的何向阳、郑州航院的张宝明等组成了一个读书会,共同选定一本书,大家先读,然后讨论半天,讨论后在一起吃顿饭,用轻松的方式继续未尽的话题。世纪末,"四人帮"中的三位都恰好一起远走高飞,秀昌去天津读博,怀玉去南京读博后留校任教不归,宝明本要调上海,后来却到洛阳师院当了副院长,中江经中国社会科学院到了清华,正一个"天南海北"各自飞(前不久,何向阳也到北京工作),我立即陷入了一种深深的孤独。好在崔老师的《儒学引论》正在出版中,我又借帮助校对之机细细地读了一遍。在崔老师学术成就的基础上,研究儒道互补似乎成了一件顺理成章的事情。至于用秩序与自由来解读儒道互补,这大概是由于时代精神的无形召唤吧! 90 年代,西学中的核心理念和中国传统价值又一次正面相遇。随着哈耶克《自由秩序原理》中文版的出版,中西价值的碰撞渐入佳境,同类的书在学术性的书店里越来越多。有良知的中国人应该选择接受西学的刺激并从而作出清醒的反应。正是这大小两个环境催生了我的灵感和思考。我不能接受中国传统中没有自由精神的观点,不管自己的思考有多么的幼稚,问心无愧地努力,也就心安了。

中国社会科学院历史研究所的楼劲先生是我四年同居的老同学。我们俩是我们宿舍的两只斗鸡,经常半夜争吵得四邻不安。在他北京海淀区上地的复式结构的家里,我们在他的书房一吵就是通宵,有一次有人在凌晨两点敲门喊道:你们能不能小声点!我们就压低声音接着探讨我们共同关心的问题。他说的几句话中的两个词对本书本课题影响很大。他说:文化么!一个血缘,一个地缘,结了胎之后沿历史时间有一种惯性,历史越悠久,惯性就越大。传统惯性和时代精神的碰撞格局,就是我们学者们最要在意的问题。他原治中国政治制度史,现在的研究领域具体到魏晋、隋唐。他做人、做事、治学都远在我之上,与清华博导王中江对我的影响类似,都是我终生最相知的朋友。现南京大学哲学与宗教学系博导刘怀玉,与我有十五年的同事之谊,他治"西马",对我的影响也让我终身受益,永不能忘。秀昌先生木讷刚毅,常常悄无声息地给我送过来各种各样的专业资料,静静地听我喋喋不休地说一些语意模糊的感想。秀昌兄弟现在是我的领导,我们相忘于道术,默然而契合。老同学张国友,是我在兰大校园陪我辩学的"夜游神"。他是我们班公认的大才子,对我的影响也很大。课题立项时,同事牛苏林、鲁海山、毛兵、鲁庆中等都从各自的角度提出了宝贵意见!

2006年年底课题结项定稿时,鲁庆中博士在我初稿的基础上,帮我认真梳理文本内在理路,使得后来的文稿眉目更清晰一些;徐必珍老师为我校正了一些标点符号和字句逻辑上的基础性错误,笑着说我们这一代人实在被"四人帮"害得太苦了。刘培育老师,特别是牟钟鉴老师,为我这部稿子能在三联的"哈佛燕京学术丛书"中占到一席之地特地写了推荐书,惜安某不才,拙稿未能入围。但我仍要感谢三联的曾诚先生,他为我耗费了不少宝贵的时间,并很客气委婉地回了长信,使我心服口服。

感谢院领导推出这样一个出版计划,感谢院学术委员会的各位先生让我的文稿顺利进入《学术文库》,中国社会科学文献出版社的李长远老师在编辑过程中付出了不少辛劳。

我老婆徐爱莲一天到晚侍候我,是我和儿子的厨师和保健医生,更传统地说像是佣人,我有时候甚至戏称她是我们爷儿俩的奴才,天生的奴才命,她也笑哈哈任劳任怨,一如既往。我的儿子乳名虎子,名然字剑泉。他是我的网管,经常从法学的角度给我提供相当有价值的资料和理念、信息,并逼着我要老当益壮,多挣钱养家糊口,给我带来了太多的帮助和动力。2006 年 8 月 7 日晚 8 点,我在博客上写下的文字可以概括我们家的生活情调,复制粘贴于此:

  我老婆生活在一个纯净的感性世界,对当下可感事物可以通情达理,遇事凭直觉,也能处理得体。淳朴、勤劳中一股子天真气,傻得可爱。

  我治中国哲学十几年,至今未变成书呆子,得力于她这种浑然天成的刚直性格。我们生活在两个世界中却能相对和睦,得力于她淳朴正直的为人处世态度和豁达开朗的天分。

  我老婆是一块石头,不像曹雪芹笔下的那一块甚至恰恰相反,谈不上感情丰富更没有多愁善感,既不人情练达更不世事洞明,一切出于天然,回归天然。生就的骨头长就的肉,大大的乐天派一个。勤于养花种草却透显出一股子农家气。

  我老婆胸怀很大,心眼很小。啥事儿都压不住她,所以说胸怀大;净想些婆婆妈妈的事,所以说心眼很小。有八个字可以大体概括她的性格特点:忠诚、耿直、简单、固执。这是一种个性,她的个性是天性。根据我多年的观察,这种个性来自遗传的多。她的人生理念是"做个快乐的猪",不愿做什么"痛苦的人"。遇事从不细想,直觉再好,也难免有点粗糙。弄得我们也总是磕磕碰碰,纠纠缠缠。但是她至今决心死不悔改做自己,所以说她固执。基督教的核心说法,因为有智慧,所以要赎罪;现代人的状况常常是:因为人聪明,所以不快乐。正好像孩子既想长大又怕长大;既想看恐怖片,又怕得捂上眼睛一样。这是人的天性,很确定,不能改。那就让她固执吧!

  我老婆是个大好人,实在人,不懂生活,只会傻干。然而傻干又是一种最坚实可靠的生活态度。在生活中,我虽不敢说像孔夫子,她却很像孔夫子的学生子路。说干就干,一指就冲,是我最忠实的"走狗"。当然,同时也是我和儿子的忠诚"家奴",心甘情愿,美滋滋地一天到晚做饭、洗衣,马不停蹄。吃了干,干了睡,天塌下来全不在乎,照样憨态可掬呼噜呼噜地睡她的大觉。俗言有"贵人多忘事"之说,她当之无愧,是一种天生的忘事,不是那种装模作样的官样。冯友兰说天地境界和自然境界在道家那里有些分不清楚,所以她的这种自然境界,也能让人误认为是一种天地境界,所以还真是有点儿"贵"。庄子不是让人"坐忘"吗?这方面我老婆是"生而知之"者。虽然一唱"说句心里话我也不傻"就让我和儿子忍俊不禁,内心却确实感到这老太婆确实傻得可爱。

即将到来的元旦是我和我老婆的银婚纪念日,届时,我将借庆祝银婚之际再一次感念有恩于我的所有人。当然也要感谢我们家的徐女士和小安先生给我带来的天伦之乐!没有他们,我可能混得更苦!

当此之际,我以感恩之心待之!一并感谢提到名字和无法一一提到名字的同道们!感谢对我人生有着直接影响的亲朋好友,感谢间接影响到我学术生涯的所有人甚至感谢那些曾经误解、歧视过我的所有好人,我是在他们中间穿行而过的,从而也都构成了我学术灵感来源的一部分。

嘤其鸣矣,求其友声!同学、同行、同道、同志,女士们、先生们、朋友们:让我们在未来的希望之中相会于中华民族的伟大复兴之际!

安继民
2008年12月1日于一方楼